全国乡村旅游发展典型案例汇编

国家发展和改革委员会社会发展司
文化和旅游部资源开发司 编

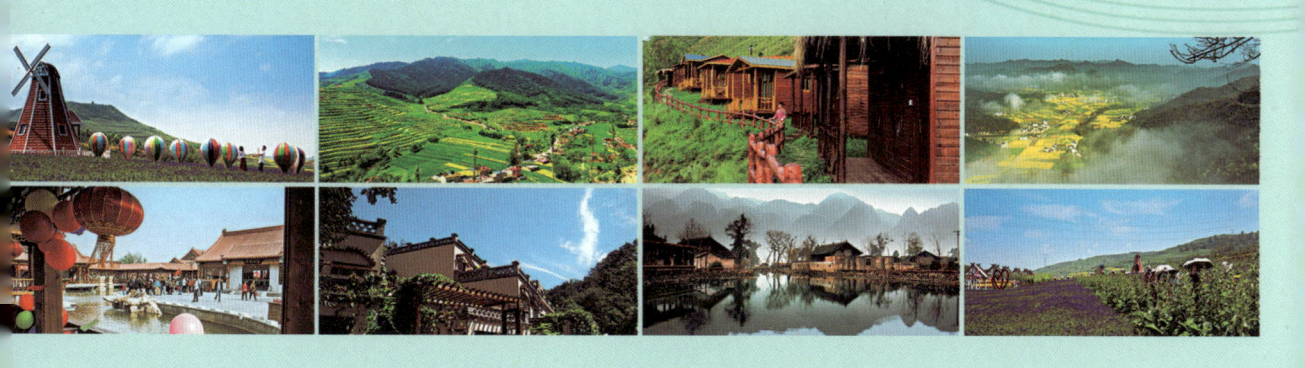

中国旅游出版社

编 者 按

实施乡村振兴战略，是党的十九大作出的重大决策部署，是决胜全面建成小康社会、全面建设社会主义现代化国家的重大历史任务。党中央、国务院印发《乡村振兴战略规划（2018-2022年）》，明确提出"实施休闲农业和乡村旅游精品工程，发展乡村旅游和特色产业，形成特色资源保护与村庄发展的良性互促机制，推动文化、旅游与其他产业深度融合、创新发展"。乡村旅游能够有效利用乡村自然资源和人文资源，把传统农耕文明、乡土文化与现代旅游需求有机结合起来，促进农村一二三产业融合发展，推动乡村生产、生活、生态三位一体发展，是推动乡村振兴的重要力量。

经过30多年的发展，我国乡村旅游已初具规模。据测算，2018年全国乡村旅游达28.2亿人次，占国内旅游总人次比重超过一半，乡村旅游总收入超过1.63万亿元，占国内旅游总收入近三分之一，乡村旅游已成为国内旅游消费主市场，在加快推进农业农村现代化、城乡融合发展、农村环境改善、贫困地区脱贫攻坚等方面发挥着重要作用。随着大众旅游时代的到来，乡村旅游在多元需求中成长，正在向观光、休闲、度假复合型转变，新产品、新业态、新模式层出不穷。在推动乡村旅游发展的过程中，各地积极探索、主动创新，开展了生动的实践，积累了丰富的经验，形成了有效的模式。

为加强乡村旅游发展成功经验和典型模式的总结提炼、宣传推广，2019年国家发展改革委、文化和旅游部面向全国征集了一批乡村旅游典型案例，经过地方申报、专家评审等程序，遴选出122个典型案例，编辑形成《全国乡村旅游发展典型案例汇编》一书。为加强案例汇编的针对性和实用性，本书按照乡村旅游所依托的资源禀赋和主题特色不同将122个案例分为了六种类型，分别是乡村民宿带动型、民俗文化依托型、景区发展带动型、生态资源依托型、田园观光休闲型和旅游扶贫成长型。这些案例涵盖了乡村旅游基础设施建设、乡村旅游与相关产业融合发展、建立合理有效利益分享机制、引导社会资本参与乡村旅游开发建设等方面的典型做法和有效措施，希望能够在乡村振兴战略深入推进，乡村旅游提质升级发展的关键时期，为乡村旅游从业者、管理者和研究者，提供有益的参考和借鉴。

2019 年 12 月

目录 CONTENTS

一、乡村民宿带动型

2　　创新突破　探索路径
　　　全力助推延庆民宿产业快速有序发展
　　　　　——北京市延庆区民宿联盟

7　　大力发展精品民宿
　　　促进乡村旅游提质升级
　　　　　——北京市怀柔区

11　走进别样时光
　　　感受别样水乡
　　　　　——上海市浦东新区连民村

14　特色民宿　产业深融
　　　打响"深氧湖㳇"乡村度假品牌
　　　　　——江苏省宜兴市洑西村

20　国际乡村旅游小镇的湖州样本
　　　　　——浙江省湖州市莫干山镇

25	体验徽州古韵　打造"梦里祖源"
	——安徽省黄山市祖源村
27	挖掘地方特色资源
	大力发展武当旅游新业态
	——湖北省十堰市武当山旅游经济特区
30	特色产业引领　开辟乡村振兴新路径
	——广东省广州市米埗村
34	依托全国民宿示范品牌
	打造全域旅游与旅游扶贫重要一极
	——广东省惠州市禾肚里村
38	腾龙飞跃　火山始行
	——海南省海口市人民骑兵营民宿
41	穿越时空隧道　品百年古城梦
	——云南省大理白族自治州甲马驿栈

二、民俗文化依托型

44	大力发展乡村旅游　促进古村长效发展
	——北京市门头沟区爨底下村
49	筑牢党建根基　厚植文化根脉
	——天津市蓟州区小穿芳峪村
53	借力引智　统筹联动　助力绿色发展
	——天津市蓟州区西井峪村
57	挖掘旅游文化内涵　助力乡村振兴发展
	——辽宁省葫芦岛市葫芦山庄乡村旅游区

目录

61　魅力大梨树　美丽乡村游
　　——辽宁省丹东市大梨树村乡村旅游区

65　"第一书记"带动贫困村走旅游
　　脱贫致富的路子
　　——黑龙江省双鸭山市小南河村

70　加强传统村落保护　促进乡村旅游发展
　　——江苏省淮安市龟山村

74　建设美丽乡村　发展乡村旅游
　　——江苏省无锡市阳山镇

79　推进"旅游+"融合发展
　　打造全域旅游黟县模式
　　——安徽省黄山市黟县

84　镇村企共创建　助推乡村旅游
　　——福建省三明市桂峰村

87　展现客家风情　带动旅游升级
　　——福建省龙岩市培田村

91　朱子故里展新貌　旅游开发助脱贫
　　——福建省南平市兴贤村

94　"三文"产业融合发展
　　探索文化产业发展新路径
　　——四川省成都市安仁古镇

96　合理利用民族文化遗产
　　走出乡村旅游发展新模式
　　——贵州省黔东南州西江千户苗寨

101	乡村旅游创新驱动下的袁家村发展路径	
	——陕西省咸阳市袁家村	
106	有山 有水 有故事的青木川古镇	
	——陕西省汉中市青木川古镇	
110	产业融合发展 打造文化旅游特色小镇	
	——陕西省西咸新区茯茶镇	
113	聚焦特色产业 聚力文旅融合	
	——青海省西宁市拦一村	
117	保护乡村传统村落 挖掘民俗文化资源	
	——新疆维吾尔自治区昌吉回族自治州月亮地村	
120	突出特色优势 推进乡村旅游发展	
	——新疆维吾尔自治区巴音郭楞蒙古自治州霍拉山丝路古村	

三、景区带动发展型

126	盛会催奋进 砥砺铸辉煌	
	——北京市延庆区	
131	培育特色小镇 助力乡村振兴 积极探索文旅高度融合的乡村旅游新路径	
	——河北省邯郸市寿东村	
135	让绿水青山变成金山银山	
	——河北省保定市涞水县	
138	从穷山恶水到人间仙境	
	——河北省石家庄市漫山花溪谷景区	

142	一座山开辟的致富小康路
	——山西省临汾市云丘山
147	奋进的大河　崛起的山村
	——山西省长治市大河村
151	把握市场需求　创新发展方式
	——山西省运城市水峪口村
154	精准定位　念活"农旅经"
	——内蒙古自治区鄂尔多斯市伊金霍洛旗
159	人文祖源　幸福小市
	——辽宁省本溪市小市镇
163	景区与镇区互促
	建设长白山生态旅游宜居小镇
	——吉林省延边朝鲜族自治州二道白河镇
166	挖掘优势资源　打造冰雪旅游品牌
	——吉林省舒兰市二合屯
170	释放乡村旅游示范带动新活力
	打造脱贫攻坚富民强县新引擎
	——黑龙江省大庆市南岗村
174	小香包做成大产业
	——江苏省徐州市马庄
178	"景区带村"助力李家石屋村乡村振兴
	——山东省临沂市李家石屋村
181	竹林泉水中的世外桃源
	——山东省临沂市竹泉村

186	昔日穷乡村变身"现代桃花源"
	——山东省临沂市龙园旅游区
190	以景带村抓发展　全域联动促振兴
	——湖北省宜昌市夷陵区
195	围绕重点景区　带动全村繁荣
	——湖北省黄冈市雾云山村
198	"结合""融合"创新发展
	实现乡村繁荣兴旺
	——湖北省武汉市杜堂村
202	无中生有　做好乡村旅游文章
	——湖南省韶山市银田镇
207	统筹兼顾　建设新型生态旅游村
	——广西壮族自治区桂林市鲁家村
210	实施旅游扶贫工程
	"绿水青山"变"致富靠山"
	——重庆市云阳龙缸景区
212	乡村旅游助力脱贫奔康
	——四川省巴中市平昌县
214	乡村旅游助力建设最美乡村
	——四川省广安市白坪—飞龙新农村示范区
216	党建引领乡村振兴
	——四川省成都市战旗村
218	以全域创建为依托　推进乡村旅游发展
	——贵州省六盘水市盘州市
223	江口旅游的"乡味"路
	——贵州省铜仁市江口县

227	全域布局　典型带动 党政包抓的乡村旅游发展模式 　　——陕西省商洛市
233	特色家庭旅馆引领乡村旅游发展 　　——西藏自治区林芝市扎西岗村
237	因地制宜　因势利导 高标准打造花桥乡村旅游扶贫示范基地 　　——甘肃省陇南市花桥村
241	永不打烊的美丽乡村 　　——宁夏回族自治区固原市龙王坝村
244	景区建设助推脱贫攻坚 　　——宁夏回族自治区固原市老龙潭景区
247	促进旅游业发展　带动群众增收致富 　　——新疆维吾尔自治区巴音郭楞蒙古自治州巴音布鲁克景区

四、生态资源依托型

252	传承红色基因 打造一流乡村旅游度假区 　　——河北省石家庄市李家庄
258	实施旅游兴州战略　优先发展乡村旅游 　　——吉林省延边朝鲜族自治州
261	发挥优势　提质升级　努力实现 乡村旅游新跨越 　　——吉林省长春市双阳区

264	乡村旅游发展的绿色转型之路
	——黑龙江省伊春市金山屯林业局
268	做好"四个盘活" 推进乡村振兴
	——浙江省杭州市下姜村
272	打造"文化引领 品质发展"的新型乡村社区
	——浙江省丽水市平田村
277	"花鸟模式"谱写现代版的诗与远方
	——浙江省舟山市花鸟岛
281	乡村旅游大发展 乡村振兴大跨步
	——江西省宜春市靖安县
285	呵护青山绿水 探索旅游扶贫新模式
	——广西壮族自治区百色市三合屯
289	农旅融合 民俗节庆助力全域旅游发展
	——四川省巴中市红光镇
291	农旅结合促发展 乡村旅游助脱贫
	——云南省保山市银杏村
295	大力发展生态旅游 带领农民脱贫致富
	——青海省西宁市卡阳村
298	依托优势资源 大力发展乡村旅游
	——新疆维吾尔自治区阿勒泰地区禾木村

五、田园观光休闲型

302	丰富旅游新业态 打造乡村旅游新品牌
	——天津市蓟州区众耕农庄

305	企业乡村共铸品牌　发展精品乡村旅游
	——山西省大同市车河村
307	以乡村旅游为依托　探索脱贫致富新路子
	——内蒙古自治区巴彦淖尔市富强村
311	耕海作画　生态强岛　青山绿水变金山
	——辽宁省丹东市獐岛村乡村旅游区
315	田园综合体　象帽舞之乡
	——吉林省延边朝鲜族自治州百草沟镇
319	从穷变富　由富到美的"三级跳"
	——江苏省苏州市旺山村
324	打造乡村旅游的路径探索
	——南京市江宁区
327	发展生态农业旅游　做有文化的特色农庄
	——安徽省蚌埠市禾泉农庄
332	践行"两山"理论　助推乡村旅游发展
	——福建省三明市泰宁县
337	以"真相乡村"旅游带动乡村振兴
	——江西省抚州市资溪县
342	"三变"模式的乡村旅游实践者
	——山东省淄博市中郝峪村
346	坚持"四不""三尊重"
	促进乡村旅游可持续发展
	——河南省信阳市郝堂村
351	点靓多彩乡村　开启振兴新篇
	——河南省信阳市新县

355	创新惠民项目　解锁乡村振兴新动能
	——广东省广州市粤菜师傅工作室和百家旅行社进乡村
358	产旅融合示范　助力脱贫攻坚
	——广西壮族自治区百色市田东县
362	整合乡村旅游资源　开发旅游扶贫发展模式
	——海南省三亚市中廖村
366	企业与农民共建共享的绿色发展之路
	——海南省海口市冯塘绿园
371	从贫困村到"梦乡村"的美丽蝶变
	——重庆市万盛经济技术开发区凉风村
374	返乡创业促进乡村旅游发展
	——四川省绵阳市安州区
376	"一带一路"背景下的最美农业公园
	——四川省南充市高坪区
378	四精四全谋发展　乡村旅游奔小康
	——贵州省遵义市湄潭县
383	创新旅游扶贫模式　探索精准扶贫新路
	——甘肃省甘南藏族自治州
387	兴办乡村旅游　建设和谐山村
	——甘肃省天水市孙集村
390	走村民共建共享之路　推进乡村旅游发展
	——青海省海东市麻吉村
393	做强花海经济　催热乡村旅游
	——青海省西宁市上山庄村
397	"旅游+"助推产业融合发展
	——新疆生产建设兵团第一师十团

401	开启乡村旅游动能　助推区域经济发展 培育黑龙江垦区"旅游+"发展新模式 　　——黑龙江省垦区绥滨农场

六、旅游扶贫成长型

406	坚持党建引领　促进脱贫攻坚 　　——河北省石家庄市车谷砣村
411	提质升级　加快发展 　　——内蒙古自治区鄂尔多斯市
416	发展民俗旅游业　打好脱贫攻坚战 　　——吉林省延边朝鲜族自治州金达莱村
419	实施精准扶贫　激活乡村发展 　　——安徽省合肥市三瓜公社
421	香溪花谷助产业升级　乐动高峰促扶贫增收 　　——福建省三明市高峰村
424	创造乡村旅游篁岭模式 打造乡村振兴的示范和标杆 　　——江西省上饶市篁岭村
429	开创"3456"模式　打造旅游扶贫样板 　　——江西省赣州市丫山景区
433	乡村旅游的特色金融创新实践之道 　　——河南省焦作中旅银行
437	打造旅游精品　助力乡村振兴 　　——河南省洛阳市栾川县

441	凝心聚力　善作善成 大力发展红色乡村旅游 　　——湖南省湘西自治州十八洞村
445	传承乡村农耕文化 建设国际生态农业度假区 　　——广东省清远市英德九龙小镇
450	古道繁华　富川岔山旅游扶贫 走出一片艳阳天 　　——广西壮族自治区贺州市岔山村
454	精心打造　倾心建设 打造带贫减贫新示范 　　——重庆市黔江区濯水景区
458	实施品牌战略　打造全域旅游 　　——重庆市武隆区
462	旧牛棚变客栈　贫困户变老板 　　——云南省德宏州下勐撒村
467	发挥优势创特色　亮丽彝乡展新颜 　　——云南省红河哈尼族彝族自治州可邑村
471	打造乡村旅游扶贫标杆 　　——西藏自治区拉萨市达东村
476	"扶贫车间"成为百姓致富"梦工厂" 　　——宁夏回族自治区固原市羊槽村

一、乡村民宿带动型

利用乡村闲置农宅发展高端精品民宿，政府制定相关的支持、培育、引进等配套政策，打造具有知名度和吸引力的民宿集群，形成以民宿体验为着力点，三产融合发展的乡村旅游综合业态。该模式以民宿为核心体验产品，围绕旅游元素形成丰富的乡村旅游产品体系，借助地区协会或民宿联盟，形成强有力的区域力量，从而培育具有明显地域特色的乡村旅游产品品牌，创造多元化的旅游体验。

创新突破　探索路径
全力助推延庆民宿产业快速有序发展

——北京市延庆区民宿联盟

北京市延庆区民宿联盟成立于 2017 年 7 月，是北京市，也是北方地区首个由政府主导成立的民宿行业组织。联盟成员以延庆区经营精品民宿的企业为主，现有成员单位 48 家，共有精品民宿小院 180 个。联盟自成立以来，在北京市文旅局的指导下，在北京市延庆区文旅局的大力推动下，坚持以服务民宿行业发展为宗旨，找准自身定位、不断创新突破，为民宿行业组织建设做出有益探索，为延庆民宿产业发展做出应有贡献。

一、不断创新，实现六个首创突破，为京郊民宿行业发展及组织建设探索路子

1. **创新成立首个民宿行业组织。**在北京市乃至整个北方地区还处在民宿产业起步发展阶段，延庆区就已意识到民宿行业组织对于产业发展的重要作用。2017年7月，在延庆区文旅局的推动下，北京市延庆区民宿联盟正式成立。联盟以助力民宿产业发展为己任，积极挖掘和培育区域内民宿品牌，至今，联盟已从创始的 10 家品牌、30 个民宿小院发展为 48 家品牌、180 个民宿小院，不到两年时间，实现了规模翻两番发展。延庆民宿联盟的成立也引领着民宿行业组织的发展，2018 年北京市怀柔区、盘锦市等也分别成立民宿分会、民宿联盟等行业组织。

2. **创新推出首个地域民宿品牌。**结合世园会举办，号召全体成员积极配合，打造了延庆统一民宿品牌，也是北京市首个地域民宿品牌——世园人家，各家成员从园艺特色、文化氛围、旅游配套等各方面进行了综合提升，最终联盟全部成员成为

一、乡村民宿带动型

延庆区民宿联盟

世园人家,为"世园人家"的打造起到示范带头作用。

3. 创新建设首个民宿集群。 2018 年 6 月,联盟推动合宿·姚官岭项目正式落地建设,这也是北方地区首个民宿集群项目,项目一期吸引了原乡里、左邻右舍等 6 家本土民宿品牌,通过民宿集群建设,进一步整合了各家在管家服务、线上营销等不同方面的优势,并通过统一运营,平摊接待中心、休闲娱乐等设施建设费用,缩减各家运营成本。后续,民宿集群将成为联盟重点推进的项目形式,目前正在与知名设计师、台湾民宿协会对接,将分别推进设计师民宿群和台湾民宿村项目落地建设。

4. 创新举办民宿行业大会。 2017 年 7 月,抓住当时乡村旅游"民宿"热点话题,抢占先机,举办首届北方民宿大会,打破地域局限性,立足延庆、面向北方、辐射全国,组织全国专家学者、民宿大咖等汇聚延庆研究讨论北方民宿发展相关课题,竖起延庆北方民宿发展的大旗。2018 年举办第二届北方民宿大会,扩大活动规模,丰富活动内容,并倡议成立了北方民宿联盟,进一步提升和夯实了延庆作为北方民宿发展阵地的品牌形象。

5. 倡议成立北方民宿联盟。 2018 年 11 月,延庆区民宿联盟发起倡议,联合京津冀地区的 44 家民宿及上下游行业协会、民宿企业等共同成立北方民宿联盟,并发表共同宣言,从民宿产业协同发展层面,落实国家京津冀协同发展战略。延庆民宿联盟作为北方民宿联盟秘书长单位,积极贡献自身在民宿产业发展中积累的经验做法,并邀请全国民宿协会会长、中国十佳民宿创始人等民宿业内专家,开展了系列北方民宿联盟培训,提高北方民宿联盟整体行业发展水平;同时与北京银行合作签署了"千院计划",为北方民宿联盟成员提供贷款便利支持,计划 3 年内在京津冀地区建设改造 1000 家特色民宿小院,新增 2 万个就业岗位,助力京津冀民宿产业建设。

6. 创新开发首个地域民宿平台。为进一步整合延庆民宿资源，加强延庆民宿推广和营销，2018年1月民宿联盟6家理事单位成立了沿途旅游公司，同时开发了北京首个区级自有民宿预订平台——沿途旅游，实现了本地区所有精品民宿和世园人家的线上销售，截至目前共有上线商家200余家。后续，沿途将以打造京津冀地区精品版"携程"为目标，以北方民宿联盟为重点，入驻商家将涵盖京津冀地区重点精品民宿及民宿客栈，为京津冀民宿企业提供更为广阔的展示平台，为京津冀游客提供精品住宿产品预订平台。

二、找准定位，发挥行业组织优势，激发民宿产业发展活力

联盟坚持政府与企业沟通桥梁的定位，履行维护行业利益和加强行业自律的根本职能，既不当"二政府"，也不"跑龙套"。一是对上为政府决策制定及落地提供支持。联盟各项工作坚持对延庆区文旅局这一直接政府主管部门多沟通、多汇报，在民宿奖励政策制定、民宿行业规划等事关民宿产业发展重大事项进行建言献策、反映基层呼声，为政府科学决策提供重要支持。同时积极响应政府各部门关于保障世园会、冬奥会大事，稳定市场秩序，推动行业自律等各方面工作的任务要求，为政府部门各项工作决策落地实施提供支持。二是对下为成员解决问题和争取资源倾斜。联盟建立了定期沟通制度，坚持对企业多调查、多研究，着力多解决问题。通过对成员实地走访、召开联盟会议、月度视频会议等不同形式，实时了解成员发展需求和发展问题，帮助解决了成员单位标志系统不够完善、统一洗涤、客源引流等切身问题。同时借助延庆区乡村旅游联席会议制度，推动召开了延庆区民宿发展政策联席会，了解旅游、农业、人才、税收等不同部门的行业政策，有效整合各政府部门的资源为行业发展服务。

三、明确红线，创新制定管理规范，推动民宿产业规范和自律发展

1. 明确民宿发展红线。联盟成立之初，就建立了民宿产业"土地、环保、安全"三个基本红线不能触碰的原则，同时作为联盟成员的基本条件，要求所有民宿

项目在土地使用、消防、环保、公安等配套设施配置方面都必须按照有关部门标准进行建设，从建设源头保障民宿项目合规合法建设。

2. **开展联盟成员监管**。借鉴北京市乡村旅游等级评定标准，结合延庆实际，制定了《北京市延庆区精品民宿标准与评定》，试行开展精品民宿验收。所有入盟的成员都要经过严格核查和逐项打分，从源头保障联盟成员品质与质量的同时，也做到了有理可依、有据可循。同时，制定了《北京市延庆区民宿管理办法》，从服务质量、安全管理等六大方面制定标准，并开展游客满意度测评、预订平台评论监测等，对联盟成员开展行之有效的监管。

3. **推动行业自律发展**。作为延庆高端住宿业态代表，联盟始终倡导所有成员要严于律己、率先垂范，在提高服务质量、维护市场秩序、落实政府决策等方面都要发挥示范引领作用，高标准推动行业自律发展。同时，2019年结合世园会这一国际盛事举办，制定了"北京市延庆区民宿联盟提升品质保障世园文明公约"，所有联盟成员自愿签署，在提升服务环境和质量、保证诚信经营、杜绝哄抬物价、恶性经营行为等方面做出了承诺。

4. **开展统一规范洗涤**。在民宿布草一客一换一洗的基础上，要求联盟成员进行统一规范洗涤。同时针对洗涤难、路途远的问题，联盟多方协调并争取主管部门资金支持，一方面在全区设立了多个统一洗涤中转站，帮助成员缩减人力物力成本，另一方面与洗涤厂签订协议，要求洗涤厂保证洗涤质量和次数，改变单体民宿在洗涤厂前"洗涤难，洗涤贵"的弱势局面，提升全区民宿住宿卫生条件和服务规范化程度。

四、内外兼修，积极打造联盟品牌，提升联盟核心凝聚力和影响力

1. **开展精准营销**。与腾讯、途家、爱彼迎、榛果等旅游行业主流网站进行合作，开设延庆民宿专页，特别是与携程签署协议，建设延庆旅游生活馆，实现线上游客的精准营销；积极组织成员参与北京交通广播电台"1039生活+"栏目、北京电视台《美丽乡村》等节目的录制，并积极争取宣传资源，在北京市100个公交车站，两条地铁线及全国四个机场等渠道投放广告，增加民宿成员曝光量；与北京市各大旅行社、旅游公司、中关村产业园等进行资源对接，结合世园会定制线路、企业团建需求等，实现定向导流、增加成员订单量，2019年累计为成员导流千余人

次，实现经济收入 50 万元。

2. **实施走出去战略。**一方面以政府为主导，积极对接新华网、旅游卫视、《中国旅游报》等重量级媒体进行宣传，对接全国旅游协会民宿分会加强行业内部宣传，参与全国民宿大会、全国首届民宿博览会、京津冀民宿发展论坛等业内活动，积极展示延庆民宿建设成效，聚焦主管部门、业内专家等目光，关注延庆民宿产业发展。另一方面，通过北方地区首个有民宿基地的北方民宿学院开设民宿专题培训，推动与全国旅游协会民宿分会合作开设全国首个民宿管家证培训班等，积极开展民宿行业相关的论坛、讲座等，输出联盟积累的北方民宿建设的"延庆标准"，近两年来，累计接待了来自天津、四川、甘肃等省市的各级部门万余人次的考察学习。各项发声和走出去举措，迅速推动延庆成为北方民宿发展的焦点。

3. **举办联盟自有品牌活动。**除北方民宿大会这一联盟主场大型活动外，联盟还结合延庆旅游发展大事，举办了"长城脚下戏冰雪、世园人家过大年"、北京市首次举办"民宿管家风采大赛"等，助推民宿产业发展。同时联盟还定期举办围炉夜话、民宿不眠夜等系列品牌活动，活动由联盟成员轮流主办，各家成员针对民宿发展问题进行交流分享，至今已举办了"民宿的初心""民宿经营之道"等相关主题活动，加深联盟成员交流，提升联盟整体凝聚力。

下一步，延庆区民宿联盟将在借助世园会、冬奥会两件大事契机，推进完成各项工作任务，发挥好行业组织的"桥梁"和"平台"作用，以行业引导、行业自律、行业交流、行业促进为职责，反映成员愿望、维护成员权益、争取相关政策，助推延庆民宿产业快速和有序发展。

专家评语

实现六个首创突破：创新成立首个民宿行业组织、创新推出首个地域民宿品牌、创新建设首个民宿集群、创新举办民宿行业大会、倡议成立北方民宿联盟、创新开发首个地域民宿平台。找准定位，发挥行业组织优势，对上为政府决策制定及落地提供支持，对下为成员解决问题和争取资源倾斜。明确红线，创新制定管理规范，明确民宿发展红线，开展联盟成员监管，推动行业自律发展，开展统一规范洗涤。内外兼修，积极打造联盟品牌，提升联盟核心凝聚力和影响力。

大力发展精品民宿 促进乡村旅游提质升级

——北京市怀柔区

北京市怀柔区依托良好的自然、人文环境和较为完备的基础设施条件，逐步发展成为京郊著名的旅游目的地。近两年，在深入实施农业供给侧结构改革的背景下，怀柔区紧紧抓住全域旅游示范区创建契机，大力推动传统民俗旅游向高端精品民宿方向发展，有效带动了区域旅游产业转型升级、提质增效。截至目前，全区已经形成了以国奥乡居、明明山居、村里故事为代表的一批高端精品民宿，在全市范围内形成了一定的知名度和影响力。

一、乡村旅游发展基本情况

怀柔区立足生态资源和民俗文化优势，大力发展乡村特色旅游，并将其作为特色项目、品牌项目加大培育。截至目前，全区发展乡村旅游村53个，乡村旅游接待户2900余户，其中，星级村46个，星级户1412户，评定乡村酒店、养生山吧、休闲农庄等乡村旅游新业态89家，形成了以雁栖"不夜谷"、夜渤海和琉璃庙"白河湾"为主的特色品牌区域。特别是通过着力打造和不断培育，怀柔乡村旅游星级户总数、五星级户数量以及四星级户数量三项指标数据均列京郊各区首位。先后荣获"全国休闲农业与乡村旅游示范区""全国休闲农业与乡村旅游示范点""中国最有魅力休闲乡村""全国乡村旅游创客基地"等多项称号。乡村旅游逐步成为促进全区旅游业发展的重要支撑和推进农民就业增收的重要渠道。

怀柔区

二、民宿发展措施

在圆满完成"APEC"及"一带一路"会议活动服务保障任务后，怀柔的知名度和美誉度持续提升，也为精品民宿发展提供了广阔空间。全区已经形成了一批高端精品民宿，在全市范围内形成了一定的知名度和影响力。截至目前，全区已发展民宿123家，数量占全市一半以上。

总体来看，精品民宿旅游是新业态、新经济，所以怀柔区在支持、培育、引进等方面也都制定了相应的配套政策、做了大量的工作，对推动民宿经济发展起到了很好的促进作用。

1. 加大政策支持力度。根据《怀柔区促进区域经济转型发展专项资金支持政策》规定，对星级民俗村提质升级达到要求的给予100万元奖励；对投资在2000万元（含）以上的养生康复、文化旅游、房车营地等新型旅游业态项目，给予不高于项目总投资10%的补贴支持，最高不超过300万元；对利用农村闲置宅基地，成立乡村旅游合作社或引进酒店管理公司开发乡村酒店项目，且投资在1000万元（含）以上的乡村旅游开发项目，给予不高于项目总投资10%的补贴支持，最高不超过200万元，这些政策的制定和执行有效地推动了精品民宿旅游的发展。同时，北京市文化和旅游局搭建了京郊旅游融资担保平台，为广大经营单位提供融资需求，并建立了政策性保险体系，出资80%为星级民俗户、特色业态提供相应保险保障，怀柔区每年都会积极争取北京市旅游产业发展资金，为符合条件的民宿项目和星级民俗村申请旅游配套资金支持。

特别是2018年怀柔区制定出台了《怀柔区促进乡村旅游提质升级奖励办法（试

行)》，该办法支持范围包括五星级民俗村、星级民俗户、民宿、新型乡村旅游合作社等9个方面，对达到提质升级标准的民俗村给予500万元奖励，对达到标准的金民宿给予12万元奖励，对五星级民俗户给予10万元奖励，同时对乡村旅游合作组织给予一定补贴。通过奖励办法的实施，极大调动了广大经营者的积极性，有效促进了怀柔乡村旅游提质升级。

2. **大力引进优质项目**。近年来，随着怀柔科学城、雁栖湖国际会都、影视产业示范区和美丽乡村的规划建设，不仅进一步提升了怀柔的知名度、为民俗旅游发展带来了大量的客源，同时也在交通、医疗、环境等方面为民俗旅游提供了坚实的基础保障。基于此，怀柔区成功引进了坚果艺术农场、又见系列、国奥乡居、山里中国、渔唐、明明山居等优质民宿项目。这些项目的顺利实施，一方面有效填补了旅游市场的新需要，另一方面也促进了全区乡村旅游的转型升级，在全区范围内起到了很好的引领示范作用。

3. **探索多种运营模式**。坚持什么办法管用就采取什么办法，积极推动精品民宿旅游采取多种经营模式、实施差异化发展。据统计，怀柔区民宿经营大体可以分为三种经营模式：农民自主经营，主要是农户利用自有闲置房屋，经装修后自行经营、自主管理、自负盈亏，如曦元小院、伴山小院等；"公司＋合作社＋农户"经营，主要由村集体合作社把房屋统一租赁给企业经营，如国奥乡居、山里中国等；引入外来资本经营，积极引导帮助部分知识界、文化界城市居民到乡村创业，如明明山居、闻香小驻等。同时，着力在提升服务接待品质上下功夫，积极推行酒店式管理运营模式，进一步统一接待标准、服务流程，不断提升精品民宿的服务接待品质。

三、取得主要成效

精品民宿旅游是推动农村一、二、三产融合发展的根本着力点，也是整合农村资源的"牛鼻子"。怀柔区通过发展精品民宿带动全区乡村旅游发展提质增效。

1. **闲置农宅得到有效盘活**。据统计，全区发展精品民宿共计改造农村闲置房屋200余幢。其中，国奥乡居一期完成改造30幢，二期14幢已完成4幢，山里中国目前完成19幢，坚果艺术农场目前已完成8幢，泰莲庭河石已完成8幢。

2. **农民实现就近就业**。截至目前，全区精品民宿吸纳农村劳动力400余人，按人均年工资 3 万元左右计算，每年可增加农民工资性总收入 1200 余万元。同时，当地农民在财产性收入方面也将得到一定的收益。

3. **示范引领作用明显**。精品民宿的经营理念和效益，使全区其他传统乡村旅游经营户很受启发和触动，在经营模式、营销方式、环境布置、创意设计等方面都产生了极大的影响，为推动全区乡村旅游转型升级打开了新思路，贡献了新方案。

专家评语

加大政策支持力度，成立乡村旅游合作社或引进酒店管理公司开发乡村酒店项目，在支持、培育、引进等方面也都制定了相应的配套政策；探索多种运营模式，包括农民自主经营、"公司＋合作社＋农户"经营、引入外来资本经营；整合农村资源，盘活闲置农宅，实现农民就近就业。

走进别样时光
感受别样水乡

——上海市浦东新区连民村

连民村"宿予"特色民宿是浦东新区政府于2016年7月26日印发《浦东新区促进特色民宿业发展的意见（试行）》发布后建设的第一批特色民宿。"宿予"特色民宿位于川沙新镇西南，占地4.6平方公里，有1500多户居民。距离迪士尼直线距离仅3公里，"五横五纵"的水系和浓郁的田园风光赋予了连民村灵动秀丽的独特气质。

一、特色民宿项目建设，始终秉持创新试点

连民村"宿予"特色民宿开发经营主体为明珠富想川沙（上海）民宿文化有限公司，由多家资金实力较强、经营理念与国际接轨程度较高的公司合资组建，经营理念符合浦东新区特色民生试点主体条件要求。

"宿予"特色民宿秉持"生态宜居、文化兴盛、产业联动、城乡融合"的发展理念，重在体现精致服务和美好体验，确定了品牌——宿予，明确了定位——走进别样时光，以船进船出的方式感受别样水乡。特色民宿以"美丽乡村＋民宿服务＋特色主题"为目标，河流、田园、房舍、主人共生，稻香、花香、瓜香、家香相融，服务有温度、住宿有品位、膳食有情怀、活动有野趣，让体验的客人感受静静的时光、悠悠的流水、浓浓的乡愁。

川沙新镇连民村是永久保留村，租用连民村宅基地房屋并改造成融合不同元素，房屋主题分别体现纺织印染、亲子之家、台湾故事等。后续还将建设汤池、养生等若干个主题房屋，围绕种植中草药、养生药材泡汤、研究中医药膳等多种形式开展建设和提供服务。

二、坚持规划先行，突出浦东品牌、品质、品位

一是适合浦东的试行标准发布后，依据标准进行实践和操作，并作个性化实践，探索出符合标准且更具操作性的路径和方法。二是先样板后推广。在试行文件发布初期，各部门多次实地调研和评估，积极推动项目成长，秉持"成熟一间推一间"的原则，逐步推广。

秉持浦东特色民宿注重品牌、品质、品位"三品"的基础上，本项目从一开始就注重规划设计，在起跑线上就着力打造个性特色，集中体现在：

1. 品牌，塑造知晓度、美誉度。 本项目是有集约化经营能力的企业法人，由村集体经济组织统一利用民宅，与有经验、有自主实力的品牌企业合作优先开展的项目。经营开发主体涵盖了国资、外资、民资等多种经营主体，各主体积极发挥自身优势，在资金支持、经营理念、项目规划、产品设计、品牌运作上提供强有力支持和保障。

2. 品质，形成"一幢一品一主题"分布格局。 结合浦东实际，秉持浦东特色民宿要求的"安全""循序渐进""法人"三项原则，强调各方面须遵循相关法律法规和国家关于各领域安全的制度体系；充分利用村庄改造成果，积极共建美丽乡村示范村。确保品质具体体现在：一是设计个性化；二是投资强度高；三是管理团队专业；四是利益共同体，形成企业与农民、城市与乡村、经营主体和市场客体和谐发展多赢局面。

3. 品位，做强、做细、做精互动体验式内容。 一是主题化，坚持"旅游+"的概念，注重与文、农、商、医等多产业的融合发展，做好浦东民俗文化、茶文化、家文化、中医药健康养生文化等主题内涵的挖掘。二是互动式体验，不同于酒店式的"访客体验"，更注重于"家庭体验"。通过事前的偏好沟通、个性化设计和贴心管家服务，从"旁观者"变成了"参与者"。三是保留原生态，充分发挥自身区位优势，借力浦东自然资源禀赋，深度挖掘本土乡村特色，五灶港的天然水系、各镇丰富的田园乡村风貌，让住客亲历看得见的本土文化、乡愁回忆。四是少风景多内容，浦东川沙虽没有江浙地区的青山绿水，但经营主体开动脑筋，做强、做细、做精内容，如融入独有的水路交通、意大利烘焙体验、手工陶艺制作体验等。

三、农民参与共建，共享乡村民宿美好未来

连民村"宿予"特色民宿奉行"政府指导、市场经营、农民参与"的运作模式，为实现农业强、农村美、农民富提供了清晰思路。

一、乡村民宿带动型

农民的闲置宅基地房屋产权不发生变更，盘活了农村房屋资产存量，充分践行了"房子是用来住的，不是用来炒的"精神，防止民宿业演变为房地产热。所有用于经营的民宿都是跟村民租赁，村民将闲置的空屋出租给民宿公司，可以是全部也可以是部分。

开创了农民就地直接城市化新模式，实现了第一产业和第三产业的融合对接，直接改善了农民收入和民生水平，为解决"三农"问题找到了新出路。让农民直接从一产提升到三产服务业，不离乡不离土。

经过近三年的打造，连民村"宿予"特色民宿以人为本，以"主题+体验"为

浦东新区川沙新镇连民村

特色，努力通过提升游客的获得感和满意度，打造有品质、有温度、有内涵的一流民宿服务业，受到市民和游客的喜爱。每一幢设计都具个性化，主题和设计方案风格迥异，均是出自中国香港、中国台湾、德国红点大奖等国内外知名设计师的作品，打造一幢、一品、一主题，如：烘焙、纺织、稻香、节能和陶艺等不同主题。连民特色民宿一期规划改建50栋农舍，提供150间客房，预计2019年年底前完成。目前已租赁民宅47栋，完成8栋民宿建设并投入经营，10栋主题房也正在紧锣密鼓的施工中。集中体现品牌、品质、品位"三品"。

"宿予"后续发展仍将继续秉持"生态宜居、文化兴盛、产业联动、城乡融合"的发展理念，"宿予"不会是最豪华的民宿，但一定是最与农民站在一起的民宿，希望可以通过民宿富裕农民、提高农民、扶持农民，让农村成为安居乐业的美丽家园。

专家评语

连民村"宿予"特色民宿的开发建设，能够充分借助当地田园风光和水乡特色，在保留当地风土人情的基础上，能够创造性地开发丰富的产品体系，拓展游客住宿体验。同时注重发挥企业团队的专业性和当地农民的主动性，推动一二三产业融合发展，体现了"生态宜居、文化兴盛、产业联动、城乡融合"的发展理念。

特色民宿 产业深融
打响"深氧湖㳇"乡村度假品牌

——江苏省宜兴市洑西村

近年来,江苏省宜兴市牢固确立现代农业发展的基本思路,建设社会主义新农村,按照"生产发展、生活宽裕、乡风文明、村容整洁、管理民主"的具体要求,积极推进休闲农业与乡村旅游发展。洑西村依托得天独厚的自然风景,浓郁的传统文化和淳朴的乡村民风,紧跟时代步伐,发挥优势,乘势而上,不断创新体制机制,调整经营思路,推进转型发展,科学构建现代农业产业体系,奋力开创新农村发展新局面,逐步把龙山自然村发展成远近闻名的特色民宿村,先后获得中国最美休闲乡村、全国乡村旅游示范点、江苏省文明村、江苏省生态文明示范村、江苏省最具魅力休闲乡村、发现 2013·中国最美村镇最佳宜居奖等荣誉称号。如今的洑西村村容整洁、村貌亮丽、富裕和谐,已成为"宜居、宜业、宜游",集观光、休闲、度假、旅游等为一体的美丽休闲乡村。

一、基本概况

龙山特色民宿区位于江苏省宜兴市湖㳇镇洑西村,地理位置优越,随着沪宁高速的开通、高铁时代的到来,更加体现交通的优势。这里气候特点良好,全年温暖湿润,年平均气温 15.7℃。村民生活富裕,龙山特色民宿区地处丘陵山区,紧临国家 4A 级旅游景区——竹海风景区,两条旅游线穿村而过,交通便利。周边旅游景点云集,离竹海、陶祖圣境、优美灵谷、张公洞、善卷洞、玉女潭等都只有几分钟的车程,有着丰富的自然生态资源,绿化覆盖率达 80% 以上,有纯农户 289 户,农业人口 862 人,龙山岕内 5000 多亩毛竹天然生成,有"原生野竹海"之称,1000多亩杨梅均已达盛产,形成了颇具规模的杨梅采摘集散区,同时盛产茶叶、板栗、

一、乡村民宿带动型

吊瓜、百合等多种农产品。当年茶圣陆羽寓居龙山事茶，这里的阳羡茶便是上等贡品，流传着"天子未尝阳羡茶，百草不敢先开花"的著名诗句。龙山特色民宿区是一个乡村旅游绝佳地，辐射带动能力强，区域内无任何工业企业，发展现代农业和乡村旅游是洑西村的总体方向，2018年接待游客约38万人次，实现销售收入12000万元。

二、发展历程

1. 发展特色民宿。 依托龙山自然村的区域优势和生态环境，村委从2012年开始持续投入资金对龙山村域环境进行了全面的整治和提升，按照"统一规划、联合整治、区域一体"的要求，对村庄道路、自来水、污水处理、涧河整治、休闲健身等基础设施全域整治提升，小景、区域布置因地制宜，农户房屋进行了特色化改造、出新，绿化、美化、亮化一应俱全，村庄面貌焕然一新，且更显农家风情；在镇村全力发展乡村旅游的积极推动下，龙山村的村民踊跃参与民宿经营，民宿经营户也从2012年的9户增加到68户，稳步实现乡村民宿的发展规划。龙山特色民宿的主要发展模式是篱笆园龙头企业的带动和农户独立经营，篱笆园现为江苏省五星级乡村旅游点和全国休闲农业与乡村旅游示范点，是龙山村引领民宿发展的龙头企业，并积极发挥龙头企业的带动作用。结合篱笆园多年来的实践以及龙山村良好的人文自然条件和处在"阳羡生态旅游区"的优势，2012年创新推出"篱笆驿站"模式带动农户加盟连锁经营，从外墙到内部装饰、统一"篱笆驿站"品牌标识、利用篱笆园已有的资源平台无偿进行宣传、推广到篱笆园的游客资源与各驿站共享，"篱

湖㳇洑西村

笆驿站"模式减少了新民宿运营初期所需的精力，全面的帮扶、指导为农户减少了经营风险，同时也提高了游客的满意度，受到大家的肯定和欢迎，如今的龙山村已成了远近闻名的民宿集聚村。现在农户加盟"篱笆驿站"的积极性都很高，申请加盟的农户不断增加。加盟的布点各有特色，古朴典雅与现代浪漫相结合，民宿经营规模正在发展壮大，并且由最初的同化逐步向差异化发展，每年推出新的不同版本，从1.0到3.0版本，静心小屋、泠家、竹月·原乡、心味原色等都是不同版本精品民宿的典范，实现一户一特色，打造真正的乡村精品民宿。

2. **创新管理模式**。为规范农家乐的经营管理，2012年村成立了农家乐协会，除了建立协会网站、绘制导览图、印刷资料宣传、指导办理证照、为游客提供免费咨询等常规工作外，协会在规范会员的整体经营上提出更高要求，一是要求每个参与经营的农户在房屋外围装修上必须要和村庄整体面貌相协调，既要有乡村情调又要体现各有不同；二是内在装饰布置要达到准三星标准，客房以标间和单间为主，每个房间须有独立卫浴和空调；三是厨房有清洗消毒设施，生、熟食分开，有冷藏、冷冻设施。同时按定期和不定期两种形式组织专管人员对农家乐经营户进行食品安全卫生检查和指导。农家乐协会的成立，不仅规范了农家乐的经营，也为乡村旅游搭建了会员贴心、游客放心的服务平台。村委则全面开展以"整洁村庄、美丽家园"为主题的环境卫生整洁行动，进一步完善"组保洁、村收集、镇转运、市处理"的城乡垃圾收运体系，健全镇、村两级环境卫生机构与人员队伍建设，建立农村垃圾保洁、收运长效投入机制，确保全村生活垃圾无害化处理率达到100%。为发展好特色民宿村提供有力的环境保障。

3. **打造品牌产品**。村委不满足于"一村一品"的培育，而且努力打造"一村多品"，高度重视品牌培育，目前，"驮龙湾杨梅""城泽板栗""大地春农产品"等均有了一定的知名度，大地春牌茶叶荣获了无锡市和江苏省名牌产品称号，同时成立了大地春农产品专业合作社，让老百姓将荒山、荒坡以及荒废的农田都种上经济作物，现在山百合、板栗、杨梅、葡萄、草莓、水蜜桃、火龙果等各种农产品达20多种，按"公司+基地+农户+市场"的模式，由篱笆园农家乐公司统一收购、开辟销售渠道，老百姓只管专心种植，无销售的后顾之忧，让村民增加了收入，享受到了发展旅游带来的成果。

4. **培育旅游文化**。洑西村文化底蕴深厚，"诚以修身、敬以兴业"的诚敬文化得到了很好的传承，龙山特色民宿区建有诚敬舍，通过精心设计进行了改造提升，把新时代文明实践结合在一起，集游客接待中心、"深氧荧火社"志愿者服务驿站、青年之家等多种功能于一体，使诚敬舍展示内容更加丰富、服务功能更加完善。既是传承洑西村"诚以修身、敬以兴业"的诚敬文化的主阵地，分板块展示了开展新时代文明实践的各类活动和洑西村特色民宿经营，又是展示湖㳇丰富旅游资源、投资项目和文创作品的对外宣传窗口。舍内设有诚敬议事堂和农家乐协会学习社、党员活动沙龙和乡村咖啡书吧，藏书近万册，为村民和游客提供了静心阅读的场所。诚敬舍对面是新时代文明实践广场，广场旁边设有"诚敬茶馆"，定期开展评书弹唱活动，极大地丰富了村民和游客的业余生活。同时，通过写实油画的方式把洑西村如诗如画的美景传播到全国各地。在开拓文化旅游的同时，龙山民宿集聚村不断开发新的参与性、体验性乡村旅游项目，如乡村大舞台、DIY陶吧、茶舍、竹林登山步道、鲜果采摘园等，为游客提供了丰富的互动平台，吸引了更多的游客前来洑西村休闲度假、体验农村生活。通过在全村开展星级文明户、五好家庭等文明幸福创建评比活动，树立好村民的典型，正确引导村民以榜样的力量提高思想文化素质，优化社会风气。定期组织村民开展各类文体活动，村里先后成立了"合唱队""舞狮队""龙灯队""广场舞表演队""柔力球表演队"等多种文体队伍，既丰富了村民的业余文化生活，也向外来游客展现了质朴的村风民风。

三、取得成效

在洑西村旅游发展过程中，洑西村人始终将引导地方群众参与旅游开发作为促进地方经济发展、实现地方发展和谐共进的有效途径来抓，主要表现在以下几个方面：

1. 解决农村剩余劳动力。 对于农村而言，年纪稍大的百姓，便没有太多的经济收入。旅游服务业解决了相当一部分农村剩余劳动力，特别是篱笆园，主动吸纳周边农村的群众，参与本单位的餐饮、住宿等旅游服务，根据不同年龄安排不同岗位，并定期开展旅游培训，提升其服务理念和水平。目前，本地群众从事旅游服务的人数达800人以上，在很大程度上解决了农村剩余劳动力问题。

2. 实现一三产业融合发展。 随着旅游品牌和知名度的不断提高，迎来的游客越来越多，旅游商品的需求也越来越大。洑西村创新理念，转变发展思路，通过"合作社＋公司＋农户"的模式带动周边群众共同发展，农户参与旅游的热情也是愈发高涨。洑西村鼓励农户打造生态基地，优化种植茶叶、百合等农作物和杨梅、葡萄、水蜜桃等果树，一方面可以为游客提供更丰富和多样的采摘体验，另一方面生产的农副产品可以通过合作社和公司进行统一包装和销售，将一、三产业相互融合，互动发展。

3. 吸引人才创业创新。 在本地农户从事旅游发展的基础上，洑西村也积极引导大学生返乡创业，加入旅游队伍中，为乡村旅游行业增添活力和动力。另外，随着湖㳇旅游的快速发展，越来越多的人看中湖㳇这块宝地，而龙山民宿村更是众多投资者的首选之地。但外来投资者不知道哪里有闲置房屋，而农户对投资者也没有信任度和保障，村农家乐协会以开放的心态充当了旅游中介者的角色，物色合适的外来投资商，为本地农户牵线搭桥，营造良好的发展环境。近两年来，返乡创业的大学生越来越多，外来投资者也不断增加，已有来自上海、无锡等地的多位具有旅游情怀的民宿投资者落地龙山，共享乡村旅游的发展成果。

4. 旅游品牌持续打响。 一是充分利用微信公众平台，通过视频宣传的方式定期将"深氧福地 欢乐洑西"推出最本真的旅游宣传；二是村农家乐协会定期组织旅游从业者外出考察学习，开阔视野，提升水平。旅游的发展需要不断创新和提升，持续的学习和充电是唯一的途径。三是篱笆园农庄董事长黄亚云作为江苏省旅游局特聘的乡村旅游实践讲师和宜兴市旅游协会会长，也不定期会受邀至全国各地旅游区授课，分享洑西村的旅游发展经验，通过知识性的传播，也在很大程度上提升了洑西村的旅游品牌知名度和影响力。

四、发展目标

依托得天独厚的自然生态和紧靠景区的地理优势，洑西村结合自身实际情况，计划逐步把龙山、城泽发展成为依山傍水的乡村旅游度假村。洑西村将充分发挥"三农"资源优势，积极发展集体经济，扶持农户、返乡人员、创客创业，依托旅游带动特色产业，吸纳农民就业人数增长，促进农民增收，打造独具特色的旅游品牌。

1. 促进产业结构的协调发展。 洑西村要更加充分地将乡村旅游集食、住、行、游、购、娱等元素融于一体，不断整合周边旅游资源，与农户形成合体，加速培育产业拓展链和服务延伸链，拉长餐饮、住宿、旅游产品的产与出，供与求的链条，通过乡村旅游为农村产业结构的调整注入新活力。

2. **实现地方群众的共同富裕。**洑西村将进一步把美丽乡村建设与乡村旅游有机结合,将传统农业与旅游业相融合,通过创新形式,突破理念,以村级农家乐协会、农产品专业合作社为依托,并充分发挥龙头企业带动效应,通过良好的管理经营和推广营销,进一步实现农户增收,让老百姓得到实实在在的好处和实惠,加快农户的致富进程。

3. **营造安居乐业的和谐社会。**洑西村希望通过旅游的带动开发,不仅让农民的钱袋子鼓起来,更能使本地村民能够在原生环境下幸福生活,快乐创业。洑西村将继续改善村民的生活环境,激发村民崇尚文明的热情,让越来越多的村民加入到旅游行业中来,不断提升其荣誉感、自豪感,为社会主义新农村建设注入健康和谐的新风尚。

洑西村在乡村旅游发展道路上取得了一些成果,主要得益于大自然恩赐给洑西村的独特自然禀赋,得益于各级领导、社会各界长久以来对洑西村的关心关爱,得益于全体村民持之以恒、奋发向上的精神。同时,洑西村也面临着周边地区竞争者越来越多,旅游产品相对比较单一,乡村旅游发展到现在已经遇到了瓶颈。

站在新的起点上,洑西村将积极做好引导,尽量避免同质化民宿无限制扩张,进一步提高管理和服务标准,充分整合区域旅游资源,打造新的旅游业态,想方设法彰显生态休闲特性。同时,加大与品牌旅游策划公司的合作力度,做大做强乡村旅游产业,使本地村民得到更大的实惠,使八方游客享受到更好、更多的快乐。

专家评语

发展特色民宿,创新管理模式,成立农家乐协会;打造品牌产品,成立大地春农产品专业合作社,采取"公司＋基地＋农户＋市场"的模式;培育旅游文化,通过在全村开展星级文明户、五好家庭等文明幸福创建评比活动,树立好村民的典型,正确引导村民以榜样的力量提高思想文化素质,优化社会风气。

国际乡村旅游小镇的湖州样本

——浙江省湖州市莫干山镇

一、基本情况

莫干山镇地处浙江省湖州市德清县，区域面积185.77平方公里，户籍人口近3.1万人。10年前，莫干山镇还是个靠山吃山的穷乡村，产业以低小散企业为主，旅游业虽起步发展，但以粗放的农家乐为主，政府年度财政收入不到4000万元，农民人均收入也刚到1万元以上，村集体经济薄弱，经济发展水平处于全县倒数。

2005年，莫干山镇率先在全省实施生态补偿机制，启动"生态立镇、旅游强镇"发展战略，依托"莫干山"的名山效应，大力发展精品民宿、户外运动、农业休闲、文化创意等产业，按照"原生态养生、国际化休闲"的理念，逐步培育形成了以"洋家乐"为代表的多元化度假产业融合发展格局，打造成为蜚声海内外的国际乡村旅游度假目的地。

据统计，莫干山镇目前登记在册民宿（含度假酒店）690家，床位11300个，其中精品高端民宿（含度假酒店）130多家，中端民宿300多家，吸引社会资本实际投资达40亿元以上；2018年莫干山镇接待游客人数260万人次，实现旅游收入近25亿元，同比增长20.6%，实现财政收入1.465亿元，同比增长25%，其中旅游三产贡献税收8500万元，旅游三产税收贡献率首次超过一、二产总和。其中，以"裸心谷""裸心堡""法国山居"等为代表的莫干山"洋家乐"产业实现营业收入19.8亿元，贡献税收达6000多万元，带动全镇直接就业人员5000余人。2018年莫干山镇农民人均可支配收入达3.3万元，较10年之前增长近3倍多，全镇18个行政村全部实现脱贫，村集体经济年收入都超100万元以上。莫干山镇先后被评为全国美丽宜居小镇、首批中国特色小镇、首批省级旅游风情小镇、中国国际乡村度假旅游目的地等,并被《纽约时报》评选为全球最值得去的45个地方之一。

二、主要措施与做法

(一)保护绿水青山,守牢生态底线

生态振兴是乡村振兴的前提和基础,没有好的环境,产业无论如何发展都是一句空话。莫干山镇始终坚持习近平总书记提出的"绿水青山就是金山银山"的发展理念,自2005年起,就在全省率先实施生态补偿机制,用3年时间关停了所有100多家涉水排污企业和108家畜禽养殖场,像保护自己的眼睛一样保护生态环境,为绿色产业发展奠定了基础。莫干山镇坚持"一张蓝图绘到底、一根管子接到底和一把扫帚扫到底"工程,"一张蓝图绘到底"就是坚持"生态立镇、旅游强镇"的绿色发展之路毫不动摇;"一根管子接到底"是指实施农村生活污水治理工程,民宿和农户通过农村生活污水处理系统处理后(其中7个房间以上民宿要求安装独立的污水处理系统,处理达标后才可纳管),全部纳入污水总管并接入县城污水处理厂,确保山区污水零排放;"一把扫帚扫到底"是指农村环境卫生长效保洁、垃圾分类、河道保洁等由镇政府统一管理,采用城市环卫管理模式,"一把扫帚"扫到每一个自然村和农户,保持环境整洁。

(二)重视改革创新,破解要素制约

为了更好地利用乡村闲置资源发展文化旅游度假新业态,在"洋家乐"的示范带动下,探索乡村宅基地、集体土地资源利用的新方式,争取到了点状供地的"坡地村镇"试点、集体经营性资产股份制改革、农村集体经营性建设用地入市试点等25项国家和省市改革试点,这些试点有效破解了制约三产发展中的土地、产权等制约因素,为莫干山率先发展乡村旅游提供了新的机遇。如"坡地村镇"试点采用点状的供地方式,不但节约旅游项目的土地指标,还降低了投资方的投资成本,吸引社会资本投资,提升项目品质。集体经营性建设用地入市试点,破解了集体土地的产权和经营权问题,即保护了投资者的经营权益,又能有效盘活集体闲置资产,增加村集体收入。这些改革试点,很多都上升到了国家和省级政策,得以在乡村旅游发展中推广。

（三）加强政策引导，鼓励返乡创业

人才振兴是乡村振兴的核心和关键，莫干山镇近几年采取多种措施积极鼓励在外年轻人返乡创业就业，促进产业发展和乡村振兴。一是为返乡创业创造良好的环境，落实各级创业奖励政策，并制定相关鼓励引导政策，吸引年轻人返乡创业。二是引导旅游企业加强本地年轻人的录用培养，如裸心集团大力招收本地年轻人就业，成了莫干山旅游人才的"黄埔军校"，为乡村旅游发展输出了不少旅游专业人才，直接带动乡村旅游发展。三是引导各村成立返乡创业组织，传帮带促进年轻人返乡创业。如莫干山镇仙潭村成立了全国首个村级返乡创业协会，为村里在外务工的年轻人提供各种创业信息、培训和服务，目前全村发展民宿125家，其中80%都是年轻人返乡创业后创办，直接带动了村民致富和集体增收。

（四）强化规范管理，提升行业品质

2015年5月，德清县以莫干山镇为实践样本，在全国率先推出了首部县级乡村民宿地方标准规范（《德清县乡村民宿服务质量等级划分与评定》），使乡村民宿走上了规范化、标准化与正规化的道路，2016年年底该标准被国家标准化委员会列入城乡统筹国家标准制定项目，德清民宿标准正式被立项为国家标准。以此标准为引领，又创办国内首家民宿学院，为乡村旅游发展提供业务指导、培训和规范管理服务。此外，莫干山镇还非常重视民宿的行业自律管理，将行业管理与村民自治相结合，成立莫干山民宿行业协会，制定莫干山民宿自治公约，加强行业自律管理。各行政村还将民宿管理、旅游产业发展、诚信守约等方面纳入村规民约，引导村民与外来投资者和谐共处，杜绝民宿租赁违约、抢夺资源等排挤外来投资者的情况出现。

（五）加大投资力度，夯实发展基础

落实专项资金，加大乡村旅游建设投入。通过政府主导，社会参与的模式，有效整合各类资源。通过历史文化村落保护、美丽城镇和美丽乡村建设以及林业、交通、旅游等多个重点建设项目筹集资金，在道路交通、节点建设、旅游厕所等累计投入资金达10.09亿元。吸引社会资本参与建设，共引进旅游三产项目40多个，计划投资规模达100亿元，对乡村旅游发展发挥了举足轻重的作用。结合全域美丽大花园建设积极推进"美丽细胞"建设，融美丽庭院、美丽菜园、美丽田园、

一、乡村民宿带动型

湖州市德清县莫干山镇

美丽步道、美丽河道、美丽水库、美丽森林建设形成全域美丽景观带；结合小城镇环境综合整治，大力提升基础设施，实施主要路段外立面改造提升、市政工程改造、全域亮化等工程，确保整体风貌统一协调；实施道路交通互联互通工程，完善交通标识系统，畅通城镇道路微循环；推动旅游厕所革命，新建改建公共厕所10座。

三、发展体会

（一）保护和开发要并重

保护和开发是相生相伴的，绿水青山要保护，同时也要开发，合理的开发和利用更是一种保护。德清县在2017年制定了《德清县西部保护与开发控制性规划》，规划主要进一步规范了环莫干山地区的保护与开发的关系，对西部山区生态容量、开发强度、保护措施等做了明确规定。注重历史文化挖掘与提升，在集镇改造中不搞大拆大建，将民国时期的老建筑成功改建成民国图书馆、交通馆、农村改良展示馆和庚村广场。通过规划引领，让开发和保护都在合理的范围内，科学引导乡村旅游发展，真正做到了既要绿水青山，更要金山银山。

（二）改革与创新是动力

莫干山的乡村旅游发展过程一直伴随着改革创新，无论是初始阶段民宿标准的制定，还是后来推进各项国家级和省级试点，都充分融入了莫干山的改革和创新。改革创新让莫干山实现了多个第一，首部乡村民宿地方规范标准、全国首个服务类生态原产地保护产品（洋家乐品牌）、首个民宿学院、农村集体经营性建设用地入市第一拍等。改革创新也让莫干山的乡村旅游在全国独树一帜，始终保持发展的活力和动力。

（三）人才和市场是关键

人才是莫干山发展乡村旅游最宝贵的资源，外来高端人才、返乡创业人才、专业人才、跨界人才以及其他各类人才结构合理，让莫干山的乡村旅游既能保持高端化、国际化，又能保持特色化、乡土化，既能让外来投资者有赚钱效应，又能促进村民致富和集体增收，打造形成乡村度假旅游示范地。尊重市场、发挥市场主体作用也是莫干山乡村旅游发展的宝贵经验，旅游是市场化程度非常高的行业，莫干山镇政府从民宿产业萌芽开始，就注重发挥市场主体作用，自己甘当"店小二"专心服务，让市场主体充分竞争，打造符合市场需求和人民美好生活需要的旅游产品，"洋家乐"品牌正是在市场主体的探索中形成的。

（四）制度和政策是保障

没有规矩不成方圆，乡村旅游，特别是民宿这些新生事物发展到一定程度就必须走上规范化和标准化的发展道路，需要制度和政策来保障。莫干山的民宿正是因为规范化制度化做得早，行业准入门槛高，政策引导到位，行业监管与村民自治也结合得比较好，因此当2016年全国其他地区出现民宿"毁约潮"的时候，莫干山基本没有类似情况出现，反而实现快速健康发展，逐步成为全国民宿发展的标杆。

专家评语

践行"绿水青山就是金山银山"的发展理念，坚持"生态立镇、旅游强镇"的绿色发展之路，自2005年起率先实施生态补偿机制，探索乡村宅基地、集体土地资源利用的新方式，争取到了点状供地的"坡地村镇"试点、集体经营性资产股份制改革、农村集体经营性建设用地入市试点等25项国家和省市改革试点，有效破解了制约乡村旅游发展中的土地、产权等制约因素。探索乡村民宿的规范化、标准化、品质化发展路径，为乡村民宿发展提供了"莫干山样本"。

体验徽州古韵　打造"梦里祖源"

——安徽省黄山市祖源村

祖源村，位于休宁县溪口镇西南部，距县城29公里，依偎在海拔685米的插角尖山腰，现辖6个村民组276户908人。村庄始建于宋代，生态绝佳，粉墙黛瓦，徽风古韵，如梦如画。村内拥有水口、古桥、古民居、古树、思贤岭等历史文化景观，尤以千年红豆杉而闻名，有百余亩梯田景观，是黄山市百佳摄影点之一。全村耕地面积52.1公顷，林地723.2公顷，水田43.1公顷，茶园40公顷，是一个以林茶生产为主的典型山区村。

2015年之前这里是一片片"断壁残垣"，一座座"人去楼空"，是典型的"空心村"。2015年11月底，来自上海的花甲老人庞焕泰扎根这里，成立黄山宏森投资发展公司，着手打造"梦里祖源"民宿项目。

祖源村年代久远，此前不少房子已经破烂，甚至倒塌，有的只剩下几根柱子，没有房子。另外，由于祖源村处于高山，生活条件很差，常年在外务工的年轻人对老房子失去兴趣，借国家出政策机会，不少村民纷纷往山下搬迁，"很多老宅破的破，倒的倒，没人打理，摇摇欲坠"。村中大部分人都是外出打工赚钱，只有老人和小孩。平时都冷冷清清，只有到了过年才热闹。在村里生活的人多数也是混日子，等着搬迁。

2016年年初，庞焕泰开始带领自己的团队，在休宁县溪口镇祖源村租下30多栋破烂旧屋、猪圈和堆满垃圾的废地，准备拯救这些徽州老宅。在他的努力下，投入数千万元，一幢幢旧民宅、危房如今已经改建成为特色民宿，祖源村也成了旅游、休闲、养生的"梦乡村"。一期开发民宅26栋，客房50余套。二期项目正在紧锣密鼓建设中。

如今在祖源村，不仅可以欣赏到粉墙黛瓦、青山绿水、古树田园的乡村美景，

溪口镇祖源村

还能体验到精心改造的民宿、饭庄、面包房和咖啡馆、书吧等，也能品尝到地地道道的农家美味，更能感受到浓郁的徽州古韵。

祖源为古村民宿提供了一个标本参照，宏森公司与村民融合一体，联动发展，脱贫致富，成为新乡村建设的先行者。

专家评语

祖源为古村民宿提供了一个标本参照，宏森公司与村民融合一体，共同修缮村庄残破的现有房屋，通过建设基础设施，新建、改造民宿，带动村民努力开发当地的自然资源，唤醒村民生活活力，联动发展，脱贫致富，成为新乡村建设的先行者。

挖掘地方特色资源
大力发展武当旅游新业态

——湖北省十堰市武当山旅游经济特区

一、基本情况

　　武当山旅游经济特区景区办事处于2011年3月成立，与景区管理局、景区综合执法大队合署办公，负责景区社会管理和景区的规划、开发、建设、保护和管理等工作。景区办事处现下辖8个村，共有25个村民小组，村两委会干部35人；村民900余户共3000余人，总面积16.9万亩（112.7平方公里）。辖区内经营单位（个体户）211家，其中大中型宾馆21家，景区内住宿容纳量共有2000余张床位，经营从业人员700余人。

　　2018年以来，武当山景区围绕打造特色产业增长极，充分挖掘地方特色旅游文化资源、生态资源，以打造"武当369"品牌为契机，结合武当369品牌打造和三大攻坚战行动，积极发挥各村资源优势，打造支柱产业，紧密依托景区旅游资源，按照"一村一品"的发展思路，深度整合景区旅游要素，大力培育民宿旅游新业态，全力推动旅游扶贫富民，促进辖区各村快速发展，有力助推了脱贫攻坚和乡村振兴。

二、主要做法

　　1. 把民宿旅游作为脱贫攻坚着力点。 2018年以来，景区办事处牢固树立旅游扶贫、民宿致富的理念，把民宿旅游作为脱贫攻坚着力点，大力推动发展旅游民宿开发产业，动员有能力的贫困户自己发展民宿产业、没有能力的贫困户将自己闲置的房子向外租赁，依托"5A级景区"优势资源，以核心景点为支撑，以食、住、游要素配套为重点，辐射带动景区周边民宿群发展，以"游在景区、住在民宿"的模式，让贫困群众借力民宿旅游，分享更多发展红利，加快脱贫步伐。建立旅游扶贫帮扶机制，精心打造了紫霄宫福地居民宿、隐仙别院道家养生、太和紫隐道文化体验等一批休闲养生民宿客栈品牌；促成太和索道公司与豆腐沟村签订村企扶贫开发框架协议（豆腐沟村养生基地项目），太子坡明月道院特色民宿已全面营业，太子坡停车场周边民宿集群项目逐步形成，大湾村、鲁家寨村民宿改造稳步推进。目前景区各村通过发展民宿产业带动贫困户 26 户 113 人。同时，通过打造八仙观道茶文化基地、隐仙谷中药材基地、鲁家寨茶叶基地、紫霄旅游基地四大产业基地，建设八仙观村茶叶扶贫车间、鲁家寨村茶叶扶贫车间、太子坡顺村源茶叶家庭农场扶贫作坊、大湾扶贫销售摊位、逍遥谷扶贫摊位、太子坡扶贫摊位，吸纳贫困户参与景区护林、环卫工作等方式，景区旅游产业扶贫覆盖 140 户，带动贫困人口 529 人。

2. 把民宿旅游作为深化农业供给侧结构性改革切入点。2018 年以来，景区办事处积极推进生态文化旅游业与农业深度融合，景区"旅游＋文化""旅游＋农业"等旅游新业态迭出，八仙观村春茶采摘体验游蔚然成风，鲁家寨生态养殖观光园游人如织，豆腐沟村冻豆腐供不应求。八仙观村与祥源公司合作成立湖北祥源八仙观茶叶有限公司，茶场管理水平和产销能力显著提升，八仙观村农家客栈房屋维修改造全部完成、太子坡村旅游民宿开门迎客、大湾村 10 户旅游扶贫特色摊位全面提档升级、紫霄村七星树旅游商铺改造竣工投用、鲁家寨村生态农业和民宿项目规划初步完成，景区新增加特色旅游民宿 10 余家，五龙村蜂蜜养殖产业顺利推进，让传统农房变成旅游民宿，传统种养方式变成体验旅游，传统农产品变成旅游商品，既弥补了休闲度假、文化体验、康体养生等旅游业态短板，又促进了农业转型升级、提质增效。

3. 把民宿旅游作为全域旅游引爆点。随着"武当 369"全域旅游品牌的成功推出，景区办事处利用现有资源，抢抓机遇，大力发展旅游特色产业，武当旅游新业态不断展现——太和紫隐荣获 2017 年度湖北省金宿级民宿，隐仙别院、福地居 33 号、道舍客栈等特色民宿、客栈持续升温，八仙观文化旅游综合项目顺利推进，太子坡、八仙观、紫霄等景点体验游、养生游已成为景区新的旅游经济增长点。目前大湾村民宿改造项目、鲁家寨村生态农业和民宿改造项目、太子坡明月道院等一批休闲养生民宿客栈品牌已初具成效，集旅游休闲、武术养生等为一体的特色民宿客栈产业发展体系逐步建立，民宿旅游已成为全域旅游的引爆点，"住

一、乡村民宿带动型

武当山景区

农家屋、吃农家饭、赏农家景、干农家活、享农家乐"的旅游新业态已成为武当山景区旅游新风尚。

三、主要成效

　　武当山旅游经济特区坚持把民宿产业作为精准扶贫的着力点、农业供给侧结构性改革的切入点、乡村振兴的突破点来抓，探索创新发展模式，推动全域旅游迈入了新阶段、脱贫攻坚增添了新动力、美丽乡村孕育了新变革，全面加快了武当山景区决战脱贫攻坚、决胜全面小康社会进程。民宿作为武当山景区全域旅游的重要支撑、乡村振兴战略的重要抓手、满足新时代人民群众对美好生活向往的重要载体来抓，将为决战精准脱贫、决胜全面小康做出新的更大贡献。

专家评语

　　紧密依托国家5A级旅游景区资源，按照"一村一品"的发展思路，大力培育民宿旅游新业态，全力推动旅游扶贫富民，促进辖区各村快速发展，形成"游在景区、住在民宿"的模式，让贫困群众借力民宿旅游，分享更多发展红利。同时能够围绕茶叶、中药材等特产资源开发旅游产品，丰富游客体验，集旅游休闲、武术养生、农事体验等为一体的特色民宿客栈产业发展体系逐步建立。

特色产业引领　开辟乡村振兴新路径

——广东省广州市米埗村

良口镇米埗村位于广州市从化区北部山区，近年来，米埗村紧紧把握实施乡村振兴战略机遇，充分发挥区位优势，依托优美自然环境，大力推进特色小镇建设，盘活乡村"沉睡"资源，因地制宜打造岭南风貌凸显的高端民宿群，激发乡村产业活力，促进农村一、二、三产业融合发展，推动乡村旅游提质增效，培育乡村发展新动能。目前，米埗村6家不同特色的民宿改造完成开业，整体规模达到52间房左右，改造建设了稻田乡村休闲茶吧、乡村青年创业中心、土特产中心、竹工艺创作工作室、碾米坊、竹影休闲广场、绿道休闲长廊，合作建设了生态设计工作室，初步形成了以米社·莫上隐为代表的高端民宿产业集群。2018年，米埗小镇已接待游客20余万，主要为珠三角区域游客，以及部分中国香港、中国澳门和外国游客。2018年，村民人均纯收入达到3.5万元，集体收入达到100万元；2019年预计村民人均纯收入将达到4.5万元，集体收入将达到150万元。

一、主要做法

（一）抓人居环境整治，提升生态宜居水平

全面开展"三清理、三拆除、三整治"，认真落实河长制，制度化、常态化开展"珍爱家园"、全民动员活动、"小手拉大手"共建家园活动等，通过领导挂点督导检查、村干部带头打扫卫生，带动全体村民对房前屋后、田边水渠和村道、社道、绿道等区域，进行常态化环境治理，保持村社环境卫生整洁，不断提升村庄生态宜居水平。根据从化区在全省率先出台的农村建筑工匠管理办法，米埗村积极组织参加全区农村建筑工匠培训班，在培育规范化农村建筑工匠队伍的同时，有效加

强了对村民建房的规划和管理。

（二）抓建筑风貌管控，凸显岭南乡村特色

坚持统一规划布局、统一风貌设计、梯次推进旧村微改造。重点通过以奖代补政策、金融惠农服务和村企合作等方式，以旧村微改造为主要手段，在坚持"不搞大拆大建、不搬迁原住村民、不增加建设用地"原则的前提下，以"绣花"功夫对村容村貌进行整体改造提升，凸显岭南乡村风貌，实现生产生活生态相融合。按照统一规划，米埗村旧村微改造工作主要分三期开展，其中第一批主要是已进驻民宿及党群服务站周边区域；第二期主要是村入口灌渠、绿道周边连片区域；第三期是把旧村微改造工作覆盖全村。

（三）抓产业发展布局，聚焦发展特色民宿

米埗村坚持加强与周边从都国际会议中心、香港赛马会从化马场等高端商旅项目资源的优势互补，加快盘活乡村闲置低效资源，大力发展以田园、稻香、休闲、文创、康养为主题的高端精品民宿，打响米埗高端民宿品牌。同时，根据从化区在全省率先出台的《促进民宿业发展实施意见》，由米埗村高端民宿业主牵头组建了广州市首个民宿行业协会，并立足全区民宿发展总体布局，聚焦发展中高端民宿的定位，精准强化民宿品牌建设和人才培养。

（四）抓沉睡资源盘活，强化村民组织能力

为进一步提升村民在市场经济中的组织化水平，米埗村采取"公司＋农民合作社＋村民"的乡村民宿产业发展模式，在全省率先成立了第一家以民宿为主的农民专业合作社，并由合作社负责统一流转村民闲置房屋、山地、稻田等资源资产，转租给企业改造后开办民宿，统一打造高端民宿产业集群，实现与村域范围内的从都国际会议中心协同增效、相得益彰的错位发展格局。截至目前，有意向利用闲置房屋开办民宿的有77户338间房，其中已有48户216间房经过农民专业合作社平台与企业签约租赁合同。

（五）抓共建共治共享，推动实现共同富裕

创新基层治理形式，充分利用线上"仁里集"基层治理一键通云平台、党建

微信群，以及线下党群服务中心、民主法治议事大厅等，推动小镇民主决策、科学运营。成立米埗民宿集群小镇管委会，由镇、村、社、企业、村民代表共同参与，在米埗民宿集群发展过程中，共商、共议、共管、共治，保障民宿产业良好发展秩序。拓展村民增收渠道，建立村民与村集体、合作社、民宿企业利益共享机制，鼓励民宿企业返聘村民参与民宿经营管理，鼓励村民利用自身特长和闲置资源依托民宿经济大力开展创新创业，通过"租金收入+工资收入+合作社分红+经营性收入"等多个收入渠道，实现户户增收、人人增收的共同富裕愿景。

（六）抓基层党组织建设，发挥战斗堡垒作用

积极引导村党组织发挥"统揽全局、牵头抓总"的作用，选优配强"领头雁"，选举年富力强的新支书，并选派镇政府优秀青年干部任驻村第一书记，切实增强基层党组织的战斗力、凝聚力。建设新时代文明实践站，以群众喜闻乐见的方式大力开展新时代文明实践活动。制定党支部固本强基作战图和党建引领乡村振兴作战图，持续深入开展党群"连心桥"行动，落实"走村不漏户、户户见干部"的党员干部联系群众机制，由党员干部带头拆违建、搞卫生、发展民宿。开发利用红色资源，激励党员干部群众凝心聚力推动乡村振兴。

二、下一步打算

根据米埗民宿群改造规划，下一步将稻喜湾的帐篷区域与从化温泉广场的帐篷相结合，为每年的帐篷节与从化山地马拉松（国际赛）提供更好的场地与服务。修

从化区良口镇米埗村

复更多荒置的农用耕地，打造田园综合体，将土地资源进一步转化为资本。另外，将村里闲置或倒塌的土房进行改造与修复，作为观光旅游点。

专家评语

　　通过打造高端民宿群小镇实现旧村改造的典型案例。采取"公司＋农民合作社＋村民"的乡村民宿产业发展模式，充分利用线上"仁里集"基层治理一键通云平台、党建微信群，以及线下党群服务中心、民主法治议事大厅等基层治理平台，推动小镇民主决策、科学运营。通过建立管理有效、分配合理的利益联结和治理运营机制，在共建共治共享方面做出良好示范。

依托全国民宿示范品牌
打造全域旅游与旅游扶贫重要一极

——广东省惠州市禾肚里村

　　诗意禾肚里，心灵栖息地。全国民宿示范单位一百强——禾肚里品牌旗下禾肚里稻田民宿在广东省全域旅游的大背景下应运而生，一经推出便以其鲜明的农耕主题特色引起强烈的市场反响，成为"网红民宿"，2016年年底入选《中国最美民宿》案例；2017年获评首批全国民宿产业发展示范单位；2017年荣获惠州市最佳推荐旅游目的地；2018年获评为"博罗新八景"；禾肚里创始人郑春桃女士获"中国民宿100人"荣誉称号。2018年9月，禾肚里品牌成为中国扶贫基金会合作运营商。禾肚里以"稻田农耕主题"及"劳作变体验"旅游类型代表获得市场追捧与游客青睐，成为广东全省2018年全域旅游工作现场会必看点，以实际效应成为全域旅游与旅游扶贫重要增长业态，不断助力广东省建设"宜居、宜业、宜游"世界旅游休闲目的地新发展。

一、同类型考察，精准化定位，主题型设计，改建废弃小学为稻田醉美民宿

　　1. 走遍千山万水，在同类里反复考察，汲取宝贵经验。创建"禾肚里"民宿品牌前，该品牌的创始人从事教育行业已经十年有余，从未涉足民宿产业。为了追求"诗歌和远方"，让一腔情怀落地，她先后走访考察了国内同类型民宿或酒店，远赴东南亚亲身居住体验并与当地民宿主交流，汲取成功的经验，规避民宿弯路与民宿坑，这些为禾肚里后来的落地生根积累了宝贵经验。

　　2. 找准经营定位，在情怀中沉淀思考，找准盈利方向。据不完全统计，目前80%的民宿处于不盈利或微盈利状态，为了既能让情怀落地又能实现盈利，禾肚里

一、乡村民宿带动型

创始人分析了大量不盈利民宿案例,发现准确的经营定位是成败的关键;于是因地制宜提出把"农耕主题"作为禾肚里核心,客房以二十四节气串联,把亲子旅游作为重要业务板块,并搭配本地农特产品与稻田文创产品,实现盈利多样化。

3. 创意农耕主题,在稻田上抒写文章,打造田园牧歌。为了让理想中的民宿落地,创始人高价聘请了著名设计团队在废弃小学与稻田上进行创意设计,把学校宿舍变成农耕主题客房,把操场变成内部观景栈道,把稻田变成亲子游乐园和乡村漫步道,并设计了稻田上的餐厅、稻田上的茶室,同时充分结合乡野乐趣,开辟了农业科普观光园、陶艺吧、房车露营基地、亲子采摘园等配套娱乐设施,打造了一幅自然而然的田园牧歌乡村民宿图景。

惠州市禾肚里村

二、走升级线路,办民宿学院,做品牌输出,助推区域品牌为全国民宿品牌

1. 发挥自身特色,不断更新升级,让民宿永葆吸引力。每天的禾肚里都充满了不一样,为了避免民宿热造成的枯燥乏味,禾肚里不仅激活了农村闲置物业,让"农房变客房",并将学校的文化融入其中,逛民宿的同时仿佛在逛一座学校;同时,通过开展"春耕秋收"等稻田农耕体验、传统手艺现场教学(陶艺制作、编稻

草人等）等体验活动，打造了中小学生研学体验基地；为了契合智慧旅游，民宿配套有田间观景栈道、餐饮服务、特产销售、旅游厕所、停车场、自行车租赁等服务功能，通过手机端可实现订房、购物、租车等服务，有效提升区域旅游的软硬件设施水平和旅游接待能力。后期，为了解决"一房难求"问题，禾肚里陆续开辟了房车露营体验基地，极大丰富了乡村旅居业态。

2. 利用人才优势，开办民宿学院，让民宿永葆竞争力。不论是发展民宿还是乡村振兴，关键在于"人"。为了培养大量的民宿经营管理人才及服务人员，禾肚里通过联合高校、农民企业家、农户，开展民宿人才培训班，打造了"民宿学院"、农民创新创业"双创基地"、研学体验基地，培养民宿经营人才，乡村旅游、民宿从业人员和乡村旅游讲解员，充分激活了乡村旅游活力。

3. 紧扣品牌优势，助推旅游扶贫，让民宿充满影响力。民宿目前是乡村旅游扶贫的重要支撑点和发力点，禾肚里积极响应号召，助推旅游扶贫，于2018年9月成功竞选湖南凤凰古城拉毫村项目成为中国扶贫基金会合作运营商，正式走出广东省投入全国精准扶贫行列。

三、结合大资本，实行大联盟，拥抱大旅游，提质区域旅游为全面全域旅游

1. 敬畏资本的力量，让资本成为民宿发展的助力棒。民宿在某种程度上属于重资产投入，回报周期一直比较长，真正属于"情怀"的产物。尽管禾肚里盈利状况还行，但要获得更大规模和更长久的发展，还需要强大的资金背书，特别是与传统OTA旗下品牌比较还有很大实力悬殊。目前，禾肚里正在与多方资本接洽，在禾肚里品牌输出的道路上，资金将会占据一定的位置。

2. 结成民宿的联盟，让联盟成为民宿资源的搅拌器。从最开始的惠州市民宿协会，到惠州市民宿学院，再到正在筹备的广东省民宿学院，禾肚里不断转型升级，向民宿3.0版蜕变。通过与业内民宿主交流，禾肚里深知单打独斗的时代已经过去，要想谋求发展就必须形成民宿联盟，实现资源共享，让民宿实现民宿界里的"优胜劣汰"。

3. 顺应旅游的趋势，让趋势成为全域旅游的鼓风机。这个时代，趋势为王。广东省全域旅游大会以后，陆续出台了《广东省促进全域旅游发展实施方案》与《广

东省民宿管理办法》，这是信号更是引导。禾肚里顺应趋势，在修炼"内功"的同时有选择性地"外拓"和"输出"，虽然难免会面临一些阵痛，但在大趋势背景下，未来可期，一片美好，这或许正是不断完善的"禾肚里模式"。

专家评语

  借助同类型考察，精准化定位，主题型设计，改建废弃小学为稻田醉美民宿，创意农耕主题，在稻田上抒写文章，打造田园牧歌；走升级线路，利用人才优势，办民宿学院，做品牌输出，助推区域品牌为全国民宿品牌；结合大资本，实行大联盟，拥抱大旅游，结成民宿的联盟，提质区域旅游为全面全域旅游。

腾龙飞跃　火山始行

——海南省海口市人民骑兵营民宿

一、基本情况

人民骑兵营民宿项目位于海口市秀英区石山镇火山口公园西南侧，由已经废弃8年的秀英岭西小学改建而成，是海口市石山互联网小镇孵化成功的一个创新型文旅项目。该项目将农村的闲置资产转化为高效经营资产，实现了农村去库存和供给侧改革。

营区建筑经营面积超过3500平方米，占地43亩，已经建设有精品主题民宿15间，将自行车文化与现代时尚的loft工业风格相结合，共有24张床位；另设有商务房8间，32张床位；青旅客栈10间，可住宿140人。建设的配套服务项目有：自行车主题咖啡厅、火山书吧、房车营地、户外真人CS场地、会议室、15集火山广场、民宿游客休闲区、户外拓展草地，可以提供餐饮、住宿、露营、亲子游、青少年课外培训、企业拓展和会议服务等服务，是一个以火山乡村骑行为主题的多功能乡村旅游点。

项目在2016年1月16日正式开营，运营至今，人民骑兵营已是"互联网＋农业＋体育＋旅游＋教育"的创新型文旅项目。被海口市科协认定为科普教育基地和海口市青少年科技活动站，并成为多家教育培训机构、户外俱乐部的教育培训活动基地，多家行业协会、学会和大学挂牌的创新实践基地。

二、主要特点

（一）乡村骑游

乡村骑行旅游产品是人民骑兵营利用石山镇美丽乡村绿道资源，打造的经典乡

一、乡村民宿带动型

人民骑兵营民宿

村骑行线路，其将各个火山古村落串联起来，由领骑员带领广大游客、市民骑行游览乡村特色美景，感受石山火山风情，生态风貌，体验乡土历史文化，让游客身体运动起来，积极参与骑行，通过低碳出行的乡村骑行方式，来实现石山地区美丽乡村的全域旅游。

（二）策划组织活动 + 农业休闲游

在运营中除了通过给各类客户策划组织活动导入流量外，每年到水果采摘季，针对不同水果的成熟时间，市场部就提前策划发布采摘信息，安排组织游客采摘活动，一方面游客游玩了美丽乡村，体验了采摘乐趣，吃到了新鲜水果，另一方面帮助周边果农销售，增加了其经济收入。另外结合赛事活动，还在营区内外组织策划了多场次农夫市集扶贫活动，组织游客参加购买，帮助各地村民销售农产品。让广大游客在农业休闲游玩时感受乡村之美，又能品尝到新鲜农特产品。

（三）旅游就业 + 农特产品销售

人民骑兵营项目已经聘请20多位本地村民从事营区运营及管理工作，人均工资在2500元左右，另外根据项目的经营业绩还会有分红和提成等其他收入，通过对当地村民进行较为专业的服务培训和职业教育，让他们在乡村旅游运营服务中不断提升业务水平。

人民骑兵营开发的"本地村嫂农家菜"特色餐饮。不请大厨，而是聘请本地厨艺精湛的村嫂，平时采购的食材都源自农家自种自养，绿色天然，其中主要菜品石山雍羊、石山黑豆腐、黑豆猪脚煲、农家炒土鸡等深受游客欢迎。食材采购通过公司与村民合作联营的模式，带动了本地农特产品销售，帮助农民实现增收。据统计，每年餐饮原材料采购费用在 40 多万元。

三、发展启示

（一）增加民宿产品附加值，才能使民宿更具特色和竞争力

经营中打破常规，根据民宿所在区域——石山地区各个古村落的特色，打造升级乡村骑行旅游特色产品。深入挖掘本地资源，进行场景穿越还原，给客人带来与众不同的民宿体验。同时通过不同形式的渠道进行媒体宣传，扩大人民骑兵营的知名度，将石山地区民宿和美丽乡村旅游工作向前推进。

（二）创新主题活动策划需常态化

民宿市场一般都有淡旺季之分，如想做到淡季不淡，旺季更旺，就必须依托石山地区乡村现有条件，携手社会各方面资源一起，在各个时间段策划各类丰富的主题活动，吸引岛内岛外的客人参与及入住，以此促进乡村旅游繁荣，带动乡村经济发展。

专家评语

人民骑兵营项目将农村的闲置资产转化为高效经营资产，实现了农村去库存和供给侧改革，已成为"互联网+农业+体育+旅游+教育"的创新型文旅项目。乡村骑游、"策划组织活动+农业休闲游""旅游就业+农特产品销售"作为项目特点，同时在经营中打破常规，根据民宿所在区域——石山地区各个古村落的特色，打造升级乡村骑行旅游特色产品。

穿越时空隧道 品百年古城梦

——云南省大理白族自治州甲马驿栈

剑川甲马驿栈是在始建于清代中期的民居古建筑基础上，遵循民居院落保护"最小干预，最大保护"文化信息原则进行维修，又在"适宜现代人居住"的理念下通过两年多改造修复而成的特色民居客栈。客栈占地面积1200平方米，属两层楼土木结构建筑，融白族古建筑、园林、亭台、照壁、沟渠、水榭、走转角楼为一体，客栈内装修有500多扇各式各样明清木雕格子棂窗，犹如一个木雕窗子艺术展示馆，客栈是中国木雕艺术之乡剑川木匠传承百年的经典古建筑。

驿栈位于云南省大理白族自治州剑川古城西门外街，距大（理）—丽（江）高速公路仅1.5千米，地处丽江与大理两大旅游热区之间，是进入香格里拉旅游区的必经之地，交通便利。驿栈是全国唯一一家致力于非物质文化遗产民间木刻雕版印刷——白族甲马艺术展示与体验为主题的特色民宿客栈。驿栈内设有22个特色客房，有甲马雕版印刷体验室、特色茶吧、书吧、文化长廊等。2015年被云南省旅游标准等级认定委员会评为"云南省四星特色民居客栈"，2018年被云南旅游饭店发展大会组委会评定为"2017年云南省优秀特色民居客栈"。

剑川甲马驿栈所在的剑川古城建于明洪武二十三年（1390年），距今已有600多年的历史，以白族为主的居民世居在古城内，保留有浓郁的白族原生文化，被誉为白族文化的聚宝盆。古城内保留有明代民居古建筑40多座，清代至民国时期建筑800多座，是研究云南乃至中国民居建筑发展、街区演变历史的重要实物载体，具有较高的历史文物价值与建筑艺术价值。甲马驿栈位置下临全国重点文物保护单位"剑川古城西门街明代古建筑群"，上连全国重点文物保护单位"剑川景风阁古建筑群"，可谓"十步之内皆古建"。

客栈开业近4年多来，已接待了几万人次的中外旅客，是中央美术学院与全国

大理州剑川甲马驿栈

各大美术院校学生写生与下乡的合作接待点，也是现在流行的"游学与研学"旅游的首选目的地。由于客栈以体验文化为主题，加之诚信经营，又率先主动配合当地税务部门安装国家税务试点改革的"税控系统"，方便客人同时也方便自己，客人入住满意度与对外推荐率到达98%以上，客栈解决了8个农村就业岗位。剑川甲马驿栈2016~2018年近三年平均住宿入住率70%左右，营业总收入近200多万元，交纳营业税12万元左右。

甲马驿栈是剑川古城第一家开设的特色民宿客栈，在甲马驿栈的启发与带动下，剑川古城居民纷纷把自家闲置的古旧民居院落进行改造建设，古城现已有几十家的特色民宿客栈，解决了近百个的就业岗位，让古城居民切身体验到了用自己保护的文化遗产实现了脱贫致富奔小康的甜头。使古城居民重新认识了古旧民居所具有的特殊魅力价值，让古城群众自觉投身与参与到古城民居的合理利用与有效保护管理和开发中。

专家评语

甲马驿栈是全国唯一一家致力于非物质文化遗产民间木刻雕版印刷——白族甲马艺术展示与体验为主题的特色民宿客栈。客栈装修材料全部使用当地传统绿色生态环保的木材，驿栈客房设计第五空间独特创意，具有自己独立的甲马雕版印刷体验室文化特色。

二、民俗文化依托型

　　以历史建筑、文物古迹等为旅游吸引物，挖掘传统的民俗文化、农耕文明、民间技艺等，体现乡村旅游的历史文化内涵。旅游资源具有历史性或某段时期的历史代表性，区内分布物质文化遗产或非物质文化遗产，文化价值较高，资源保护要求高。其核心是通过文化元素牵动旅游业的发展，注重文化遗产的保护和合理利用，民俗文化的展示和传承。

大力发展乡村旅游　促进古村长效发展

——北京市门头沟区爨底下村

一、基本情况

　　爨底下村位于北京市门头沟区斋堂镇，因在明代"爨里安口"（当地人称爨头）下方得名。距北京城区90公里，海拔650米，村域面积5.33平方公里。该村始建于明永乐年间（1403～1424年），距今有500多年的历史。四面群山环抱，山峦起伏蜿蜒，山势奇异优美。村子坐落于缓坡之上，以龙头山为中轴线，呈扇形延展，依山而建。有保存完好的明清建筑风格为主体的山地四合院76套、房屋656间，排列井然、错落有序、布局严谨，是目前保存最为完整的古民居群。

　　爨底下是国家3A级旅游景区、北京市级文明单位、市级民俗旅游专业村，也是北京市的天然生态氧吧。2003年被国家建设部、国家文物局评为首批"中国历史文化名村"；2005年被中外旅游推广委员会评为"中国最具旅游价值古村落"；2006年被国务院公布为"全国文物保护单位"；2009年度入选"北京最美的乡村"、北京美丽乡村联合会会员村；2010年被北京市农工委、市旅游局、电视台评选为"北京最美的乡村"；2018年入选北京首批市级传统村落名录。

二、旅游资源

（一）自然景观得天独厚

　　爨底下四面环山，"背靠龙头浸水，前照金蟾望月"，上有古栈道、双龙洞，下有门插岭，还有神龟啸天、蝙蝠献福、佛影照庄、笔架、笔峰等自然景观。爨底下村位于天津关古道中，爨头下方是一处天然关隘，裂谷长达100多米，堪称天险，其景观十分奇特，无比壮观，俗称"一线天"。

（二）建筑景观特色突出

中国著名建筑学专家罗哲文先生讲："爨底下古山村是一颗中国古典建筑瑰宝的明珠，它蕴含着深厚的北方建筑文化内涵，就其历史、文化艺术价值来说，不仅在北京，就是在全国也属于珍贵之列，公之于世，功莫大焉。"

小到爨字，大到整个村子，爨底下村的建筑结构和追求都堪称美妙绝伦。该村坐北朝南，依山而建，呈扇形结构向两侧延展，从对面山上看恰似一个金元宝。村庄统一规划，每个四合院、门楼都建得精良、漂亮，砖雕、木雕、石雕刀法纯朴，充满吉祥。颂词壁画、楹联，俊秀典雅，洋溢着富贵。北京有八大祥，爨底下有八大家，如最具代表性的财主院大五间、地位最尊贵的广亮院。爨底下村古民宅整体建筑规划严谨，局部装饰独具匠心，把一幅古朴、完整的"清代民居图"展现给了世人。

（三）文物古迹众多，民俗活动丰富

爨底下村有明正德十四年（1519年）守口千户李宫率众修古道，刻石记铭的"爨里安口"，有清康熙四年（1665年）修建的伏魔龙神圣庙，还有娘娘庙、五道庙、山神庙、龙王庙、魁星庙、仙人堂等众多文物古迹。

爨底下村内文化娱乐活动丰富多彩，延续至今的民俗文化如正月十五转灯游庙、荡秋千、唱蹦蹦戏、耍中幡、民间说唱等，每一项活动无不充满着村民向往文化的追求。

三、乡村旅游发展的路径及经验

（一）注重顶层设计，整合优质资源

按照门头沟区斋堂镇"传承历史文脉、建设斋堂古镇"的工作思路和功能定位，对爨柏沟峪线上六个村的旅游文化资源进行整体开发。以爨底下村为首，发挥爨底下旅游强村的优势，重组旧青龙涧村、双石头村等六村的旅游资源。根据环境特色规划了沟域经济发展的产业布局，将爨柏沟建成了集生态旅游、

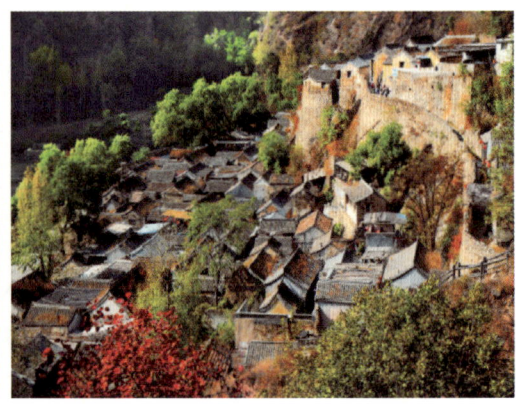

门头沟爨底下村

民俗旅游、休闲旅游等旅游产业为一体的旅游沟峪带，使爨柏沟峪更加立体、更加有声有色。

（二）强化整体意识，创新管理和开发模式

独创旅游开发模式——"五环模式"，即以文化遗产地和乡村旅游地为地域依托，将经营、管理、盈利、营销和开发五种模式有机地融合在一起，环环相扣，形成了一个完整的文化遗产旅游开发体系。

经营模式。即"集体统一经营＋农户分散经营的自主经营模式。"爨底下村作为一个自然村，单位主体是农户家庭，奠定了农户分散自主经营的基础。

管理模式。即政府垂直管理。经过多年调整领导机构，选聘管理人才，制定发展规划，完成了多项基础设施建设工程。景区面貌得以改善，经营管理逐步规范化。

盈利模式。即利用古文化资源和人力资源，以旅游为龙头带动相关产业。主要盈利能力体现在景区门票、开办农家乐和出售旅游产品三个方面。其中值得一提的是，爨底下充分挖掘本地文化遗产蕴藏的商机，注册"爨"和"爨底下"商标，涉及五大类50个品种，将无形资产转化成经济效益。

营销模式。即"借助媒体、利用口碑、打造品牌、联合营销"。其中借助媒体是爨底下村营销的一大亮点，该村对所有媒体实行优惠政策，对进村记者一律免收门票，对宣传爨底下村的影视作品不收费，近年来，爨底下村的各类报道上百篇，在爨底下取外景的电影、电视剧多达60余部，其中不乏电视剧《三国演义》，电影

《投名状》《手机》等一系列颇具影响力的影视作品。

开发模式。即"以集体统一管理+全民参与的开发模式",依靠集体管理对遗产资源进行合理有效的保护,保障可持续发展和永续利用;全民参与使农民从旅游中直接受益,从而自觉参与旅游产业实践,促进村落旅游经济的发展。

(三)紧抓民宿发展契机,促进古村旅游提档升级

近年来,为了更精准、更有力地推动精品民宿在门头沟生根落地,门头沟区充分抓住与西城区结对协作的大好机遇,设立了8亿元乡村振兴绿色产业发展专项资金,通过集成精品民宿发展政策服务包,打好贷款利息补贴、担保补贴等扶持政策"组合拳",提高招商引资精准性,积极撬动社会资源资本,引入全国、全市优秀民宿企业及银行、担保公司,聚力打造精品民宿。

目前,爨底下村有星级民俗旅游接待户和精品民宿30余家,精品民宿以个人经营模式为主,即个人通过租赁闲置院落或宅基地或直接对自有院落、宅基地进行投资、建设,一个人或几个人合伙经营的民宿。其中具有代表性的是"爨舍"。爨舍有3个院子(爨舍、椿舍、銮舍)处于运营状态,共有16间客房,房间价格300～1000元/晚,目前年收入已破百万元。"爨舍"将爨文化、家文化、四合院元素融入民宿,在保留原始风貌的前提下提升改造传统四合院,以达到相对独有且不容易被复制模仿的"爨舍"风格,并在开业当年就被北京旅游局评选为"最受网友喜爱的民宿"之一。

下一步,爨底下将结合门头沟区出台的民宿发展相关政策,利用自身自然环境、人文历史和古建筑优势,吸引社会资本和旅游企业,对标国家标准,培育更多优质的星级民宿。

(四)坚持以人为本,促进古村旅游长效发展

近年来,爨底下村(爨柏景区)按保底提成的方式保证村集体的利益,惠及爨柏沟六村的千余名群众,给各村人民带来了经济上的积极效应。不仅提高了当地农民的收入,自产的干鲜果品、山货就地销售,更是使爨底下村真正起到了带动作用,使景区中各村的休闲产业得以发展壮大,同时整个斋堂地区的集食、住、行、游、购、娱为一体的新经济形式得到了发展,起到了推动性的作用。

今后,爨底下村将继续按照"一个中心辐射六条沟峪经济带"的产业发展格

局，大力发展乡村旅游，为农民创收，为游客提供更好、更优质的休闲度假、游览观光的环境，为争创国家 4A 级旅游景区、国际民俗村而努力奋斗。

专家评语

依托传统村落的古建筑群资源和丰富民俗文化，注重顶层设计、整合优质资源，带动爨柏沟峪线上 6 个村的旅游文化资源进行整体开发。独创旅游开发模式——"五环模式"将经营、管理、盈利、营销和开发 5 种模式有机地融合在一起，既发挥了集体管理的整体规划设计优势，又保留了农户自主经营的灵活性和积极性，引导全民参与、注重利益分配。

筑牢党建根基　厚植文化根脉

——天津市蓟州区小穿芳峪村

小穿芳峪村总面积761.74亩，其中山场200亩，耕地295亩。近年来，村里的经济发展很快，从2012年的集体经济零收入发展到2018年的100万元，村民人均收入也从8400元提升到30000元，旅游产业得到长足发展。2014年获得全国休闲农业与乡村旅游示范点称号；2016年被授予中国美丽休闲乡村称号；小穿"乡野公园"创建国家3A级旅游景区，2017年获得全国生态文化村称号。

（一）党建引领筑根基

2012年年底，村里选举成立了新的党支部领导班子，从此拉开了小穿芳峪村翻天覆地变化的序幕。从整治村庄环境入手，党员干部先后垫资200余万元，实现了街道硬化和绿化。同时，将土地规模经营作为改革突破口，将全村土地全部流转到村集体，成立种植专业合作社，统一栽植高收益的白蜡等优质苗木，既拓宽了增收渠道，又打造了园林景观。

党支部将乡村旅游作为小穿芳峪村长远发展的支柱型产业，大力发展中高端农家旅游。面对群众不同的声音和质疑的态度，党支部成员带领村民走出家门，先后到北京、成都等特色中高端农家院参观考察，开阔眼界、统一思想，坚定了村民发展中高端乡村旅游的信心。

（二）规划先行作引领

为避免盲目投资、重复建设，保障可持续发展，村两委研究制定了共同富裕奔小康的"三步走"目标，即第一届让小穿芳峪发生翻天覆地的变化；第二届让老百姓淘上第一桶金；第三届让集体收入突破500万元、村民人均收入达到6.6万元。

在此基础上，先后编制了《村庄发展规划》和《乡野公园规划》，不仅赢得村民认可，而且得到上级领导的肯定和支持。对口帮扶、产业帮扶、美丽村庄建设等优惠政策接踵而至，小穿芳峪村进入发展的快车道。

（三）改革推动增活力

2015年，小穿芳峪村抓住土地制度改革试点契机，兼顾改革和乡村旅游，村内村外统筹考虑、统一规划，实现了村庄规划、土地利用规划、产业规划、基础设施规划"四规合一"，瞄准规划确定乡村旅游中长期目标：壮大集体经济，居住产业分离。

土地制度改革为小穿芳峪村发展注入生机和活力，改革助推乡村旅游发展。自愿有偿退出的5宗宅基地和村内空闲建设用地复绿工作完成，实现了16亩建设用地指标村内平衡；88户农民住宅楼前期工作基本就绪，夯实了居住产业分离的基础。穿芳老街两侧11户村民与旅游公司草签了宅基地流转协议，为招商奠定基础。科普天文望远镜项目、与桂发祥食品股份有限公司共同打造穿芳老街餐饮文化项目初步达成意向。

蓟州区小穿芳峪村

（四）文旅融合促发展

近年来，小穿芳峪村着力挖掘农耕文化、传统文化、民俗文化的内涵和魅力，坚持把保护、传承与开发利用有机结合，坚持把社会主义核心价值观融入村庄经济社会发展的方方面面，走出了一条独具特色的文旅融合之路。一是与社科院等多家单位和著名专家学者合作，充分挖掘小穿芳峪红色文化、明清隐逸文化、农耕文化、园林文化，出版了《小穿艺文汇编》《小穿芳峪发展志略》《穿芳寻梦》等多本专刊，还原了历史，传承了优秀地域文化，2017年、2018年先后两次与天津社科院合作成功举办以乡村发展为主题的"小穿论坛"。二是探究隐逸文化，深挖晚清学者李江、王晋之和李树屏辞官到穿芳峪乡隐生活的历史，重塑"穿芳三隐"的耕读佳话，并通过VR技术，还原了晚清隐士修建居住的八处林园苑所，修建了梨坞书吧，并着手恢复重建此八家村馆。三是发扬农耕文化，目前景区正在打造农耕园、农耕文化展览馆。力求通过农间耕作及食物器具、图片等形式展示农耕民俗、农用器具、农产品等农业文明成果，让大家了解农耕文化。四是传承民俗文化，就是以穿芳老街为依托，恢复打造一批传统手工业态，引入手工匠人于庆成等名家，把传统民俗传承下去。

（五）试点先行争创新

1. 筑牢党建根基。 抓住学习借鉴塔元庄村经验试点契机，夯实党建基础。一是健全组织体系。把党小组建在合作社、旅游公司、科技公司、传媒公司、红白理事会等社会化服务组织上，在村庄管理上实现党的组织全覆盖。二是完善工作机制。通过"三会一课"强化组织观念；完善管理制度，规范党员干部言行；落实奖惩措施，营造担当作为、干事创业氛围。三是培养后备干部。深化"不忘初心、牢记使命"主题教育活动，积极发展年轻党员，大胆起用年轻干部，努力培养保障小穿芳峪村持续发展的接班人。

2. 发展富民产业。 借力乡村振兴战略，助推产业发展。一是加大基础设施建设。积极推进88户、12000平方米的农民住宅小区建设，完成占地60亩的生态停车场建设。二是打造田园综合体。整合区域资源，提升"乡野公园"景区功能，建设污水处理、雨水收集系统，启动夏季漂流、冬季雪乡增收项目。三是挖掘文化资源价值。规范"唐槐"旅游景点，寻源"邵窝"文化、明清"隐逸"文化，恢复

"龙泉园""响泉园""问源草堂"等穿芳园林。

3. **厚植文化根脉**。挖掘穿芳园林文化资源，培植文明乡风。一是开展"党在我心中"系列活动，教育引导党员干部群众"念党情、感党恩、听党话、跟党走"。二是实施乡村记忆工程。与市社科院深度合作，深入挖掘小穿农耕文化、隐逸文化资源，筹建村史馆，继续办好"小穿论坛"。三是突出康养休闲文化。启动"穿芳老街"建设，促导天文科普基地项目落地，逐步实现居住、产业分离目标。

专家评语

党建引领筑根基，村里选举成立了新的党支部领导班子，将土地规模经营作为改革突破口，将全村土地全部流转到村集体；规划先行作引领，村两委研究制定了共同富裕奔小康的"三步走"目标；改革推动增活力，实施土地制度改革；文旅融合促发展，与社科院等多家单位和著名专家学者合作，探究隐逸文化，发扬农耕文化，传承民俗文化；试点先行争创新，筑牢党建根基，发展富民产业，厚植文化根脉。

借力引智 统筹联动 助力绿色发展

——天津市蓟州区西井峪村

西井峪村隶属于天津市蓟州区渔阳镇，明末清初成村，因坐落于府君山之中，四面环山似在井中，冠以方位而得名。全村现有282户778口人。西井峪村地处于中上元古界地质公园范围内，自然环境优美，空气清新，交通便利，距离蓟州城区仅2公里。西井峪村历史文化特色鲜明，拥有八亿年地质石岩。历史上家家户户以石头垒屋、石头建屋、石头巷里，重重叠叠，错落有致，又有"石头村"之称。现有石头垒砌的房屋保存完好的，在核心区尚有50余户，且多为清末民初的老房屋，布局相对集中，是天津市域内知名度较高、规模较大、传统风貌保存较完整的历史村落，具有重要的历史、文化和艺术价值。2005年，冯骥才先生亲题"西井峪民族摄影村"，成为京津地区第一个民族摄影村。2010年7月，被国家住建部、国家文物局正式列入第五批"中国历史文化名村"，成为天津市唯一的国家级历史文化名村。2012年12月被国家住建部、文化部、国家文物局、财政部列入首批中国传统村落，成为天津市唯一获此殊荣的自然村。

多年来，西井峪村在抓好生态环境和历史风貌保护的同时，充分利用生态优势和文化优势发展乡村旅游，取得了显著成绩。

（一）借力引智点亮绿色发展

渔阳镇党委、政府与西井峪村两委班子认真落实区委、区政府的决策部署，牢固树立"绿水青山就是金山银山"的发展理念，坚持绿色高质量发展不动摇，加强中国历史文化名村的保护和产业发展。2015年，按照开发与保护并重的原则，渔阳镇通过"政府买服务"方式，投入1000多万元与九略北京旅游管理有限公司合作，联合启动了西井峪传统村落保护与乡村旅游产业复兴计划暨"特色乡建"工程，以

"走出去、请进来"为抓手,带动村民逐步转变思想,拓宽思路,创新理念,最终形成传统文化保护与旅游文化和谐发展共识。先后两次组织130余位村民赴河南信阳郝堂村、河北承德苇塘村等自然禀赋类似的旅游专业村参观考察,解放思想,开阔视野。前期,渔阳镇和九略公司坚持从启迪民智入手,在西井峪村又成立了乡村建设工作室,设立了乡村大讲堂,开设了"助梦西井峪""关于那些事""农产品可以这样卖"等课程,使全体村民在潜移默化中形成和谐发展意识。

针对西井峪村原有30多家传统农家院普遍存在经营理念旧、品牌意识差、品位档次低、接待秩序乱等共性、通性问题,镇政府和九略公司围绕"产品结构提质、旅游业态多元、受众群体分级"的发展思路,着力推动西井峪村旅游转型升级。一是改造传统农家。对现有农家院进行调查摸底,进行台账登记。选择积极性高的农家院列为优选农家,由九略公司和户主共同出资进行升级改造,提升服务档次和水平,为其他传统农家院提档升级进行典型带动和示范引领。二是盘活闲置老宅。结合农村宅基地改革试点,将村内11处闲置老宅流转到九略公司,聘请知名设计师结合历史文化名村保护,按照精品民宿标准进行设计改造。目前,侧重产品供给转型、带动客源、消费结构转变的原乡井峪度假山居、飨庭和侧重丰富旅游业态、旅游体验与旅游服务相结合的"拾磨"咖啡书店均已实现良好运营。三是创意旅游产品。一方面引导村民改变传统的农产品销售观念和模式,研究当今游客的消费意愿和习惯,从粗糙简陋到精致上档次,做到内外兼修。以"原乡物语"为主题,自主开发了井峪小米、峪栗、核桃油等系列旅游伴手礼,多方面促进乡村旅游产业的转型升级。四是探索公司化运作管理。指导村委会成立旅游服务公司,对已建成的精品民宿、优选农家院实行统一管理,建立"公司输出品牌、输出管理、农户自营"的运营模式。

(二)科学谋划引领绿色发展

2018年,渔阳镇以打造"蓟州旅游转型示范区"为目标,聘请天津城市建设和规划设计有限公司及天津历史风貌建筑整理有限公司联合对西井峪保护开发项目进行高水平规划设计,初稿已经编制完成。先期启动的与村庄历史风貌相吻合的基础设施提升改造工程,恢复铺设村内石板路,修建景观路石头墙,形成了和谐统一的原生态感知效果。结合村庄实际,编制完成了《西井峪村村规民约》,并按照"全域净化、沿线美化、民风淳化、示范景观化"的标准,建立村庄环境长效保持机

二、民俗文化依托型

蓟州区西井峪村

制，保持历史文化名村良好风貌。同时，西井峪村"砌石技艺"也被列入蓟州区第二批非物质文化遗产名录，为数不多的老手艺人为这个小小"石头村"传承了宝贵而独特的文化技艺。

2018年7月4日，市委、市政府在西井峪村召开现场办公会。为贯彻落实好现场会精神，渔阳镇于同年11月1日组织召开西井峪项目工作启动会，成立项目工作组，安排部署西井峪村旅游健康发展工作。重点推进项目规划立项、实施协调筹备、村庄管理治理、工作机制建立等工作，积极探索企业与政府、村民共建新模式。

目前，西井峪村建成以原乡井峪为代表的精品民宿2家，以静心轩为代表的高端民宿3家，以暖香清舍为代表的优选农舍6家，以崆峒庭院为代表的普通农家院15家，此外还建有乡村咖啡馆、乡村酒馆各1家，全村共有床位近500张。2018年接待游客3万人次，旅游收入超过700万元。村民周恩星、尹红梅夫妻2016年年底投入100多万元，由九略公司免费帮助设计，把自家老宅改造成有6间客房的优选农舍暖香清舍，2018年至今旅游收入已经超过30万元。

（三）统筹联动推动绿色发展

1. 加强组织推动。区委、区政府把加快西井峪村旅游健康发展摆上重要日程，深入镇村调研10次以上，召开专题会议6次，出台《关于加强西井峪村旅游健康发展的意见》，成立了专门领导小组，成员单位达26个。在此基础上汇总了10个部门和单位工作，编制了《加快西井峪村旅游健康发展2018年行动计划》，全力推进西井峪旅游高质量发展。

2. **加强规划引领。** 区规划局整合西井峪村庄保护规划、村庄建设规划、公共景观规划、村庄建设导则，形成《天津市蓟州区渔阳镇西井峪历史文化名村规划汇编》，现已发至各成员单位用以指导西井峪村旅游健康发展。在此基础上，由渔阳镇牵头，组织天津历史建筑风貌公司、九略（北京）旅游管理有限公司编制了《西井峪村旅游总体规划》，形成了较为成熟的产业发展规划。

3. **加强环境提升。** 实施了西井峪村煤改电工程和低压电网线路改造工程，现已完成设计招标，改造物资和施工招标正在进行中，并于2019年10月20日竣工送电。区地矿局对该村4处地质灾害隐患点位进行了整体规划，2018年完成治理一处，现已完成招标，近期进场施工。渔阳镇投资1000多万元，恢复村内石板路铺设1万多平方米，石头墙8000多米。

4. **加强规范管理。** 重组东方园林、天津历史建筑风貌公司、九略（北京）旅游管理有限公司、西井峪旅游发展公司、渔阳镇旅游公司，共同成立天津西井峪旅游发展有限公司。按照治理有效的要求，制定了《西井峪村村规民约》。公安蓟州分局设立了社区警务室和交通安全劝导站。区旅发委按照《乡村旅游经营户星级评定标准》，会同渔阳镇对西井峪村10户提升改造农家院进行了星级评定。

5. **加强宣传营销。** 区委宣传部与中央、市级主流媒体对接，对西井峪村进行了系列宣传报道。同时，腾讯、新浪、搜狐、凤凰等门户网站和30余家商业网站对这些报道转载近千条次，并安排蓟州电视台、"掌上蓟州"微信公众号进行转发，进一步提升了西井峪村的知名度和美誉度。

6. **加强政策扶持。** 蓟州供电分公司对渔阳镇西井峪村煤改电工程投资1106.75万元，地矿局2018年安排地质灾害隐患治理资金200万元。区旅发委为西井峪村跃进广场及石头广场北石板路建设申报市级专项资金30万元；对该村精品民宿和农家院提升改造设计帮扶专项资金正在申报中。

专家评语

成立乡村建设工作室，设立乡村大讲堂，通过"政府买服务"方式，改造传统农家，盘活闲置老宅，创意旅游产品，成立旅游服务公司，对已建成的精品民宿、优选农家院实行统一管理，建立"公司输出品牌、输出管理、农户自营"的运营模式。

挖掘旅游文化内涵　助力乡村振兴发展

——辽宁省葫芦岛市葫芦山庄乡村旅游区

一、基本情况

葫芦山庄位于素有"城、泉、山、海、岛"美誉的海滨城市辽宁省葫芦岛市龙港区内，距市区 6 公里。与省内著名景区九门口长城、兴城古城、龙湾海滨、笔架山相连，2001 年由辽宁宏业实业集团进入龙港区笊笠村兴建。葫芦山庄之名从中国传统文化葫芦即是福禄之意得来。葫芦山庄以关东文化、中国传统葫芦文化和海滨地域文化以及生态农业为特色，本着"依托乡村、抓牢民俗、以文促旅、以旅兴文"的发展理念，逐步发展成为全国唯一一处以博大精深的葫芦文化和原生态关东民俗文化为主体内容的乡村旅游景区。民俗文化旅游、夜间旅游和冬季冰雪旅游三个独立旅游产品已辐射至东北、华北、华中、东南等十几个省市区，2018 年全年游客量已突破 100 万人次，是一家全季、全时运营的旅游景区。现为国家 4A 级旅游景区、全国农业旅游示范点、全国首批五星级休闲农业与乡村旅游示范园区、国家级青少年户外营地、辽宁省十佳旅游景区。葫芦山庄关东民俗文化品牌估值 7.07 亿元。自 2004 年以来，葫芦山庄已累计承办各类文化节庆活动达 30 余次，其中"中国·葫芦岛（龙港）国际葫芦文化节""葫芦岛冰雪嘉年华"已成为全市重点知名文化旅游节庆品牌。

二、发展历程

葫芦山庄深度挖掘东北地区底蕴深厚的关东文化、中国传统葫芦文化和海滨地域文化，18 年的发展历程，确立了明确的发展思路，成为远近闻名的乡村旅游示范园区。

（一）融合地名和民俗，赋予山庄文化灵魂

2001年，辽宁宏业实业集团积极响应"城市支持农村、三产反哺一产"的号召，率先进入葫芦岛市龙港区笊篱村，以企业与村集体合作模式，开始修水库、建方塘、治理土地、修复生态，在昔日的盐碱地上开办了农家乐，乡村旅游逐步发展起来。2004年，葫芦山庄对王家大院、乔家大院等国内知名民俗旅游景区进行深入考察和研究，对葫芦山庄的发展进行重新梳理和定位，明确了葫芦山庄"以葫芦文化为主线，以关东民俗文化为特点，以滨海文化为文化品牌"的发展思路，把打造"中国关东民俗文化代表地和世界葫芦文化中心地"贯穿葫芦山庄发展建设的全过程。山庄以正门景观、生态采摘、旅游度假、文化服务、娱乐休闲和笊篱渔港垂钓休闲六大景区为基础，建有辽西民俗馆、葫芦展览馆、葫芦岛历史陈列等展馆，全面反映了东北大地厚重的历史积淀和浓郁的民俗气息。

（二）依托民俗展馆，展现关东民俗风情

关东文化在东北、华北地区有着深厚的群众基础，葫芦山庄恰好位于东北和华北两大经济区的接合部，具有地缘优势，打造独具特色的关东古镇对这两个地区的游客具有强大的吸引力。依托整合后的关东民俗博物馆，恢复以民国时期为时代背景的历史文化街区，还原20世纪二三十年代关东的警署、邮政所、大车店、烟馆等历史建筑，以传统民族文化的保护与传承为重点，集中展示丰富的地域文化，增强游客体验历史

葫芦岛市葫芦山庄乡村旅游区

文化的真实感和沧桑感。他们举集团之力多渠道、多方面征集关东民俗文化展品，目前关东民俗博物馆，累计收藏和展出数量达13000多件，仅展品征集累计投资近2亿元，总建筑面积达15000平方米，用于葫芦与关东民俗文化展示和文创产品及传统手工产品制作与展销。

（三）延伸文化产品，丰富游客感官体验

葫芦山庄之名从中国传统文化葫芦即是福禄之意得来，挖掘葫芦文化内涵就是挖掘中国传统福禄寿喜文化。景区以此为主题，创建了世界规模最大、葫芦展品最全的葫芦文化博物馆。馆内既有千奇百怪的各色葫芦展品，还有由葫芦文化衍生的传统文化展品，传统与现实巧妙结合，让游客有新奇体验。历经18年培育，葫芦文化的美誉度与影响力在葫芦岛乃至全国正与日俱增，"小葫芦、大产业"已成为业内共识。葫芦山庄利用2年时间依托葫芦文化自主设计的葫芦童话王国儿童游乐体验产品已投入运营，深受游客喜爱，大大提高了周边城市游客重复体验文旅产品的比例。关东民俗、葫芦文化、海滨特色旅游的推出极大丰富了葫芦山庄的旅游内涵，让游客不再停留在旅游的表面，而是自然而然深入其中，自主探索品味其中的文化内涵，增加游客对景区的美誉度，从感官享受到心灵感悟都有收获，提升了游客回头率。

三、主要成效

（一）帮助农（渔）民转产转业

葫芦山庄常年提供就业岗位500余个，至今累计安置周边农民、渔民和回乡大学生就业达3000多人次，累计发放农民工资达9000余万元，目前已培养周边50多位农民成为企业技术骨干和中层管理人员，基本实现常年稳定就业。

（二）搭建"大众创业"平台

葫芦山庄至今已培育200多个低门槛投资的文化产业和旅游商业创业主体，多以房屋租赁、景区联营等模式合作，引导各类群体参与旅游经济循环，在丰富了旅游厚度的同时又圆了众多有志青年因资金困扰的创业梦想，间接带动就业岗位达400多个。

（三）积极支持教育事业

以创建全国模范素质教育基地为目标，葫芦山庄自 2004 年与相关部门联合创办葫芦岛市中小学生综合实践基地，累计接待国际、国内及本市中小学生达 25 万人次，得到教育部和国家体育总局的高度评价。依托国防、海防教育基地，结合民俗文化底蕴，利用全新打造的海湾军营、葫芦童话王国景区，葫芦山庄已成为业内高度看好的全产业链研学旅行基地。

（四）打造知名葫芦小镇

为适应未来发展，公司明确提出依托葫芦山庄建设"葫芦小镇"发展战略。葫芦山庄现已完成首轮混合所有制改革，正在积极探索政、企、村多方合作模式，立足以混合所有制模式带动集体经济发展。项目发展过程中，不断探索"企业＋协会（合作社）＋会员（农户）"的发展模式，现已牵头注册和深度合作的社团组织有 10 余家，以多轮驱动助力乡村文旅产业健康发展。2019 年，葫芦山庄的射击场项目、水岸小吃街项目、二级都市渔港项目、渤海故事渔村民宿改造项目、温泉度假酒店及温泉民宿改造项目将陆续启动，辽宁省滨海公路唯一一家乡村文化旅游产业集聚区已粗具规模。

专家评语

以关东文化、中国传统葫芦文化和海滨地域文化以及生态农业为特色，本着"依托乡村、抓牢民俗、以文促旅、以旅兴文"的发展理念，围绕民俗文化旅游、夜间旅游和冬季冰雪旅游三个主题打造旅游产品体系，丰富游客体验，实现了东北地区全季、全时运营的成功探索。

魅力大梨树　美丽乡村游

——辽宁省丹东市大梨树村乡村旅游区

一、基本情况

大梨树旅游区位于辽宁省丹东市凤城市凤山经济管理区大梨树村，距沈丹高速公路凤城出口5公里。2005年以来，大梨树村先后连续四届获得中央精神文明建设指导委员会授予的"全国文明村镇"荣誉，村党委被中共中央授予全国"先进基层党组织"荣誉，原村书记毛丰美同志被中组部追授为"全国优秀共产党员"。近三年，旅游区接待人数平均在43万人左右，综合收入平均保持在4000万元以上。企业直接从事旅游服务业的员工人数因季节不同，在300人左右浮动；带动周边私营农家乐、饭旅店和商铺60多家，从业人员400余人。

二、发展历程

2001年4月，大梨树生态农业观光旅游区注册成立。村集体通过整合利用自然资源，培育开发人文资源，依托特色农业，大力发展"观光、休闲、参与、体验"为特色的乡村旅游，成功地走出一条"生态旅游推动新农村建设，新农村建设促进乡村旅游发展"的新路子。从乡村旅游起步，进行旅游产业探索实践。经多年运行发展，经营范围主要包括观光旅游、户外体育、食宿服务、会议接待等。

（一）以文化节庆活动引爆乡村旅游持续发展

近年来，旅游区突出以不同形式的文化节庆活动引爆乡村旅游持续发展。2018年，旅游区相继组织举办了大梨树第二届"葡萄文化节"、第三届"徒步节"、"盛世荷韵·风情大梨树"游园会、"大梨树杯"武术表演大会等一系列文化节庆活动。"大场院""丰收塔"等几处景观的搭建，成为引爆游客的热点。丹东市政府在此成功举办了丹东市农民丰收节的启动仪式，使旅游区国庆黄金周各项收入创历史新高。近两年，结合七彩田园南方花卉种植展示，连年在大梨树影视城举办冰雪民俗节等活动，进一步解决了冬季旅游人流不足的问题，为开发冬季旅游项目积累了经验。

（二）市场营销宣传从单一广告向多渠道拓展

旅游区突出线上线下融合开展营销宣传的意识，加强了微信编发队伍建设和员工转发旅游区活动信息的主动意识，使旅游区各项文化节庆活动信息通过微信社交网络在最短的时间内迅速向社会各界传播，起到了低投入、高效率、广传播的效果。围绕2018年改革开放40周年纪念活动，配合电视台、报社等新闻媒体，景区组织和参与拍摄了"壮阔东方潮，奋进新时代——庆祝改革开放四十年"宣传片、长子逐梦（第三集）等重点节目，对于进一步宣传大梨树干字精神，扩大大梨树村影响力，起到了很好的作用。

（三）向多类行业发展培训教育服务群体

首先是重视抓好教育培训基地服务中心的队伍建设和制度落实工作，使培训类型和培训人才覆盖面不断扩大。在做好农业农村部农村实用人才培训基地各项工作的同时，利用充足的设施，吸引各地组织，开展不同类型的培训工作。省妇联执委培训活动在2018年走进大梨树，为今后争取将全国妇联培训基地在大梨树设点打下了基础。

（四）实施菜单式服务大幅度提高游客满意度

旅游区以游客和考察团队需求为导向，建立菜单，通过"你点我供"的方式提供定向服务，使服务内容、服务标准、收费标准公开透明地向对方公示。在配合辽宁省委组织的"走好新时代长征路"活动中，旅游区对前来参观学习老书记事迹和大梨树创业史的干部群众，注重红色旅游的相关工作要求，"讲好毛丰美的故事"。从线路制定、考察点设置、学习资料提供、讲解服务等各方面，都进行周到的安排，确保了考察学习的效果，使各地前来考察学习的人员普遍感到满意。

（五）依托生态建设成果开发花海景观

在老书记毛丰美带领下，大梨树旅游区把过去的荒山打造成名副其实的绿水青

二、民俗文化依托型

山，并通过旅游区开发取得了金山银山的效果。在此基础上，旅游区不断加强景区内花海建设，在不增加用地的情况下，利用水边、路边、宅边，大量植树种花，使整个景区成为花的海洋，美不胜收，使游客纷纷停车驻足，拍照留念。在总结经验的基础上，也不断改变花卉品种，增强新鲜感，取得了很好的效果。

（六）思想教育、素质提升和制度建设成为常态

旅游区重视员工的思想教育，从党的十九大精神学习入手，开展员工的政治理论学习活动，同时注意把员工的品德和素质提升摆到重要位置，加强团队精神培养，努力发挥群策群力的团队作用。业务教育培训进一步加强，在每年3~4月突出以安全教育为重点进行了集中培训教育工作。在此基础上，组织人员结合管理组织架构调整和旅游区业务工作运行发现的实际情况，再次对各项规章制度进行修订，多次进行意见征求，使整个规章制度体系日臻完善。

丹东市大梨树村

三、取得的主要成效

（一）围绕构建新兴旅游区，打造出一批特色旅游产品

经过多年的建设和发展，旅游区逐步形成了以优美生态环境和满族文化特色村寨为支撑，以休闲农业体验区、养生文化游览区、民族村落观光区、旅游综合服务区四大区域构成的新兴旅游区。旅游业逐步形成了系列旅游文化产品：以宣传大梨

树村创业史和近年来宣传毛丰美事迹形成的"红色文化",回顾知识青年上山下乡生活的"知青文化",展示满族生活习俗和歌舞的满族"民俗文化",弘扬中医药和保健养生知识的"养生文化",以及以影视城为中心的"影视文化"。近年来,特别是在国家倡导"旅游+"的理念以来,旅游区在旅游内涵上不断丰富拓展,在旅游与文化、体育、休闲养生、教育科研等方面相结合,进行了积极探索和实践,取得了一定的成绩。大梨树旅游业的迅速发展对当地旅游业的发展起到较好的示范和带动作用,也成为当地百姓就业致富的重要途径。

(二)打造了闻名全省的爱国主义教育基地,红色旅游蓬勃发展

2009年,村史馆被省委宣传部确定为辽宁省爱国主义教育示范基地。自此,大梨树旅游区在保留生态农业观光旅游的同时,突出了红色旅游的属性。2016年,随着省委开展的向毛丰美同志学习活动和毛丰美事迹陈列室的设立,红色旅游经典景区成为整个景区的主体。2017年,旅游区又成功进入国家首批运动休闲特色小镇试点名单;同时,依托现代农业展示馆等设施,大梨树村也成为国家农业部全国农村实用人才教育培训基地。

(三)基础设施不断完善,乡村旅游品质不断提升

毛丰美纪念馆和景区新大门两项重点工程2018年已经投入运行。在二次创业重点项目基本建成的基础上,组织村规划、项目相关人员参与建设,旅游区整体规划工作重新启动并已取得快速进展。特色小镇试点工作进行规划,并已经进入到了设施建设、项目引进等后续工作。随着大梨树旅游区环境和服务的不断改善,2014年升级为国家4A级旅游景区。大梨树村被原国家旅游局授予"中国乡村旅游模范村","全国特色景观名镇示范村"等称号。

专家评语

依托特色农业,大力发展"观光、休闲、参与、体验"为特色的乡村旅游,以文化节庆活动引爆乡村旅游持续发展,市场营销宣传从单一广告向多渠道拓展,向多类行业发展培训教育服务群体,实施菜单式服务大幅度提高游客满意度,通过"你点我供"的方式提供定向服务,使服务内容、服务标准、收费标准公开透明地向对方公示。

"第一书记"带动贫困村走旅游脱贫致富的路子

——黑龙江省双鸭山市小南河村

饶河县委、县政府从全面建成小康社会的大局出发,从探索推进乡村振兴新需要出发,发挥第一书记的"能人外力"优势,在三年时间里,从穷到"花钱等救济,吃饭靠天收"到"绿水青山是金山银山,冰天雪地也是金山银山",通过走旅游与产业互哺互促的路子,一个村庄悄然改变。

一、基本情况及发展背景

小南河村坐落在《乌苏里船歌》中唱到的美丽的大顶子山下,与四排赫哲族乡东西相望,在民间素有乌苏里船歌船头船尾之称,但却是全县有名的贫困村。小南河村有226户村民,因为是坡地、小气候,一直以种植玉米为主要收入来源,多年来的玉米保护价,让农民养成了靠天吃饭、冬闲半年、随遇而安、不思创业的思维模式。小南河村第一书记驻村后,带领村"两委"摸索出独具小南河特色、效果凸显的乡村旅游发展模式,调动全员参与,促进小南河村脱贫致富全面发展。

二、主要做法及案例启示

(一)能人引领,变"要我致富"为"我要致富"

穷则思变,充分发挥"能人"效应。

1. 规划引领定思路。小南河村因为穷,仍然保持着比较原始的木刻楞房子,这些在村民眼里不起眼的"破烂",第一书记却透过摄影人的独特视角发现了商机和财富。并最终确立了以大顶子山景区为背景,以饶河大美湿地为依托,以小南河独特关东民俗资源为特点,打造"民俗摄影旅游基地",发展特色乡村旅游的总体思路。从全域旅游的大视角,及时制定了《小南河民俗村整体改造规划》,确立了下一步民俗旅游村升级改造等文旅项目和小型生产加工项目建设,带动村集体经济发展和农民脱贫巩固提升,按项目规划引导实施。

2. **党员干部齐带头**。村"两委"不等不靠,立即行动,深入村民家中做思想工作,对于观望户、反复户、懒散户不厌其烦、耐心细致地帮助解决疑惑。借资购置仿古花布、年画、窗花等装饰品以及红灯笼赠送给沿街百姓,打造了传统老作坊和两条比较古老街道作为摄影旅游基地雏形,建立网店,销售当地农副产品及蜂蜜等。村"两委"班子成员,翻磨盘、钉爬犁、挂灯笼,烘托出特性鲜明的老关东氛围,用行动来感染村民参与。

3. **经济效益"来说话"**。利用摄影人的资源,通过微信平台等媒体宣传,以特有关东文化,吸引了首批省外游客和大量周边县区、农场游客前来观光。同时,以《两天三万元,我们村的"互联网+"》为题,在村里的微信群宣传通过微店2天在网上销售3万元的蜂蜜,先期运行的"农家乐"饭店也见到了效益,最多的一家年增收入近10万元。通过效益的引导、真情的感召,使越来越多的党员、群众参与进来。

(二)协会代管,变"粗放管理"为"自我管理"

立足长远,通过协会实现运营管理规范化。

1. **明确专业分工,提高组织化程度**。协会设立农家乐餐饮部、旅游部、种植部、养殖部、文艺部、销售部和摄影宣传部7个部,公开推选群众公认能人担任协会会长和各部门负责人,会员按照专业特长和发展需求分别编组,各部门分工明确,职责清晰,既独立工作又相互配合,实现了对会员有效管理。

2. **建立规章制度,促进规范化建设**。制定旅游协会章程、管理制度和工作制度,出台相应的标准,提升农民纪律规矩意识。如餐饮部统一全村"农家乐"卫生标准和价格,建立准入标准和信誉评价惩戒制度。种植部为配合农业观光旅游,对种植向日葵和油菜花海进行统一规划,各部门之间建立利益联结机制,村"两委"与协会工作互融互促,在管理上坚持民主、公开,最大限度激发党员干部群众创业热情。

3. **统一模式管理,提升专业化水平**。把村内分散16家"农家乐"实行"标准、价格、接待、分配、结算"的"五统一"管理模式，旅客食宿接待由协会统筹安排，避免不良竞争损害游客利益。统一推出"六大盆"传统农家美食。在旅游产品设计上突出体验性、特色性、原产地等，打造具有地方特色菜品、住宿、娱乐等，促进乡村旅游健康发展。

（三）公司经营，变"单打独斗"为"抱团发展"

建立健全符合市场规律的利益共享和风险共担机制，注册成立黑龙江小南河农业旅游开发有限公司。

1. 创新入股机制，全民参股受益。村民可认购公司股份，每股股金2000元，自愿认购、营利分红，募集股金10万元；贫困群众以提供劳动力等形式入股。严格按照公司法和章程经营运行，通过手工艺制作、表演、服务、生产等形式加入到旅游服务业中，形成以点带面发展模式。

2. 树立品牌意识，实行品牌营销。注册"小南河村""南河冷菊"4大类37件商品商标、办理条形码，推出农家辣椒酱，恢复酒坊、油坊、豆腐坊、绿色种养殖及加工等与旅游相关产业，组织村民拍辣椒酱宣传片，组织村民把小豆腐、冻饺子做成礼品，把小菜园没上化肥杂粮打上包装销售。参加全省"第一书记年货大集"，带领村民销售农副产品10余万元，使小产品和大市场成功对接，小南河品牌效应初步彰显。

3. 扩大合作经营，实现互利共赢。公司与省内外多家旅行社建立长期合作关系，在东极旅游线路中增加小南河旅游线路，三年前一个旅游为"零"的小村子，已通过旅行社接待团体游客2万余人次；通过扩大知名度和社会信誉，省市组织部门从扶持壮大村集体经济角度进行了扶持，与两家企业签订了合作协议，依靠社会资本的介入扩大公司规模，承建辣椒酱厂厂房及设备采购，主打"小南河村牌"辣椒酱，2019年预计生产100万瓶，带动其他农副产品销售600万元。

（四）文化牵动，变"风光吸引"为"民俗传承"

小南河村注重利用原汁原味关东文化发展乡村民俗休闲旅游，提升旅游产业文化底蕴，使文化成为塑造文明村风、早日实现小康生活的重要载体和手段。

1. 保护传统村落建筑文化。村内建设围绕打造原汁原味东北古村落建筑风格进行配套设计，把全村老木刻楞房、老屋等历史建筑作为重点对象进行保护和恢复，

双鸭山市饶河县小南河村

重点打造9处特色关东民俗屋，3家传统老作坊等传统工艺家庭作坊，在村内统一规划建设"东北古村落样板区"，提升传统建筑文化价值。争取了小南河村乡村旅游富民工程、大顶子山森林公园综合开发项目资金1400万元，为旅游综合全面发展提供了资金支持。

2. **开发体验乡村民俗文化**。开发"二月二开耕节""乞巧节""端午情"等系列民俗文化项目，与游玩项目相结合，让游客在娱乐中体验乡村民俗。复古老关东婚礼场面，把婚礼和乡村旅游结合起来，体验老关东感觉。婚礼中使用的囍屋、马、花轿等，都成为旅游体验项目，让游客找回乡愁的味道。

3. **融合现代文明文化**。村内别具东北农村特色"福屋"成为浙江卫视《我们十七岁》明星真人秀节目"过大年"专辑主要拍摄地。招引了北京超姆影视公司在小南河村建设影视基地拍摄赫哲族抗战题材电视剧《黑金部落》。吸引了《金灿秋色》剧组踩点筹拍电视剧。明星住过的"福屋"和影视基地成为小南河旅游的现代文化景点，使小南河村形成了传统文化与现代文化交织相融的氛围，在省发改委和相关部门支持下，小南河村被列为黑龙江省乡村民俗旅游示范村。

三、经验启示与发展思路

（一）好的引路人是乡村旅游成败的关键

小南河的实践证明，通过"外力能人"独特的视角发现自身的旅游资源，变废为宝，引导建立了"党支部+公司协会+协作营销"运营模式，真正起到用好外力、激发内力、用好能人、带动闲人，形成干事创业合力。只要有一个能实心实意关心群众冷暖、能踏踏实实扎根农村、以农民为主体，全心全意带领村民走致富路的引路人，村民们就会全力地支持她、拥护她、相信她，就会最大程度赢得民心，可以最大限度带动村"两委"和广大村民干事创业，引领群众转变思想观念，因地制宜建设新农村，带领村民脱贫致富。

（二）乡村旅游必须发挥地缘优势促进乡村融合发展

小南河村将生态底蕴和比较优势进行合理配置，实现乡村旅游带动全村致富的可持续发展，将粗具规模的乡村旅游经济延伸到农副产品加工、影视文化带动，彰显其个性和特色，形成独特的地域符号，形成特有产品系列化、种养生态化、环境园艺化的高效乡村文旅发展格局，不仅拓展了农业增值空间，开辟农民了增收渠道，而且促进了农村全面进步，更好地实现了乡村产业振兴的经济效益、生态效益和社会效益，初步显现出小南河村全面振兴与高质量发展相得益彰效应。

（三）乡村旅游要有理念传承

只有在一个正确的理念和目标下，才能充分调动群众的积极性、主动性、创造性，才能做到少走弯路、不走弯路，才能带领村民克服一切困难，做好乡村旅游工作。从小南河由贫困乡村到旅游经济发展的历程来看，在锁定坚持特色乡村旅游发展的总体目标后，就要做到咬定绿水青山、金山银山不放松，一届接着一届干，最终干出效果、干出水平，这种传承成为坚持发展良性循环的核心，有力保障了美丽乡村建设和乡村振兴的持续深入推进。真正通过乡村旅游带领全村各项产业全面健康发展，使村民走上脱贫致富的新路。

专家评语

能人引领，变"要我致富"为"我要致富"，充分发挥"能人"效应；协会代管，变"粗放管理"为"自我管理"；公司经营，变"单打独斗"为"抱团发展"，建立健全符合市场规律的利益共享和风险共担机制，注册成立黑龙江小南河农业旅游开发有限公司；文化牵动，变"风光吸引"为"民俗传承"。

加强传统村落保护　促进乡村旅游发展

——江苏省淮安市龟山村

一、基本情况

龟山村位于全国文明镇、省级温泉旅游度假区——老子山镇西南，与盱眙接壤。龟山地处运河漕运要道，一度发展成为运河重镇，盛极一时，村中现留存有丰富的文化遗存，传统生产生活方式延续至今。村域范围内有着丰富的水资源，盛产草鱼、鲫鱼、鲢鱼、鳙鱼、螃蟹、河虾等水产品。厚重的历史文化底蕴和丰富的水资源为龟山村提供了广阔的发展空间，村民以渔业养殖为主，民风淳朴，环境宁静，素有"千年龟山里，淮上第一村"之美誉。

近年来，龟山村抽调精干力量组成中国传统村落龟山村保护与发展领导小组，镇主要领导亲自驻点帮扶指导。紧扣民生福祉和经济发展，尝试以"文旅融合"的发展模式，加强基层组织建设，提高文化产业收益，旅游经济方兴未艾，社会事业全面进步，三个文明建设取得了显著成效，特别是以"传统村落保护"发展乡村旅游的经验，入选省住建厅传统村落研究课题。龟山村于 2014 年成功入选第三批中国传统村落名录，2017 年荣获"全国文明村"称号，并被江苏省文化和旅游厅评为"江苏省四星级乡村旅游区"。2018 年村集体经营性收入达 48.6 万元，村民人均可支配收入达 2.88 万元。

二、主要经验

一是坚持政府搭台市场运作，吸纳社会力量共同参与。2014 年，龟山村被住建部等六部委批准入选第三批中国传统村落名录。为了促进文旅产业融合发展，洪泽区人民政府注资4亿元成立国有独资公司洪泽老子山镇龟山旅游开发有限公司,为整个龟山村旅游发展提供建设经营管理服务。政府事无巨细的旅游动员和坚定的发展初心,获得了广泛社会力量支持,形成了多方面共同参与的活力局面。获得国家开发银行江苏省分行融资贷款1.5亿元,为龟山旅游发展提供坚实的资金保障,同时与淮安交通旅游集团有限公司签订龟山历史村落保护与开发战略合作协议,为龟山旅游发展带来高效的运转模式。

二是依托本土发挥人文优势,激发全体村民的参与度。龟山村的发展,最终的出发点和落脚点是为了促进村民增收,壮大村集体经济。村干部由最初的消极怠工到现在的主动带头,村民由最初的不理解到现在主动参与到旅游建设中来。村里的环境整洁了,社会风貌改善了,村民们真正做到爱村如家。

三是高起点规划高标准设计,因地制宜推进项目建设。党委政府聘请南京大学专家团队,入驻龟山把脉传统村落保护建设。高标准编制了《淮安市洪泽县老子山镇龟山村传统村落保护发展规划》《洪泽·老子山镇·龟山村传统村落保护与开发一体综合规划》,高端人才的引进和先进设计理念的融入,极大提升了村庄规划建设的品位,传统村落龟山村的知名度迅速提高。近年来先后建成龟山民俗馆、龟山遗址公园、龟山淮河生态公园、龟山淮上人家民俗体验中心、龟山石屋民宿样板区等一批传统生态文化项目;完善乡村旅游基础设施,建成拉网覆盖式污水处理系统、水循环生态净化系统、杆线入地工程、旅游生态休闲慢道、游客综合服务中心、生态停车场、旅游厕所;丰富旅游参与性项目,建成七仙瑶池雕塑广场、房车露营基地、游船码头、童趣园、鱼趣园、七彩营地、龟山晚钟亭等,丰富了乡村旅游业态,促进了龟山旅游发展。

四是参与乡村生活即是旅游,乡村生产即是旅游体验。厨艺高超的村民自发开起了农家乐,做起了游客喜爱的乡土菜;养殖经验丰富的渔民利用自有塘口,为游客提供钓鱼摸虾趣味项目;憨厚的渔家汉也做起了老板,将自家塘口出租给城里游客,让城里人给自己打工,在家门口挣钱。游客寻找到了儿时欢乐的乡村记忆,村民也提高了经济收益,积极性自然就高涨起来了。

五是对历史传统要心怀敬畏,古迹保护坚持修旧如旧。分布于龟山村西南侧的龟山遗址为江苏省第六批省级文物保护单位。宋代以来的历史文化遗存,主要由龟山寺、安淮寺及淮渎庙等寺庙文化遗存及石工墙、码头等水利设施构成。政府邀请南京大学历史文化自然研究所对龟山历史遗存进行保护性修复,坚持不破坏一砖一

淮安龟山村

瓦，恢复龟山古朴沧桑的历史景象。

六是以机遇为抓手顺势而为，紧抓国家战略发展契机。传统村落记载着中国农耕文明的历史和文化，是中华民族优秀传统文化的载体，具有较高的历史、文化、科学、艺术、社会、经济等价值。淮河—秦岭一线为中国南北分界，大运河（含早期隋唐运河和元代以后京杭运河）可以说是中国古代东西部文明的纽带。龟山村正处在东西南北文明的交会点上。如今，国家先后公布"大运河文化带"和"淮河生态经济带"两个国家战略，龟山村仍然处在这两个战略的交会点（重叠区）上。作为中国传统村落，发展机遇可谓千载难逢，党委政府积极作为，龟山运河顺利入选大运河文化带（江苏段）建设项目。

七是高站位巧引导精彩纷呈，借舆论宣传提升影响力。积极对接中央、省、市、区各级媒体，以活动宣传龟山传统村落保护成果，举办龟山非遗风筝会、乡村音乐节、龟山年味民俗文化旅游节、龟山钓虾大赛等。先后被中央电视台、人民网、新华网、澎湃新闻、江苏电视台、《淮安日报》等媒体报道，极大地提升了龟山的知名度。

三、几点启示

1. 坚持党的领导是根本保证。龟山村的发展首先得益于省、市、区各级党委政府的坚强领导，为龟山村发展提供了决心、信心和敏锐的战略眼光、科学的战略举措，以及由此所形成的政令畅通的管理体制。从组织领导层面到体制机制层面，再到社会力量层面，自上而下形成了"党委重视，政府主导，部门联动，社会参与"

的发展模式，为龟山的快速发展提供了强大的政治支撑。

2. **守候传统文化是首要前提。**传统村落保护发展，最重要的目的是传统文化的传承和延续，其次才是经济和居民生活的改善，同时龟山村也应该清醒地认识到，文化遗产的价值和影响力，并不能在短期内给当地带来可观的经济价值，需要长期有效的文化衍生产业及当地传统产业的共同作用。这不是一个简单的投入和产出的快速经济行为，其背后更重要的是很多隐藏的社会文化价值，这才是保护传统村落的根本目的。若旅游开发使得文化遗迹、人文生态遭到破坏，失去其成为传统村落所拥有的重要文化特征，终将与保护初衷背道而驰，若传统村落文化载体缺失，又何谈乡村经济振兴。

3. **维护生态和谐是发展基础。**村落四面临水，周边水网密布，俨然一个水中绿岛，空间上由东向西形成"湿地—村落—山体—河流"的山水格局。东部、东南部及东北部是河流、鱼塘等湿地密集分布区域，外围为连绵起伏的丘陵地带，分布着村落与农田。中部为居民区，山在村居西呈南北延绵态势，村居则在山东错落分布。西部为淮河，淮河向北即入洪泽湖。得天独厚的山水格局，注定了龟山要坚持绿色发展，和谐发展。让生态、经济、文化和谐共生。

4. **保护传统村落是任重道远。**传统村落保护发展工作是一个长久的良性循环的过程，不可能立竿见影，迅速见效见利。除了认识和专业技术指导上的不足，这其中又有绕不过的诸多社会问题需要综合考虑，需要社会各个层面的共同努力。因此，龟山村需要做好长期准备，不可急功近利，切莫让传统村落在"保护发展"的运动中消亡。

专家评语

将传统村落保护融入乡村旅游发展，相得益彰、相互促进。依托专业机构和团队进行整体规划和项目设计，对历史遗存进行保护性修复，因地制宜开发丰富乡村旅游产品。以传统村落和生态环境保护为初衷，通过发展乡村旅游实现文化传承发展。

建设美丽乡村　发展乡村旅游

——江苏省无锡市阳山镇

一、基本概况

阳山镇，位于江苏省无锡市惠山区，是中国著名的水蜜桃之乡，拥有"亿年火山、万亩桃林、千年古刹、百年书院"等文化资源禀赋。近年来，阳山围绕"生态宜居、特色农业、休闲度假和文化养生"的鲜明特质，大力发展乡村休闲旅游，吸引众多创客筑巢扎根，为阳山乡村旅游不断注入文化、艺术、科技、体育、康养等多种元素，走出了一条富有特色的乡村旅游发展之路。阳山已成为乡村旅游创业的乐土，并不断驱动着阳山乡村旅游转型升级。先后获得国家4A级旅游景区、全国特色景观旅游名镇、全国休闲农业与乡村旅游示范点、中国乡村旅游创客示范基地、全国特色小镇等荣誉。

二、主要做法

（一）坚持一张蓝图，拉开建设美丽乡村序幕

2008年起，阳山坚定走"生态立镇"之路，坚信有生态才有未来，有绿色才有明天。按照这个思路，坚持规划先行，推动多规融合，将全镇划分为桃区、景区、镇区、园区四个功能板块。2013年编制完成阳山总规，实现真正意义上的城乡一体建设。2015年，据新编制的《阳山镇村发展规划》，对阳山的自然村布点进行了适当调整，使得阳山的发展格局更加科学合理。阳山围绕"生态宜居、特色农业、休闲度假、文化养生"四大特色，以"种世上最美味的桃子、建中国最美丽的乡镇、品人家最美好的生活"为总体愿景，全力打造一个独具特色的产业

融合发展的桃源小镇。

（二）完善基础建设，提升人居环境

阳山围绕"风情小镇、美丽乡村"建设要求，逐步完善基础服务设施，以打造一个开放式村庄大景区为目标，对村庄进行了环境整治、污水治理、立面改造和道路拓宽等建设。改善了全镇的环境，提升了建设品位；生产、生活污水得到了有效治理，景区生态环境得到全面优化。环境变化带来的生机迅速成为商机，村民开办的农家乐、民宿成为上海、浙江等地游客的"养生乐园"，桃花岛的定向运动成为夏季各地游客"欢乐的海洋"，村里的农业采摘园、绿色有机果蔬成了城里人的"香饽饽"。

（三）坚持全民参与，丰富旅游业态

阳山的旅游发展始终坚持以人为本，保证村民的充分参与。通过合理的利益分配机制，提高当地村民参与乡村旅游的积极性和保护乡村旅游景观的自觉性，提高村民对旅游开发的积极性和长久支持力度。积极动员村民参与旅游业态，通过地质文化展示馆、桃文化广场、安阳书院、朝阳禅寺等项目的建设，拓展文化产业；通过打造桃花源景区、采摘园等发展休闲旅游产业，不断丰富阳山的旅游业态。2017年阳山全镇农民人均收入3.1万元，度假区范围内农民人均收入超4万元，户均存款31.5万元，是无锡市农民人均收入最高的乡镇。

（四）创新招商模式，吸引优质项目

阳山政府用创意丰富旅游休闲的内涵，通过乡村旅游打造，开创民办旅游先河，先后引进花间堂度假酒店、房车露营等项目，与隐居集团的合作，实现了由农家乐向高端民宿的转型升级。隐居酒店，为国内首个馆藏式文化酒店，主打"隐逸文化"，成为一个"隐"于桃林中的小众化高端酒店。花间堂温泉酒店，为花间堂旗舰酒店，秉承花间堂"让房子长在花丛中"的建筑理念，充分融合阳山温泉、书院、蜜桃元素，展现全新的田园度假模式。"麒麟湾"阳邨民宿文化村、水街坊和阳山、桃源村落，将分别在上海、浙江、无锡采取众筹方式，重点引进目前国内著名的民宿文化创意和设计为主的管理团队，鼓励景区范围内的农民在规划前提下，不占农地，进行民宿和创意作坊的建设。

（五）深化农村改革，共享发展成果

积极推进农村土地承包经营权与宅基地的流转，激发农村发展内生动力。聚集土地要素。2008 年，阳山在江苏省第一个提出并开始农场化改造、规模化经营，在全国首批开展土地流转。目前全镇土地流转面积占比达 65%，拥有龙头农业企业 2 家、合作社 120 家、家庭农场 27 家。土地流转后，各类合作组织经营更科学、更集约，土地效益得到大规模提升，租金从原来的每年 800 元/亩一跃提升到 4000 元/亩。拓宽增收渠道。村民可以被聘请做种植技术工人，月工资在 2500～7000 元，农民技术短工日工资达到 300～800 元；桃农以土地承包权作价入股"合作社"，每亩每年可获得 1500 元以上股份分红；通过开办农场、合作社，规模集约经营后亩均纯收益提高 1000 元。实现了"农民+"，阳山这里农民的含义被延伸了，他们既是农民，又是工人，也是农场主、民宿主，或合作社股东，实现了资产性收入、工资性收入、经营性收入"多条腿走路"。丰富村庄内涵。树立全域旅游发展理念，对自然分布的村落进行精心布局、精品打造，挖掘乡村文化底蕴与自然资源禀赋，将乡村融于景区，为乡村注入产业。涌现出桃园顺丰电商村、麒麟湾民宿文化村，村集体在"一村一主题，一村一景致"中壮大村级经济，村民在"家家有产业、人人有事业"中获得持续收益。

三、发展体会

（一）多元主体培育，人人都是乡村旅游创客

乡土人才的"乐业梦"。挖掘、梳理全镇范围内的"土专家""田秀才"和当地大学生，建立阳山乡土人才库，多次带领他们前往台湾、浙江等地学习乡村旅游的先进经验，激发创新创业热情。开展"全民教育"系列培训，在酒店管理、家政服务、电商营销、礼仪规范、文化创意、手工制作等方面开设主题班，提升文明素养与创业能力。目前全镇共有就业大学生 3200 多人，其中有 20 多名农场主和民宿主。成立残疾人创客中心，18 名残疾人前往苏州拜师学艺，进行桃根雕刻和桃木工艺品制作，成为响当当的残疾人创客。外来人才的"田园梦"。他们之前可能是高校毕业生、企业白领、自由职业者，但都有一份创业创新的热情。制定出台阳山现代服务业发展意见，在资金、土地、政策等方面给予创客全方位的扶持，推动优质

二、民俗文化依托型

创新资源向阳山汇聚。"引智+引才",与中国农业大学合作建立"教授工作站",引进桃产业领军人才;与南京中医院大学建设中草药基地,引进"国医大师"1名。"项目+团队",以田园东方等优质企业为载体,形成一支有文化、懂技术、善经营、会管理的优秀创客团队。

(二)多点领域开花,样样都可创新

乡村旅游+农业:水蜜桃是阳山延续百年的农业主导产业,乡村旅游做出了新花样,把原来无人问津的小桃、熟桃制作成果脯、蜜桃酒;融入艺术、文化、养生理念,开发桃花茶、桃花糕、桃花面膜等系列产品。水蜜桃产业与旅游产品全产业链融合,极大地提升了附加值。乡村旅游+民宿:依托阳山独特的资源,充分释放自己的创意,把精品酒店的服务理念与桃乡江南民居、民俗的特点完美结合,隐居桃源、花间堂、千里走单骑、小筑沐野、麒麟湾民宿文化村等各具特色的民宿与主题酒店纷纷涌现。特色

阳山镇

民宿已成为桃乡旅游又一崭新名片。目前阳山已开办各类民宿20多家。乡村旅游+文创:在阳山就地取材,桃文化、泉文化、佛文化、地质文化、书院文化得到升华与有效利用,拾房书院、草木染手作、田园诚品、南艺写生等文创基地,提升了小镇的文化品位与艺术特质,让阳山故事更有生命力。乡村旅游+互联网:在乡村旅游的带动下,顺丰桃园电商村、桃源葫芦谷电商基地相继成立,独具阳山魅力的旅

游产品销售搭上了互联网快车，走出了国门。各民宿、景点纷纷推出自己的新媒体平台，成为展示阳山乡村旅游的重要窗口，同时也聚集了一大批粉丝，隐居的"隐粉"、花间堂的"花粉"等群体为阳山带来源源不断的客流。

（三）坚守的追求，处处彰显发展的情怀

描绘阳山的未来，需不断提升品质，让游客来了，还要住下来，流连忘返。让阳山的明天更美，让阳山百姓的生活更甜，需要可持续的、丰富的乡村特色。是情怀的追求，也是阳山乡村旅游开发的始终追求。什么样的情怀决定什么样的特色乡村风情。包容开放的情怀，使得乡村的产业集聚丰富；向往美好的情怀，使得乡村景观自然和谐、建筑雅逸多趣、项目富有品位、游客逐年增多，美誉度越来越高。阳山必将成为乡村旅游的典范，成为一个风情独特的城市"后花园"和知名旅游度假目的地。

专家评语

坚持全民参与，通过合理的利益分配机制，提高当地村民参与乡村旅游的积极性和保护乡村旅游景观的自觉性，提高村民对旅游开发的积极性和长久支持力度。通过多元主体培育，挖掘、梳理全镇范围内的"土专家""田秀才"和当地大学生，建立阳山乡土人才库；坚持"引智+引才"，建立"教授工作站"；坚持"项目+团队"，以田园东方等优质企业为载体，形成一支有文化、懂技术、善经营、会管理的优秀创客团队。

推进"旅游+"融合发展
打造全域旅游黟县模式

——安徽省黄山市黟县

黟县历经 35 年的旅游发展，依托独特的资源禀赋，围绕文化遗产和田园风光，将文化、体育、农业、摄影等业态融入乡村旅游中，实现了由一个山区小县向世界旅游胜地的华丽转身，走出了"小而精、精古特、特而强"的全域旅游创新发展道路。

一、黟县全域旅游发展历程

黟县地处皖南山区，始建于公元前 221 年。县域面积 857 平方公里，辖 5 镇 3 乡、66 个行政村和 4 个社区，总人口 9.47 万。因境内存有大量的明清民居、祠堂、牌坊、园林，更有世界文化遗产西递、宏村，被称为"中国画里乡村""桃花源里人家"。自 2007 年被命名为"中国旅游强县"以来，先后荣获 10 余个国家级荣誉。

黟县是中国最早开发乡村旅游的地区之一，自 1986 年西递村开办旅游后，宏村、南屏、屏山、关麓等景区不断涌现，历经自发发展（1986～2000 年）、数量扩张（2001～2005）、规范发展（2006～2008 年）和 2009 年以来的品质提升四个阶段，形成了以徽黄集团和京黟公司为龙头的 5 大旅游经营主体、17 个旅游景区，其中，2 个 5A 级景区、4 个 4A 级景区、1 个 3A 级景区、3 个 2A 级景区。2013～2018 年，全县旅游接待量由 643.53 万人次增加到 1196.09 万人次，年均增幅 14.31%；旅游总收入由 51.82 亿元增加到 98.71 亿元，年均增幅 7.81%；服务业对全县经济增长的贡献率提升至 51%，以旅游为主导的服务业已成为县域经济增长的主引擎；农民人均可支配收入由 10090 元增加到 15349 元，年均增长 8.6%。

二、黟县全域旅游发展的主要经验

1. **与传统文化传承相结合，深度发展**。在旅游开发过程中，黟县将优秀传统文化蕴含的思想观念、人文精神、道德规范与旅游要素相结合。通过申报国家级非遗名录、培育非遗传承人及工艺美术大师等促进非遗项目生产性保护，梳理非遗项目113项。成功打造大型室外实景演出《宏村·阿菊》，并获省"五个一"工程奖。创新举办西递乡村音乐节及写生艺术节。推进乡村旅游与摄影、影视结合，建成黟县秀里影视村。连续举办13届国际乡村摄影大展、9届柯村油菜花摄影节，建成23处"百佳摄影点"、徒步摄影线路13.6公里，《菊豆》《武林外传》《卧虎藏龙》等影视剧相继来黟拍摄，年吸引摄影家及爱好者100多万人次。

2. **与农业转型升级相结合，延伸发展**。按照"围绕旅游抓休闲农业发展，抓好休闲农业促进乡村旅游发展"的总体思路，黟县把"村庄变景区"作为促进农旅融合发展的有效途径，通过举办五里桃花节、柯村油菜花节，设置采摘游、赏花游、农耕体验游等精品线路，成功打造了五里桃、深冲茶等特色农业村20个、农旅精品线路10余条，年吸引游客200余万人次。加快全县土地流转步伐，实现了农户增收、旅游发展和农业新型经营主体"三赢"局面，目前全县农村土地流转率已达63%。

3. **与坚守生态红线相结合，绿色发展**。多年来，黟县秉承"旅游业的发展必须建立在旅游地生态环境的承载力之上"原则，把对自然生态资源的保护与开发相结合，将造林与造景相结合，成功打造了石林花海观赏景区、塔川国家森林公园、五溪山省级自然保护区等森林景区景点。"十二五"以来，全县落实封山育林面积2.79万亩，落实人工造林4.75万亩，全县林地面积占县域面积85.9%，森林覆盖率达84.8%。注重发展绿色产业，以"五黑"等产品为主，打造绿色食品产业发展集群。

4. **与打造赛事品牌相结合，融合发展**。推动旅游业与体育赛事融合发展，连续举办14届国际山地自行车公开赛，先后承办全国山地车冠军赛、全国滑翔伞定点联赛黄山站等重大赛事，年吸引运动员及游客200多万人次，成功打造中国黄山（黟县）超级越野赛、"黄山168"商界精英徒步越野挑战赛等一批户外运动品牌，中国黄山（黟县）国际山地自行车节、"黟县骑行线路"分别成为中国体育旅游十佳精品

二、民俗文化依托型

黟县 　　　　　　　　　　　　　黟县柯村

赛事和精品推介项目，集健身观光、运动体验、休闲度假、体育养生和体育赛事为重点的体育运动产业已成为黟县旅游业发展的重要一极。

5. 与农户增收致富相结合，引导发展。 近年来，全县农家乐、民宿等新兴休闲乡村度假旅游发展迅猛，在撬动旅游产业资源融合和旅游产业链延伸的同时，带动了大批农民增收致富。截至2018年年底，全县旅游直接和间接从业人员达2万多人，占全县劳动就业人口的1/4。发展民宿农家乐及乡村客栈1193家，其中高端民宿112家，省星级农家乐44家，年接待过夜游客400万人次，直接创收4.53亿元。全县农村常住居民人均可支配收入、农村居民人均可支配收入实现快速增长，分别超省0.8个百分点、10.3个百分点；全县住户人均存款46825元，分别是省、市的1.61倍、1.03倍。

三、黟县全域旅游发展的创新举措

创新实施国有全资公司作为全域旅游主要市场主体。成立国有全资子公司徽黄旅游公司作为发展全域旅游新型业态，打造对外合作平台，全县旅游资源整合开发，黟县大景区建设提升，旅游公共设施配套建设，旅游业态创新发展六大任务，整合11个景区的开发、经营、管理权，2018年实现资产总值8.5亿元。

创新实施民宿产业发展举措。黟县把皖南古村落保护传承与旅游开发利用相结合，已发展1193家以住宿为主体的民宿业，通过租赁、合作、流转、挂牌出让，促进古民居有效保护和利用，发展餐饮服务业1046家，发展写生基地97家。

创新实施3条旅游风景道建设，设立7处旅游咨询服务中心，8处休息驿站，对原有公路沿线的加油站、邮政局、党群服务中心改造，满足游客多元需求。

创新"旅游+"优化资源配置,形成"旅游+城镇化"典型发展模式;以"123"厕所革命工程为抓手,提升公共服务水平和游客舒适度;通过开发旅游大数据平台,为游客和旅游企业提供个性化服务;全力打造民宿集群、帐篷酒店、森林木屋等业态;开展销售扶贫、公益摄影作品义拍等活动,推进旅游扶贫富民工作;围绕"黄山之南、全景黟县"旅游主题形象定位开发手机App,实施精准营销。

四、黟县全域旅游发展的主要启示

1. **立足保护,合理利用。**文化遗产资源具有不可再生性,必须始终坚持保护第一。在对文化遗产、历史名城、传统村落的保护利用过程中,黟县在保持原真性和完整性的基础上,着力提升利用水平,避免"一哄而上"、低水平同质化开发利用。对于民风民俗、传统技艺等非物质文化遗产,鼓励并支持开展非遗申报、技艺传承等工作,促进非遗项目生产性保护传承。保护传承好这些带有鲜明特征的文化瑰宝,让其焕发出新的活力,绽放出新的光芒,真正把资源优势转化成社会价值,是推进乡村旅游持续发展的长远要求。

2. **立足特色,梯度推进。**黟县立足自身特点,进行深层次开发,突出特色和重点,形成梯度,稳步推进。既使乡村旅游成为农民增收创效的新途径,又使乡村旅游成为保护乡土文化,特别是提升特色的地域文化的新途径。在抢救一批濒临湮灭的且具有重大旅游价值的乡村旅游景观的基础上,进一步拓宽开发面,整修、复原旧景点,做好新老建筑间的配套与协调,并逐步向边远的、落后的、基础设施较差的,但旅游潜在价值较大的乡村推进,做到科学规划,合理开发。

3. **立足共赢,共建共享。**在乡村旅游开发中,黟县树立全局意识和长远的眼光,以总体规划、专项规划和项目开发策划为指导,集中连片开发,实施资源共享、线路共连、客源互送,以整合资源,最终建立一个产品各异、市场一体、效益

黟县西递宏村

二、民俗文化依托型

黟县

共生的无边界的全域旅游目的地，形成规模效应，实现倍增效益。同时，还将乡村旅游与其他旅游资源进行组合，形成具有互补性、差异性的多元化旅游产品业态。注重与周边地区的乡村开展合作，规划旅游路线，串联景区景点，组团营销，实现互利共赢。

专家评语

中国最早开发乡村旅游的地区之一，历经自发发展、数量扩张、规范发展和品质提升四个阶段，积累了大量典型模式和成功经验。在旅游开发过程中，将优秀传统文化蕴含的思想观念、人文精神、道德规范与旅游要素相结合。围绕"乡村旅游+"，推动乡村旅游与摄影、影视、农业、生态、节庆、赛事等相结合，在撬动旅游产业资源融合和旅游产业链延伸的同时，带动了大批农民增收致富。

镇村企共创建　助推乡村旅游

——福建省三明市桂峰村

近年来，尤溪县洋中镇桂峰村以建筑民俗文化和生态休闲体验为方向，围绕"环境整洁优美、基础设施齐全、公共服务配套、思想道德良好、人与自然和谐"主题，全力打造"环境优美、生态协调、田园风光、文明和谐"的旅游美丽乡村。

一、基本情况

桂峰村位于尤溪县洋中镇东北向，毗邻南平市樟湖镇，全村下辖10个村民小组，人口1302人，农户339户，土地面积23187亩，其中耕地面积3402亩，山地面积18526亩。桂峰村始建于宋元，盛于明清，迄今已有760多年历史。整个村庄依山就势分布于村中的三面山坡上，层层叠叠，错落有致。现存有明、清典型古建筑39座，是福建省古建筑保存最完整的古村落之一。

二、典型做法和成效

1. 保护传承措施有力。 一是注重整体规划，协同推进。近年来，在各级政府和有关部门的关心指导下，《中国历史文化名村——桂峰村保护规划》《桂峰村村庄整治规划》《桂峰村旅游规划》《桂峰古民居旅游发展总体规划》先后完成编制。通过采取严格有效的措施，实现了对桂峰村现有文物、历史建筑、古街古巷、传统格局以及与名镇名村密切相关的地形地貌、河湖水系、乡土景观、自然生态等的有力保护和传承，突出了历史文化遗产真实性和完整性。2017年，洋中镇成立了"福建省古韵洋中旅游文化发展有限公司"，指导桂峰村通过发动村民、投资企业等成功创建国家4A级旅

二、民俗文化依托型

游景区,推动形成"镇村主导、群众主体、企业主力"的发展运作机制,为古民居保护修缮和可持续利用寻找契合点。二是着力完善设施,提升品质。近年来,桂峰村通过向上争取资金、镇村投入、村民筹资筹劳等方式,着力保障景点建设取得成效。截至2018年年底,已投入资金6000多万元,用于旅游景区的提升改造。景区交通方面,由政府投入3000多万元对洋桂线11.6公里道路进行三级公路改造,并对沿线实施环境整治,绿化美化沿途景观;在景区游客中心位置、核心区入口建设2000平方米接驳停车场和小车停车场,设置交通标识标线、缓冲减速带。景区服务方面,在景区出入口新建一处

尤溪县洋中镇桂峰村

功能完善的游客服务中心,融食、玩、购、询于一体;修缮维护十多幢明清特色古建筑,增加观赏点;重修村外古官道12公里,村内古道、古巷7.8公里,丰富游客体验;在关键节点新建两处、改造两处星级旅游公厕,完善景区配套。景区品质方面,对桂峰萧公庙到石印二桥路面实施改造,重新铺设青石板和青砖,加强传统业态接入和民宿改造,恢复古村古朴韵味;结合景区自然与人文景观特色,增加指引标识密度,添加"清新福建"及桂峰古民居LOGO,标注中、英、日三种对照语言,使旅游引导标识、功能标识、景观介绍系统更加完善,提升整体导览功能;挖掘收集古民居传说,为村内39座古民居编修"一房一故事",并通过景点解说牌、二维码扫一扫等形式展示,植入智慧旅游元素。三是强调文化打头,彰显特色。发动村中老人协助挖掘桂峰村建筑文化、民俗文化、农耕文化、黄酒文化、饮食文化等,完成《中国历史文化名村——桂峰》一书的资料收集、编辑出版工作,辑录传承桂峰特色文化。成功举办祭祖文化节、元宵迎竹蛇灯文化活动,举办"古村风情"摄影展、三届晒秋节、桂峰杯摄影赛,完成蔡氏宗庙、宗祠两个人文展馆和民俗展馆资料、实物的收集、设计、制作,彰显深厚文化内涵。重修布置桂岭戏园、桂峰茶楼、玉泉书斋,引入闽剧表演、茶道文化、对诗文化等,新建200平方米桂峰诗苑,融入桂峰历代进士学子贤人有感而发古诗名句,增加景区文化内涵,展示桂峰独特魅力。

2. 经营管理形式灵活。一是鼓励外引实体，共谋发展。村两委积极探索、大胆实践"支部+旅游开发公司带农户""支部+中心户长带农户"和"支部+致富能人带农户"等发展模式，推动旅游有效开发，为富民强村注入强心剂。积极引进中讯东方（福建）文化传媒有限公司进行专业开发保护，提供餐饮、住宿、景点介绍等旅游服务业务知识培训，提升旅游接待能力和服务水平。自公司入股以来，已经完成清代茶楼、后门山大厝、桂峰46号、半月书斋等10栋古民居修缮；成功策划和举办三届"晒秋节"和摄影活动；悬挂2200盏光能灯笼和3100米防水防爆防晒户外灯带，亮化美化桂峰夜景。同时，引入尤溪五行生态农业发展有限公司，开展桂峰生态循环休闲健康智慧农业园区项目，以生态休闲游乐健康农业为支撑，打造集生态循环有机种养殖农业、农产品粗加工、休闲游乐观光、农耕体验、农业文化实践教育、养身健康、民俗民宿农家乐为一体的生态园区，既拓展了景区体量，又丰富了游客体验。二是大力内创机制，盘活共赢。在管理上，坚持镇、村、投资商三方协作模式，授权投资方作为景区日常经营主体，镇、村成立多部门组成的景区管理委员会，调动村老人协会、古民居保护修缮协会等民间组织主动参与，共同维护景区秩序和日常卫生等。协作三方在共同业态的经营利润与门票收入上实行股份分成，镇、村收入主要用于村民红利和注入古民居修缮基金，以充分调动全体村民共同推动旅游发展积极性，也为古村落长远和可持续发展探索新路。坚持保护与科学利用互促共进，注重产业支撑，以村委会为平台，由村委与祖居户主签订租赁合同集中流转，"新移民"再与村委签订租赁合同，新移民出资，由村委会计算工程成本为"文创移民"代为修缮老屋，以最经济方式，破解传统村落"保"与"用"难题。积极推动专业院校、文化组织、新旧村民等联动共建，修缮一批利用一批，创办书院、写生、摄影、研学教育实践基地、专题陈列馆、民俗馆、手工作坊、农家乐等特色产业，合理拓展古民居使用功能。同时，鼓励农民利用自家闲置房屋开店创业，共同参与旅游发展，旅游配套服务和接待设施逐步更加完善。

专家评语

通过"镇村主导、群众主体、企业主力"的发展运作机制，为古民居保护修缮和可持续利用寻找契合点；通过向上争取资金、镇村投入、村民筹资筹劳等方式，着力保障景点建设取得成效；积极探索、大胆实践"支部+旅游开发公司带农户""支部+中心户长带农户"和"支部+致富能人带农户"等发展模式，大力内创机制，盘活共赢，协作三方在共同业态的经营利润与门票收入上实行股份分成。

展现客家风情　带动旅游升级

——福建省龙岩市培田村

一、基本情况

宜和乡培田村位于连城县西部，毗邻长汀县，距县城 40 公里，离 319 国道 8 公里、永武高速朋口入口处 11 公里。全村下辖 14 个村民小组，耕地面积 1600 亩，人口 432 户 1616 人，其中党员 59 人。培田古村落始建于南宋，现有村居仍然较好地保存了明清时期的风貌，千米古街两侧保存着 30 余幢"九厅十八井"形式的高堂华屋、21 座宗祠、6 个书院、5 个庵庙、2 座圣赐跨街牌坊，其中，全国文物保护单位 25 处，省级文保单位 31 处。培田古村落约 7 万平方米的古建筑群，被誉为"客家庄园""民间故宫"。培田村先后被评为全国重点文物保护单位、中国历史文化名村、中国十大最美村镇、国家传统村落、中国特色村、全国特色景观旅游名村、全国村庄规划试点村、国家 4A 级旅游景区、中国最美休闲山村、省级生态文化村、闽台十大乡村旅游试验基地和国家美丽宜居示范村庄等。

二、典型做法和成效

近年来，培田村立足于传统乡村风貌和地域文化特色，坚持发展文化旅游的基本定位，结合特色农业和生态环境优势，全面加强古建筑的保护开发和合理利用，深入挖掘物质文化遗产和非物质文化遗产，注重把文化传承和生态健康理念植入景观改造、宜居建设和旅游产品开发中，努力讲好培田美丽故事。

1. **坚持科学布局，编制发展规划。** 自 2000 年实行古民居保护与开发后，培田村先后聘请同济大学阮仪三教授等知名专家学者，以高水平、高标准编制《培田古建筑群保护总体规划》《培田古村落保护总体规划》《培田古民居4A级旅游区规划》等文本，切实以规划引领培田古村落发展。培田村在乡村旅游规划中，始终秉承保护优先、生态引领的要求，将生态理念全面植入景区导游词修编、乡村基础配套设施建设等方面。大力推行"三线下地"，在智慧景区、标牌标识、生态防洪堤、旅游公厕、垃圾池等建设中，注重体现生态环保要求，并坚持所有配套设施建设风格与培田古村落建筑风貌相协调。

2. 坚持保护优先，推动永续利用。培田村近年来已累计投入2000多万元，严格按照规划要求及整治方案，对衍庆堂、衡公祠、致祥堂、锄经别墅、大夫第、古街、容膝居、绳武楼、如松堂等建筑单体进行"修旧如旧"的抢救性维修，组织拆除有碍观瞻的建筑，并对主要民居的周边环境进行重点整治。通过邀请专家、学者召开交流研讨会、出版各类著作等方式，深入挖掘"耕读传家"客家文化和红色文化底蕴，丰富乡村旅游内涵，提升乡村旅游品质。完成培田古村落"绮里清风"家风家训展陈馆布馆并实现对外开放，展览馆通过文物、照片、展板、多媒体等手段，全面展示培田儒家思想"文墨之乡"兴教立教、崇文尚武、耕读传家之风，以及"崇贤敬祖、重品尚德"的家风家训。

3. 统筹新村建设，改善居住环境。为解决文物保护与村民改善居住条件需求之间的矛盾，在古村落外围规划占地面积76亩用于建设村文化活动中心1个及农民住房160户，现已全部搬迁入住。同时，紧紧抓住培田新村被列入省级百户新村示范点的历史机遇，结合"造福工程"建设，争取上级补助220万元用于新村道路、供水、供电、排污等基础设施建设，大力进行环境美化。

4. 完善配套功能，延伸产业链条。围绕把培田打造成"自然生态、田园风光、客家风情"的美丽乡村的理念，结合培田草药小镇建设，加快完善旅游"六要素"配套功能，丰富乡村旅游业态产品，让游客吃得放心、住得舒心、游得开心。一是吃。成立客家美食协会培田分会，包装整合宣和米冻、炆盆肉、白斩鸡、白斩兔、漾豆腐、焖山药等客家特色美食，深受游客好评。二是住。按照海峡客家乡村旅游示范户评定标准要求，设立培田村级融资担保基金，扶持示范户60多家、旅游接待床位达400多个。培田古建筑大师吴长生带领弟子建造完成中华人民共和国成立以来培田第一座"九厅十八井"形制的民宿住宅——似续堂，目前，以似续堂、锄田山房、香叙美宿等为代表的民宿已成为培田休闲旅游的新名片。三是行。投资8600余万元的文坊至培田旅游专线公路已建成通车，投资250万元建成培田旅游服务中心至旅游专线公路连接公路和桥梁，同时还建成占地面积1.2万平方米、大小停车位120个的培田古村落游客服务中心，有效提高了景区旅游可进入性。四是游。修复培田古街沿街房屋，打造具有客家特色的千米商业古街。对衍庆堂内古戏台、观众席进行全面整修，把衍庆堂整修成为客家民俗文化表演中心。投入1000万元，按照灰墙黛瓦青砖客家风格，完成培田游客服务中心至管理站（升星街）道路及房屋立面提升改造。大力发展现代观光休闲农业，种植绿化苗木、油菜花、建莲、向日葵等观赏作物600余亩。五是购。建成培田工笔画产业基地和染织工坊2处，土特产店销售纯手工的客家中草药药膳、客家姜糖、米粉、山茶油等，有效增加了旅游收入。六是娱。引导游客参与体验插秧、犁田等春耕农事活动以及打糍粑等客家美食制作，在黄金周等节假日期间组织十番乐队、客家武术表演及木偶戏等，显著丰富了旅游业态。

5. 强化宣传营销，提升对外名气。 主动融入省、市旅游宣传营销，积极参加

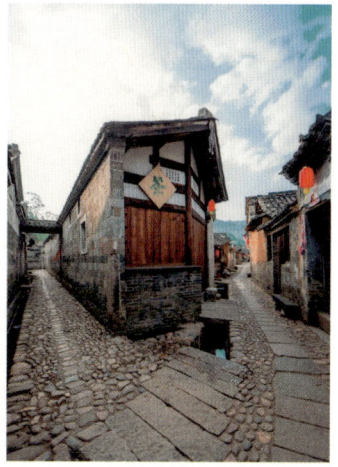

连城县宣和乡培田村

各类旅交会，全面推介培田旅游资源，推动培田古村落六度亮相央视。积极邀请国家、省、市各级媒体80余团次考察培田旅游产品。充分借助各类媒体资源宣传培田旅游形象，大力配合拍摄《古田会议》《红色摇篮》《邓子恢》《土楼里的女人》《客家妈妈》《培田记忆》《守望培田》《耕读培田》《寻找远去的家园》《绝命后卫师》《古田军号》《中国影像志——福建培田》等影视作品，着力打造客家影视拍摄基地。在福州、厦门、泉州及广东、江西进入龙岩市境内高速路段树立培田古村落形象广告等，全方位、多层次、多渠道、大声势宣传推广培田旅游品牌。有效结合农事活动，连续成功举办八届培田春耕节，通过事件营销更好宣传推介培田。

专家评语

立足于传统乡村风貌和地域文化特色，坚持发展文化旅游的基本定位，结合特色农业和生态环境优势，全面加强古建筑的保护开发和合理利用，深入挖掘物质文化遗产和非物质文化遗产，注重把文化传承和生态健康理念植入景观改造、宜居建设和旅游产品开发。

朱子故里展新貌　旅游开发助脱贫

——福建省南平市兴贤村

一、基本情况

兴贤村地处武夷山市五夫镇，理学宗师朱熹在此从学、著述、授徒长达50余年，留下了兴贤书院、朱子巷、紫阳楼等历史遗迹，文化底蕴深厚。兴贤村辖区面积2.33平方公里，其中耕地面积1069亩，林地面积1717亩，全村174户675人，农户资产少，土地面积少，原属于武夷山市贫困村。

兴贤村作为五夫镇旅游资源的核心村，近年来依托五夫镇先后被列为"国家级历史文化名镇""国家级田园综合体试点区"以及全国第二批特色小镇，并被誉为"朱子故里"与"白莲之乡"，形成了强大的游客吸引力，积极推行"保护"与"发展"两步走战略。在发展乡村旅游过程中，兴贤村坚持绿色发展方向，着力转变发展方式，实施"文化+旅游""生态+旅游""农业+旅游"的发展策略，坚持以朱子文化为核心，以优美生态为基础，以现代农业为载体，突出文化、生态、农业相互融合、相互叠加的优势，并充分利用兴贤古街、紫阳楼等古建筑，开发"朱子寻根之旅""朝圣观光之旅"等旅游产品，推动乡村旅游开发不断取得突破。同时，在上级"精准扶贫"政策扶持下，兴贤村整村推进，因地制宜制定扶贫开发规划，积极发展特色产业，明确帮扶目标。据统计，2017年兴贤村集体经济收入16.4万元，农民人均纯收入8197元，目前建档立卡贫困户7户21人已全部脱贫。

二、经验做法

1. 强化资源保护。 古街古文化是不可再生的历史遗产，是兴贤村开发朱子文化

五夫镇兴贤村

旅游最宝贵的"家底"。为此，兴贤村根据当前的发展条件，树立保护就是开发的强烈意识，对保护古街采取了有效措施：一是强化古街消防安全保护。针对古街老旧木屋毗邻相连紧密的情况，成立古街义务消防队，设立古街消防专项资金，在古街沿线配备消防泵、灭火器等消防器材，并定期组织消防知识培训和现场演练，确保古街安全。二是强化古街风貌保护。每周对古街沿途、籍溪两侧、205 县道至少巡查两次，一旦发现违法违章搭建，坚决予以拆除，确保古镇古街风貌不受影响。启动古街居民建房安置区建设，采取"宅基地置换"和"拆迁安置"等方式，积极引导古街村民到安置点建房，尽量减少建新房对古街造成的破坏。三是在保护古迹的基础上加大招商力度。在完成刘氏家祠、朱子社仓、连氏节孝坊等古文化建筑修缮的同时，鼓励引导企业和个人租赁古街沿线古民居并将其改造成茶楼、客栈等，以多种方式达成保护古街的目标。通过不断努力，目前，兴贤村 12 处市县级文物保护单位和 42 处历史建筑都得到较好保护，为深度开发朱子文化旅游夯实了基础。

2. 强化产业引领。利用名人故里优势，聚焦传统文化，整合兴贤书院、刘氏家祠、玉虹桥、兴贤古街、三峰鼎峙等多处牌坊，以及朱子社仓等历史名胜古迹，挖掘遗存在村内独特的文化资源，让朱子故里展新貌。持续壮大贫困村集体经济，拓宽农户尤其是贫困户的增收渠道，努力改善农村生产生活条件。一是村集体带头发展旅游产业。兴贤村成立村集体企业兴贤毓秀旅游发展有限公司，组建"龙鱼戏表演队"，把农业、旅游与朱子文化相结合，在古街上租赁店面建设古街商铺与民宿，以文化为核心，实现一、二、三产业融合发展。在村集体的带动下，兴贤村生态农庄、餐馆、民宿陆续开业，目前每年都有数十万游客慕名而来，充分带动兴贤村各项旅游收入及人均收入提升。二是不断丰富古街业态。兴贤村创办"兴贤家嫂餐馆""兴贤会馆"等包含多种经营业态的综合性旅游实体，从美食、休闲、娱乐等多角度有效丰富了古街旅游业态，提升了文化旅游品位，逐步走出一条多元化发展经济的路子，极为有效地开发了古街旅游资源。三是大力发展乡村旅游土特产。"五夫白莲"地理标志证明商标的认定进一步提高了五夫白莲的品牌地位。同时，莲农充分利用网络资源，转变白莲销售方式，改零售为包装销售、网络销售，改卖莲果为销售莲子粉、莲子心和莲叶茶等，不断满足游客对白莲养生产品多样化以及自然生长红菇等土特产品的需求，推动了乡村旅游土特产的快速发展。

3. 强化旅游发展基础。 依托五夫镇"国家级生态乡镇"和"全省绿色乡镇"优势，强化旅游发展基础。一是完善发展旅游的硬件基础。积极争取并有效利用上级补助资金，在包括万亩荷塘片区在内的多处景点进行旅游基础设施建设。做好水渠护坡和游步栈道修建工作，因地制宜新建观赏亭和门楼，推动完善旅游公厕、停车场和环境保护设备设施配置，使兴贤村发展乡村旅游的基础更加牢靠。二是增强发展旅游的软实力。实施美化、绿化、亮化、彩化工程，根据实际情况加强旅游景点的创意设计，通过安装古色古香的红灯笼和色彩绚丽的夜景灯，使兴贤村不同景点呈现不同特色，增强了景点的观赏性和对游客的吸引力。此外，兴贤村还积极引导居民进行垃圾分类，促进居民养成保护环境的意识，加强保洁，确保景点环境优美，使其发展乡村旅游的软实力不断增强。

近年来，每年都有来自四面八方的高校师生到兴贤古街开展绘画、写生。据统计，2018年兴贤村接待游客人次已突破30万，取得了发展乡村旅游的阶段性成果。下一步，兴贤村将继续促进文化旅游与生态旅游共同发展，更好地依托大武夷旅游圈推动乡村旅游的发展取得更大成绩。

专家评语

推行"保护"与"发展"两步走战略，实施"文化+旅游""生态+旅游""农业+旅游"的发展策略，坚持以朱子文化为核心，以优美生态为基础，以现代农业为载体，突出文化、生态、农业相互融合、相互叠加的优势。强化资源保护，强化产业引领，强化旅游发展基础。

"三文"产业融合发展探索文化产业发展新路径

——四川省成都市安仁古镇

大邑县安仁古镇始建于唐代，拥有 2 个国家 4A 级旅游景区——刘氏庄园（全国闻名的重点文物保护单位）、建川博物馆聚落（中国最大的民间博物馆聚落）。共有保存完好中西合璧的老公馆 27 座、现代博物馆（展示馆）47 座、文保单位 16 处、藏品 800 余万件、国家一级文物 442 件，被中国博物馆学会命名为"中国博物馆小镇"，先后获得"中国历史文化名镇""全国特色小镇"等荣誉称号。首创"三文"融合发展新模式，探索出一条文化产业发展新路径。

1. **以文博为核，强化产业优势**。依托公馆老街、刘氏庄园博物馆、建川博物馆三大核心资源，探索"博物馆+新经济"消费体验新业态模式，建成 100 座博物馆，形成泛博物馆+微特博物馆两大类型，构建集创作、收藏、鉴定、评估、博览、拍卖交易等为一体的文博产业链。坚持保护与发展并举，编制完成《安仁古镇历史建筑历史文化街区保护与利用规划》，完成了安仁古镇 3 条老街、13 座公馆、210 余间商铺、15.8 万平方米历史街区的整体修缮。深化校院企地合作，与安仁华侨城、四川电影电视学院建立利益共同体和发展共同体，实现合作投资 30 余亿元。大力实施公馆活化，完成了今时今日演艺消费综合体、华公馆文博展示综合体、油纸伞非遗文化体验综合场景等 12 个文博综合体打造。

2. **以文创为链，推动产业聚集**。全力实施"两空间三平台"建设，构建"生产创作+展示交流+拍卖交易"文创全产业链，积极推进建设西部最具特色文创产业生态基地。营造生产创作空间，着力打造四川电影电视学院文化创新创业园、华侨城艺术家聚落、1458 文创园、建川文创街坊、上舍都亭艺术街区。构造展示交流空间，完成华侨城创意文化园、华公馆等建设。打造集聚媒体发行、艺术创作、文博交流、藏品交易的展会平台，举办安仁论坛、安仁双年展、全国近现代收藏交流展

二、民俗文化依托型

等论坛展览。打造具有国际影响力的研学平台，建设安仁智库产学研基地、康佳创投安仁创新中心、成都市城乡社区空间美学研究学院等平台。打造集展览、交易、鉴定、拍卖等为一体的文化产权交易平台，引入深圳文化产权交易所，建设深圳文化产权交易所西部运营中心。

3. 以文旅为路，实现产业收益。坚持国际标准、全球视野，主动对接游客多元化、多样化新兴消费需求，强化新场景、新业态植入，构建一体化旅游要素，形成文旅反哺文博、文创，"三文"产业融合发展的商业闭环。围绕独具天府文化、农耕文明和川西民居建筑风格的川西林盘，建设南岸美村、锦绣安仁花卉博览园、林盘庄园一期等游憩项目。圆满承办首届全国乡村旅游发展经验交流现场会、世界旅游名城建设大会暨特色镇现场工作会，成功举办了第三届安仁论坛、穿着旗袍去安仁、第五届天府古镇国际艺术节、成都天府古镇旅游节等活动52场次，接待游客700余万人次。

成都市大邑县安仁古镇

集聚区内现有"三文"企业270家，占集聚区企业总数的66.34%，其中中国500强企业3家。2018年，荣获被誉为中国旅游奥斯卡第八届艾蒂亚奖"中国最佳旅游小镇奖"、亿翰智库2018年中国特色小镇项目品牌影响力TOP50第二名、2018博鳌旅游奖（TC奖）年度文旅小镇。安仁双年展荣登《国家美术》第九届全球华人金星奖年度十大展览"。

专家评语

依托文博资源优势，打造"三文"融合发展新模式，探索出一条文化旅游产业发展新路径。以文博为核，强化产业优势，探索"博物馆+新经济"消费体验新业态；以文创为链，推动产业聚集，构建"生产创作+展示交流+拍卖交易"文创全产业链；以文旅为路，实现产业收益，形成文旅反哺文博、文创，"三文"产业融合发展的商业闭环。

合理利用民族文化遗产
走出乡村旅游发展新模式

——贵州省黔东南州西江千户苗寨

自 2008 年世界最大苗寨西江千户苗寨正式旅游开发以来，在各级党委政府的坚强领导下，依托丰富的民族文化遗产资源，围绕民族文化的创造性转化和创新性发展，历经十余年，西江苗寨从一个经济落后、贫困面广、文化保护乏力的传统村落，一跃成为经济繁荣、百姓富裕、环境优美、社会和谐、民族文化传承创新动力强劲的美丽村寨和全国知名的乡村旅游目的地，仅在 2018 年，西江苗寨村民人均收入就超过了 2 万元，户均收入达 8 万元以上，其实践探索得出的"西江模式"堪称民族乡村旅游发展的典范。

一、基本情况

西江千户苗寨位于贵州省黔东南州雷山县境内，由平寨、东引、也通、羊排、南贵、养蒿、欧嘎、也东共 8 个自然寨组成。全寨原住居民有 1400 多户，6000 多人，其中 99.5% 为苗族，是全国最大的苗寨，也是全世界最大的苗寨。由于历史、地理等因素，西江苗寨迄今为止仍较好地保留有厚重的苗族传统农耕文化。西江苗寨所在的雷山县共计有 13 项国家级非物质文化遗产，这些国家级非物质文化遗产在西江都有扎实的根基和丰富的体现。虽然坐拥丰厚的民族文化遗产和旅游资源，但长久以来，西江苗寨吃饭靠种地、挣钱靠打工，村民守着文化的金山银山，却没有换来手中的"金饭碗"和"银饭碗"。

2008 年旅游开发后，西江苗寨旧貌换新颜。在业态上，10 年来，西江苗寨景区累计注册的大大小小的旅游生产经营主体超过了 1300 多户，分别比 1995 年增长了 40 多倍，并形成了食、住、行、游、购、娱等完整旅游产业链；基础设施上，投入资金10多亿元，加快了西江景区提质扩容，先后建成停车场、游客服务中心、污水收集处理系统、灯光系统、表演场、寨内观光栈道等一批基础设施项目，建成西江·西街商业街区和西江·苗界等高端文化旅游综合体，景区现有接待总床位10600个，就餐接待能力达到15000余人，停车位4000余个；品牌荣誉上，旅游开发后，西江苗寨紧紧以文化引领，市场驱动，在文化产品上推陈出新，在政府、公司、村民和学界等多主体的推动下，西江苗寨文化品牌产生了质的飞跃。西江苗寨景区先后获得了"国家4A级旅游景区""中国民族特色村寨""全国文化产业示范基地""全国十大民族文化旅游目的地"和"全球十大优秀国际乡村旅游目的地"等殊荣，旅游品牌日益响亮。游客接待上，2014~2017年西江景区接待游客1790.43万人次，实现旅游综合收入139.88亿元，2018年西江景区接待游客853.68万人次，实现旅游综合收入72.56亿元。

二、主要经验

一是坚持党政强力推动，多主体的共同参与。为有效聚集人力、物力和财力对西江苗寨进行旅游开发，2008年在省、州、县的各级党委政府领导下，西江苗寨赢得第三届"贵州省旅发大会"的举办权，有了党的领导，西江苗寨的发展有了主心骨，增强了人民群众的文化自信心，加快了西江苗寨向前发展的步伐。政府事无巨细的旅游动员和坚定的发展初心，获得了村民的广泛支持，也深深吸引着省内外的专家学者、企业、个体工商户和西江苗寨基层组织等主体，主动关心和参与推动西江苗寨的旅游开发，形成了多主体共同参与的充满活力的局面。

二是创新公司主导的旅游市场化运作。旅游业是集产品、服务和客源为一体的产业，具有很强的市场性。为了西江旅游的发展，政府之前投入了巨额资金搞基础设施建设，如果再按行政思维搞旅游，短时间内虽然有效，但从长远来看会难以为继。为此，按照现代企业制度，2009年雷山县人民政府注资成立国有独资公司贵州省西江千户苗寨文化旅游发展有限公司，负责整个西江苗寨景区的经营管理服务。目前公司总资产达到了17亿元，共有13个子公司，员工总数为900多人的旅游企业。自公司成立以来，对整个西江景区起到了引领文化、引领客源、引领市场、引领服务、引领基础设施建设、引领品牌塑造的带头示范作用。

三是设规程定制度，加强对核心文化资源的保护。乡村文化旅游，文化是核心。

雷山县西江千户苗寨

从2008年起，西江苗寨严格落实《黔东南苗族侗族自治州民族文化村寨保护条例》，制定了《西江千户苗寨文化保护评级奖励暂行办法》《西江千户苗寨文化保护评级奖励评分标准》《西江千户苗寨房屋建筑保护条约》《西江景区古树名木管理保护措施》《西江千户苗寨风貌管理办法（暂行）》《西江千户苗寨旅游特色美食饮食规范》《西江千户苗寨景区农家乐管理办法》《西江千户苗寨景区旅游市场经营管理办法》等规章制度。这些规章制度的制定，使得西江苗寨景区的文化保护发展有了规约上的依据，对于苗族文化的保护发展起到积极的促进作用。

四是加强文化活态展示，动静营造旅游氛围。文化是旅游的灵魂。10年来，西江苗寨加强文化活化，将静态的自然景观、人文景观与动态人文景观形塑成为动静结合的乡村旅游氛围。静态体验不断通过"田园观光区""村寨夜景系统""苗族风雨桥""吊脚楼建筑群"等方式进行打造；动态展示不断适时推出各种民俗活动。例如将苗年的活态展示作为大亮点，通过文化节点设置，让游客亲身体验小年、中年、大年三次苗年的节日活动和节日内容，从中感受苗族文化魅力。在西江苗族博物馆的带动下，鼓励村民利用自己的房屋住所兴办40多所参与型、体验型、互动型的"家庭博物馆"，构建起立体多元的民族文化活态展示点。

五是传承发展，文化引领品牌创新。创新是引领发展的第一动力。10年来，西江苗寨在保护好、传承好民族文化和不脱离地方文化母体的基础上，经过创造性转化和创新性发展，连续挖掘出了"高山流水""五壶四海""十二道拦门酒""长桌宴"等苗族文化旅游产品；通过场景置换、文化再造等手段，推出了"鼓藏肉""苗王鱼"等苗族传统美食；通过艺术上的升华与提炼，将民族叙事、历史叙事和文化叙事与舞台化的结合，打造出了"美丽西江"晚会；扎根于西江苗寨经营的商户，也积极将苗族文化符号运用于店名、旅游产品开发和旅游服务中，大大丰富了"千户苗寨"作为文化品牌的内容。

六是创立利益共享的连接机制。10年来，西江苗寨景区通过制度创新，设立了民族文化利益的共享机制，以门票收入的18%作为民族文化奖励经费发放给村民，让村寨社区居民每户每年都获得近万元的收益，确保了旅游收益的全民共享。截至2018年，西江苗寨累计发放民族文化奖励经费高达1.3亿元，户均累计8万元。西江苗寨的利益共享机制，体现了党和政府在旅游发展制度安排上的"公平"与"正义"，确保了大家的共同富裕。

七是以景区带村带县，共享发展成果。作为国家80个"景区带村"的示范之一，西江苗寨的景区带动主要体现在产业带动、发展带动和就业带动三个方面。就产业带动来说，10年来，西江景区带动周边脚尧、黄里等村的茶产业发展，带动了附近控拜、麻料等村寨银饰产业的发展。在就业带动方面，周边村寨共有2000多村民常年不间断在西江景区内打工。在旅游旺季，都能让每位村民每月有2000～3000元的收入。在"景区带县"方面，西江旅游井喷式发展极大地带动了雷山县旅游业的发展，2017年，雷山全县旅游综合总收入为77.37亿元，其中西江苗寨为49.91亿元，占比为64%，直接和间接带动全县至少20000贫困村民脱贫致富。

八是善用民间智慧，参与景区社会治理。开发旅游后的西江苗寨，是传统生活方式与现代生活方式交织的空间。社会治理工具和手段，必须将传统社会的组织形态和治理智慧同现代社会治理的体制机制进行无缝衔接，方能促进景区的和谐稳定。10年来，西江苗寨治理资源除了充分运用国家的法律法规以外，还充分运用乡土社会的"村规民约"，苗族历史上遗留下来的"议榔制""寨老制""扫寨仪式""鸣锣喊寨""民间歌谣"等民间智慧，对有碍旅游发展的失范、失当、失德行为进行规训与处罚，无论哪一个主体，如有违犯，均平等相待，一视同仁。10年来让西江苗寨基本做到了"小矛盾不出村，大矛盾不出镇"的良好治理局面，既净化了旅游市场环境，又增强了旅游发展活力。

九是与时俱进，创新景区管理机制体制。为进一步理顺西江景区管理体制和运行机制，2012年经雷山县委常委会研究决定，将西江镇交由雷山文化旅游产业园区管理委员会托管，西江景区管理局、西江旅游公司一并划入园区管委会。配齐配强西江景区管理局领导班子，将驻西江的相关执法部门和西江景区管理局人员划入园区管委会综合执法大队，由园区管委会统一管理。通过机制体制的创新，明确了西江景区各管理主体和经营主体的职责与功能，尤其明确了西江旅游公司作为市场经营主体，进一步提高了旅游发展的市场效率。

三、几点启示

一是党的领导是前提。西江苗寨的发展首先得益于党中央、国务院的英明领导。省、州、县各级党委政府为西江发展旅游业提供了决心、信心和敏锐的战略眼光、科学的战略举措，以及由此所形成的政令畅通的管理体制。从组织领导层面到体制机制层面，再到社会力量层面，自上而下形成了"党委重视，政府主导，部门联动，社会参与"的发展模式，为西江的快速发展提供了强大的政治支撑。

二是文化保护是核心。文化是乡村旅游的魅力和关键所在。如果不保护好民族文化，民族地区乡村的旅游发展将难以为继。文化保护是西江苗寨确保持续发展的关键。10年来，西江苗寨秉承"在保护中开发，以开发促保护"的理念，着重保护苗族优秀传统文化的内在基质和创造活力，以行动开展保护，以旅游开发促进文化价值再生实现切实保护。

三是创新发展是手段。当前，民族地区的旅游发展面临着许多问题和挑战，尤其在经济新常态的背景下，以往的方法方式难以奏效，这就需要以"创新"和"发展"的思维来应对与解决。西江苗寨通过10年探索实践，在民族文化和传统智慧的运用，利益"共享"机制设计等方面，都有所创新和发展，既实现人民群众的增收致富，又较好地延续了自己的民族文化。

四是共享共赢是目的。民族地区旅游发展的最终目的，是为了解决地方的经济发展和人民群众的共同致富。10年来，在当地党委政府的领导下，西江苗寨通过民族文化保护利益的"共享"机制创建，让本村与周边村寨居民实实在在共同分享到旅游发展的各种红利。实现了旅游发展"共享共赢"的目的。

专家评语

民族村寨发展乡村旅游的典型，党政强力推动，多主体共同参与。创新管理模式，以规章制度方式对民族文化村寨保护、苗寨房屋建筑、苗寨风貌管理、古树名木、特色美食等进行管理。创新政府引导、国企主导、管委会管理、村民自治共享相结合的管理模式，既净化了旅游市场环境，又增强了旅游发展活力。

乡村旅游创新驱动下的袁家村发展路径

——陕西省咸阳市袁家村

"袁家村——关中印象体验地"位于礼泉县北部，唐帝陵昭陵所在的九嵕山下，全村现有62户286人，土地面积660亩，是全县最小的村子。福银高速、关中环线、唐昭陵旅游专线依村而过，交通十分便利，历史文化底蕴深厚。20世纪70年代农业学大寨时期，袁家村是陕西省农业战线的一面旗帜。80年代村办企业时期，袁家村也是走在全省前列的先进乡村。2007年，袁家村通过发展乡村旅游，探索出了一条"乡村振兴"的新路子，逐渐成为全省乃至全国最受欢迎的乡村旅游目的地。据中国社会科学院发布的《2016中国乡村旅游发展指数报告》，袁家村成为中国乡村旅游第一村。

一、总体发展情况

2007年，袁家村在省、市、县各级领导的正确指导下，依托资源优势，挖掘民俗文化，发展乡村旅游，吸引800多名创客，吸纳就业3000多人，带动周边万余农民增收，实现年游客接待量500万人次以上，可计算收入超过5亿元，村民人均纯收入10万元以上。袁家村成为首批中国乡村旅游创客基地，一大批荣誉接踵而来，"乡村旅游看袁家村"成为共识。

二、发展历程

回顾袁家村旅游发展的历程，主要经历了"三个阶段"：

第一阶段：解决人怎么来。

2007年，郭占武书记提出来发展乡村旅游，当时乡村旅游的概念基本上是农家乐，袁家村距离西安市70公里，光做农家乐人来不了，那么"靠什么能让人来？"便成为摆在眼前的主要问题。所以袁家村起步的时候是在农家乐的基础上做旅游，用旅游的形式吸引人来，让农民在自己家里卖农家乐。袁家村旅游的主题定位是关中民俗文化，就是把关中传统的生产生活方式转化为一种旅游资源，让在城市生活的人们到这来消解乡愁！

同时在景区内打造了第一条街区——康庄老街，把陕西地区的一些传统工艺（如纺布、磨面、榨油、酿醋）在这条街上做集中展示。袁家村对作坊街的要求是：必须选用最优质的原材料，同时在生产加工的过程中不能有任何添加。

2009年，在老街的基础上，还延伸出一条小吃街，汇集了将近100种陕西尤其是关中地区的特色美食。对小吃街的要求是：单店单卖，不允许重复；所有食品现做现卖，不允许隔夜；所有的制作过程必须直观地展示给游客，不允许有暗档和死角；食材方面，作坊能够生产原料必须从作坊采购，其他食材也都要有清楚透明的原材料供应链。

第二阶段：怎么能留住人。

2010年来村里的游客已经非常多了，但是袁家村人也发现了一个问题，白天的游客非常多，晚上留不住人，这是全国旅游都遇到的问题，于是袁家村就开始转型升级做乡村度假，建设客栈区，为游客留宿创造条件，但在游客住下来的同时袁家村人又发现另一个问题，晚上出来没事干也不行，袁家村就又建设了酒吧街，包括现在的艺术街、时尚街，还有几个大的主题街，跟乡村休闲度假做配套，引导大学生、艺术青年参与其中，逐步实现了白天的袁家村向"月光下的袁家村"转变。

第三阶段：解决全面提升的问题。

袁家村以充分满足人们对品质旅游和休闲度假生活的向往和追求为重点，不断完善基础设施和服务配套，从量变向质变提升，着力增强袁家村高质量发展的能力。通过提升业态和参与项目增加游客的参与度和体验感，延长游客的停留时间。

这一阶段，袁家村在发展的过程中遇到的最致命的问题就是农民素质跟不上旅游发展的速度，这也是制约着袁家村发展的一个瓶颈，为了提高村民素质，村上开办了一个"农民学校"和"袁家村夜校"，通过农民学校解决了农民的思想问题、教育问题和服务问题。迄今为止，袁家村发展最有成就感的就是整体农民素质的提

二、民俗文化依托型

咸阳市礼泉县袁家村

高，这比挣多少钱都有意义。在村民教育上袁家村下的功夫非常大，夜校围绕袁家村发展过程中遇到的思想、教育、服务等问题，邀请村上能人为大家分享经验，共同学习，也定期邀请专家大咖讲课，针对不同的升级发展需求，制定相应课程，促进大家共同提升。夜校的口号叫："在实战中学习，在学习中实战。"同时，每一年袁家村都会把村民组织起来去外面学习，2016年全村组织了300人，分6批到日本去学习，郭占武书记开全村大会，给大家做工作，明确这次去日本主要学习当地两个方面：一是日本人在服务上对人的尊重，二是日本人在产品上精益求精的精神，此次学习回来村民素质出现大幅度提升。

三、经验总结

"袁家村模式"是袁家村人在党的领导下，把农民组织起来，自主创新，有效解决三农问题，实现乡村振兴的思路和经验总结。其主要内容有以下几个方面。

（一）坚持以村党支部为核心，引领发展

2007年，在村经济二次转型的重要节点上，村两委班子进行了深度的思考。新选出的党支部义无反顾地担当起二次创业、振兴袁家村的光荣使命和责任。支部一班人有理想、敢担当、事业心强、责任心重，对群众感情深，对自己要求严。坚持因地制宜的思路，硬是在一片荒沟荒地和旧厂区的废墟上建成了今天享誉全国的关中印象体验地，使关中民俗再现神韵，大放异彩；让乡村生活生机勃勃，魅力无穷。

103

十几年来，袁家村始终坚持以村两委会班子为核心，书记为带头人，村干部是服务队。打造农民创业平台，通过发展旅游产业，带动农民持续受益，走共同富裕的道路。真正把为群众办实事、为群众谋福利作为一切工作的出发点和落脚点。

（二）坚持以农民为主体，培育发展主力军

袁家村在发展之初，就明确了自主发展的路径。袁家村始终坚持村民的主体地位不动摇，确保全体村民的根本利益和长远利益。袁家村把农民组织起来，走共同富裕道路的思路和方法，经历了"三步走"。

第一步：打造农民创业平台。以袁家村关中印象体验地为载体，通过袁家村农民学校对农民进行教育和培训，提高农民素质，并提供优惠政策，让农户低成本或无成本进入袁家村经营。

第二步：成立农民合作社。袁家村为发展旅游积极搭建平台，吸引能人或手艺人先进入袁家村经营，通过市场动态选择，扶持优势项目，再通过股份合作，实现全民参与、股份共享，形成你中有我、我中有你的发展格局。通过调节收入分配和再分配，避免两极分化，实现利益均衡，走共同富裕的道路。克服了农民个体经营的盲目性和分散化，实现了全体村民利益的一体化。

第三步：实现优势项目产业化。袁家村通过发展旅游吸引游客，通过销售当地的农产品，带动二产加工，加工的产量直接倒逼一产的种养殖，最后形成一、二、三产融合，用三产带二产再促一产的发展思路，开创了一个乡村产业"逆向发展"的新模式，是典型的农业供给侧结构性改革。通过"小作坊—加工厂—连锁企业"的形式，发展"种养殖基地+订单农业"，推进产业从袁家村走进西安，走出陕西，迈向全国。

（三）坚持以创新为主线，打造发展推进器

袁家村在发展的过程中始终有一种危机感，"靠什么能支撑袁家村持续发展下去"是袁家村人一直在思考的问题，除旅游以外，袁家村人又提出袁家村"走出去战略"，而且走出去要打组合拳，叫"进城、出省"。

"进城计划"就是用袁家村这些年建立的品牌和口碑走出去，在西安开设"袁家村城市体验店"，出去的每一个店都是农民合作社的形式，有能力的农民袁家村就带出去，人出不去的把钱带出去。一方面把袁家村的美食送到了西安人的餐桌

上，另一方面让西安人也可以便捷地买到袁家村品牌的农产品，目前袁家村在西安已经开设8家城市体验店。袁家村的想法是让陕西人都能吃上袁家村的放心农产品，袁家村在陕西就有3800万人的市场，最后再通过线上线下的融合，把袁家村的农副产品卖向全国。

"出省计划"就是用袁家村人总结的经验和思路在其他省份打造出不同地域文化背景的"袁家村"，目前青海、河南、山西、湖北都有袁家村的基地，如河南袁家村，就是中原文化，袁家村一定是把当地的民俗、文化、生活习惯挖得最深，袁家村人的梦想是无论游客以后去哪旅游，只要看民俗就找袁家村，袁家村就是当地民俗文化的代表符号。用陕西的方法也同样可以做河南市场，如果袁家村在河南能做成功，那距离全国的袁家村就不远了。

袁家村通过11年的发展，不断提升旅游硬件环境的同时，更注重旅游软环境的治理，注重"口碑"效应，注重"素质"提升，力争把新袁家村打造成陕西民俗文化旅游第一品牌、陕西乡村度假第一品牌、陕西健康农产品第一品牌，为实现乡村振兴战略而贡献力量。

专家评语

以关中民俗文化为主题，以打造"关中印象体验地"为定位，把关中传统的生产生活方式转化为旅游资源，不断规范管理、丰富业态、提升品质。开办了"农民学校"和"袁家村夜校"，打造农民创业平台，通过发展旅游产业，带动农民持续受益，走以人为本、共同富裕、持续发展的道路。

有山 有水 有故事的青木川古镇

——陕西省汉中市青木川古镇

青木川古镇位于陕西省汉中市宁强县,地处陕甘川三省交界处,襟陇带蜀,素有"鸡鸣三省"之誉。古镇风貌严整,生态优美,历史悠久,热播电视剧《一代枭雄》故事就是发生在此。青木川按照旅游特色小镇的发展路径,在产旅融合上谋思路,在基础设施上促完善,在服务质量上求提升,依托自然风光,结合历史遗存,形成了以青木川老街建筑群、魏氏宅院、宁强羌人墓地等国家重点文保单位为节点的历史文化景观带,以自然保护区、金溪河为主的自然生态景观带,实现青木川"显山、露水、活镇、兴城"目标,打造了一处"有山、有水、有故事、有乡愁"的乡村旅游目的地。先后荣获"国家级自然保护区""中国历史文化名镇""全国特色景观旅游名镇""全国最具潜力十大古镇""全国十大乡村游目的地""全国重点文物保护单位""国家4A级旅游景区""中国最美休闲乡村""中国传统村落""中国天然氧吧""中国百佳避暑小镇""首批中国特色小镇"等17项国家级荣誉。

一、发展成效

1.旅游产业带动了城镇化发展。2012～2018年,青木川旅游接待人次从22万人次增加到195万人次,旅游综合收入从1.2亿元增加到9.2亿元,分别增长了8.8倍和7.6倍,旅游产业已经成为当地经济发展的支柱产业。推出了腊肉、土蜂蜜、萝卜干、香菇、天麻、茶叶等土特产品;设计推出了羌绣、明信片、木炭画、紫砂壶、手绘地图等旅游商品;"辅唐宴""回龙鱼"等特色餐饮小吃260余家,旅游纪念品商店50余家。

2.强势推进项目建设,打造特色精品景区。一是在《宁强县旅游发展总体规划》的指导下，同步推进文物修缮、项目建设、公共服务和环境建设，修缮了青木川老街建筑群、魏氏宅院、瞿家大院、辅仁中学、羌人墓地等国家重点文物保护单位，建设了朱鹮保护区、金溪河为主的自然生态景观带，以白龙湖、广坪烈士陵园、金山寺抗震救灾纪念广场为主的环线旅游景观带。按照古镇格局风貌，实行统一规划、分步施工，建成东西入口停车场、建造羌文化广场、改造滨河路、完善景区旅游标识系统，积极推进栖凤楼、西秦关门楼、瞿家大院、金溪生态河堤、"一河两岸"亮化工程，主题公园、景区绿化美化亮化，公厕革命等多个公共服务项目。

3. 拓展旅游市场，创新宣传营销。紧紧抓住西成高铁开通的机遇，精心制作了《传奇古镇青木川》旅游风光片，采用了"分时段、分地域、分游客群体"的精准营销策略，在《中国旅游报》整版宣传，在咸阳机场、西汉高速公路及108国道沿线设置大型旅游广告牌，制作《搜寻天下》《远方的家》《走遍中国》《记住乡愁》等专题节目，在四川、重庆、甘肃、宁夏、上海、江苏等省市开展了多次宣传推介活动，开通了兰州至青木川、重庆至青木川旅游专线；同时大力推进新媒体的运用，建立了青木川旅游官方微博、微信、旅游网站，扩大旅游宣传，打响旅游品牌。

4. 策划系列活动，提升景区文化内涵。进一步丰富青木川景区旅游文化氛围，增强游客吸引力，策划了丰富的文化民俗活动。推出了羌族婚俗表演、情景剧民团巡街、傩戏、羊皮鼓舞等羌族文化活动、"百名丝路形象大使"旗袍秀、民俗文化演出等活动，举办啤酒节、水上麻将大赛、拳击赛、"千人百桌辅唐宴""陕甘川渝毗邻景区合作洽谈专场推介会"、中国最美古镇马拉松赛、中国古村落保护与发展高峰论坛等一系列活动，再现了古镇景区昔日商贾云集的繁华盛景，为景区旅游项目增加了众多的文化元素，丰富了游客体验。

二、示范经验

1. 坚持规划引领。一是坚持规划与建设相统一。严格执行城镇总体规划和区域控制性详规，按照各项规划选址布局、制订方案，以《青木川古镇创建国家5A级景区提升规划》及土地建设等配套规划，切实提高规划的严肃性，重视规划的指导意义，确保各项规划的持续性。二是坚持规划与文化相结合。在各项规划编制的同时，突出民俗特色和地方文化，将已建成的文化旅游项目融入地方特色文化元素，进一步加大对老字号、名人故居、民间传说、风俗民情等非物质文化的挖掘力度，增加了古镇的吸引力，增强了游客的参与性，提升了项目规划的文化内涵。三是坚持规划与保护开发相协调。准确定位城镇新区与古镇景区的相互依存关系，统筹安排公共设施、办公场所、旅游服务项目的建设选址布局，在回龙场老街延伸、一河两岸景观带、景区旅游公厕等项目建设中严格按照"修旧如旧，修新如旧，保护开发"的原则，积极打造符合本地实际的特色建筑风格，保护传承青木川古建筑群的外观风貌。

2. **坚持项目带动。**以5A级旅游景区创建为引领，精心编制了《青木川文化旅游名镇项目库》，并进一步加大对文化旅游项目建设的组织领导，制定了《领导干部包抓项目责任清单制度》《项目包抓责任奖惩制度》，将各项目责任落实到人，确保每个项目跟踪促进，抓实抓牢，切实夯实项目管理责任，坚持项目包抓责任制，定期召开项目建设专题会议，倒排工期，狠抓施工进度、质量，严格按照制度管人、管事、管项目，同时积极争取项目、整合项目、聚集资金，力争更多中央、省、市项目落地青木川，保障了各个项目顺利推进。

3. **坚持传承保护。**按照《古镇保护规划》要求，精心对镇内文物古迹、历史建筑、传统民居进行了抢救性保护修复，对核心区内古建筑修缮做到修旧如旧，对核心区周边新建、扩建房屋管理上严格控制造型、外观、用材、高度、色彩、层数、风格，确保和古镇协调统一。

4. **坚持特色打造。**青木川景区坚持"强特色，可持续"，在景区"文化、生态、产业、旅游、空间"五大方面实现了持续向好发展，立足地接三省的区位优势、底蕴深厚的人文优势、天然环保的生态优势，建设过程中充分融入文化、旅游元素，将包装改造与修复修缮、分片改建与整体控建相结合，以旅游开发促古镇品位提档升级。同时积极培育特色产业，带动了以食用菌、天麻、木耳、茶叶、土蜂蜜为主的农业产业及旅游纪念品制造等关联产业发展，建成了玫瑰园、茶园、牡丹园、生态水果采摘园等

宁强县青木川古镇

农业增收项目，发展"旅游+扶贫"模式，通过解决就业岗位、发展旅游接待、餐饮服务等，实现了农业产业、扶贫产业与旅游产业的良性接轨，带动景区周边478户贫困户及县城至景区沿线乡镇居民奔康致富。

5. **坚持建管并重。**整合资源，凝聚力量，依法、科学、从严、有序的管理，树立镇区就是景区的理念，全面提升管理水平。一是依法加强景区规划建设管理。严格按照规划从严审批，杜绝一切违背规划的建设行为，开展专题规划法制宣传教育，提高景区群众尊重规划、遵守规划的法制意识；对违规乱建行为及早发现、从严查处、坚决纠正。二是开展环境综合大整治。以平安景区创建为抓手，集中整顿占道经营、乱停乱放、乱贴乱画等现象；加大环卫设施投入力度，增加街道垃圾箱数量，减少间隔，规范群众定时、定点倾倒垃圾，发挥好物业公司作用，实行24小时无间隙保洁，确保卫生清理无死角。下大力气重点对镇容镇貌、在建项目、交通秩序等重点进行集中整顿，使粗放型管理模式从根本上转变为精细化。三是强化旅游经营管理。以"放心消费景区"创建为契机，规范旅游商品价格，严格餐饮服务等行业管理。持续对旅游市场进行整治，严厉查处无证经营、占道经营、欺客宰客等不法行为。实施商户"评星"活动，积极引导经营业主"文明守法、诚信经营"，确保旅游市场秩序井然，加大旅游服务培训力度，提升经营户服务意识和综合素质，确保景区管理和旅游服务大改观、上台阶，实现了"零"投诉目标。

下一步，青木川进一步坚定创建国家5A级旅游景区的信心和决心，把发展着力点放在全域旅游发展、民生工程建设、优化公共服务体系、旅游精准扶贫、队伍作风建设等方面，稳步推进古镇旅游发展、脱贫攻坚、项目建设等工作实现追赶超越，奋力谱写青木川古镇景区发展的美好新篇章。

专家评语

以规划引领，一是坚持规划与建设相统一；二是坚持规划与文化相结合；三是坚持规划与保护开发相协调。坚持项目带动、传承保护、特色打造、建管并重，在景区"文化、生态、产业、旅游、空间"五大方面实现了持续向好发展。同时通过发展"旅游+扶贫"模式，通过解决就业岗位、发展旅游接待、餐饮服务等，实现了农业产业、扶贫产业与旅游产业的良性接轨。

产业融合发展　打造文化旅游特色小镇

——陕西省西咸新区茯茶镇

茯茶镇位于西咸新区泾河新城茶马大道与高泾大道交叉处，占地约 2086 亩，包括文化旅游、茯茶产业园、配套服务、观光农业四大板块，于 2015 年 8 月 19 日正式对外开放。

2018 年，茯茶镇共接待游客超过 400 万人次，实现区域旅游收入带动约 3 亿元。茯茶镇已获批国家 3A 级旅游景区，被原国家旅游局评为"中国乡村旅游创客示范基地"，被陕西省文化和旅游厅评为陕西省特色小镇示范镇、十大乡村旅游示范景点，荣获住建部第四批美丽宜居示范村庄称号，获中国品牌领袖联盟及中国互联网新闻中心颁发的中国品牌特别奖，荣获陕西广播电视台颁发的最具网络影响力乡村旅游目的地等荣誉。茯茶镇深挖茯茶文化价值，以旅游为主导产业，加快产业要素聚集，促进和培育创客，完善公共服务，推进城乡一体化，成为陕西发展特色民俗旅游的一面旗帜，成为文化旅游特色小镇的典型样板。

一、乡村旅游与茯茶产业相融合，打造茯茶特色小镇

茯茶镇坚持乡村旅游与茯茶产业相融合的发展模式，以"龙头企业带动"，积极引进一批有实力的企业入驻，产业园一期以茶产品的生产、研发、体验及文化展示为重点，先后引进墨君茯茶、泾渭茯茶等明星企业。

2018 年元旦，品牌茯茶直营街正式对外营业。直营街作为茯茶镇景区的核心板块，截至 2018 年年底，共有商户 45 家，其中经营茶叶的品牌商户 38 家，占陕西茯茶生产企业的 70%，为正规厂商的品牌茯茶提供集中展示的平台，净化了市场，特别是 2018 年茯茶镇被评为陕西第一个消费者放心单位，对茯茶行业带动作

二、民俗文化依托型

茯茶镇

用明显。茯茶产业园已引入 7 家知名茶企入园，其中 2 家已建成投产运营，其余正在抓紧建设。

二、积极推进乡村旅游创新创业，带动群众致富增收

茯茶镇积极发展众创空间，推动大众创业、万众创新，为广大企业、商户、村民搭建一个创业、创新、创富的平台。小镇目前已吸引来自各地的多家企业及商户入园经营，为企业资本投资、升值提供了发展的空间，为返乡农民工就地消化，实现二次创业提供了广阔的舞台，目前聚集商户和创客 120 家。茯茶镇旅游的兴旺带动了双赵村及周边几个村的发展。现在村里基本家家都经商，在外打工、经商的村民也陆续返乡创业，群众创业热情高涨，村民的精神面貌、经济收入和村容村貌都发生了翻天覆地的变化。

以双赵村为例，该村从 20 世纪 90 年代开始，村民基本都外出务工，因为茯茶镇项目的启动，90% 的村民返回家中，谋划起自家乡村旅游的经营种类。双赵村的党员代表，成为最早一批参与项目经营的带头人，依托自身祖辈传承下来的老工艺、老绝活，在茯茶镇开起了"旗舰店"。当地的大学生也被新城的好政策、好平台所吸引，纷纷返乡创业，用实力、干劲、产品和服务，为茯茶镇的乡村旅游，添上了浓墨重彩的一笔。

三、整合区域旅游资源，完善乡村旅游配套服务

茯茶镇充分利用泾阳作为茯茶发源地以及距离西安等城市距离适中的区位优势，

积极开通旅游专线，与泾阳县交通局、泾阳县客运站、西安城北客运站展开客运业务洽谈，建立起了从西安至茯茶镇、咸阳至茯茶镇的旅游客运通道，一方面极大地便利了村民出行，另一方面通过定向客流输送，为村上发展旅游业提供了有利条件。

四、优化乡村人居环境，实现就地城镇化

茯茶镇按照"以人为本，打造中国特色新型城镇化范例"的理念，创新发展方式，综合考虑区域历史文化、整体规划、产业特点、群众意愿，小镇在提升改造中，没有大拆大建，充分保护和尊重现有农村的地形村貌、田园风光、农业业态和生态本底，最大限度保留原有乡村风貌和乡村记忆，营造"望得见山，看得见水，记得住乡愁"的诗意居住地。

同时，在不进行大拆大建的前提下，通过无偿对双赵村村民民居外立面进行提升改造，同时完成道路管网、景观绿化、水系照明和水厕改造等基础配套改造，将城市设施引入村镇，让农民守在自己的土地上享受城市人生活品质，加快推进城乡一体化步伐，提升当地村民居住环境，转变当地群众生活方式，使区域农民变居民，实现就地城镇化的同时大幅提升当地村民的生活品质，营造茯茶镇项目商业氛围的同时，切实推进双赵村新农村建设。看到发展成果的村民，纷纷自己出资，按照统一规划对房屋进行商业性改造甚至重建，避免了大拆大建，节约了建设成本，为探索城镇化提供了新思路，成为优美小镇建设典范。

专家评语

乡村旅游与茯茶产业相融合的发展模式，以"龙头企业带动"，积极引进一批有实力的企业入驻；积极发展众创空间，推动大众创业、万众创新，为广大企业、商户、村民搭建一个创业、创新、创富的平台；整合区域旅游资源，完善乡村旅游配套服务，按照"以人为本，打造中国特色新型城镇化范例"的理念，创新发展方式。

聚焦特色产业 聚力文旅融合

——青海省西宁市拦一村

一、基本情况

湟中县拦隆口镇拦一村地处西宁市西北部，距县城43公里。因有鲜卑慕容后裔聚居群，有千年鲜卑慕容历史和传奇的慕容西迁故事，有悠久的鲜卑慕容中华酩馏非物质文化遗产，有中国人民解放军青海剿匪历史故事而闻名。2017年，拦一村实施乡村旅游扶贫项目以来，将建设美丽乡村和打造文化景区相结合，在现有旅游资源基础上开发打造慕容古寨乡村文化旅游景区，形成以鲜卑慕容文化为主题，集古法手工酿酒、民俗体验、乡村餐饮、影视文化及度假休闲等多位一体的乡村旅游业态，建成酩馏博物馆、百年酒作坊、酿酒体验区、民俗展示基地和循环农业基地，成功创建了国家3A级旅游景区、国家级乡村旅游创客基地、青海省首批5星级乡村旅游接待点。先后被财政部、国家科协确定为高原酩馏影视文化村、"全国惠农兴村"，被原农业部、原国家旅游局确定为"全国休闲农业乡村旅游示范点"，同时慕家酩馏酒的酿酒工艺已被列入非物质文化遗产项目。

二、发展历程

西宁市湟中县积极营造旅游发展大环境，统筹规划，牵线搭桥，鼓励更多社会资本投入建设运营景区，推动形成了自然景观与传统技艺相融合、历史文化与现代文明相串联的文化旅游产业格局。拦一村依托慕容古寨，以"传承酩馏文化精髓，弘扬和谐社会文化，提供优质产品，服务社会"的发展理念为引领，以"公司+农户"的经营模式，在挖掘、保护、传承、发扬当地民俗文化内涵的基础上，重点发展酩馏酿造、文化体验和餐饮服务为主的乡村旅游产业，促进民俗文化与旅游产业深度融合。

1. 发挥产业带动效应，促进文旅融合。 拦一村坚持产业融合发展思路，以旅游开发为载体，因地制宜、合理定位、挖掘特色，走差异化发展道路，大力推动农业生态观光、休闲农业度假和地方传统文化体验等多元化发展，建设旅游专业村和旅游名村，打造乡村文化旅游品牌，实现了慕容古寨景区的长期、稳定和良性发展，已形成"旅游基地＋农户土地＋农户工人＋农户旅游产品加工"的发展模式。在做好景区自身发展的同时，以土地租用金流转、农产品整合收购、景区民俗体验项目拓展等方式，丰富乡村文化旅游产业内容，加强乡村旅游产品升级和文化创意包装，重点建设传统酩馏酒文化一条街、传统酩馏酒体验区，不断推进农产品加工业和乡村旅游业融合。

2. 唱响文化旅游品牌，弘扬民俗文化。 作为青海省河湟流域酩馏酒发源地之一，慕家村以传统工艺方法酿造的酩馏酒，不仅在青海民间享有较高声誉，而且在国内外也已小有名气。依托酩馏传统文化的独特优势，拦一村把"文化先行"融入乡村旅游开发中，发挥政策、项目、资金叠加优势，加强产业市场互动互促，形成乡村旅游发展合力。通过深入挖掘民俗文化资源，发展特色鲜明的乡村生态旅游产品，着力打造青海文化民俗品牌，推出醉历史、醉文化、醉乡村、醉酩馏、醉生态、醉日出、醉晚霞、醉星空"八大醉景"，修葺保护有历史价值的遗迹，打造慕容府、金龟石等景点，同时将青海饮食文化贯穿其中，成为休闲农业与乡村旅游深度融合的"金名片"。

3. 创造农户就业岗位，提升就业能力。 拦一村以慕容古寨为平台，坚持美丽乡村建设与精准扶贫相结合，按照"政府主导、多方参与、产业引领、精准培养"的工作途径，积极响应乡村振兴战略，大力培育致富带头人队伍，广泛吸纳村民务工再就业，以乡村旅游发展作为带动群众脱贫的重要抓手，解决当地闲散劳动力220余人次。积极引导各村户发展酿酒、手工、民俗、观光、农特产品等产业，既带动当地民俗传统工艺振兴，有效拉动当地经济蓬勃发展，又为建档立卡贫困家庭提供稳定就业岗位，促进周边更多村民脱贫致富。同时，结合各类岗位需求积极开展酩馏酿造、餐饮服务等劳动技能培训，让参训人员在乡村旅游、农旅一体化、休闲度假等方面的发展意识得到进一步加强，让从事乡村旅游经营的从业人员综合素质和服务技能水平得到进一步提高。成立"妇女扶贫车间"，为当地妇

二、民俗文化依托型

湟中县拦一村

女提供既可以照顾老人和孩子又能增加收入的就业渠道,2018年累计培训周边妇女200余人次。

三、取得的主要成效

"慕容古寨"品牌的成功塑造,既成就了一处包含多种文化元素成分和多种文化功能的大型高端文化旅游景点,又通过挖掘农村传统酒文化,实现农耕文明、工业文明和服务业文明的完美接轨,诠释了文化和旅游不断深度融合发展所具有的重要意义。拦一村已成为国家3A级旅游景区、青海省五星级乡村旅游接待点,先后荣获了"中国乡村旅游创客基地""全国休闲农业乡村旅游示范点""全国巾帼脱贫示范基地"等称号。慕家村酩馏酿造技艺被青海省人民政府认定为青海省非物质文化遗产。

自建立时起,慕容古寨秉承着"资源整合、利益共享;相互扶持、辐射带动"的共生发展与利益分配的理念,以土地出租流转、农产品收购、吸纳劳动就业等方式带动整村发展,实现乡村旅游及扶贫旅游利益分配。截至目前,按每亩1100元的流转农户土地，慕容古寨解决拦一村妇女就业36人，年均旺季用工220人，通过发展酿酒、手工制作、农副产品销售等带动周边村近300户群众增收。拦一村通过拓展种植、养殖、加工、娱乐、餐饮、购物等多种业态，带动创意文化，完善配套设施，拉长产业链条，推进文化和旅游产业融合发展，丰富和活跃群众文化生活，展现了河湟地区多元文化独特魅力。

专家评语

以"传承酩馏文化精髓，弘扬和谐社会文化，提供优质产品，服务社会"的发展理念为引领，以"公司＋农户"的经营模式，在挖掘、保护、传承、发扬当地民俗文化内涵的基础上，重点发展酩馏酿造、文化体验和餐饮服务为主的乡村旅游产业。

保护乡村传统村落　挖掘民俗文化资源

——新疆维吾尔自治区昌吉回族自治州月亮地村

一、基本情况

月亮地村位于昌吉回族自治州木垒哈萨克自治县英格堡乡，全村共有144户565人，是国家级传统村落。月亮地村自2016年起大力发展"体验农业＋休闲旅游"的新型产业结合模式，以拔廊房为主导的建筑风格，打造特色主题体验民宿，塑造"土色土香土风韵，原汁原味原生态"的旅游产品，将其打造成集文化体验、农业观光、农事体验、特色民宿为一体的乡村旅游示范点。

二、主要经验和取得的成效

1. 规划引领，整体统筹。县委、县政府将月亮地村作为全县全域旅游的样板村进行整村推进。坚持"四统一"原则，即统一方案、统一风格、统一设计、统一实施，邀请了乌鲁木齐景观设计院多次实地考察调研，反复论证，最终确定了整村推进规划建设方案。月亮地村主打"传统"牌，即在保护原始村落特点的基础上，以乡土特色下的农家风格为主导，最大限度地保留住乡村文化的原真性。村落的拔廊房为统一的建筑风格，艺术夸张化处理局部节点，形成"可看、可想、可玩、可忆"的旅游产品。目前，通过每户以奖代补6万元的模式，共完成民房改造144户。完成村庄道路改造、供排水管网和通信光纤、电力管网铺设、旅游星级厕所、滨河景观带等一批公共基础设施建设，完成了古戏台、采摘园、游客服务中心等一批公共文化休闲娱乐设施建设。

2. 业态丰富，融合发展。月亮地村主要以"住农家屋，吃农家饭，干农家活，

昌吉州木垒哈萨克自治县英格堡乡月亮地村

享农家乐"为特色，大力发展以观光农业、体验农业、亲近大自然等为主要内容的乡村旅游活动，让游客切身感受农家生活。对即将"消失"的传统流水席、酿醋、手工挂面、土豆粉条等传统手工艺，以建立合作社的方式，将这些有机农产品做精做细，成为"木垒有礼"的首选产品。月亮地村的村民瞄准全域旅游大发展的市场机遇，将自家民居改造成集食宿购物、观赏体验为一体的民俗风情家访点（现已打造20家家访点），在家访点设有手工艺品展销区、特色饮食区、民俗文化体验区，庭院规划设有种植区、养殖区，在提供饮食服务的同时，提供庭院采摘的服务，为游客营造农家养生、休闲、旅居之地。

3. 弘扬文化，节庆助推。为推进全域旅游，挖掘传统文化，月亮地村一方面加快景区建设，完善配套设施，另一方面实施"走出去、迎回来"的旅游促销战略，强化营销宣传，增加知名度。加大对新疆曲子戏、建筑民俗、饮食文化、婚庆文化、年俗文化和民间传统故事等的深入挖掘，利用传统年俗节庆，借助菜籽沟艺术家村落中众多艺术家的优势，包装打造本地独特的民俗文化，在继承中发展，在创新中发展。利用冬至、元旦、腊八、春节、元宵节等传统节日成功举办了多次民俗文化旅游活动，向游客展示了传统村落的乡愁记忆。

4. 改善环境，提升服务。结合创建"自治区卫生乡镇"，月亮地村围绕创造"优良秩序、优美环境、优质服务和游客满意"的总目标，大力强化"旅游基础+设施建设"，强力整治旅游环境，全力规范旅游市场，实现了"四通""四化"，即通水、通电、通有线电视、通无线通信和绿化、硬化、美化、净化，提升了旅游档次，创造了未发生旅游投诉和旅游安全事故的佳绩。

5. 带动扶贫，促民增收。英格堡乡结合实际制订了《乡村旅游扶贫工作方案》，因人、因户制订方案，把"扶贫"和"扶志"有效地结合起来，通过融资贷款、民政救助等多种方式对发展旅游业的群众有不同的优惠政策，投资近千万。通过发展旅游业，就业岗位增多了，自产的蔬菜水果等农产品，容易进入"市场"，老百姓富了，贫困群众有了参与感、成就感。2017年被评为昌吉州"乡村旅游特色示范村"，荣获"2017新疆十佳特色乡村游"称号。

专家评语

大力发展"体验农业＋休闲旅游"的新型产业结合模式，以拔廊房为主导的建筑风格，打造特色主题体验民宿，塑造"土色土香土风韵，原汁原味原生态"的旅游产品，将其打造成集文化体验、农业观光、农事体验、特色民宿为一体的乡村旅游示范点。坚持"四统一"原则，即统一方案、统一风格、统一设计、统一实施，实施"走出去、迎回来"的旅游促销战略，因人、因户制订方案，把"扶贫"和"扶志"有效地结合起来。

突出特色优势　推进乡村旅游发展

——新疆维吾尔自治区巴音郭楞蒙古自治州霍拉山丝路古村

一、基本情况

巴音郭楞州焉耆县霍拉山村，距县城50公里，海拔3647米，位于霍拉山边缘，焉耆县西侧，紧邻10万亩葡萄产业基地，全村共90户315人，耕地面积2150亩，2016年以前是自治区级贫困村。周边有霍拉沟、大泉沟、小泉沟三条水系，有泉眼十多处，泉水四季长流，为霍拉山村主要的饮水、灌溉用水来源。区域内有日喀则古寺遗址、大泉沟墓地及遗址、霍拉山雅丹地貌等多处旅游资源。山谷内霍拉山丰富的生态资源是旅游观光、休闲避暑、探险攀岩、徒步健身的旅游胜地，霍拉山属天山山脉，清《新疆图志》记为日辉拉山，最高峰霍拉峰海拔3647米，距今已有13700万年的历史，具有良好的生态旅游开发价值。2016年霍拉山丝路古村被评为全国生态文化村。2018年8月被评为国家4A级旅游景区。霍拉山丝路古村全年营业，游客免游览门票。

二、主要做法

1.**立足优势、突出特色，推进乡村旅游发展。**霍拉山丝路古村依托霍拉山及大小泉沟相关历史文化背景及自然生态资源，打响"探秘古村落、避暑霍拉山"的旅游宣传口号，在霍拉山脚下，以丝路风情为特色的古村进行打造，配有游客中心、马文化馆、焉耆古市、群马雕塑、宠物竞技场、霍拉山村古道鸽子塘的雅丹风貌、小泉沟佛寺、大泉沟转运石、果子沟漂流、空中草原等景点。通过霍拉山古村打造，以古国风貌、西域风情、农家体验、民宿体验融为一体的特色乡村旅游，形成丝路古村的复古旅游业态，将霍拉山村建成国内首家西域古国风情融入美丽乡村

二、民俗文化依托型

建设的示范村，吸引广大游客前往霍拉山住宿、体验、旅游。随着乡村旅游的日益升温，结合"焉耆美食""花儿"文化，民俗、民居、民宿、农家采摘等特色资源，积极打造霍拉山丝路古村特色游，发展农家乐。

2. 举办乡村旅游文化节，提升霍拉山丝路古村知名度。 举办了以"游丝路古村 探秘霍拉山"为主题7个乡村旅游文化节，创作演出了《王师进山》情景剧，让游客参观民俗馆、马馆、焉耆古市，体验瓜香果绿的农家风情，品鉴抓饭、烤肉等各种美食，欣赏叼羊比赛及宠物竞技场的斗鸡比赛，乘坐热气球欣赏霍拉山的奇峰怪石、山高谷深。再到大泉沟探秘转运石，让游客流连忘返，旅游总接待人次12.8万人次，旅游直接总收入800万元，该活动充分展现乡村风貌及美丽乡村建设成果，把焉耆县的乡村旅游活动推向了更高层次。同时霍拉山村积极开展丰富多彩的文化旅游活动，做到三个突出。一是突出民俗文化活动。以开展维吾尔民族乐器舞蹈演出、斗鸡斗狗民间宠物大赛、百岁老人讲霍拉山文化、农家菜大比拼等一系列特色文化活动为重点，吸引了大量游客，提升了民俗文化旅游品牌的知名度。二是突出乡村特色餐饮。为将本地最具乡村特色小吃展现给游客，科学合理划分摊位，乡村旅游文化节开幕式当天参与特色餐饮、特色农副产品经营户达200余户，充分展示了特色餐饮。三是突出旅游文化产品。开设了手工艺制品展台，富硒馕、土鸡蛋、民族刺绣、芦苇画开发了旅游纪念品，延长旅游产业链，带动第三产业发展。

3. 积极发展农家乐，带动当地居民增收。 霍拉山丝路古村目前已有农家乐24家、风情园4家，每家年纯收入2万～8万元不等。村里的人均收入由原来的不足3000元提高到15200元。农家乐各具特色，把优美田园风光与民俗风情融为一体，满足游客多种旅游需求。有集大泉沟生态观光、农家餐饮、烧烤、水上乐园为一体的丝路山

巴音郭楞蒙古自治州焉耆县霍拉山村

巴音郭楞蒙古自治州焉耆县霍拉山丝路古村

庄农家乐，还有特色乡村美食，如鸽子汤、干锅肉、风味大盘鸡等。百亩油菜花、杏花园、民俗旅游、佛文化、自然生态旅游，以及集食、住、购、娱为一体的小泉沟农家乐等，霍拉山乡村美景向广大游客充分展示了古城焉耆独特的乡村旅游发展的新业态。霍拉山丝路古村依托乡村自然景观和民俗风情，已形成了集民俗旅游、农业观光旅游、自然生态旅游为一体的乡村旅游发展新格局，向游客展示了古城焉耆的独特魅力。

4."农村让人民生活更幸福"理念实践及畅惠。一是注重宣传推介提升美誉度。以首届乡村旅游节霍拉山村专场为引领，信息宣传作用不可低估，在宣传推介上下功夫，强化宣传推介与示范推广，扩大乡村旅游的知名度和吸引力，结合季节特点和工作重点，在重点节假日前，依托微信公众号、报纸等平台，构建稳定的网络、广播宣传推介渠道，利用微信、手机等新媒介，通过举办宣传推介会及视频、图片等多种形式宣传推介乡村旅游精品景点线路，方便读者转发，创新发布模式和搜索模式，以适应不同人群的差异化需求，扩大宣传效果。确保宣传效果最大化。加强与国内外知名旅游文化企业的合作，推动美丽乡村游健康、快速、深度发展。二是推动整村民宿体验游，带动农民旅游就业。农村富余劳动力就业关系到每家每户，在乡村旅游市场趋热的今天，乡村旅游不仅可以为城市居民提供新的旅游休闲场所，而且还可以为农民提供新的就业和增收机会。为促进农民就业增收，霍拉山村政府鼓励群众开发多元化的乡村旅游形式和活动，带动整村农民开发民宿，打造民宿生活体验式旅游，通过乡村旅游带动地方发展，带动农民就业，让农民足不出户挣钱，让农村增效益，让农民以旅游发展得实惠。三是注重生态绿色、创新美丽乡村新体验。以"乡村旅游＋绿色低碳＋亲近自然"为基点，提倡"单车驿站，建设特色小镇"，打造建立步行街式管理模式、骑单车环游特色村寨，体验慢生活，为乡村旅游注入新元素，让游客有更高品质的休闲旅游体验，尽情享受乡村生活。

三、取得成效

2016年至今，焉耆县举全县之力打造霍拉山丝路古村，全力打造"丝路古国、红酒之都、美食名城、商贸重镇、花儿之乡"5张名片，倡响"丝路古村落、探秘霍拉山"的旅游品牌，已形成古国风貌、西域风情、农家体验、民俗、民居、民宿体验融为一体的特色乡村，拥有国家级汽车拉力赛道、宠物竞技场及引进霍拉山的漂流项目，初步形成丝路古村风情游、生态科教游、古道文化游、探险游及特色美食文化游，吸引广大游客前往霍拉山住宿、体验、旅游。霍拉山村先后被评为"全国生态文明村""国家美丽宜居示范村""中国西部自驾游示范二号营地""国家4A级旅游景区"。

1. 乡村旅游创收效益好。 乡村旅游在很大程度上惠及了霍拉山村广大农民群众，乡村旅游以其独特的资源特点和优势，已经成为新的旅游消费热点。2017年，霍拉山村乡村旅游接待游客超过14万人次，旅游收入800万元；2018年，霍拉山村乡村旅游接待游客超过10万人次，旅游收入600万元。

2. 乡村旅游群众参与好。 举办乡村旅游文化节，农民群众是建设者、受益者、管理者。大力发展乡村旅游，全面建设美丽乡村的根基在农村，动力在农民，全村92户300多农户积极投身于美丽乡村建设中。家家户户房前屋后井井有条，自觉到垃圾池投放垃圾，宽敞的巷道干净整洁，环境优美，民风淳朴，浓厚的民俗风情引来一批又一批游客。

3. 乡村旅游带动就业好。 近年来，霍拉山村充分发挥乡村旅游的综合带动作用，全力推进乡村旅游工作，在贫困农户增收、带动就业及社会稳定等方面取得了明显成效。2018年旅游业带动180余农民就业，其中仅在荣星旅游公司就业就有25人。乡村旅游的带动作用已成为扩大农村人口就业、增加农民收入的重要渠道和摇钱树。

专家评语

举办乡村旅游文化节，提升霍拉山丝路古村知名度；积极发展农家乐，带动当地居民增收；推动整村民宿体验游，带动农民旅游就业；注重宣传推介提升美誉度，强化宣传推介与示范推广；以"乡村旅游+绿色低碳+亲近自然"为基点，提倡"单车驿站，建设特色小镇"。

三、景区带动发展型

　　乡村位于知名旅游景区附近，接受景区辐射，为景区提供多样化的配套服务或差异化的旅游产品。景区依托型乡村与景区在空间分布上呈现嵌入式、散点式、点轴式等多种形式，在地域文化上具有一致性，但在旅游业态上更加具有乡土气息，形成以开发一个景区带活一方经济、致富一方百姓的效果。

盛会催奋进 砥砺铸辉煌

——北京市延庆区

延庆位于北京市西北部，距离北京市区 74 公里，全区总面积 1993 平方公里，常住人口 31.6 万人。作为首都生态涵养发展区，依托八达岭长城、龙庆峡景区等资源，延庆一直是北京乃至华北地区著名的旅游目的地。自 20 世纪 90 年代起步以来，延庆乡村旅游逐步实现了从零星散落向规模集聚转变、从无序经营向规范经营转变、从粗放发展向提质增效转变的发展。目前，全区共有中国乡村旅游模范村 5 个、中国乡村旅游模范户 3 家、全国休闲农业与乡村旅游示范点 5 家、国家级休闲农业园区 11 家，北京市星级民俗村 62 个、星级民俗户 1295 户、特色业态 80 家，旅游接待人数及收入从 2014 年的 489.6 万人次、2.97 亿元增长到 2017 年的 633.3 万人次、3.99 亿元，年均增速分别为 8% 和 10%。

近年来，在服务保障冬奥会、世园会筹办举办等绿色发展大事的推动下，延庆乡村旅游转变发展思路，坚持以农业为依托、农村为空间、农民为主体、绿色为导向，京津冀为市场，从加强政策扶持、完善配套设施、培育高端产品等多方面入手，大力提升乡村旅游品质，以量变促质变，推动全区乡村旅游全面转型升级。2016 年入选首批国家全域旅游示范区创建名单，2017 年入选十大中国优秀国际乡村旅游目的地，2018 年入选首批全国民宿产业发展示范区。

一、主要工作举措

（一）坚持不断创新、推进五个率先，探索京郊旅游发展路径

一是率先打造星级民俗村户。作为北京市乡村旅游等级评定工作试点，率先在北京市打造星级民俗村户。截至目前，共有北京市星级民俗村 62 个、星级民俗户

1295户、特色业态80家，其中四星级以上民俗村32个，四星级以上民俗户209户，数量均位列京郊前列。

二是率先推出民俗户保险。2015年与中国人保合作推出民俗户保险政策，政府补贴50%的保费，民俗户只需交200元，就能为自身家庭财产、游客和从业人员的人身安全提供总额30万元的安全保障。四年来，为千余户民俗户办理了保险业务，累计出险55起，赔偿民俗户损失超过50万元，极大地降低了民俗户生产经营风险，并为游客安全提供了更好的保障。2017年，北京市吸收借鉴了延庆的成功做法，建立起京郊旅游保险体系，在全市范围进行推广。

三是率先搭建乡村旅游融资担保平台。针对乡村旅游融资渠道不宽、难以形成规模效益等问题，与北京市农业融资担保有限公司和北京银行合作，创新推出民俗户贷款政策，为民俗户升级改造提供资金支持。同时不断加大贷款政策扶持力度，实施贷款担保费补贴政策、推出北京市首个民俗户贷款基准利率零上浮贷款方案等，三年累计发放贷款5000万元，有效解决了乡村旅游升级改造资金难问题。

四是率先开展以优势产品为主题的节事节庆活动。坚持突出特色、提升档次、扩大影响，持续在打造节庆品牌上下功夫，从2015年起，以乡村旅游龙头产品美食为抓手，连续四年举办乡村美食大赛相关活动，有效提升了延庆乡村美食品质和知名度；连续举办两届北方民宿大会，占领北方民宿产业发展高地，树立延庆作为北方民宿发展阵地的品牌形象。

五是率先出台民宿专项奖励政策。制定出台2018年延庆区精品民宿奖励政策，从财政安排资金近200万元，对全区精品民宿进行规模化建设、带动就业和带动低收入增收三个方面的资金奖励，鼓励和引导社会资本进入延庆发展精品民宿。

（二）创新体制机制、汇聚多方力量，激发乡村旅游发展活力

一是建立乡村旅游联席会议制度。健全乡村旅游管理体系，由主管副区长挂帅，联合农委、园林局、公安局等部门，建立起延庆乡村旅游联席会议制度，并多次召开监管规划、政策扶持等乡村旅游产业发展专项会议，整合多部门力量解决乡村旅游发展中的各项问题，推动全区重要部门形成乡村旅游"一盘棋"的协同管理局面。

二是成立乡村旅游产业联盟。充分发挥产业联盟桥梁纽带作用，2017年7月成立北京市首个民宿联盟、美食联盟和客栈联盟，建立起乡村旅游经营者资源共享、

抱团发展的合作平台，对外整合行业力量集体发声；对内积极开展行业自律和争取政策支持，促进行业规范发展。同时于2018年11月，倡议成立北方民宿联盟，京、津、冀、蒙四省市区的近50家民宿产业相关协会、企业等加入联盟，共同服务北方民宿产业发展。

三是强化旅游行业监管机制。将乡村旅游秩序建设和美丽乡村建设有机结合，构建设施完善、服务规范、诚信有序的旅游环境。通过创新旅游综合执法机制，加强部门间联合执法，加大扰乱破坏正常旅游市场秩序违法行为的治理力度，并加强旅游诚信体系建设，对严重违法违规企业实施"黑名单"制度和强制退出制度，引导市场主体诚信经营。同时积极培养全民旅游服务意识，营造"全面推介延庆，人人都是导游"的良好氛围，形成全民参与、部门齐抓共管的旅游服务全民化格局。

（三）完善软硬环境、夯实发展基础，增强乡村旅游发展素质

一是提升旅游硬件设施。结合全域旅游和美丽乡村建设，争取和安排专项产业资金，对重点民俗村、特色小镇、产业园区的基础服务设施进行建设，新建改建停车场2万平方米、标识牌近千块、装饰灯杆近千个、登山步道10条等；同时与建设银行、联通公司合作，免费为民俗户安装POS机，提供网络优惠套餐，实现全区住宿民俗户Wi-Fi全覆盖。

二是升级软性服务水平。积极开展乡村旅游培训，通过入户指导、巡回拉练、经营交流等多种培训手段，对乡村旅游从业人员开展了应急救援、服务礼仪、烹饪技能等多样化的培训，年均培训3000余人次，有效促进了乡村旅游经营者增强服务意识、规范服务礼仪、提高服务技能。

（四）挖掘乡村内涵、培育特色品牌，打造乡村旅游产品体系

一是培育区域民宿品牌世园人家。以服务保障世园会接待为核心，出台《世园人家服务标准与评定》管理标准，指导全区精品民宿、乡村客栈等进行世园特色、文化氛围和旅游配套等方面的提升，培育出124户世园人家。其中精品民宿作为延庆近年来住宿产品的亮点，发展迅速，从2015年第一家精品民宿石光长城开业以来，短短四年时间实现了全区精品民宿从无到有再到全域发展的跨越式发展，目前全区正在推进的精品民宿项目50余处，投资总额16亿元，其中山楂小院、原乡里等32处品牌民宿已开业，共有精品民宿小院140座，预计到2022年冬奥会召开前，

全区精品民宿将形成布局15个乡镇、60个村落、千个小院的发展规模。

二是延伸乡村旅游产业链条。围绕"食、住、行、游、购、娱"六大要素，挖掘旅游资源、丰富产品体系，打造了南湾3D主题民俗村、慈母川慈孝文化民俗村等多个特色主题村，申报了康庄"园艺风情小镇"、千家店镇"山水画廊小镇"等14个北京市特色村镇，培育包装了石烹乡宴等40余种特色美食桌宴和10桌世园花宴，推出井庄冰雪嘉年华、世园人家过大年等民俗活动。同时以精品民宿为核心，整合景区景点、乡村美食、体验活动等旅游资源，将民宿打造成休假度假的微目的地，实现一站式乡村旅游体验，促进乡村旅游吸引力不断提升，乡村旅游消费逐步扩大。

三是树立乡村旅游整体品牌形象。以"长城脚下的生活方式"为延庆乡村旅游品牌核心卖点，围绕旅游要素及延庆资源优势，开发了春赏花、夏避暑、秋采摘、冬戏雪四季产品，并形成"食在延庆""世园人家过大年"等地域品牌。同时整合利用机场、地铁、公交等载体，新闻报纸、电视广播、两微一端、抖音头条等媒介，开展多渠道、多层次、立体化宣传营销，提升延庆乡村旅游整体品牌影响力。

二、主要工作成效

通过各项措施的落实，延庆在旅游富民惠民、改善村容村貌等方面取得了一定成效。

一是政策扶持体系逐步健全。强化政策引领作用，结合乡村旅游发展各个阶段特征和重点任务，制定了金融服务、奖励机制、人才培养、科技支撑等多个方面的具体措施，鼓励各类主体充分发挥主动性、积极性和创造性，形成了保障乡村旅游健康良性发展的长效机制。

二是多位一体产品体系日益丰富。挖掘首都稀缺乡村旅游资源，牢牢抓住筹办举办世葡会、世界马铃薯大会、世园会、冬奥会等世界级盛会的历史机遇，重点发展了石光长城、山楂小院等一批集乡居环境、乡愁品位于一体的精品民宿；集中打造了"葡萄人家""世园人家"等具有延庆特色的业态；开发培育了火盆锅豆腐宴、石头宴、福禄长寿宴等40余种特色桌宴，形成了吸引游客来延庆消费的多位一体产品体系，"一沟一品""一村一品"的发展格局初步形成，乡村旅游成为"产业相连、城乡互动"的有效载体，成为全域旅游的最好实践田。

三是旅游富民惠民成效凸显。坚持把促进农民就业增收、增进农民福祉作为发展乡村旅游的根本出发点和落脚点，着力在带动优化农业结构、提高农民收入、实现富民惠民方面持续发力，乡村旅游已经成为增收富民的有力抓手，农民人均收入从 2015 年的 18088 元增长到 2017 年的 21248 元，年均增速 8.5%，其中珍珠泉乡、井庄镇、千家店镇等重点旅游乡镇更是分别实现了 9.1%、10.5%、12.3% 的年均增幅。同时，通过在低收入村发展精品民宿项目，带动村集体和村民财产性、劳务性、经营性三性收入，帮助下虎叫村、小观头村和后黑龙庙村等低收入村实现快速脱低，乡村旅游惠民成效凸显。

四是乡村旅游人居环境不断改善。坚持绿色发展方式，将发展乡村旅游与美丽乡村建设有机融合，注重保护田园风光、保留原始风貌、保持乡土味道，乡村基础设施建设、旅游服务配套设施建设等项目优先向发展较好的旅游村倾斜，特别是深入推进"厕所革命"，新建乡村旅游生态厕所近 70 座，重点民俗村公共服务设施和旅游休闲设施实现大幅提升，乡村人居环境得到显著改善。

下一步，延庆区将按照国家文化和旅游部 2019 年工作部署，紧抓 2019 年世园会及 2022 年冬奥会的重大战略机遇，紧抓工作落实，乘势而上、奋勇拼搏，实现旅游产业全面跨越式发展！

专家评语

以"民俗＋民宿"为乡村旅游发展主题，在乡村旅游保险、融资担保、贷款政策等方面探索出有效模式。创新体制机制、发展行业组织、完善软硬环境、夯实发展基础，以世园会及冬奥会等重大活动为契机，不断丰富业态、提升品质、富民惠民，实现乡村旅游高质量发展。

培育特色小镇　助力乡村振兴
积极探索文旅高度融合的乡村旅游新路径

——河北省邯郸市寿东村

粮画小镇寿东村位于馆陶县城以西3公里，188户，713人，曾经是一个没有产业基础、没有资源优势的省级贫困村。2014年以来，按照"乡村风情、城市品质"要求，大力开展美丽乡村建设，进而发展乡村旅游，实现了美丽蝶变，成为河北省首个以美丽乡村为载体的3A级旅游景区，也是2018年河北省唯一通过4A级景区质量评审的美丽乡村类景区。

一、小镇探索了接地气、可复制的发展路径

粮画小镇的得名，缘于村里发展之初引进了一个粮食画企业——海增粮艺公司。一个企业带动农家户户做粮画形成了一个产业，一个产业培育了一种无中生有、善于创新的小镇精神。小镇的建设者始终秉承"无处不精致、无处不文化、无处不生态"的创新理念，不搞大拆大建，不搞千村一面，挖掘乡土文化，自我设计施工，建成观光景点50余处，形成独特魅力。漫步村中，石磨、石碾、古井等老物件，点缀在整洁的街巷旁；小巷墙壁上的粮食画，栩栩如生；青瓦白墙的农家院，错落有致；村中的咖啡屋，典雅精致；葫芦画展厅、麦秸画展厅、蛋雕工作室，艺术范儿十足……浓郁的乡村风情和时尚的现代元素有机融合，相得益彰，成为引领冀中南地区乡村旅游发展方向的标杆。近年来，该村以强烈的自信，在发展乡村旅游的道路上越走越快，越走越稳，收获了一个个沉甸甸的硕果，先后荣获2015中国十大最美乡村、第四届中国文明村、中国十佳产业兴旺村、中国乡村旅游创客示范基地、河北省美丽乡村、河北省十大旅游扶贫示范村等称号。2018年春节，粮画小镇迎来客流新高峰，15天时间共接待游客100万余人次。小镇建成以来，累计

有 500 多个市县政府考察团前来学习参观，先后在四川天府美丽乡村论坛、海南博鳌美丽乡村国际峰会、河北省领导干部扶贫培训班、河北省第三届旅发大会上介绍经验。

二、小镇配套了完备的旅游公共服务体系

随着小镇旅游发展成果的不断显现和知名度不断提升，旅游公共配套服务功能也在日渐完善。一是进一步扩大景区体量。原来游客主要游览村内两条主街道，游览时间不到 2 小时。2018 年新建了艾香谷和商业街，使游览时间增加到 4 小时。二是大力推进旅游厕所革命。粮画小镇新建或改扩建旅游厕所 9 座，其中 2 座达到 3A 标准，7 座达到 1A 以上标准。三是大力推进旅游道路建设。新修了振兴路、粮画大道，改建了迎宾路、寿山街、商业街等旅游专用通道，重新设计了景区游览线路，艾香谷游览路线全部采用特色游步道建设。四是大力推进标识系统建设。聘请专业标识牌设计公司对青兰高速、106 国道、309 国道等旅游交通要道、小镇游览区内标识系统统一设计安装，成为小镇一道独特的风景。五是大力推进停车场建设。在现有 15 亩停车场、可停放 300 辆机动车基础上，2018 年新建占地 50 余亩、可停放 1000 辆机动车的生态停车场，满足了高峰期游客停车需求。六是推进智慧旅游建设。投资 400 余万元，建设了智慧旅游系统，实现了"一部手机游小镇"。七是推进导游服务建设。2018 年，景区新增电瓶车 8 辆，新增专业导游人员 4 名，招聘志愿导游 6 名，满足了导游服务需求。

三、小镇提供了高质量的旅游产品

在演艺方面，创编并演出了《公主贺喜》《英雄归来》《红色村长》三部以小镇文化为主题的情景剧，善禾小剧场曲艺专场实现了常态化演出。在民宿方面，打造了黄土小院、智能小院、图书民宿、艾草民宿、粮画客栈、红色客栈等一批特色民宿，可容纳 100 余人同时入住。在节庆方面，举办了三届美丽乡村过大年、四届国庆小镇游、首届世界粮画大赛、世界手工画邀请赛、"粮画之夜嗨一夏"等主题活动，培育出粮画小镇节庆活动特有品牌，备受游客青睐。在商品方面，开发了便于游客携带的 20 余种小型粮画创意产品，小雨杂粮、陶山黑陶、月清黑小麦、小镇

三、景区带动发展型

邯郸市馆陶县寿山寺乡寿山寺东村

豆腐、小镇香油、粮画小镇酒、酵素果蔬等落户寿东，成为旅客喜爱的旅游商品。在美食方面，建设了冀南美食一条街，老黄水煎包、小辉凉皮、蜀王砂锅、红粮米饭、张家面馆等，让游客大饱口福。在娱乐方面，相继引进了民俗灯会、非遗展演、水幕电影、网红歌舞、篝火晚会、冰雕、滑雪、杂技、赛马等娱乐项目，给游客带来了乐趣。

四、小镇实现了经营收入的大幅增长

一是村民摆脱了贫困，迈进了小康。在发展乡村旅游过程中，村内80余户有经营头脑的村民纷纷开起了农家乐，摆起了摊位；30余户村民参与村内基础设施建设，成为建筑工人；40余户村民，通过出租宅基房屋、流转土地，从事保洁、保安、维修、管理等公益性工作有了稳定收入，其余的村民也通过承包果园、在企业打工等方式实现了就业。2016年全村村民实现了脱贫，2018年人均年收入达到4万元以上。村民陈张凯，曾经是个需要享受津贴的贫困户，在外打零工的他，辛辛苦苦一年，到头来的收入也不过几千元，日子穷得叮当响，发展乡村旅游后，做的一手地道可口农家菜的他开始经营"蒸蒸铁骨"农家乐，如今年收入突破了30万元。村民师献巧，丈夫在外打工，婆婆常年有病，独自照顾婆婆，抚养两个上学的孩子，生活十分困难。自从学会了粮画制作，开办了巧绘堂粮画公司，日子发生翻天覆地的变化，成为村里有名的"画娘"。二是集体壮大了实力，彰显了活力。在发展乡村旅游过程中，村集体实现了从"空壳"到"壮大"。每年摊位费、停车费、门票、土地收益等收入达百万余元，壮大了村集体实力，增强了服务能力。

五、小镇加强了对信仰素养的教育

在建设美丽乡村、发展乡村旅游过程中,小镇管委会把教育村民、增强信仰修养作为重要任务。小镇打造之初,村民的小农意识和自私自利思想相当严重,成为小镇建设经营的最大羁绊。为改变这一状况,景区管委会一是通过组织村民到陕西袁家村、山东竹泉村等地多次参观学习,使村民转变思想开阔视野。二是举办村民夜校,开展"向小农意识和自私自利思想开炮"大讨论活动,让群众对阻挠小镇建设的行为进行公开评判。三是支持"小镇建设功臣""美丽乡村管家"评选活动,并给予奖励。四是设置"村民笑脸墙",引导每户家庭学会向游客露出笑脸,热情接待。五是建设情景式党校和知青故居。教育引领广大党员干部群众坚定信念跟党走,成为全县和外来游客进行党性教育的重要阵地。六是在党员家门口悬挂"我家有党员,乡亲向我看"的牌子,设立党员监督岗,发挥党员先锋模范作用。七是建立小镇广播站、电视台、微信公众号,挖掘村里好人好事,制作播放典型案例,播报小镇日新月异的建设成果,调动村民爱家乡、建小镇、做贡献的积极性、主动性。八是创编了《我在小镇等着你》《粮画姑娘》《共产主义好苗苗》《盼习主席来看俺家乡》四首歌曲,组织村民经常演唱,洗礼村民思想,提高道德水准。

现在的粮画小镇,正在按照"一镇四社区"架构,规划建设3.7平方公里的万人小镇和4A级景区。1000亩新区内,正在如火如荼地建设总投资10亿元的田园综合体、文旅街区、红酒庄园、小镇学区等一批重大旅游项目。随着这些旅游项目的建成开放,粮画小镇必将在乡村旅游发展上绽放璀璨夺目的光彩。

专家评语

小镇秉承"无处不精致、无处不文化、无处不生态"的创新理念,不搞大拆大建,不搞千村一面,挖掘乡土文化,自我设计施工,建成观光景点50余处,形成独特魅力,配套了完备的旅游公共服务体系,提供了高质量的旅游产品,创编并演出了《公主贺喜》《英雄归来》《红色村长》三部以小镇文化为主题的情景剧,并通过举办村民夜校,加强对信仰素养的教育。

让绿水青山变成金山银山

——河北省保定市涞水县

涞水县物华天宝、山清水秀，太行山横亘，拒马河蜿蜒。县委、县政府立足良好生态和独特的旅游资源，把旅游业作为带动脱贫的有效途径，历经初期自然辐射、"十二五"有计划推进两个阶段后，按照精准扶贫、精准脱贫基本方略要求，探索形成了"双带四起来"旅游扶贫新模式，即景区带村、能人带户；把产业培育起来，把群众组织起来，把利益联结起来，把文化和内生动力弘扬起来。2016年以来，已带动62个村、5715人实现脱贫，被中央政治局确定为"十大扶贫模式"之一。2016年10月10日，时任中央政治局委员、国务院副总理的汪洋到涞水调研旅游扶贫，给予充分肯定；全国、全省产业扶贫现场会均把涞水旅游扶贫作为重点观摩项目。2017年10月，国际减贫与发展高层论坛五国部级外宾考察团到涞水考察旅游扶贫工作。

一、景区带村

实施"七带"举措：一是以旅游规划带村。与野三坡景区总体规划相衔接，编制各村旅游扶贫规划，确立旅游扶贫目标定位、旅游功能设施、新业态项目等。目前已有33个村编制完成并纳入旅游总规当中。二是以旅游业态带村。借势省旅发大会，突出旅游带动脱贫，打造了10余个新业态项目，景区面积由520平方公里扩大到700平方公里，辐射带动贫困村达到71个，覆盖贫困人口达到9094户、17526人。同时围绕休闲度假大景区，因村制宜，一村一品，培育乡村旅游新业态，景区旅游特色村达到28个。三是以基础设施带村。按照国家5A级旅游景区标准，加快构建旅游扶贫基础设施支撑体系。尤其借势承办省旅发大会，新建、改造旅游路35.8公里、桥梁13座；铺设、改造输水管网1.51万米；对15个村的电网实施了改造。四是以旅游环境带村。与美丽乡村建设相统筹，着力改善乡村旅游环境。2016年以来，投入7亿多元，在野三坡景区31个村实施了美丽乡村建设。同时大力推进厕所革命，改造厕所10000个，并建立了全覆盖的乡村垃圾处理体系。五是以旅游培训带村。按照"培训一人、就业一人、脱贫一家"的工作思路，针对贫困群体开展技能培训，带动贫困群众融入新业态。在百里峡艺术小镇建立了5个培训基地，已开展培训18期680人次。六是以旅游营销带村。把旅游扶贫村全部纳入全域旅游示范区总体

涞水县南峪村

布局，把特色小镇、旅游村全部纳入智慧景区系统和精品旅游线路，与核心景区统一管理、统一推介、统一营销。七是以资产平台带村。立足旅游资源与生态资源共享，县政府投入1000万元旅游扶贫基金，入股野三坡旅游投资有限公司，山区扶贫对象每人获得股份，每年分红1000元。

二、能人带户

实施"四带"举措：一是法人带。引进工商资本和旅游管理公司，通过股份分红及流转土地、农宅，吸纳就业等形式，与贫困户实现利益联结；成立股份制合作社，贫困人口全部入社参股，带动增收；发展农家乐，吸纳贫困群众就业，野三坡景区农家乐经营法人已达2203家。目前全县已有4834名贫困群众纳入法人带动体系。二是回乡创业带。进一步加大政策支持和项目资金扶持力度，吸引大多数在外务工人员回乡发展农家游等产业，带动当地贫困群众就业创业。野三坡大景区有意回乡创业人员达800余人，其中贫困人口100余人。三是先富群体带。先富裕起来

的农户为贫困群众提供就业岗位，手把手培训旅游技能，增加贫困群众的工资性收入或经营性收入。目前富裕户已带动贫困群众1004人。四是党员带。鼓励引导党员与贫困群众结对子，实施"点对点"帮扶，带动贫困群众脱贫。现在2120名党员已结对帮扶5598名贫困群众。

通过"双带"，激发了群众动力和产业活力，做到"四起来"：把产业培育起来。打造了一批旅游新业态，成立了23家旅游扶贫合作社，新建或改建了800家旅游农家院，发挥了有力的扶贫带动作用。把群众组织起来。强化基层组织和政府部门服务群众职能，有组织地开展技能培训、设置公益岗位、支持自主经营、回乡创业，以多种形式提高群众组织化水平。把利益联结起来。通过县级旅游资产收益扶持平台和旅游扶贫合作社，实现资产到户、权益到户。把文化和内生动力弘扬起来。坚持物质脱贫与"精神脱贫"两手抓，尊重乡村文化，注重历史传承，着力培育新时期乡风民风，彻底打破了贫困乡村"久困成习"的生活方式。

经过多年探索，涞水旅游扶贫初步形成六种模式，即以松树口、大龙门村为代表的民宿旅游带动模式，以南峪、计鹿村为代表的工商资本带动模式，以吕家铺村为代表的旅游合作社带动模式，以北峪塔村为代表的自然资源带动模式，以福山口村为代表的驻村帮扶带动模式，以龙云岭食品有限公司为代表的龙头企业带动模式。目前野三坡景区带动的贫困村、贫困人口，贫困群众享受的分红收益，景区内美丽乡村覆盖面指标均在全国名列前茅。

风劲潮涌，自当扬帆破浪。涞水旅游扶贫仍然在路上，涞水将在精准扶贫、精准脱贫基本方略引领下，在各级高含金量政策支撑下，在国务院扶贫办，文化和旅游部及省、市各级各部门的支持下，不忘初心，不懈探索，走出一条可推广、可示范的新时期旅游扶贫之路。

专家评语

涞水县实施"双带四起来"旅游扶贫新模式，即景区带村、能人带户；把产业培育起来，把群众组织起来，把利益联结起来，把文化和内生动力弘扬起来。经过多年探索，涞水旅游扶贫初步形成六种模式，分别是民宿旅游带动模式、工商资本带动模式、旅游合作社带动模式、自然资源带动模式、驻村帮扶带动模式、龙头企业带动模式。

从穷山恶水到人间仙境

——河北省石家庄市漫山花溪谷景区

漫山花溪谷景区位于河北省灵寿县境内，作为国家级贫困县内的景区开发项目，其有效利用当地自然资源，因地制宜进行规划和建设，将当地的"绿水青山"转变成了"金山银山"，带动了当地村落及周边地区的发展，让一个农业基础薄弱、工业毫无基础、交通区位很差的山村通过旅游业的发展彻底摆脱贫困走上致富之路。

一、基本情况

漫山花溪谷景区位于灵寿县最西部的南营乡漫山村，属于太行山深山区，因一条清溪流贯溪谷，山岳花园点缀溪旁，得名"漫山花溪谷"。花溪谷原为一条穷山沟，布满了乱石，交通闭塞，村民生活艰难，2010年后通过旅游开发，被打造成一处高山、森林、草甸、泉、瀑、溪兼备的新景区，逐渐成为太行旅游新热点。景区海拔800～2150米，全长12.8公里，总面积20平方公里，东南距石家庄市区约110公里，西北距五台山50公里，西南距西柏坡40公里，与五岳寨国家森林公园、驼梁景区连成一片。谷内自然资源丰富，有1万亩的原始次生林，2条连天瀑布，山顶有大片亚高原草甸，20万平方米的山地花园。

漫山花溪谷景区的整体功能定位是生态休闲度假，聚力打造省内山地休闲度假新标杆。景区开发借鉴国际知名休闲度假型景区设计的先进理念，将花卉主题引入概念设计，力图通过对大型山地花园与山水相间的环境营造，让旅客在对休闲度假的深度体验和思考中，充分享受漫山漫水慢生活的无限乐趣。2017年，漫山花溪旅游小镇入选河北省首批特色创建类小镇。

漫山花溪谷以山地花园为主要看点，依据花色品种不同分为翠锦园、烟紫园、落霞园、波斯园、大丽园、月季园、阳光园7个区域，借助起伏的山势，层叠分布，错落有致。每年4～11月，上百种花卉在这里竞相开放，姹紫嫣红、逞娇呈美。花溪谷有华北地区最大的山地花园和全长1260米、落差100米的国内首条空中玻璃水道漂流，受山地阻隔，这里属于"康乐气候"，夏季平均气温19.1℃，是观光旅游、休闲度假、养生居住的绝佳选择。

石家庄漫山村

二、发展历程

　　漫山花溪谷景区项目由灵寿当地民营企业河北漫山花溪谷生态旅游开发有限公司开发建设，2010年立项启动，2011年列入河北省重点建设项目，2012年进入工程建设阶段，2015年7月开园，得到了广大游客的极大好评和肯定，当年10月2日客流量达到了6000人。景区一期、二期工程共投资4.5亿元，完成了6公里车行路、18.4公里步游路、4万平方米花园式停车场、景区水景系统、60万平方米景观工程、智慧旅游系统及配套供水、供电、通信等基础设施建设，可满足日接待游客8000～10000人的能力。目前，景区三期开发正在进行，将按照"旅游上山、谷内养生"的思路，投资1.5亿元，重点实施山顶观光开发、谷内完善提升两项工程，预计在2019年完工。

　　在花溪谷景区近10年的建设过程中，有以下五个"注重"值得关注：

　　1. 注重吸收民间智慧。 习近平总书记强调，要"弘扬劳模精神和工匠精神，营造劳动光荣的社会风尚和精益求精的敬业风气"。景区的建设充分吸收了当地劳动人民的智慧，大部分土建、木工、采石、挖掘、修路等基础设施都是由景区自己的施工队独立设计并建造，在建设中根据需要不断招聘技术人才，不但保证了工程质量，也节约了大量的建设资金，还为当地民间工匠提供了就业机会。尽管景区施工队中很多人都是当地的农民或名不见经传的木匠和泥瓦匠，可他们却在工作的每一个细节上注重极致和完美，充分反映出当地劳动人民的勤劳敬业。

　　2. 注重环境保护改善。 景区按照"景观建设自然化、功能设施景观化"的理念进行规划布局和设计，不仅没有破坏生态环境，还注重环境保护，并提升了景区内的美观度。例如，景区内所有洗手间产生的污水都通过节水装置，将污水引流到大型污水窖，经过除臭后，将"有效肥液"加压浇灌景区的花草树木，最终达到生活污水的再利用；同时，景区充分利用现有地形地貌进行设计，将乱石沙滩改造成湖泊瀑布，将荒坡废地改成花园。

3. 注重土地节约利用。景区在开发建设中没有新增建设用地，而是通过移民搬迁和闲置废旧地、荒地等进行综合开发。漫山花溪谷景区租赁了漫山村3个自然村540亩各类土地，其中一般农田195亩、河滩120亩、荒坡100亩、道路19亩、羊圈牛圈鸡舍厕所等30亩、晒场18亩、宅基地58亩。在实际使用中，用于建设的土地共计只有46亩（50%用于村民回迁），相比于原来的集体建设用地节约了79亩，节地率达到63%。

4. 注重拓展旅游项目。除了开发登山和赏花两项主要游览内容之外，景区还利用海拔优势，引入了空中玻璃漂流和玻璃滑梯2个参与体验式项目。其中，空中玻璃漂流全长1260米，是全亚洲最大的空中玻璃漂流，其区别于其他漂流，上下落差达到100米，漂流线路经过5个360°回转，有20米地下水道，穿高山丛林，掠溪谷花海，过时光隧道，惊艳刺激，吸引了很多游客体验。2019年，景区将在五岳寨主峰与南山主峰间建设距地面700米垂直高度的"天际索道"，开发高山崖堂、亚高山草甸等多处精品景点。通过积极拓展旅游项目，游客旅游体验进一步丰富，互动感不断增强。

5. 注重推广当地美食。景区深处有一座"花溪美食城"，店主都是原来景区里的漫山村村民，因做菜有"绝活"，受景区邀请提供餐饮服务，第一年免租金。美食城内主打当地特色品牌，如大白馒头、包子、灵寿腌肉面、大锅菜、土鸡蛋、特色农家小炒等，干净美味纯天然。同时，景区还定期收购农民种植的茶叶、鲜花等农产品，向游客销售，让游客感受到浓浓的山区风情。在景区消费管理上，无论是菜品还是商品，都由景区统一管理、统一定价，让游客在享受美食美景的同时也无后顾之忧。

三、主要成效

通过建设发展，漫山花溪谷真正把绿水青山"变现"成金山银山，实现了游客得美景、景区有钱挣、地方获发展、村民脱贫奔小康的多赢效果。同时，景区将旅游红利辐射到附近乡镇，并逐渐带动和促进全县旅游业发展。在太行山高速开通后，景区将融入省会1小时生活圈，京津两地游客2.5小时可到达，预计日接待游客量可达 2 万人次，年接待游客量 100 万人次，旅游综合收入可达 2.9 亿元，将有效带动县域内社会经济发展，为巩固提升灵寿县脱贫效果提供坚实的力量。

1. **改善当地居民居住环境。**景区前期开发涉及漫山村 3 个村民小组 78 户、218 人，村民以前居住的都是低矮的土黄色农房，杂乱散落在山坡上，很多房子还四面漏风。"种地镐头加锄头，运输工具靠背篓，一年一季收土豆"是搬迁前头道岭村村民的真实生活写照。搬迁后，78 户、218 人整体住进了紧挨着景区的楼房里，生活方式跟市民完全一样。当地房价已经超过 6000 元，每户农民仅房产价值就超过 50 万元，还有土地、房屋拆迁、树木山坡等补偿，很多农户家庭资产实际已经过百万元。

2. **增加周边居民就业机会。**景区所在的漫山村是一个贫困村，原来村民人均年收入只有几百元。景区开发后，通过多种方式吸引当地和周边农民就业：一是有一定技术和资金的可以在景区内搞经营、开餐馆、摆摊点等。开馒头店的吕吉成讲述："以前种地忙一年，一亩地收入不到 1000 块钱，现在不用一个礼拜就能挣 1000 多元。"二是有劳动能力的安置在景区内的建筑、餐饮、住宿、娱乐、建筑等行业，目前景区已经安置 1800 人常年就业，人均增收 8300～30000 元。三是农民种植茶叶、鲜花等农产品，景区收购做成旅游商品统一销售，户均增收 2.6 万元。此外，周边地区还有很多农户利用自家宅基地经营农家乐和民宿，也都取得不少收入。

3. **带动全县旅游产业发展。**根据全县旅游统一规划，景区正积极谋划，未来将充分用好优质的森林、高山、泉水资源，利用好辐射京津冀的区位优势，结合灵寿县"寿"的历史文化资源、中医药的人力和药材资源，延长生态旅游的产业链条，以康养产业为核心，积极谋划和布局发展休闲养生、健康养生、养老、森林度假等康养项目，将灵寿打造成为冀中南地区的森林康养基地。

专家评语

彰显五个"注重"：注重吸收民间智慧，大部分基础设施都是由景区自己的施工队独立设计并建造；注重环境保护改善，按照"景观建设自然化、功能设施景观化"的理念进行规划布局和设计；注重土地节约利用，不新增建设用地，而是通过移民搬迁和闲置废旧地、荒地等进行综合开发；注重拓展旅游项目，利用海拔优势，引入玻璃漂流和玻璃滑梯 2 个参与体验式项目；注重推广当地美食，美食城内主打当地特色品牌。

一座山开辟的致富小康路

——山西省临汾市云丘山

一、基本概况

云丘山景区位于乡宁县关王庙乡，核心景区64.21平方公里。目前主要开发了35平方公里，大力发展休闲农业与乡村旅游，共涉及大河、坂儿上、东沟3个村委。近年来，云丘山紧紧围绕国家发展三农的方针政策，依托当地文化底蕴和特色旅游资源，大力发展休闲农业与乡村旅游，推进乡村振兴战略。景区紧紧围绕乡村旅游主导产业，坚持把休闲农业和乡村旅游与党建引领、精准扶贫、发展产业相结合，大力发展美丽乡村。通过建立村企联合党支部、扶贫扶志扶智、开办民宿旅游与农家乐等方式，大力发展特色产业，壮大村集体经济，促进了贫困户增收，实现了经济效益和社会效益的有机统一。

二、发展历程

（一）坚持党建引领，建设美丽乡村，发展乡村旅游

在各级政府的引领下，云丘山景区发展旅游业，给当地发展带来了人流、物流、信息流，也给农民群众发展旅游产业、实现致富增收带来了机遇。周边村委以云丘山为依托，对村内进行美化、绿化、亮化，打造特色美丽乡村。设立农民科技培训中心和农副产品交易中心，发展独具特色的杂粮和农副产品及农副产品加工业，如云丘太太饼的加工与制作、黑猪集中养殖等，延长了产业链，提高了农产品的附加值。设立村办宣传爱国主义教育基地，宣传红色教育，发展红色旅游。扩建村内文化广场，丰富村民及游客的文化生活。通过几年的实践，旅游业已经成为贫

困户脱贫和致富增收的主导产业。

乡宁县云丘山旅游开发有限责任公司与村委成立了村企联合党支部,建设美丽乡村,实施三个村委16个自然村561户居民整村搬迁105687平方米,其中建成长塔移民新村上下两层小院64套居民房;西红花坪移民新村12套;康家坪移民新村48套;大河居民楼36套。街道硬化、绿化、亮化、净化19000余平方米。配套实施供水、供暖、供电、排污、通信、环卫等工程。鼓励当地村民结合自身优势,开办旅馆10个、农家乐7个,年收入55万元。

配套建设村级卫生所、农民健身广场、图书室、老年日间照料中心,景区还为照料中心每年提供运行经费20万元,用于30余名70岁以上老人的三餐补助及其他娱乐活动支出,聘请专业厨师、护工为老人服务,老人白天在照料中心活动,晚上回家居住。每年年底景区还为周边2000余口人发放价值20余万元的面粉;每年为村里80岁以上的老人发放生活补贴500元及生活用品;村里的孩子中高考取得优异成绩时,景区也会给予500~1000元的奖励。

云丘山与村党支部组织382户村民成立了上河优质粮食种植专业合作社,村民参与合作社经营并种植有机粮食和有机菜,人均月收入3000余元。合作社免费出资帮贫困户购买猪仔、羊羔,由贫困户自己喂养,出栏后销售收入全部给贫困户,通过帮扶贫困户发展乡村旅游。

打造"希望农场、手心翻转"项目,与台湾颐禾园有机农园合作,发展有机农业,建设有机农场,通过乡村旅游实施精准扶贫。目前有机大棚3座,修建了食农教育馆600平方米,建设了有机蔬菜庄园5亩,种植有机小麦2000余亩,带动当地农户175户,农忙时人均月收入2000余元。通过"手心翻转",招收智障残疾孩子,高薪聘请台湾的特教老师2名长期教这些孩子生活自理的方式和有机蔬菜的种植技能,让他们能通过手心向下自己干活来养自己,自食其力,回归社会。

(二)坚持完善基础设施建设,提升人居环境,发展乡村旅游

旅游要发展,完善服务功能是前提。近年来,云丘山以交通环境、乡村环境、饮水环境为主改善旅游基础设施,以建设宾馆酒店、购物场所、医疗卫生、游乐设施为主完善服务功能。与山西机电股份有限公司乡宁分公司合作修建10千伏乡村电力专线,修建了村民饮用水库4座,半寄宿制小学1座,以及污水处理厂环卫配套工程、集体供暖等;修建了乡村二线公路和旅游公路45公里。围绕"美丽乡村"

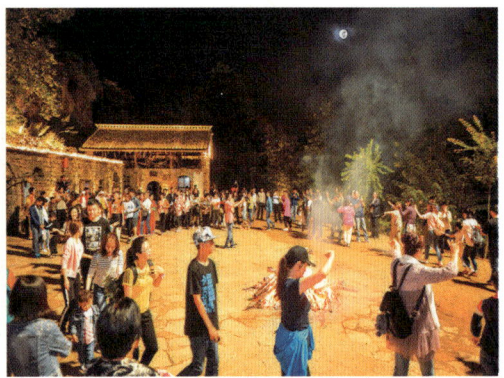

乡宁县云丘山

建设要求，逐步完善村内的基础服务设施，对村庄进行了环境整治、污水治理、立面改造和道路拓宽、村庄美化绿化亮化等建设。通过污水处理厂项目的全面完成，生产、生活污水得到了有效治理，生态环境得到全面优化，打造了宜居宜业宜游的乡村环境。村民开办农家乐，成为各地游客的"养生乐园"，村里的河道漂流、水上乐园，成为夏季各地游客的"欢乐海洋"，村里的农业采摘园，绿色有机果蔬成了城里人的"香饽饽"，蹦极、空中飞人、滑索、玻璃桥冰洞等项目的建设，成为各地游客的"探险乐园"。

（三）坚持全民参与，丰富旅游业态，发展乡村旅游

乡村旅游发展要始终坚持以人为本，保证村民的充分参与。该村通过建立合理的利益分配机制，提高全体村民参与乡村旅游的积极性和保护乡村旅游景观的自觉性。积极动员村民参与旅游业态，通过"中和节"文化展示馆、文化广场、爱国主义教育中心、云丘书院的建设拓展文化产业，通过打造云丘山景区、美丽乡村等发展休闲旅游产业，不断丰富新的旅游业态。

云丘山公司与大河村委合作，以"华夏年轮，乡土文脉"为主题，开发了千年古村塔尔坡，给原住村民提供商铺，统一管理，统一培训，村民们唱民歌、演婚俗、练武术、蒸花馍、玩皮影戏、开铁匠铺、做农家饭、磨豆腐等，丰富了乡村旅游的内容，并脱贫105人，人均月收入达3000余元。

云丘山与坂儿上村委合作，保护开发了康家坪古村民宿。康家坪是一个隐居在山林却拥有自然、环保、艺术的古村落建筑群落，云丘山景区利用原村民居住的窑洞，邀请墨西哥、美国、澳大利亚的专家学者，共同开发打造了"会呼吸的生命居

所"，居所的建设用石头、土、木头等建造而成，同时与台湾团队合作，打造出了康家坪民宿。现已建造了四座院落，有13间客房，25个床位。每座院落都有一系列的功能区域：酒吧、温泉、咖啡馆及特色餐厅应有尽有，民宿吸引了多个城市的众多游客争相体验。自2018年10月1日试营业以来，累计接待游客5万余人次，体验民宿游客800余人。

（四）坚持发展创新，吸引优质项目，发展乡村旅游

云丘山坚持用创意丰富旅游休闲的内涵，通过乡村旅游，开创民办旅游先河，先后引进玻璃桥、蹦极、空中飞人、滑索、滑翔翼等新型旅游项目，有力地推动了云丘山景区的建设。传承云丘山太太饼、云丘水席等特色餐饮使景区餐饮实现由农家乐向高端民宿的转型升级。研发了具有当地特色的手工艺品、植物染布，丰富了旅游产品。同时，以云丘山窑洞文化为基础，全面展示美丽乡村建设的成果，提炼推广云丘特色产品与文化，让游客流连忘返。

三、主要成效

（一）党建引领，帮扶村民，实现三个"有利益"

坚持以社会主义核心价值观为引领，从乡村出发，从小处着手，通过设置社会主义核心价值观宣传牌、墙体绘画，开展"最美"系列评选活动，弘扬美好家风，树立文明村风，打造良善民风，形成家风带民风、民风带村风、村风促发展的良好效果。

定期聘请国内农林专家、外教、文化艺术团来给村民培训，让农民增长文化知识和致富的技术，发展特色乡村旅游的同时对村民进行"扶志扶智"。通过建设美丽乡村，实现村民、村委、公司三个"有利益"。景区将继续加大党建工作力度，建设全国一流的党建示范基地。

（二）提升服务标准，强化宣传报道，发展乡村旅游

景区以打造一个开放式村庄大景区为目标，根据村域特色，深入挖掘内部资源，积极投入资金用于配套设施建设。发展乡村旅游，打造了"微笑"和"礼貌"服务，所有工作人员面对每一位游客都以微笑示意，"您好"成为每一位工作人员的开口语；为游客提供整洁、干净的卫生环境；在游客中心为特殊人群准备了轮椅、

童车等；建设干净整洁的五星级厕所20余座，同时配有第三卫生间等；配备了母婴室、老年人休息室等；开通了免费的Wi-Fi服务、语音广播服务、LED电子屏信息推送服务等人性化服务，为游客提供更为贴心的服务。

为了更好地扩大知名度，在对现有资源整合的基础上，以多方式、多途径开展宣传营销，现在每年固定的大型活动有：云丘山民俗年、中和文化旅游节、艺术文化旅游节（两个月）、柿柿如意红叶节，根据市场调研，大型活动的举办迅速提高了云丘山的知名度，有效提升了品牌影响力。同时通过互联网、微信公众号、电视广告及其他媒体的推广，目前约有1.2亿人次关注云丘山景区，游客满意度达到85%。

综上所述，景区与村委坚持把富民、乐民、惠民作为发展的出发点和着力点，打造幸福家园，创造美好生活。生态产业富民，云丘山村景融合经营、绿色发展实践成效明显，2018年累计接待游客930040人，营业收入10888.38万元。目前，云丘山现有乡村旅馆五座，分别是云圣快捷酒店、琪尔康度假村、康家坪窑洞大院、塔尔坡洞穴客栈和康家坪特色民宿，还有多个农户性客栈、农家乐餐馆及体验园。在云丘山景区旅游开发带动下，村民人均年收入由原先的1300元增长到20000元，收入增长了15倍，周边村民购置小轿车500余辆。景区坚持把良好的生态环境转化为公共产品，增加民生福祉，确保群众喝上清洁水、呼吸干净空气，吃上放心农副产品，极大地增强了村民的幸福感和获得感。

专家评语

坚持党建引领，全民参与和发展创新，不断完善基础设施建设，通过建立村企联合党支部、扶贫扶志扶智、开办民宿旅游与农家乐等方式，大力发展特色产业，壮大村集体经济，促进贫困户增收，实现经济效益和社会效益的有机统一。

奋进的大河　崛起的山村

——山西省长治市大河村

长治市壶关县大河村位于山西省东南部，毗邻河南林州市，自古就是晋豫咽喉、通商要道。大河村辖13个自然村，6个村民小组，共269户、810人。近年来，在县委、县政府举全县之力抓旅游产业的大好形势下，大河村支两委认真贯彻落实党在农村的各项方针政策，大力发扬艰苦奋斗、自力更生的优良作风，带领群众埋头实干，使大河村从一个一穷二白的穷山沟，变成了远近闻名的绿色生态旅游村，先后被评为壶关县新农村建设先进村、长治市百佳基层党建先进村、山西省级文明村、中国乡村旅游模范村等称号，走上一条"以旅兴村"的发展道路。

一、坚持党的领导打牢发展的基础

大河村支两委坚持把基层党组织建设放在工作首要位置来抓。先后以开展党的群众路线教育实践活动、"三严三实"专题教育和"两学一做"学习教育活动为契机，狠抓村级组织建设。按照"一个方向两手硬"的要求和"五化十条规定""四议两公开"决策程序，全面推行村务政务公开，完善了民主选举、决策管理、财务公开、一事一议等制度。2000年之前，大河村花大力气改善吃水、浇地、通电、交通等基础建设问题，都是村支两委班子通过"一事一议"争来的。率先垂范，清廉为民，自觉主动接受群众监督，以过硬的工作作风赢得民心，密切了干群关系，营造了风清气正的干事创业氛围，形成了一个作风过硬、战斗力强、执行力强的农村两委班子，使党和国家的各项方针政策，在大河村能够不折不扣得到贯彻落实。

二、以旅兴村谋求发展壮大集体经济

2005年以来，大河村借助国家扶贫政策，在省旅游局等帮扶单位的支持下，成功开发出了青龙峡景区、星级宾馆、大河漂流、古关驿道、乡村客栈、佛教文化等旅游产品，协助完成国家地质公园博物馆建设，配合举办三届太行山大峡谷国际攀岩精英大赛，促进了大河乡村旅游产业规模化经营，形成了"一业带动多业上，多业辅助一业兴"的旅游产业链，使大河人不种地有饭吃，不出村有钱挣，实现了旅游扶贫由"输血"变"造血"的巨大变化。村民年人均纯收入由2005年的800元，增长到现在的平均4500元。由传统农耕型转变成旅游产业经营型的村庄，村民由从前的"无业"到"乐业"，由过去的外出打工到今天的返乡当老板，并拥有了新的产业链。农家客栈由过去"干部干，群众看"的50张床位，到"只求数量，不谈质量"的700张床位，再发展到今天"提档升级"的1000张床位，成了百里峡谷旅游接待特色村。目前，全村脱贫户达150户，127户400余人从事旅游产业经营服务，并吸纳带动周边劳动力近1000余人就业。目前，村集体经济收入达到了5.6万元，村民逢年过节有福利，婚丧嫁娶有照顾，病残家庭有救济，考上学校有奖励，新人结婚有鼓励，老年人群管养老，每个大河人民都享受到发展带来的殷实成果。通过大力实施旅游扶贫工程，全村152户贫困户人均可支配收入超过国家扶贫标准，同时村集体经济收入、特色产业发展、基础设施、公共服务、村容村貌达到贫困村退出标准，2016年实现脱贫。

三、坚持改革创新，谋求实现三次崛起

党的十八大以来，习近平总书记提出"全面建设小康社会"的伟大号召，大河村紧紧抓住"青山绿水就是金山银山"的发展理念和"国家精准扶贫攻坚"的大好政策，认真全面落实各项扶贫政策，享受教育扶贫21人，医疗扶贫421人，金融扶贫3人，危房改造1户，低保、五保兜底保障58户108人，实现了政策到户到人。

为了巩固群众脱贫成果，确保不返贫，有项目、有产业、有发展的理念，大河以"支部确定方向，村委创优环境，群众创造财富"为基础，确立了"生态立村、文化兴村、旅游强村、富裕全村"的奋斗目标，提出大河村脱贫攻坚"三步走"战

略:一是利用科技信息建立"大河一家亲"网络群,宣传大河乡村生态旅游,形成支部带党员、党员带农户、能人带穷户的办法围绕旅游创市场。二是提档升级旅游产业链的综合提升,采取村委贴息,百姓贷款,银行有利,大河发展的思路,成立大河农家协会,规范管理,打造品牌,降低群众市场风险,以增加群众旅游收入为目标。三是落实国家对农村的各项扶贫政策,提升村民综合素质,满足群众医疗卫生、文化教育、养老保障的需求,做到产业脱贫一批,发展农家客栈和当地特产形成旅游产业链。文化脱贫一批,坚持长期对考上大学的村民实行奖励。同时,全面恢复大河关曹操驿站古道,五台山佛教文化,形成自然生态、历史文化乡村旅游名村。健康脱贫一批,完善大病补贴制度,坚持每年请长治市第二人民医院为村民进行一次全面体检,做到小病不出村,大病不误诊。贫困兜底一批,对村里的特贫户,除享受政府低保政策外,村里再逐步解决30户。养老供养一批,每年每月对60岁以上老人实行生活补贴,解决老有所养问题。创新项目脱贫引领一批,实行村委贴息百姓贷款奖励激励机制,积极探索村民不返贫、能共富、可持续发展综合措施,营造了良好的脱贫创新发展环境,为实现和谐稳定跨越发展的新大河打下坚实的基础。

面对希望和挑战,大河村的奋斗目标是到2020年如期实现"一个提升,两个转变,三个一亿,四个突破"目标,力争人均收入达2万元。一个提升:即全村环境卫生要比日本农村干净,村民综合素质要比北京人还文明,年轻人会使用适当英语和外国游客交流,从农耕型转向经营型接待要比广东人经验丰富;两个转变:即农民变市民,房产变资产。三个一亿:即旅游项目创新、自筹引资、生态文化旅游产业投资达到三个亿。四个突破:即100户有大学生,让知识改变命运,成为有文

壶关县大河村

化的劳动者，走出去的成为国家栋梁，留下的成为大河脱贫的带头人。争取100户达到3万~20万元的稳定年收入，100户进城有房候鸟式生活，100户有生活车辆的代步工具，提前实现全面建成小康大河的目标。

专家评语

以旅兴村谋求发展壮大集体经济，形成了"一业带动多业上，多业辅助一业兴"的旅游产业链，吸引外出人群返乡创业，采取集体奖励模式。在旅游扶贫上一是利用科技信息建立"大河一家亲"网络群，宣传大河乡村生态旅游，形成支部带党员、党员带农户、能人带穷户的办法，围绕旅游创市场；二是提档升级旅游产业链的综合提升；三是落实国家对农村的各项扶贫政策。

把握市场需求　创新发展方式

——山西省运城市水峪口村

水峪口村地处永济神潭大峡谷的出入口，在开发旅游景区之前，老百姓主要靠耕种一些坡地和开采石头为生，是当地有名的穷村、乱村。自2010年开始，溪域公司通过永济市政府招商引资开始和水峪口村共同开发旅游，先后投资2亿多元，打造了神潭大峡谷和山下的水峪口古村。神潭大峡谷作为山水景观区，水峪口古村作为旅游综合服务游乐区，景区和古村互相带动，形成了较为完善的旅游要素体系。现在的景区，每年有300多万的游客量，综合收入过亿元，周边省份的游客也越来越多，2018年陕西游客占到了28%，河南游客占到了17%。

乡村旅游发展带动了周边近千人就业，2018年景区安排水峪口最后一户贫困户家庭在景区保洁岗位就业，水峪口村全部脱贫。水峪口及周边村里的村民们从开始的参与建设施工，到现在成为景区员工，或自己开店、经营客栈、出租房屋，村民年人均收入超过了2万元，水峪口村由过去的乱石滩变成了远近闻名的旅游村，景区被评为"全国景区带村旅游扶贫示范项目"。

在发展乡村旅游的过程中，水峪口村主要的经验和教训有以下几点：

一、关注群众利益，争取合作共赢

一个好的项目，一定是参与的各方实现共赢才行，乡村旅游更是这样。企业投资乡村旅游一定要了解当地群众诉求，时刻考虑到他们的感受和利益，这样相处就会比较融洽。要舍得让利给合作方，古村店铺在招商之初，公司就实行三年免租金的招商方式，使得短时间内就形成一定的规模。景区开业之初，又对游客实行了停车、门票、看演艺等多种免费政策，使景区游客量迅速增长。这么做表面看是贴钱了，实际上综合效益不降反增。

二、坚持市场导向，不断创新发展

在管理上公司从市场出发，为游客考虑，出台了两条高压线，一是不准以任何理由同游客争执，包括吃东西不给钱也不能争吵；二是坚持食材统一采购，不准使用任何违规添加剂，谁违反就立即清除出景区，这样就保证了景区的服务质量和食品安全。在日常运营中，公司常态化组织团队进行新生事物的学习和市场调研，与相关机构合作，利用各种大数据信息平台，捕捉市场需求的变化，调整景区的营销方式，创新相关业态和节庆活动，不断地适应市场的变化。

三、明确开发流程，科学策划规划

旅游景区的开发涉及旅游规划、合作方式、投融资、土地、建设、营销等很多问题。首先要弄清楚水峪口村有什么？能做什么？根据资源禀赋和市场需求对项目做一个策划和定位，这是项目成败的关键！其次，要根据策划和定位来考虑适合水峪口村的商业模式、投融资模式、各方的合作方式，厘清这几个问题后，再认认真真地找一家规划单位，做好规划，逐步实施落地。

公司的运营团队在做好水峪口古村的同时，又在晋中市榆次区的小西沟村（太原东山上），利用废弃的石料场，着手打造一个集乡村振兴、尾矿治理、荒山绿化、

永济市水峪口村

三、景区带动发展型

旅游扶贫、健康养生为一体的乡村文旅康养综合体,项目运营后,将会成为绿水青山就是金山银山的现实样板,为山西文旅产业的大发展做出应有的贡献!

专家评语

关注群众利益,争取合作共赢;坚持市场导向,不断创新发展;公司常态化组织团队进行新生事物的学习和市场调研,与相关机构合作,利用各种大数据信息平台,捕捉市场需求的变化,调整景区的营销方式;明确开发流程,科学策划规划。

精准定位 念活"农旅经"

——内蒙古自治区鄂尔多斯市伊金霍洛旗

2018年，鄂尔多斯市伊金霍洛旗入选全国县域经济综合竞争力100强。依托独特的旅游资源优势、地理区域优势和资源环境优势，以创建国家全域旅游示范区为抓手，通过政府引导、资金帮扶、准确定位、精准施策等措施，使乡村旅游业呈现出良好的发展态势，涌现出一批集特色性、民族性、区域性、互补性为一体的典型村（嘎查）。

一、乡村旅游基本情况

（一）乡村旅游资源丰富

伊金霍洛是蒙语，汉译为"圣主的院落"。境内有国家5A级景区成吉思汗陵旅游区、国家4A级旅游景区蒙古源流文化产业园、国家4A级景区苏泊罕大草原旅游区。总面积5600平方公里，地处毛乌素沙漠东北边缘，北靠鄂尔多斯市市区东胜区，与康巴什新区隔乌兰木伦河相望。生态环境不断改善，全旗森林覆盖率达到37%，植被覆盖率达到88%。区位交通优势突出，是呼包鄂榆城市群的重要组团，鄂尔多斯机场、火车站坐落于此，公路、铁路路网纵横全境，年旅客吞吐量和客运量分别达210万人次和40万人次。

（二）发展成效良好

1. 乡村旅游大格局初步形成。目前全旗已形成查干柴达木村、龙虎渠村、哈沙图村等6个乡村旅游示范村为核心，农牧家乐覆盖7个镇的乡村旅游格局。

2. 乡村旅游市场大拓展。通过多方位、多形式、多角度的乡村旅游营销推广，目前伊旗乡村旅游逐步得到市场认可，受到市民及游客的喜爱。如以土地认养为突破的龙虎渠村，实现土地认养300余户，每到周末农田里都是来种地的城里人，甚至村里一度出现交通拥堵的现象。夏令营、同学聚会、自驾车等大批游客也涌入乡村，体验现代的乡村生活，乡村旅游成为周边市民周末出游的理想之选。

3. 农牧民收入大增加。 结合旅游扶贫发展相关政策措施，为有意愿开办乡村旅游项目的农牧民完善配套设施，提供业务培训，给予资金支持。据统计，"农（牧）家乐"经营户年人均增收5000元以上。与此同时，还有效带动了当地农畜产品和民族传统手工艺品加工等相关产业的发展，使产业链不断得到延伸。

4. 乡村旅游发展健康有序。 在全域旅游"1+3"旅游市场执法模式下，变"执法监管"为"提前指导"，不断引导农牧民从业者依法经营，提高服务质量，保障游客的合法权益。建立管理监督机制，加强对农牧家乐经营场地、接待设施、活动项目以及食品卫生、环境保护、服务质量的安全规范管理，推进乡村旅游业标准化建设。通过服务前置、日常监督、公开举报等举措，有效维护了乡村旅游市场秩序，提升了乡村旅游服务管理水平。

5. 乡村旅游基础设施配套齐全。 依托"美丽乡村"建设，结合地域实际情况，全旗重点乡村旅游村落基础设施配套已较为完善，已基本实现通村公路到户，重点旅游村A级厕所全覆盖，停车场建设可以满足实际需求，垃圾、污水处理已建立村、镇、旗县分级联动处理模式。

6. 社会资本参与积极性趋于活跃。 在乡村旅游快速发展的形势下，地方民营企业也看到了乡村旅游发展的前景，积极参与进来，其中不乏一些具有地方特色的运营发展模式，例如：达尔扈特浩特乡村旅游区在村党支部的带领下，以全体村民集资入股的形式，自筹资金，成立了达尔扈特种养殖农牧民专业合作社，发展以蒙古族特色餐饮、生态旅游、娱乐观光等旅游产业为主的集体经济产业；巴音昌呼格草原乡村旅游区针对重点旅游项目成立了相应的"餐饮协会"和"拉马协会"，实行星级化管理，实现了统一协会管理、统一采购渠道、统一流程设置、统一明码标价、统一服务标准、统一品牌推广的"六个统一"管理模式，使运营规范统一。哈沙图村引进地方企业光亚现代有限公司，与村民委员会成立的广霖生态农业有限责任公司共同合作开发乡村旅游项目，增强了乡村旅游发展后劲。

截至目前，全旗已建成乡村旅游接待点160余家，其中四星级乡村旅游接待点2家，三星级乡村旅游接待点2家，市级典型示范户25家，旗级农牧家乐示范户35

家，直接从业人员达 4000 人，间接就业人数达 6800 余人。2017 年全旗乡村旅游接待游客 113.87 万人次，实现收入 1.08 亿元。乡村旅游正在成为全旗旅游经济新的增长点，在调整农村牧区经济结构和致富农牧民中发挥着重要的作用，也是全旗全域旅游发展的重要组成部分。

二、主要做法

在遵循因地制宜，宜旅则旅的原则下，伊金霍洛旗乡村旅游全面实施"535"乡村思路：

1. **紧抓五个同步推进。**即乡村旅游与旅游扶贫建设同步推进，与旅游规划同步推进，与旅游标识标牌同步推进，与旅游厕所同步推进，与旅游规范管理同步推进，通过 5 个同步推进不仅保证了各乡村旅游点的建设进度，也提升了各乡村旅游点的起点与规格，同时规范了农牧家乐户的建设与管理，避免了下一步在评星定级过程中出现的重复建设与浪费。

2. **坚持三区布局原则。**综合全旗乡村旅游发展现状，以及客源的稳定性等因素，全旗乡村旅游布局重点围绕城区、工矿区以及旅游景区三区来布局。一方面这些地方的乡村旅游现阶段比较成熟，另一方面三区的人口基数较大可以一定程度上保证乡村旅游的客源。比如围绕阿康城区的哈沙图村、龙虎渠村，围绕工矿区的花亥图村海滩社、查干柴达木村，围绕旅游景区的布拉格嘎查、苏布尔嘎嘎查。

3. **全力实施五个重点突破。**乡村在推进过程中，坚持 5 个重点突破，确保乡村旅游起点高、特色强、有扶持、能推开、合规范。

一是抓规划先行，明确乡村旅游发展思路。编制了《伊金霍洛旗乡村旅游发展规划》，重点明确了伊金霍洛旗乡村旅游发展目标及乡村旅游围绕三区的布局原则。为了进一步推动乡村旅游发展，实现乡村旅游的提档升级，对全旗 6 个村 8 个重点区域分别编制了《乡村旅游发展规划》《乡村旅游标识标牌设计》以及《乡村旅游厕所规划》，做到了一村一风格，一村一特色，高起点谋划了乡村旅游的发展。

二是抓特色主导，精准定位各村旅游发展。伊金霍洛旗乡村旅游结合实际，立足创新，逐步走上了农旅结合的新路子，进一步念活了"农旅经"。按照"立足当地，突出特色"的思路，充分挖掘乡村旅游资源和文化内涵，探索走出了一条符合实际、科学合理、别具特色、充满活力的乡村旅游发展之路。"吉祥牧村"苏布尔

三、景区带动发展型

嘎嘎查,"守护者部落"布拉格嘎查,"草原骑游部落"查干柴达木村,"哈沙部落"哈沙图村4社,"山水庄园"花亥图村,"幸福田园"龙虎渠村等乡村旅游一村一主题、一村一特色的发展理念基本形成。特色化的乡村旅游项目正在以其独特的魅力、独特的意境、独特的文化不断吸引着四方来客,展示着伊金霍洛旗人文风情。

三是抓政策扶持,大力支持乡村旅游发展。2017年,旗人民政府出台了《伊金霍洛旗促进旅游业发展的政策措施(试行)》扶持政策,从品牌创建、旅游营销、智慧旅游、人才培训等8个方面进行奖励扶持。其中乡村旅游作为重要一部分给予扶持。通过安排乡村旅游项目引导资金,加大配套公共设施建设支持力度,加强从业人员培训,强化体验活动创意、农事景观设计、乡土文化开发,提升服务能力。同时,也在积极争取自治区、市两级对乡村旅游的扶持与鼓励。

四是抓营销推广,搭建乡村旅游消费桥梁。乡村旅游必须通过营销推广才能被外界知晓,才能打开消费通道。近年来集中对乡村旅游进行了多角度的宣传推广。一是通过网络平台,微信、微博不定期、多角度对乡村进行宣传;通过与美团网合作,推出农牧家乐户。二是通过节庆活动进行自身带动式宣传,如苏布尔嘎嘎查举行的珠拉格那达慕、龙虎渠村幸福田园开园仪式,以及第二季美丽乡村旅游季活动,通过活动都将带动大批的游客进入乡村、游玩乡村、爱上乡村。三是通过徒步活动、自驾游、夏令营等活动主推乡村旅游。如"七一"建党节徒步走进查干柴达木村、苏布尔嘎嘎查,星光国旅和苏布尔嘎嘎查干锡力度假村合作的"学蒙古语、做蒙古人"夏令营主题活动等都相继开展,对乡村旅游有极大的推动作用。

五是抓规范指导,提升乡村旅游服务水平。根据乡村旅游发展实际情况,修订印发了《伊金霍洛旗农牧家乐管理办法》,该办法以更具有指导

鄂尔多斯市伊金霍洛旗

性与实操性，对农牧家乐的经营管理提前做出了指导性意见；同时，成立了工作指导小组，编印了《乡村旅游发展资料汇编》手册，内容涵盖"旅游示范村"星级农牧家乐户、农牧家乐示范户、乡村旅游厕所指导等，按规范打造乡村旅游。

三、下一步工作思路

1. **加大宣传力度。** 不断改进和完善乡村旅游的宣传营销方式，以周边城镇为乡村旅游一级客源市场，积极组织有关乡村旅游负责人参加国际国内旅交会、博览会和节庆活动，制作乡村旅游宣传广告，摄制乡村旅游专题片，组织旅行社考察乡村旅游项目，参与节庆活动，力求宣传效应最大化。

2. **创新运营模式。** 随着乡村旅游的逐渐转型，提质升级，其运营管理模式越来越发挥着独特而显著的作用。下一步，将在创新乡村旅游运营模式上下功夫，形成科学有效的运营管理模式，为乡村旅游的可持续发展提供保障。

3. **深化"一村一品"。** 全旗6个村8个点初具特色，但在体现当地优势、开发旅游资源上还有待提高。下一步在建设乡村旅游时立足发展"一村一品"，努力丰富"品"的内涵，以求在村品位上取得突破。

4. **完善旅游基础设施。** 通过三个"最优"实现乡村旅游基础设施大完善，做到乡村旅游环境"最优"，游客服务中心"最优"，乡村旅游厕所"最优"，着力完善各项服务提质、环境卫生优美等配套建设，为发展旅游业夯实基础。

5. **以节庆活动聚人气商气。** 根据不同年龄层次人群和心理特点结合乡村地域特色积极举办系列主题活动和惠民活动，创新方式提高游客参与度，进一步做旺人气、做活商气、做大名气。

专家评语

紧抓五个同步推进，乡村旅游与旅游扶贫建设同步推进，与旅游规划同步推进，与旅游标识标牌同步推进，与旅游厕所同步推进，与旅游规范管理同步推进。抓规划先行，明确乡村旅游发展思路；抓特色主导，精准定位各村旅游发展；抓政策扶持，大力支持乡村旅游发展；抓营销推广，搭建乡村旅游消费桥梁；抓规范指导，提升乡村旅游服务水平。

人文祖源　幸福小市

——辽宁省本溪市小市镇

一、发展情况

小市镇位于辽宁东部山区本溪满族自治县，辖区总面积568.5平方公里，下辖18个行政村，农业人口3.45万人。小市镇交通便捷。地处北温带气候带，四季分明，气候宜人，年平均降水量797.5毫米，无霜期110～130天，年平均日照时数2400小时；辖区内有亚洲最大的滴水溶洞——本溪水洞、国家4A级旅游景区——关门山国家森林公园、关门山水库、水洞源头——天龙洞、东北富士山——云濛山、"东北人文祖源"——庙后山等景区。森林覆盖率76%，有"中国枫叶之乡""辽东天然氧吧"之美誉。2018年小市镇全年接待省内外游客60万人次，旅游总收入5841万元，带动就业580人，旅游投资约500万元。

二、工作举措

多年来，小市镇围绕"生态宜居都市后花园"的科学定位，突出"农业观光、乡村旅游、土地流转""三位一体"发展思路，以发展生态观光、古人类文化、养生休闲旅游、满族特色村寨为重点，经济社会持续健康发展。2018年，小市镇被授予"全国文明村镇"荣誉称号。

1. 加强乡村旅游设施和配套服务设施建设。2018年，小市镇域内各类酒店、农家乐、民宿等住宿场所已经发展到260家，共计1823间客房，3031个床位，有效缓解了往年"十一"黄金周客房供不应求的尴尬局面。其中2017年还新增了4家风格各异的精品民宿，满足了游客对于住宿体验的新需求。目前镇域内还有两个大型

本溪市小市镇

民宿项目正在建设当中。预计在 2019 年 10 月将正式营业。

此外，小市镇还重新修缮了三处旅游服务区，分别位于同江峪村、久才峪村和陈英村三处旅游人群聚集区。及时对三处旅游服务区进行维修，引进冬季取暖设备，安排专人进行日常管理，为过往游客提供便利。

2.**结合本地民族文化实现乡村旅游特色化**。小市镇满族人口众多，为了使得满族文化得到更好的保护和传承，让更多游客有机会体验原汁原味的满族传统文化、品尝满族传统美食，自 2016 年起由小市镇人民政府在原有农家乐一条街基础上，先后争取项目扶持资金 510 万元，着力打造了一条集餐饮、住宿、休闲、购物为一体的长达 1100 米具有满族特色的餐饮一条街——同江峪满族村寨。2018 年同江峪满族村寨被辽宁省商务厅审定为辽宁省特色旅游商业街 12 条重点培育街区之一。成立同江峪璟蕴枫文化旅游有限公司，努力把同江峪满族村寨打造成东北"袁家村"，实现"一店一品"。同江峪满族村寨现已成为本溪满族自治县入口一道亮丽的风景线，未来将打造成全县乃至全市的旅游示范样板。

3.**保持乡村原始风貌，注重生态环境保护**。小市镇在旅游招商引资、开发旅游项目时，严格遵循环保先行这一底线，旅游项目建设，尤其是大型建筑物、构筑物，要周围与环境相协调。确保旅游项目对环境的保护，特别重视对污染的防治。不断加强乡村绿化，提高环境质量，改善村容村貌。注意保护历史文化遗产和自然景观。比如，小市镇近两年计划开发的庙后山古人类文化遗址和云濛山旅游景区。为了做好庙后山古人类文化遗址保护和开发工作，小市镇配合各级媒体，加强对庙后山文化品牌的宣传报道，积极向外界推介庙后山文化。邀请研究团队、国内外专家来溪考古研究，打造本溪"东北第一人故乡"名片。在推进云濛山旅游景区项目建设时，最大限度保护云濛山自然森林资源，充分发挥旅游产业关联带动作用，把森林旅游培植成为小市镇经济发展支柱产业和增收亮点，提升本地就业环境。

4.**积极摸索创新乡村土地利用方式。**"土地认养"是小市镇尝试的土地利用新方式。庙后山农业公园项目是小市镇自2016年开始计划打造的全新的旅游体验项目。2016年8月，小市镇到盘锦市大洼县新立镇进行考察学习后，结合小市镇实际情况，将"土地认养"概念引入小市镇。在与村民谈话了解情况之后，进行了初期选地、制订"土地认养"实施方案、编制合同、"土地认养"宣传等一系列的措施，并成立了小市镇土地认养及旅游宣传工作推进组对"土地认养"工作进行专项推进。目前庙后山开心农场已经成型，共划分出95个地块，已有81块被认养。"农场"有专人进行管理，反响良好。

5.**严格制定行业标准规范，建立诚信体系。**俗话说"无规矩不成方圆"，建立严格规范的行业标准既能对旅游从业者的行为进行统一规范，提升服务品质，又能够有效地保护旅游消费者的各项权益，如小市镇政府制定的《小市镇民俗旅游接待户服务规范》，谢家崴子村农家乐协会制定的《小市镇谢家崴子村农家乐旅游接待管理制度》《小市镇谢家崴子村农家乐协会服务公约》等，都为小市镇旅游行业规范提供了准绳。满族村寨以小市一庄为龙头成立的诚信联盟体系，为旅游产品质量提供了有力保障。

6.**加强旅游从业人员培训，提升服务质量。**近年来，小市镇多次组织镇域内旅游服务人员参加各类旅游培训，如旅游服务技能培训、满族传统文化培训、"美团"使用培训等。不断提升旅游从业人员的能力、素质，拓宽从业人员眼界，开拓经营思路。同时多次组织召开座谈会，分享交流经营经验，让从业人员共同进步。

三、经验效果

1.**乡村旅游业的发展能够增加就业机会。**乡村旅游业能够与旅游景区周边的农户保持着互利共赢的相处模式，旅游经营者可以采取多种方式与周边农户进行商业合作。旅游业的发展不仅极大地促进了小市镇的就业，为镇域内乃至全县居民增加了就业机会，提供了收入保障。同时还带动了本地农副土特产的生产销售。

2.**旅游企业经营内容应当互补，形成良性竞争。**小市镇沿本桓公路沿线形成的"旅游带"上的经营范围多种多样，有温泉、餐饮、住宿、采摘、垂钓等。住宿上有温泉酒店、民宿、农家乐，每家民宿的主题也各具特色。又如镇域内农业观光项目，如青石岭朝天椒、腰堡云海薰衣草庄园、城沟中药材种植基地、陈英枫桥千亩猕猴桃虽然同属一类旅游产品，但是经营内容却完全不同。每一类产品以块状形式分布在沿线上，形式和内容丰富多样，既有竞争又互为补充。同时，又有已经比较具有规模的企业如小市一庄、枫香谷温泉度假酒店、枫桥农业等作为典型，可以为周边其他小型旅游企业树立标杆。

3. **特色规划设计，旅游产品具有地方特色**。每一个旅游产品都要具备独特的地方特色，让游客感受到文化差异性。如同江峪满族村寨，无论是建筑装修还是提供的菜品都充分地融合了本地满族特色。以小市一庄为例，通过园内功能分区布局，在山庄内塑造大面积的绿色旅游环境，提供多种形式的消费产品，让蔬菜、蜂蜜等农业产品依托在旅游载体上，保证了农业和旅游之间的互补和融合。充分与乡村有特色的自然生态风格相融合，还原独特的乡村风味，让游客能够真正地脱离城市的束缚，投入到全新的生活体验当中。

4. **着力抓好品牌化经营，发挥品牌效应**。充分利用国家5A级旅游景区本溪水洞和4A级景区关门山国家森林公园的"品牌效应"，利用两处景区吸引的大量人流、物流、资金流对小市镇历史文化、自然风光进行宣传，为小市镇乡村旅游创造广阔的市场前景打下基础，借满族村寨的建设之机在同江峪村打造出一批具有地方特色的农家乐品牌，从而引导镇域内农家乐向更加专业化、品牌化的方向发展。

专家评语

一是加强乡村旅游设施和配套服务设施建设。二是结合本地民族文化实现乡村旅游特色化。三是保持乡村原始风貌，注重生态环境保护。四是积极摸索创新乡村土地利用方式，尝试土地利用新方式"土地认养"。五是严格制定行业标准规范，建立诚信体系，加强旅游从业人员培训，提升服务质量。六是着力抓好品牌化经营，发挥品牌效应，旅游企业经营内容互补，形成良性竞争。

景区与镇区互促
建设长白山生态旅游宜居小镇

——吉林省延边朝鲜族自治州二道白河镇

一、基本情况

二道白河镇位于延边朝鲜族自治州安图县的西南部，建城区 19.60 平方公里，处于长白山北麓脚下，是国内外游客进入长白山最重要的门户，素有"长白山下第一镇"之美称。二道白河镇隶属于长白山管委会池北经济管理区，地区总人口 6 万余人，其中少数民族占比达到 15%，是长白山管委会的政治、经济、文化中心，也是长白山北景区重要的旅游服务基地，是以旅游产业为主导的综合型城镇。

近年来，长白山管委会因势利导，紧紧围绕"旅游城镇化、城镇景区化、景区国际化"目标，坚持景区带镇区、镇区促景区的发展思路，以全域旅游建设为依托，通过不断加大投入、招商引资、国际化运作，有效促进整个长白山区域旅游业的迅猛发展，改变了以往单一的长白山景区旅游市场结构，促成了以长白山景区为中心，带动周边小城镇建设的同步快速发展。

二、主要措施

1. 坚持生态优先、绿色发展。 始终以"创新、协调、绿色、开放、共享"的发展理念为引领，坚定不移地树立"保护第一"思想，切实深入地将生态文明理念充分融入长白山二道白河镇的全域旅游发展过程中。连续多年开展"环境提升年"活动，切实解决软硬环境建设中存在的突出问题，大力推进地下管网改造、污水垃圾排放处理、道路标识、交通警示系统等基础设施建设，建立了联动管理执法机制，重点针对主要道路沿线环境、镇区卫生、户外广告、私搭乱建和"五小"行业秩序等加大整治力度，彻

长白山二道白河镇

底消除脏乱差现象，加快推进城镇"绿化、美化、亮化"进程，全力打造功能强、品位高、景观美的"长白山生态旅游宜居小镇"。

2.坚持深化改革，促进体制机制创新。2005 年，吉林省委、省政府决定，成立长白山保护开发区管理委员会，同时下设池北、池西、池南管理区，实现了"统一规划、统一管理、统一保护和统一开发"的战略目标。二道白河镇隶属于长白山管委会池北经济管理区，是长白山管委会的政治、经济、文化中心。紧紧抓住这一历史契机，二道白河镇积极探索新型城镇管理模式，首先设立了"区管社区"的扁平化管理体制，实行"小政府、大服务"，大大提高了行政管理效率和社区服务效能，促进了社区职能的转变。优质高效的服务，体制机制的灵活，为市场资源配置、产业发展奠定了坚实的基础。

3.坚持国际视野、国际标准，完善各项基础设施。2017 年，二道白河镇发起创立了世界旅游名镇联盟（T20），成功召开了第一届 T20 联盟大会，来自世界各地的 20 个旅游名镇代表齐聚长白山脚下，共商旅游城镇化建设与发展。以国际一流旅游名镇为对标对象，突出自身特点，二道白河镇全力打造全域旅游的示范区。2010 年以来，累计投入城镇基础设施建设资金 60 多亿元，以镇内的二道白河为轴线，依托镇内丰富的自然生态景观，打造了覆盖全镇的慢行系统风景带，开发建设了二道白河 32 景、10 大休闲广场、5 大旅游综合体等旅游基础设施和公共服务设施，为国内外游客和本地居民提供高水平旅游休闲与娱乐服务，真正实现了服务游客、幸福居民的共享共建与主客融合发展。同时，二道白河镇积极引进战略投资者，随着紫玉·池北湾、卡森·长白天地、天福商业街等一批高端、极具品位的旅游项目顺利落成，极大地提升了小镇旅游体验和服务水平，也为长白山景区旅游提供了高水平的游客服务保障，促进长白山全域旅游产业更加丰富，旅游市场愈加充满活力。近年来，二道白河镇年接待游客达 300 万人次以上，游客满意度达 99%。

4.坚持政府主导，多元融资投入机制。二道白河镇作为长白山重点打造的旅游名片，同样面对旅游产业投资金额巨大，回报周期长的问题。因此，建立多元化的投融资机制，引入战略投资者，发挥特许经营的融资功能，确保新型城镇化建设的资金充裕显得格外重要。长白山管委会先后成立了长白山开发建设集团和长白山旅游股份公司，两家国有的投融资平台，其中股份公司已于2014年8月成功在A股上市；鼓励实施BOT、BT等方式融资，积极引进社会资本，广州恒大、深圳海王、北京紫玉、浙江卡森等国内外知名企业入驻，多元化、多渠道的项目投融资平台基本建成，有力地保障了项目资金的需求。

三、主要成效

经过十余年的精心打造，二道白河镇生态景观保护措施进一步完善，城镇旅游基础设施和公共服务设施全面完善，长白山二道白河镇已成为吉林省的知名重点景区，2019年1月，获批国家4A级景区。2018年，在长白山景区旅游业的带动下，全年地区生产总值实现36.7亿元，同比增长5.5%。全区旅游总人数达到526万人次，同比增长28.9%，旅游总收入实现51亿元，同比增长30.6%。

美人松林与雕塑公园之旅，提供游人雕塑公园的观赏和休闲，更有世所罕见的美人松林，其已成为国内外书画摄影者的赛场；自然与生态之旅，游人徜徉漫步在林草花海之间，四季尽享自然的芬芳，流连忘返，仿佛已是人间天堂；这里四季不断的国内外节事、赛事，马拉松、骑行节、冰雪拉力赛、粉雪节、稻米节等更是节节精彩；河洛文化园之旅，以河洛文化为载体，为游客展示了长白山文化与中国历史文化，给游客奇妙的旅游体验。行走在二道白河镇的慢行系统中，听河水叮咚，沐初春暖阳，吸纯净空气，当然，游客也可骑一辆公共自行车，绕着小镇边欣赏美景边骑行，锻炼身体，放松心情。让八方游客在慢行系统中互道早安，一起感受"慢城、慢行、慢生活"的品质体验。

专家评语

坚持生态优先、绿色发展，以"创新、协调、绿色、开放、共享"的发展理念为引领，建立联动管理执法机制；坚持深化改革，成立长白山保护开发区管理委员会，积极探索新型城镇管理模式；坚持国际视野、国际标准，发起创立了世界旅游名镇联盟（T20）；坚持政府主导，建立多元化的投融资机制，引入战略投资者，发挥特许经营的融资功能。

挖掘优势资源　打造冰雪旅游品牌

——吉林省舒兰市二合屯

一、基本情况

舒兰市位于吉林省东北部，辖区面积 4559 平方公里，辖 10 镇、5 乡、5 个街道、210 个行政村，总人口 61.3 万人，其中农业人口 44.3 万人。2009 年因煤炭资源枯竭，被国务院确定为全国第二批资源枯竭型城市。近年来，舒兰市认真贯彻落实习近平总书记"绿水青山就是金山银山、冰天雪地也是金山银山"的绿色发展理念，按照省委、省政府关于"大力发展白色经济，加快推进白雪换白银"的战略部署和吉林市委、市政府统一安排，坚持"政府主导、社会参与、多元融合、错位发展"，充分挖掘冰雪资源优势、传统农耕文化，集中力量优化旅游环境，提升服务水平，打造了"吉林雪乡·舒兰二合"旅游品牌，初步实现了产业发展、农民增收互促共赢。

二、发展历程

1. **凝聚合力，高效推动。** 2016 年，舒兰市紧紧抓住全省发展冰雪产业的机遇，充分利用上营镇二合屯雪质好、积雪厚的冰雪资源优势，提出了开发地域冰雪旅游产品，打造"吉林雪乡·舒兰二合"品牌，带动全县旅游发展的工作思路。组建舒兰市旅游文化产业投资开发有限公司，作为"二合雪乡"旅游基础设施建设主体，保证项目设计、组织实施、协助运营；采取"公司＋农户"的模式，引导全体村民参与建设管理，注册舒兰市二合雪乡旅游开发有限公司，由 114 户村民（含 6 户贫困户，由市财政出资帮助其入股）入股组成，实现农户参与管理，提高自治程度。

确保社会效益与经济效益"双提升"。

　　2. **多元投入，完善功能**。积极探索投融资和运营新模式，在加大政府投入的同时，有效撬动民间资本参与旅游开发，景区基础设施和游乐项目快速推进。一是财政投入。2016年以来，市财政整合投入资金2000余万元，实施36项基础设施和公共服务设施建设，初步实现了"地下现代化、地上生态化"的村屯改造。在基础设施方面，完成了景区大门、便民服务中心、文化广场、生态停车场、公共卫生间、慢行系统建设；室内厕所实现全覆盖，微动力生物污水处理厂投入使用，实现了雨污分流；宽带、监控等各类线路全部实现地埋。在景观打造方面，提升了景区绿化、亮化、美化水平；完成雪乡人家、猎户人家、招财进宝石刻、石磨墙、石车、冰瀑等文化景观打造。在接待能力提升方面，完善景区警示、标识系统；实施暖房子改造和36户民宿标准化改造与建设。目前，全村日就餐接待能力2000人以上，住宿接待能力500人以上。二是引入社会资本。引入社会资本1000余万元，实施了野生动物观赏园、冰雪娱乐中心、雪乡剧场等具有广泛参与性的娱乐项目建设。其中，野生动物观赏园可观赏东北野生动物，也可体验森林狩猎、互动合影等项目，日可接待游客2000人；冰雪娱乐中心项目由滑雪板区、滑雪圈区、戏雪区三大功能区构成，可同时接待游客约1500人以上，日可接待游客5000人以上；雪乡剧场设乡村剧场、土特产品商店两个区域，剧场一次性可接待观众243人。

　　3. **挖掘文化，展现民俗**。为消除乡村旅游同质化问题，二合屯深入挖掘文化差异性，保留了苞米楼子、杂木杖子等乡村特色，坚持用关东文化来包装景区。实施关东烟具博物馆、威虎山寨、乡村民俗博物馆、文化书院、观景台、主题邮局、相机博物馆、超级玉米、玉米黄金屋等景点建设；中国老摄影家协会创作基地等多家

舒兰市二合雪乡

摄影工作室先后落户二合；电影《猛虫过江》《大国重器·黄大年》等剧组也选址二合；此外，二合屯还推出了年猪宴、小笨鸡等关东特色美食，豆腐坊、煎饼铺等关东作坊，景区民俗文化氛围日益浓厚。

4. **规范管理，良性运营。**为全面提高服务质量，树立良好的旅游形象，不断提高"二合雪乡"的美誉度，着力在平台建设、统一管理、强化监管上下功夫，确保雪乡正常运转和良性运营。一是建立管理平台。成立了"市旅投公司＋二合雪乡公司（村集体）＋个体"的雪乡商家联盟，签订了管理运营三方协议，明确各方合作方式、效益分配方式和权利义务。二是突出统一管理。为保证"二合雪乡"食宿标准一致，对各接待户的餐饮和住宿统一制定价格标准，防止出现恶性竞争。工作人员统一配备彰显关东风情的工作服，并定期组织接待和安全业务培训。三是强化监管措施。设立公开监督举报电话和意见簿。制定奖惩制度，实行积分制和保证金制度，对违规经营者视情节给予警告、罚款，严重者取消其经营资格，对表现优异的接待户给予奖励。

5. **扩大宣传，塑造品牌。**充分利用各类资源，采取平面媒体与电视媒体并行、主流媒体与新媒体同频共振的宣传方式，强化宣传手段措施，创新举办节庆活动，取得了良好的宣传效果和社会反响。一是注重自主宣传。制作了"二合雪乡"景区宣传片、广告片，并在吉林卫视等媒体平台播出；利用吉林市松花江电子屏、机场和高速公路节点擎天柱广告牌等关注度高的宣传载体，广泛宣传舒兰市冰雪旅游资源。二是扩大媒体宣传。平面媒体报道持续升温。《人民日报》、新华社、《中国日报》等国家级、省级主流媒体进入二合雪乡，发表新闻报道百篇以上。电视媒体宣传实现突破。在央视多套、凤凰卫视、多家省台电视媒体频道登场，刊播新闻报道数十条，播出密度、时长、效果空前。新媒体宣传增添活力，40多家新媒体和网络大V走入二合，利用现场直播、VR、H5等新媒体应用技术，已使二合雪乡成为网络搜索的热词，众口相传的焦点。三是举办节庆活动。深度开发满足游客需求的精品旅游产品，连续三年举办"净土稻心"冰雪节，开展了"冰雪大冲关（吉林卫视《全民向前冲》）""大学生雪雕艺术邀请赛"等系列活动，旅游品牌效应逐步显现。

三、取得主要成效

通过发展乡村冰雪旅游，带动村民脱贫增收。一是创业就业增收。发展民宿、酒坊、草编坊、豆腐坊、煎饼铺、糖葫芦作坊等经营单位50余家，带动260人就业，户均增收5万元。二是旅游商品经营增收。注册了"二合雪乡"品牌商标，设立了土特产综合购物商店，销售舒兰大米等几十种当地农特产品。打造了吉林雪乡主题邮局，可以通过雪乡邮局向全国各地寄送雪乡特产和印有雪乡风光的精美明信片。开展乡村旅游后备箱工程笨鸡、大鹅、木耳、蘑菇、小米、大煎饼、豆包等农特产品"就地三产化"，节省运输成本，增加农户收入。三是辐射带动嘉临线特色村屯产业转型。依托"二合雪乡"品牌影响力，在嘉临公路沿线成功打造南阳俄罗斯风情民俗村及下营关东民俗风情园项目，现已全部投入运营，成功带动300余人就业，实现增收500余万元，助力38户贫困户脱贫。

通过两年多的建设，"吉林雪乡·舒兰二合"在吉林地区必去的旅游点排行中名列榜首，二合屯也被农业农村部评为"2018中国美丽休闲乡村"和首批"吉林省特色小镇"。2017～2018年雪季接待游客10万人次以上，同比增长4倍，实现旅游综合收入1000万元以上。2018～2019年雪季接待游客14万人次，实现旅游综合收入约1700万元。

专家评语

　　坚持"政府主导、社会参与、多元融合、错位发展"，充分挖掘冰雪资源优势、传统农耕文化，集中力量优化旅游环境，提升服务水平，采取"公司＋农户"的模式，引导全体村民参与建设管理；成立"市旅投公司＋二合雪乡公司（村集体）＋个体"的雪乡商家联盟，签订管理运营三方协议，明确各方合作方式、效益分配方式和权利义务。

释放乡村旅游示范带动新活力
打造脱贫攻坚富民强县新引擎

——黑龙江省大庆市南岗村

近年来,杜尔伯特县深入践行习近平总书记"绿水青山就是金山银山"发展理念,在省委、省政府和市委、市政府的坚强领导下,依托得天独厚的文化、资源、区位、交通等优势,成功打造民族文化、休闲观光、温泉养生和民俗体验四大旅游品牌,雪地风筝锦标赛、冰雪渔猎文化旅游节等旅游活动影响力不断扩大,县域旅游产业实现平稳健康发展。目前,全县建有景区景点14处,其中4A级旅游景区4处、3A级旅游景区2处、2A级旅游景区2处。连环湖温泉景区、阿木塔蒙古风情岛景区、银沙湾景区荣获黑龙江100个最值得去的地方、龙江10大美景和大庆10景等殊荣,连环湖镇南岗村获评省级乡村旅游示范点,环连环湖旅游度假区被评为省级旅游度假区。2016年,杜尔伯特县被确定为首批国家全域旅游示范区创建单位,被中国风筝协会授予"中国雪地风筝之乡"称号;2017年,被确定为第四批全国旅游标准化示范点创建单位。

在县域旅游产业实现健康平稳发展的基础上,2016年以来,杜尔伯特县结合脱贫攻坚战、乡村振兴发展战略,着力发展乡村旅游,以连环湖镇南岗村为代表的乡村旅游点蓬勃发展,带动全县2018年接待游客220万人次,实现旅游收入12亿元。截至目前,全县旅游产业直接吸纳农牧民和下岗再就业职工5000余人,间接拉动近2万人从事旅游相关产业,旅游业已成为名副其实的兴县富民产业。

一、注入发展新动力,建设幸福新农村

杜尔伯特县连环湖镇南岗村作为省级旅游扶贫重点村、乡村旅游示范点,于1952年建村,全村总面积7.4万亩,共有6个自然屯,目前总人口497户、1761人,民风淳朴厚重,自然风光秀美。2017年6月,原黑龙江省旅游委被确定为南岗村定点包扶单位,

经县政府与驻村工作队多次调研论证，认为该村生态环境优越、旅游资源丰富、组合优势突出，且地处环连环湖旅游圈内，决定在该村规划建设嘎日迪（凤凰湾）景区，发展乡村旅游，通过景区用工、资源转让、发展庭院经济等方式，带动全村产业发展、增收致富。目前，嘎日迪（凤凰湾）景区一期工程已全部完工，于2018年7月28日正式运营，带动2018年全村人均可支配收入达11000元，乡村旅游示范带动效应显著。

二、多措并举助增收，富民强村享红利

在嘎日迪（凤凰湾）景区规划建设至建成投用期间，结合南岗村实际，在广泛调研的基础上，确立了"六大乡村旅游富民"总体思路，经过积极组织实施，已初见成效。

一是靠资源转让富民。采取将项目区内村集体机动地、个人林地入股景区或收取承包费的方式，将资源转化成效益，并按比例动态地分配给农户。在景区建设过程中，征转5户农户林地67亩，支付林权转让费用17万元，户均增收3.4万元；租用99户农户土地105亩用于花海种植，租期3年，支付租地费用9.5万元，户均增收960元；租用9户农户土地80亩用于景区建设，租期10年，支付租地费用40万元，户均增收4.4万元。上述资源转让累计为当地农户创收66.4万元。

二是靠工资收入富民。嘎日迪（凤凰湾）景区建设期间，优先雇用有劳动能力的农户参与景区前期建设、环境保洁、区域管理等工作，帮助广大农户不离土、不离乡，劳动力就地向旅游产业转移，实现增收致富。例如，每天支付参与花海栽植农户每人工时费100元，单日用工最多可达68人，累计为南岗村村民发放工时费5万元。此外，依托区内连环湖温泉景区这一地缘优势，每年有300名返乡青年、贫困人口进入景区工作，年人均增收3万元，实现了"一人进景区全家脱贫，全家进景区当年致富"的目标。

三是靠景区收益富民。采取"景区+农户"合作模式，将一部分收益用于村屯公益事业和农户分红。例如，景区花海共种植了17种具有观赏价值和药用价值的中草药，在吸引游客前来观赏的同时，更体现其经济价值，预计2019年度可产生效益20万元，将用于修建巷道、广场等乡村公益设施，助力乡村环境改善。

四是靠产品销售富民。南岗村所在区域是全县有机小米、"绿珍珠"牌绿豆等无公害杂粮杂豆生产基地，产出的杂粮杂豆品质优良。为此，鼓励当地农户种植经

济作物，并多门路、多渠道帮助推销特色农副产品，在景区辟建特色旅游商品销售区，农户可免费到景区销售产品，实现农副产品就地转化旅游产品。截至目前，农户已通过景区年均销售优质农产品80余吨，特色鸡、鸭、鹅20余万只。

五是靠民宿开发富民。在2018年精心培育和打造2家典型民宿的基础上，紧抓南岗村被列入本年度全县美丽乡村建设示范村的有利契机，按照旅游要素培育和扶持一批具有品牌影响力的民宿项目，帮助农户改造房舍、改浴改厕，实现旅游接待功能。通过前期入户走访调查、宣传讲解，目前已与10户农户达成初步合作意向，通过资产功能提升促进增收。

大庆市杜尔伯特县连环湖镇南岗村

六是靠技能培训富民。连续3年聘请旅游营销、技能服务以及种、养等方面的专家和示范大户，在南岗村开展餐饮服务、庭院经济、民宿开发等专业培训12场，参训人数达800人次，助力农户在广泛、多样的岗位实现就业，启发全村干部群众念旅游经、发旅游财，土地围绕旅游种、畜牧围绕旅游养、生意围绕旅游做，走出一条南岗村乡村旅游发展新路子。

三、稳固基础壮规模，聚焦旅游促发展

在2018年度全面完成南岗村乡村旅游发展各项任务的基础上，2019年度主要抓好南岗村基础设施建设、环境卫生整治、景区穿点成线、壮大庭院经济及民宿规模、丰富旅游产品供给5个方面工作，持续提升南岗村旅游竞争力和知名度。

一是提升乡村整体建设水平。高标准实施嘎日迪（凤凰湾）景区二期工程，在景区周边主要巷道两侧修建景观墙2000延长米、铺设人行道5400平方米、安装路灯30盏；在西龙坑屯建设码头2500平方米，并规划建设农副产品销售场所1处；推动东南岗屯72户住户改厕，建设污水处理厂1座，铺设污水管网1800延长米，实现污水

集中统一处理。

二是实施"三清理一绿化"工程。集中清理乱堆乱放、占道粪肥点50处，规范整理农户庭院70户，清理破旧房屋和残垣断壁，做到垃圾日产日清。造林绿化1950延长米，栽植柳树470株、大叶丁香5000丛，持续改善村屯环境面貌。

三是打造环连环湖旅游环线。修复水毁旅游路2000延长米，硬化西龙坑屯巷道1181延长米、砖窑屯巷道1309延长米、九河马场通屯路820延长米，为乡村旅游发展提供良好交通环境。协调连环湖温泉景区、嘎日迪（凤凰湾）景区等旅游景点，推行"一票通"旅游产品销售模式，在方便游客、留住游客的同时，进一步提升景区承载能力和知名度。

四是扩大乡村旅游产业规模。以嘎日迪景区的乡村游、农家乐为载体，开发生态涵养、休闲观光、农事体验等旅游项目，发展特色家禽养殖、特色农作物采摘等项目，持续加大对庭院经济、民宿产业的扶持力度，探索打造餐饮民宿一条街，鼓励当地农户创业就业，推动农村劳动力向非农产业转移，不断拓宽农民增收渠道。

五是丰富乡村旅游产品供给。筹建由村集体领办的嘎日迪（凤凰湾）景区旅游服务合作社，探索打造汽车自驾营地，通过优质的服务和良好的环境留住游客，促进乡村旅游相关产业发展。以南岗村惠源牧业为依托，适时推出和牛养殖现场参观、和牛产品专营店品尝体验等旅游项目，在嘎日迪（凤凰湾）景区内规划建设珍禽养殖区，在景区外建设野味品尝餐厅，不断增强南岗村乡村旅游产品整体竞争力。

下一步，杜尔伯特县将以"创建国家全域旅游示范区"和"全国旅游标准化示范县"为总抓手，以乡村旅游为牵动，积极对上争取项目资金，深入实施旅游公共服务、旅游环境整治、旅游地形象提升、旅游人才培养四大工程，全力推动乡村旅游成为广大农户致富增收的坚实保障，为带动县域第三产业发展、推动杜尔伯特全面振兴、全方位振兴提供有力支撑。

专家评语

确立"六大乡村旅游富民"总体思路，一是靠资源转让富民；二是靠工资收入富民；三是靠景区收益富民，采取"景区＋农户"合作模式，将一部分收益用于村屯公益事业和农户分红；四是靠产品销售富民；五是靠民宿开发富民；六是靠技能培训富民。

小香包做成大产业

——江苏省徐州市马庄

贾汪区马庄，东临国家 4A 级旅游景区——潘安湖景区，地处徐州市北郊 25 公里处，地理位置优越，交通便利。全村现有 5 个村民小组，下辖 5 个自然村，人口 2743 人。党的十八以来，村党委始终坚持"两手抓、两手都要硬"，持续深化精神文明建设，推动各项事业协调发展，全村形成了党风正、民风淳、人心齐、效益增的良好局面。先后荣获全国文明村、中国民俗文化村、中国十佳小康村等国家级荣誉 40 余项。

近年来，马庄依托潘安湖景区，大力发展乡村旅游、中药香包等特色产业，取得了良好的发展势头。2017 年 12 月 12 日，习近平总书记到马庄村视察时，充分肯定了马庄的手工技艺挖掘工作，并亲自购买了"真棒"香包。目前，马庄村年接待游客超 10 万余人次，全村范围内共有农家乐 20 余家，乡村旅游经营实现收入 600 余万元，村民人均年收入 2 万元。马庄香包品牌效应不断放大，现已走出徐州，在日本、中国香港等地受到一致好评，2018 年全年销售额超 1000 万元。

一、坚持系统化管理，发展根基更加牢固

习近平总书记在视察马庄文化礼堂时说："实施乡村振兴战略，不能光看农民口袋里票子有多少，更要看农民精神风貌怎么样。"马庄村党委按照习近平总书记视察马庄重要指示，把农村精神文明建设提到更加突出的地位。开展农村"十佳星级文明户""十佳好婆媳""重阳敬老"等活动，涌现出夏莉、夏桂美等一大批先进典型。结合传统节日和农闲时间，组织开展工笔画、朗诵、太极拳等一系列兴趣培训班。成立"新时代新思想宣传队"，引导村民忙时从"农"，闲时从"艺"。开展了

香包文化节、民俗旅游节等文化活动15场,向来村参观游客展示了马庄特有的民俗文化魅力,丰富马庄乡村旅游内容。创新马庄管理模式,将家庭档案积分管理、三务公开等工作与互联网融合,打造线上智慧管理平台,村级管理更加便捷高效。按照"创新模式、创立标准、打造品牌"的要求,建设新时代文明实践站和综合服务厅,面向人民群众开展理论宣讲、志愿服务、主题教育、文化传承,提升农村群众思想觉悟、道德水平、文明素养,为发展乡村旅游夯实了基础,攒足了底气。

二、坚持项目化路径,发展氛围日益浓厚

坚持"项目为王"理念,全力抓好香包风情小镇建设。以省级特色田园乡村和风情小镇创建为契机,进一步壮大乡村旅游业,打造能够体现马庄特色的,以农家乐、民宿民俗一条街为主要内容的全新产业链条。成立江苏马庄文化旅游发展有限公司,整合马庄乐团、民俗表演团、中药香包基地等打造马庄特色民俗文化旅游。突出民俗文化和田园风光特色,发展农家乐和民俗游,形成食、住、行、游、购、娱的民俗旅游新格局,"苏南有周庄,苏北有马庄"的旅游品牌效应已初步显现。大力开展村庄公共空间治理和村庄环境整治工程。硬化路面2500余米,新增绿化面积26亩,征收棚户区房屋129户,对村庄河塘、房前屋后等公共区域进行全面清理和整顿,群众生活水平显著提高。建设集香包制作、展览、销售等功能为一体的香包文化大院,直接创造就业岗位近300个,越来越多的人通过"小香包"得到"大实惠"。

三、坚持融合化思路,发展内涵不断丰富

以马庄村为标杆,将马庄经验在全区推广,逐步形成"以点带面,融合互动"的发展新模式。邀请浙江大学的"安地"设计院,研究规划马庄旅游线路。大力推进传统手工技艺挖掘工作,在各镇成立香包合作社并广泛发动群众加入,极大带动了当地群众就业,开辟了旅游富民新路径。建立马庄香包创业基地,注册"马庄香包""真棒""真旺"等7个商标。新招募20余名香包从业人员,扩大香包制作者队伍,并延伸拓展了4个村外香包加工基地。向新疆奎屯、陕西太白等友好单位传授香包技艺、推广传统民俗文化,积极扩大马庄香包影响力。同时,加快推进马庄文创综合体建设工作,开拓电商市场,鼓励村民以创业的方式提高

徐州市贾汪区马庄

收入，实现青年返乡就业，着力让香包走进大区域、占领大市场，把"小香包"做成"大产业"。

四、坚持立体化宣传，发展魅力更加彰显

建设"马庄香包博览馆"。在村委会北侧，利用传统的装修方法，运用实物、图片、视频等手段，打造具有马庄地方特色的"香包民俗馆"。通过墙面彩绘的方式宣扬香包发展史和制作工艺。开设香包大讲堂。邀请王秀英等香包产业带头人现场授课、传授技艺，邀请游客体验香包制作过程。改造香包广场。把民俗广场作为香包宣传的前沿阵地，在马庄民俗广场增加香包形状灯具、雕塑、宣传画等设施。举办香包文化节。利用春节假期，举办以"闻香识美、香飘天下"为主题的香包文化节，按照种类、功能等划分区域，现场宣传、制作、销售香包产品。开通微信公众号。开通马庄民俗村旅游、马庄香包微信公众号扩大线上宣传力度，借助微信的广阔平台让更多年轻人了解马庄香包。

五、坚持多渠道销售，发展后劲持续增强

《新闻联播》《焦点访谈》等央视栏目走进马庄，《人民日报》《江苏旅游》等国

家级、省级媒体多次采访马庄、报道马庄，马庄品牌影响力不断提升。在良好的发展氛围下，以马庄香包产业为依托，摸索建立徐州市香包产业研发中心、徐州市香包协会、徐州市贾汪区马庄香包专业合作社。开展市场调研，根据消费者喜好，优化香包产品外观设计，严把产品质量关，研究缝制质量更好的香包精品。利用淘宝网等销售平台，成立网上马庄香包特色店，推广线上销售。打造微商队伍，积极发动从事微商销售的村民，推销马庄中药香包。完善阿里巴巴、天猫等网上销售平台，2018年香包产值超1000万元，同比增长达60%。香包从业人员人均年收入达4万元。

下一步，马庄村将继续贯彻落实习近平总书记重要指示精神，积极推广马庄精神文明与物质文明协同发展的经验，以成功申报江苏省特色田园乡村和香包风情小镇为契机，以满足人民日益增长的美好生活需要为导向，以更大的决心、更实的举措、更强的战斗力，持续深化文旅融合，不断做大做强香包产业，努力把马庄村建设成为新时代乡村振兴的强村样板。

专家评语

坚持系统化管理，成立"新时代新思想宣传队"，引导村民忙时从"农"，闲时从"艺"；坚持项目化路径，通过"项目为王"理念，全力抓好香包风情小镇建设；坚持融合化思路，将马庄经验在全区推广，逐步形成"以点带面，融合互动"的发展新模式；坚持立体化宣传，借助各类媒体宣传并邀请游客体验香包制作过程；坚持多渠道销售，利用淘宝、京东等电商平台广泛营销。

"景区带村"助力李家石屋村乡村振兴

——山东省临沂市李家石屋村

临沂蒙山旅游度假区李家石屋村是沂蒙古村落的典型代表，境内奇峰连绵，涧溪纵横，自然环境优美。乡土民居依山而建、错落有致、别有韵味，充满了浓郁的沂蒙山村风情。自 2016 年 8 月 18 日，临沂市蒙山旅游区入选全国"景区带村"旅游扶贫示范项目以来，蒙山李家石屋村抢抓机遇，改革创新，将发展乡村旅游作为脱贫致富、富民增收的主打产业来抓。依托蒙山人家旅游开发有限公司，不断创新旅游扶贫机制，放大国家 5A 级旅游景区的辐射带动作用，把乡村旅游与景区有效结合，走出了一条组织化、集约化、标准化、品牌化的乡村振兴发展道路。

通过景区的带动全村 401 户村民实现致富增收，2018 年登记接待游客 32 万余人，实现旅游综合收入 3840 余万元。旅游产业吸纳就业 1200 人，人均收入达 3 万元以上，同比增幅达 200%，李家石屋村也先后被评为中国乡村旅游模范村、省级旅游特色村。

一、聚焦乡村资源保护，以景区建设带动乡村振兴

李家石屋村围绕打造"有特色、有风格、有文化、有品质、有情怀"的全域旅游样板区、沂蒙乡村振兴的示范区和新旧动能转化综合实验区的要求，把历史和风貌作为不可复制和不可移动的资源来保护开发，高起点规划、高质量建设、高效率管理。据初步统计，整合各类资金 3800 多万元投入李家石屋村建成蒙山人家景区，成立李家石屋乡村旅游合作社，组建蒙山人家景区公司，专业化运营并深入挖掘村庄历史、民俗资源、党性教育和生态资源，打造了惊天河、神龟拜月、镜鱼石、观音柳等自然人文景点，依托蒙山县委旧址和战斗生活物品，打造了蒙山党性教育基

三、景区带动发展型

临沂市蒙山旅游度假区李家石屋村

地。2018年又投资6500万元建设大市政项目，完善了包括道路、给水、污水、电力、电信、燃气、通信、景观设施等旅游基础服务设施建设，实现地下7项基础功能与配套设施的保值增值，同时，高档次做好地面绿化、漫行道、喷泉、园艺、微地形小品景观、亲水戏水平台、照明系统、标识系统安装设置等，景区面貌焕然一新。

二、聚焦旅游产业开发，以景区模式改造乡村

一是出台《乡村旅游统一经营管理奖励实施办法》《扶持发展农业庄园的意见》《禁售禁用高毒剧毒农药的实施方案》等文件，以旅游需求和乡村发展为目标，探索新模式，开发新产品，推进集中连片沟域经济带建设。目前，李家石屋沂蒙山舍、沂蒙山·水舍等陶泥、民俗主题文化酒店已经投入运营，并探索实施了社会化众筹模式，其中沂蒙山舍陶泥主题民宿项目众筹2小时募集资金120万元，总投资1800多万元的藕峪莲藕基地、辣木慢客庄园已经建成，以李家石屋村为先导的旅游项目带产业发展格局初步形成。二是成立覆盖全村贫困户的乡村旅游合作社，"资产+资金"全部量化入股，带资入股蒙山管委会注资成立的山东乡宿旅游发展有限公司，建立"公司+合作社+贫困户"三方合作共赢模式。在乡村旅游合作社注资成立过程中，统一将乡村农户的房屋风貌、古树名木、生态资源等作为旅游资源纳入合作社资产管理，由合作社入资源股到山东乡宿旅游发展有限公司，按照10%的比例量化分红，由村集体和合作社牵头惠及村民受益，每户每年集体资源入股分红1000元。除贫困户个体享有保底分红外，其他持股方共享项目收益分配权利，乡村旅游具体的经营管理由专业化运营公司负责。三方共同行使旅游资源保护、发展规

划、项目审批和资金监管等职能，三方合作、公司化运营模式，有效强化了资产监管运营质量和效益，提升了资源保护性开发的能力和水平，切实防范了乡村旅游项目的重复投资和无序投资。

三、聚焦旅游市场品牌，以旅游新业态发展乡村

李家石屋村立足人才、资金、项目三个支撑点，保护性开发乡村资源，发展新型旅游业态，完善村内业态布局，重点发展高端精品度假项目，提升乡村旅游品质，打造乡村旅游品牌。李家石屋村对闲置农宅统一收租，在原有石头建筑结构的基础上，与百姓共建共享，发展高端精品度假项目，打造了沂蒙·山舍、沂蒙山·水舍等高端民宿项目，并实现正常营业，沂蒙·山舍通过公司消费众筹，完成了全国共建人分布布局，迅速在各大城市展开微信宣传；沂蒙山·水舍通过众筹以及股权释放将项目推向市场。为进一步提升高端民宿项目接待能力，李家石屋村与崔家庄、西山神等旅游特色村整合，完成了"十二舍九十九居"规划设计方案。李家石屋村积极纳入金线河流域"智慧旅游大数据平台"，采用三维立体数据服务模型，将游客、景区资源提供方、景区运营管理部门进行多角度融合，力求通过创新运营，实现区域性旅游资源大数据管理方面的国内首创性突破。

下一步，李家石屋村将实施沂蒙"十二舍九＋九居"及"六小"精品项目，即围绕进一步完善和丰富产品业态，选择100个共享度假小院，打造品质高端、独具特色的沂蒙十二舍项目，以舍带居，建立风格迥异又互为补充的休闲度假产品组团和智能小交通、文创小精品、民间小工艺、特色小餐饮、亲水小品、背街小巷六个深度挖掘李家石屋村民俗文化、有生活气息的"六小"精品项目，助力李家石屋村乡村振兴。

专家评语

聚焦乡村资源保护，以景区建设带动乡村振兴；聚焦旅游产业开发，以景区模式改造乡村；成立覆盖全村贫困户的乡村旅游合作社，"资产＋资金"全部量化入股，建立"公司＋合作社＋贫困户"三方合作共赢模式；聚焦旅游市场品牌，以旅游新业态发展乡村，立足人才、资金、项目三个支撑点，保护性开发乡村资源。

竹林泉水中的世外桃源

——山东省临沂市竹泉村

一、总体发展情况

竹泉村风景区位于临沂市沂南县北部的沂蒙泉乡铜井镇，距县城12公里，包括竹泉村、红石寨两个国家4A级旅游景区。沂南县地处沂蒙山区腹地，是智圣诸葛亮的故里、沂蒙红嫂的家乡。风景区是依托寨子水库（总库容1084万立方米，地方易名香山湖），以丰富的水体资源和优美的水岸环境为资源优势，由山东龙腾竹泉旅游发展集团有限公司投资3亿余元打造的具有浓郁沂蒙特色的原生态综合性乡村休闲旅游度假区，是沂南县水利与旅游融合发展的样板风景区。

竹泉村景区位于水库的东南方向，在竹泉古村的基础上开发而成。竹泉村古称泉上庄，清朝乾隆年间改名竹泉村。古村泉依山出，竹因泉生，村民绕泉而居，自然环境与人居村落完美结合，呈现出中国北方独有的竹乡泉韵灵秀之气，是难得一见的桃花源式古村落。红石寨景区是利用水库及南岸打造的一处集山水生态、历史文化、山地民居、乡土风情于一体的综合性旅游景区。

竹泉风景区于2009年7月开门纳客，并迅速成为沂南旅游跨越式发展的领跑项目，客流量连年保持高速增长，取得了明显的社会效益和经济效益。2016年，风景区接待游客100余万人次，实现直接旅游收入8000万元。"政府+开发商+农户"三方受益的"竹泉模式"成为业界典范。2011年，被水利部授予"国家水利风景区"称号，分别被农业部、住建部授予"全国休闲农业与乡村旅游示范点"和"中国人居环境范例奖"。2014年10月，竹泉村又被原国家旅游局、农业部等六部门联合评选为"CCTV中国十大最美乡村"，成为当年山东省唯一获此殊荣的单位。2015年4

月,时任国家旅游局局长李金早到风景区考察调研,对企业以旅游惠农给予了高度评价,赞誉竹泉村为"中国乡村旅游模范村"。

二、主要举措

(一)立足资源优势,培育造血产业

诸多荣誉光环下的竹泉村在2007年以前却是一个贫困落后的村庄,全村可耕种土地450亩,村庄占地面积93.7亩。这里的村民以农耕为生,日出而作,日落而息。村民人均收入仅4312元,依山坡分散居住,道路、排水杂乱,环境脏乱差,生活极为不便,村集体更是没有收入来源。如何摆脱守着美景过穷日子的局面,走出一条彻底改变生产生活条件的新路子,成为当时村民和党委政府的心愿。沂南县委、县政府充分利用旅游业关联度高、带动性强,"一业兴、百业旺"的行业带动性优势,提出了"兴文旅、惠百姓、促脱贫"的"文旅兴县"战略,积极发展乡村旅游。

2008年通过招商引资引入山东龙腾集团投资开发。成立了山东龙腾竹泉旅游发展有限公司。公司委托山东省旅游规划设计研究院进行高起点规划,按照"先保护后开发"的原则,确定村庄整体搬迁。在村西建起了一排排整齐的二层小楼。村东古村落开发旅游业,以沂蒙古村生态、古村民俗为资源优势和文化特色进行打造,做足"水"文章,建设二带四街六巷九潭二十四桥,原汁原味地保留了原村风貌。开发后的风景区具有显著沂蒙特色、泉乡个性、竹乡景观、农家风情,是融度假、休闲、观光于一体的沂蒙山乡旅游目的地。而搬迁后的新村则呈现出新农村、新风貌的生机勃勃。为支持竹泉风景区发展,沂南县委、县政府相继配套修建了沂蒙生态大道、沂蒙泉乡大道、西外环北通竹夏路等通景道路,对S229至沂蒙生态大道的铜鲁路进行拓宽美化,形成路畅景美的大旅游交通环线,为旅游产业的进一步发展壮大夯实了基础。

(二)搭建产业平台,带动农民致富

宽敞的旅游路、整洁的新社区、富民的新产业让当地村民的生活发生了翻天覆地的变化。几年来,风景区带动了周围十几个村的1万多名村民依靠旅游致富,有效改善了当地生态、生产、生活环境,推动了地方经济的发展。以风景区所在

的竹泉村为例，企业对所占用的土地、房屋、树木等均以高出市场价格的标准给予补偿；风景区的一般性劳务（保洁、客房、零工等）对本村村民优先聘用；企业出资组织村民外出考察学习农家乐、民宿、旅游商品制作，鼓励和引导村民当起了小老板，彻底颠覆了沂蒙山区农民农忙时面朝黄土背朝天、农闲时外出打工的生活方式。

1. **风景区直接带动**。风景区长期用工200余人，其中60%以上是竹泉村及周边村的村民，人均月工资2000元以上。目前，竹泉村红石寨景区内共有商铺114户，景区外高峰期流动摊位200余个，其中贫困户自主经营65户；景区周边村民经营民宿宾馆158家，贫困户经营12家。

2. **服务业间接带动**。风景区发展带来每年近百万的旅游客流，其中80%以上为城市人群，形成巨大的消费市场。依托旅游服务业发展，风景区周边发展小型餐馆52家，带动贫困户人口就业百余人；带动农产品加工新型经营主体6家；依托竹泉村发展电商平台2家，形成了集吃饭、住宿、购物为一体的帮扶发展体系。

3. **土地流转增值脱贫**。龙腾竹泉旅游开发有限公司进入竹泉村开发旅游以来，按照每亩1000元的价格流转竹泉村土地500亩，村民每年人均土地增收800元，村集体增收20余万元，带动了全村26户贫困人口实现脱贫；按照每亩1000元流转桃峪村土地85亩，每户村民增收500元，村集体增收5万元；红石寨景区流转范家庄土地一次性支付216万元，并且每年支付13万元土地补偿金，村民年增收816元，村集体年增收60万元，带动了流转村整体实现脱贫的步伐。

目前全村150余户村民有半数以上做起了农家乐和民宿，有超过80%的村民家庭主要收入依靠旅游，全村人均年收入由2007年的4000多元增加到2015年的2.2万元。昔日封闭落后的贫困山村已变为远近闻名的富裕村。

三、发展过程中的启示

通过乡村旅游开发，竹泉村发生了脱胎换骨的变化，村民的居住条件、生产条件、生活环境发生了巨大变化，村民收入逐年提高，幸福指数大幅提升。竹泉村乡村旅游的成功开发，带动了铜井镇乃至沂南县旅游业的大发展，推动了生态环境的保护和乡村旅游示范区的建设。也解放了领导干部和人民群众思想。以产业培育、乡村旅游推动"宜业宜居宜游"沂南建设成为全县上下的共识。

1. **党委政府重视，政策推动。**形成了一系列的工作推进机制、督导考核机制和奖励激励机制，调动了各方面的积极性，形成了齐抓共管的合力。研究出台关于加快乡村旅游发展的意见，加大政策扶持力度，加大对乡村旅游的考核力度，营造加快乡村旅游发展的政策环境和浓厚氛围。

2. **发挥资源优势，培植产业，增强乡村旅游发展后劲。**立足竹泉村"翠竹、清泉、古村落"这一独特的旅游资源优势，秉承先保护后开发的原则，由投资商无偿为村民建设新居，实现了村庄整体搬迁；原村庄旧址完整保留了老屋、古树、古井、石板路等原生态风貌，将传统手工竹编、纺线、黑陶制作等民间手工技艺留了下来，形成了"沂蒙竹乡、泉上古村"的特色景观。这种模式既为村民建成了一处新社区、开发了一处新景区，更为村民找到了一条依靠旅游业发家致富的新路子。

3. **强化旅游基础服务设施建设。**结合竹泉村旅游发展现状及全域旅游发展需求，在村内设立社区服务中心，内部除设有便民服务大厅为群众提供各种便民服务外，还设有旅游接待服务办公室，进一步加强旅游市场监管，规范周边民宿、农家乐经营秩序，为游客提供更加便捷的服务。完善了游客服务中心功能，为游客提供旅游咨询、预订、投诉等便捷服务。内设青年志愿服务岗，每天由沂南县旅游志愿服务大队安排两名旅游志愿者在此接待游客问询。

4. **用市场化的方式，引进工商资本，开发村落资源。**出台优惠政策，引进青岛龙腾置业集团对竹泉村进行保护性开发，增强景区持续发展动力。同时积极鼓励和引导竹泉村内原住居民发展农家乐、农家居等旅游项目，形成人人都是旅游人的发展格局。

临沂市沂南县竹泉村

三、景区带动发展型

5. 加强宣传，提升品牌知名度。 充分发挥诸葛亮文化旅游节沂蒙乡村休闲旅游联谊会、红石寨露营文化节等节会平台作用，发挥好传统媒体与新媒体的作用，加大宣传营销力度。

> **专家评语**
>
> 确立"政府＋开发商＋农户"三方受益的"竹泉模式"，立足水利资源优势，培育造血产业；搭建产业平台，带动农民致富，一是风景区直接带动，二是服务业间接带动，三是土地流转增值脱贫；借助党委政府重视，政策推动的优势，强化旅游基础服务设施建设并通过市场化的方式，引进工商资本，开发村落资源。

昔日穷乡村变身"现代桃花源"

——山东省临沂市龙园旅游区

一、总体发展情况

临沂龙园旅游区位于临沂汤头温泉旅游度假区核心区北邻，由临沂龙园休闲度假农庄投资4亿元建设，后吸收合并为临沂龙园旅游发展有限公司。龙园旅游区立足隆沂庄、莘沂庄、车庄、龙王堂子、红埠岭五个村庄"三农"资源，文旅农"三产"融合，在原有2600亩土地基础上提升、改造、建设，经过5年的努力，"两区同建"建成了以龙文化为主题，以传统文化、爱情文化、科普教育为重点，按照苏式园林风格打造的，集食、住、行、游、购、娱于一体的乡村旅游田园综合体。2018年实现年接待游客量100万人次，旅游服务业收入1亿元。旅游区先后荣膺国家4A级景区、首批山东省生态休闲农业示范园区、山东省农业旅游示范点、山东省精品采摘园、山东省绿化模范单位等一系列殊荣。

二、主要举措

（一）文旅农融合，打造乡村旅游新标杆

龙园旅游区由浙江农林大学、上海同济大学、苏州古建设计院设计，以创意农业、文化旅游为抓手，注重农旅融合、文旅融合，用旅游带动品牌农业，以文化、农业、田园社区丰富旅游业态。通过一二三产业融合发展，打造成"宜农、宜游、宜居"的旅游区。

龙园旅游区深入挖掘当地丰厚的历史人文资源，创造性地将其转化并融入文旅产业实践中，变抽象的文化为实实在在的财富。龙园旅游区以龙文化为主题，保护千年龙井，打造龙文化博物馆、祭龙坛，拓宽玉龙湖打造水上演绎水韵龙园。根

据当地的王府故事，改编而成的"十里红妆""抛绣球选婿"演绎项目，常态化演员 60 余位均为当地村民，成为一道亮丽的乡村旅游风景线。景区还集 5000 年中华文明文化之大成，建起了由红妆博物馆、木文化博物馆、古床博物馆、秦文化展览馆、婚嫁文化基地等十几个文博馆组成的博物馆小镇，让游客在轻松游览的同时，深切体验和感受中华文明的博大精深。

依托当地的地形地貌、"三农"特色和传统民俗产业优势，龙园旅游区把农耕活动与休闲农业、传统农业文明与现代乡土文化有机结合，变农业资源为旅游景观。建起了热带雨林馆、昆虫果园、乡村动物园、爱诺花海、乡村乐园、水杉林、滑草场、采摘园、特色民宿，有效推动了乡村生产、生活、生态三位一体发展，乡村一二三产业融合发展，景观吸引力强，游客满意度高。仅每年的植树节活动，旅游区就吸引十万余人次的游客，单项服务业收入超 600 万元。

抢抓现代旅游产业发展新契机，打造研学旅行目的地。龙园旅游区根据园区特色，根据教育部门研学类型的要求，对接研学旅游的需求，邀请专家共同开发了绿色农科文化、经典传统文化、国学课堂、民俗文化、非物质文化遗产、民族文化传承等研学课程，进一步丰富和完善了旅游区的产品型态，成为一个新的经济增长点。2018 年累计接待市内、外各类研学旅游团 160 余个 25000 人次，综合收入 400 余万元。

（二）"两区同建"，同兴共赢

龙园旅游区是在周边 5 个村集中拆迁流转出的土地上兴建的，5 个村也因此合并为 1 个行政村，现已搬进了总投资 2.3 亿元，占地面积 300 亩，总建筑面积 25 万平方米的市级规范化社区——龙车辇社区。社区是按照"三集中（人口向新型农村社区集中、产业向园区集中、土地向规模经营集中）、四配套（基础设施，公共服务设施，商业便民设施，产业、创业就业项目配套）、五同步（同步进行村级组织向社区的管理模式转换、同步完成社区群众的身份转换、同步完成村集体经济向股份制经济的改造、同步建立健全社区群众组织、同步开展社区群众综合素质培训）、六一体（城乡规划一体化、产业发展一体化、基础设施一体化、创业就业体系一体化、公共服务一体化、社会管理一体化）"要求建设的，内部社区服务中心、小学、幼儿园、卫生室，以及环境绿化美化、道路、强弱电、燃气、自来水、污水管网等主体项目和配套设施一应俱全，先后荣获省级文明社区、市级文明社区、市级服务代办单位、市级文明村等荣誉称号。

在实现"两区同建"同兴共赢的基础上,龙园旅游区成立了临沂龙园田园综合体有限公司,投资6亿元将其打造成为以乡村文化旅游、休闲度假、健康养生、婚嫁文化、会议会展为主,现代农业、休闲渔业、果蔬花卉、沂河画廊、养生食品研发生产多业并进,田园社区、特色民宿、研学旅行、非遗文化、博物馆小镇等为一体的龙园田园综合体。

(三)乡村旅游,发展为农

龙园旅游区除直接为周边村民提供500多个固定工作岗位之外,还可间接为附近村民提供三产服务增收岗位1500多个。除此之外,龙车辇社区的1055户群众还可获得三个方面的固定收入,一是土地入股得股金。旅游区占地2600亩,多为贫瘠土地,村民以每年每亩1200元得到分红,每五年递增5%,每年增收近200万元。二是入园工作得薪金。旅游区直接提供500多个就业岗位,95%以上员工为当地村民,间接带动1500人就业。三是入园经营得现金。旅游区为当地居民提供商铺,村民入园经营商铺自主创业致富。成立村民合作社,开展水果、蔬菜综合种植销售促进村民增收。同时,旅游区和村合作共建起特色民宿龙泉客栈、莱茵小镇、荷香园、王府宴、陶然居、玉龙生态园等乡村餐饮店(馆),可同时满足1000余人开会、用餐、住宿,收入分成,村民按股分红,皆大欢喜。

三、发展实践中的经验体会

龙园旅游区注重农旅融合、文旅融合,用旅游带动品牌农业,以文化、农业、田园社区丰富旅游业态。一二三产业的融合发展,实现现代农业、文化旅游、生态居住"三位一体",打造"宜农、宜游、宜居"的田园综合体。

(一)党委政府重视,企业主导,村民参与

在河东区委、区政府的正确领导下,在汤头温泉旅游度假区管委会、汤头街道的指导下,龙园旅游区的"两区同建"调动了各方面的主动性、积极性,形成了齐抓共管的合力,各职能部门快速高效解决了立项、土地、规划、环评、施工许可等方面问题,创造出了乡村旅游的"龙园速度"。同时,企业主导实行市场化运作,由龙园旅游发展有限公司负责乡村旅游的开发、建设、运营,合理有效利用当地乡

村旅游资源，村民积极参与到旅游区项目中，不断进行项目研发、提升改造，从而产生了良好的经济效益和社会影响，实现了绿水青山就是金山银山。

（二）创新思路，乡村旅游发展做到了模式创新、理念创新、管理创新、业态创新

紧扣"旅游＋农业""旅游＋生态"的现代化旅游发展思路，主动与其他产业融合，推动当地乡村旅游产业结构的调整、转型升级，深度探索旅游扶贫、旅游富民的乡村旅游发展新思路，形成了"两区同建"的龙园旅游区发展模式。

（三）回望来路，发展信心百倍

乡村旅游产业发展是乡村振兴的重要发展之路，符合国家产业发展政策，虽然其投资规模大，资本回收周期长，但上有国家的号召和支持，中有基层各级政府、职能部门的指导和扶持，下有乡村群众的发展渴求，龙园旅游区大手笔投资龙园田园综合体建设，以文旅农结合为抓手，加强一二三产业的融合发展，实现现代农业、文化旅游、生态居住的同步发展，必将为乡村旅游和乡村振兴做出更大的贡献。

专家评语

党委政府重视，企业主导，村民参与，注重农旅融合、文旅融合，用旅游带动品牌农业，以文化、农业、田园社区丰富旅游业态，紧扣"旅游＋农业""旅游＋生态"的现代化旅游发展思路，主动与其他产业融合，推动当地乡村旅游产业结构的调整、转型升级，深度探索旅游扶贫、旅游富民的乡村旅游发展新思路，形成了"两区同建"的龙园旅游区发展模式。

以景带村抓发展　全域联动促振兴

——湖北省宜昌市夷陵区

宜昌市夷陵区位于风景秀丽的长江西陵峡畔，是三峡大坝所在地，因"水至此而夷、山至此而陵"得名。区域面积3442平方公里，总人口60万人，是中国非金属矿之乡、中国橘都茶乡、中国民间艺术之乡、中国观赏石之乡，先后荣膺2015"美丽中国"十强县市区、中国十大乡村旅游目的地、全国农村一二三产业融合发展试点示范区、全国休闲农业和乡村旅游示范区等美誉。

近年来，夷陵区依托得天独厚的山水资源、临江近城的区位优势和极具特色的三峡文化，坚持景区游、乡村游双轮驱动、一三产业链式融合，以景带村、全域联动，乡村旅游呈现出蓬勃发展之势，乡村旅游目的地建设初见成效。截至目前，全区已建成并对外开放景区点30个，其中国家5A级景区2个，国家4A级景区6个。建成国家特色景观旅游名镇1个，湖北旅游名镇2个、旅游名村4个。发展乡村旅游休闲农业示范点1650个，其中星级农家乐735家，国家级金牌农家乐5家，省级"金宿"级民宿1家，国家级试点民宿2家。2018年全区接待中外游客1780万人次，旅游综合收入195亿元，其中乡村旅游接待游客628.63万人次，乡村旅游综合收入23亿元，带动农户4.5万户，其中贫困户1200多户。发展乡村旅游已成为夷陵区"三农"工作的硬抓手、乡村振兴的好载体、精准扶贫的新途径。

一、一规管总展宏图

立足夷陵乡村资源特色，在全省率先编制了《夷陵区乡村旅游总体规划》，确立了"缤纷四季　乡约夷陵"的总体形象定位和"一区·四组团·八景廊"的规划布局，其中以8条风景廊道为骨架，支撑起乡村旅游整体构架，成为全省规划创新

宜昌市夷陵区——陌上花田

之举。同时遵循"错位发展、彰显特色"原则,率先规划发展"两带一圈"、六条乡村游精品线路和"十大片区",取得重大突破。突出重点片区、线路和节点编制规划,其中为5个重点村编制了乡村旅游专项规划,围绕中北部重点片区、环百里荒环城等重要线路编制了控制性详规;突出重要业态,如民宿编制专项规划,乡村旅游发展规划体系基本形成。

二、一线串珠塑品牌

立足"赏景品果趣农事、乡居静养慢生活"系列特色,重点围绕旅游交通干线和旅游景点,建节点、育"珍珠"、串"珠链"、塑品牌,先后建成南垭花田、南岔湾石屋等乡村游景点30多处,休闲农业示范点1650多家,其中南垭花田、百里荒分别被纳入全省20条赏花线路和纳凉避暑线路。

1. **依托旅游理念打造节点。**以"美丽乡村"建设为抓手,融入旅游标准,配套旅游要素,打造出许家冲、南垭、普溪河、观音淌等多个乡村旅游节点,培育出城郊生态示范村官庄、三峡奇石文化专业村兆吉坪等一大批特色美丽乡村。

2. **依托能人强企培育精品。**通过出台政策、优化环境栽好梧桐树,引来"金凤

宜昌市夷陵区——朱家楼子

凰",激发创新力。不仅带动了能人回乡创业和本土其他产业老板转型发展,而且招来众多外来投资商投资乡村旅游,近几年乡村旅游固定资产投资年均保持 30% 以上的速度增长,成为转型发展的引爆点、稳增长的支撑点。仅特色民宿就发展 80 多家,百里荒、龙泉古镇、三峡奇潭等一批乡村休闲度假旅游点建成开放,三峡国际房车露营地、朱家楼子中医药康养等一批乡村旅游新业态备受自驾游和自助游客的青睐,知音畔岛、龙林阁等游乐点成为网红,富裕山赏景、店子河避暑、三峡艾寻爱、渔舟唱晚观湖等主题民宿节假日一房难求。

3. 依托丰富产品串珠成链。先后推出柑橘采摘户外游等 6 条精品休闲旅游线路,建成 4 条生态旅游景观廊道,其中小鸦路获评宜昌市"最美旅游风景道",宜大路荣获首批"十佳全国茶乡之旅特色线路"。

三、一以贯之优环境

坚持"软硬兼施",加大投入,培优环境。

1. 把硬环境建成吸引游客的"软实力"。 每年统筹资金 10 多亿元,加大基础设施和公共配套建设,让游客进得来、散得开、出得去,身处绿城不知归。一是生态联防联控。牢固树立"绿水青山就是金山银山"发展理念,全面落实"共抓大保护、不搞大开发"方针，扎实开展蓝天、碧水、净土三大保卫战，率先实现长江干流化工企业"清零"和乡镇污水处理厂建设全覆盖。岸线复绿11万多平方米，建成生态绿道33公里、健身步道1000公里，公共绿地达到240多万平方米，全区森林覆盖率达74%。二是道路互联互通。推进"城景快捷通达、景景环线串联"的立体路网建设，江北翻坝高速公路建成后将涉及的5个乡镇的乡村游乐点一线串珠。普百路、宋百路旅游景观路改造基本完成，小鸦、宜黄、伍龙等一级道路开通，全区800多公里乡村旅游道路实现全面贯通。环百里荒休闲康养示范带、环三峡茶谷茶旅融合经济带、沿黄柏河生态旅游景观带等加速形成，全区乡村旅游点、特色乡村串连成线，基本形成"大环小圈、内连外引"的慢游路网。三是公共配套共建共享。编制标识标牌、旅游厕所、生态停车场等系列地方标准，推进规范化建设，在乡村旅游沿线新建、改扩建旅游厕所38座，设立旅游标识标牌600多块。依托"雪亮工程"，重要乡村游乐点实现人流车流网上实时监测、手机实时查询、电子显示屏实时公布。上线夷陵全域旅游地图，重点乡村游乐点、农家乐等全部链接高德地图，60多家特色民宿入驻美团、携程、途牛等知名旅游网站。

2.把"软环境"转化为利企安商惠民的"硬资本"。一是引资下乡。出台"夷陵十六条"，大力实施"三乡工程"，全区市民下乡、能人回乡近千人，参与兴乡企业400多家，引进项目260多个，投资总额达80多亿元，带动农村就业1万多人。每年统筹资金500万元撬动民宿产业发展，观坝、赏湖、品茶、寻艾等主题民宿（酒店）竞相入驻，富裕山获评湖北省首批金宿级民宿，三峡艾、云上西寨等成为网红民宿。二是重奖培优。出台《名牌创建和标准创新奖励办法》《"三乡工程"试点工作支持措施》，对发展特色民宿、建设美丽乡村、创建农业旅游示范点、发展高星级农家乐及旅游新业态等予以奖励，锻造乡村旅游精品。三是严管优服。将区旅游委纳入规委会成员单位，推行项目联审制和容缺审批制，推动资源有效管控、项目快速落地。

四、一业带动助扶贫

目前全区有1万多贫困户成功融入旅游链条，吃上旅游饭，走出脱贫路。

1. 推进景村共建共享、共创共赢。乡村游乐点90%以上员工来自周边乡村，自建商铺免费提供给周边村民使用,并且带动周边农家乐、民宿、采摘等业态发展,达到了开发一个、带动一方、辐射一片的效果。三峡奇潭不仅用工上以当地村民为主,而且带火了沿途的农家乐和民宿。

2. 引导农民利用自有资源发展乡村旅游。 通过土地流转经营、闲置房屋优化利用等方式发展乡村旅游,农民摇身一变成为民宿业主、个体经营户,或者通过房屋租赁、土地流转成为民宿管家等,增加租赁、流转收入、打工收入等,扩宽了增收渠道,实现"家门口"增收。

3. 发展民宿带动消费促进脱贫。 通过编规划、制标准、抓培训、树典型,积极发展精品民宿,带动餐饮、客运、特色农产品销售,帮助农民在多个消费环节受益。富裕山游乐点带动了所在贫困村杨家河村的中山蔬菜、土猪、白山羊等农特产品的旺销,沿途农家乐在节假日期间生意火爆。

五、一唱众和扬美名

建立政府支持、部门协同、企业联手、媒体跟进、游客参与的"五位一体"的宣传机制,习近平总书记来夷视察带火红色旅游,连续四次举办乡村游启动仪式,承办地竞选成为热门事件;每年平均组织40多场次活动,其中组织开展的十大精品民宿、十大地方特色菜、20佳精品农家乐、十大旅游商品电商和实体示范店等评选,以及乡村游四季产品推介会等活动,一次次把宣传营销推向高潮。"缤纷四季乡约夷陵""美宿峡江 静泊夷陵"等系列品牌逐步深入人心。夷陵乡村旅游四次登上央视《新闻联播》,获中央媒体30多次推介宣传。

专家评语

依托旅游理念打造节点,依托能人强企培育精品,依托丰富产品串珠成链;坚持"软硬兼施",加大投入,培优环境;一业带动助扶贫,建立政府支持、部门协同、企业联手、媒体跟进、游客参与的"五位一体"的宣传机制。

围绕重点景区　带动全村繁荣

——湖北省黄冈市雾云山村

蕲春县雾云山村毗邻湖北省蕲春县雾云山生态旅游景区,位于北部山区檀林镇,与安徽省太湖县毗邻,与湖北省英山县交界,距县城漕河 80 公里,平均海拔 800 米,全村总面积约 5000 亩。核心景区面积约 2000 亩,辖内有雾云山茶园和雷公岩梯田两大核心景点。

一、全村主要状况

1. **自然资源丰富**。村内有丰富的梯田资源,主要分布在北部海拔 600 米以上的高山区。其中雷公岩梯田面积最大,总面积 110 亩,分为 310 块小田,落差 120 米。雷公岩梯田有千年历史,据考证大约为唐宋年间一田姓官员来此避难时开辟,其精耕细作程度、前人创造的水利设施,堪称中华农耕文明典范。雾云山村盛产雾云山牌品牌茶叶。其茶以雾云山纯天然、无污染的鲜嫩茶叶为原料,采取传统工艺柴火烘焙与现代技术相结合而成,具有行美卷曲、光彩翠润、喷香持久、口感纯正、汤色透亮、经久耐泡等特点。茶圣陆羽在《茶经》中记载:"蕲春出名茶,出好茶,是历朝御用十六大贡品之一。"

2. **生态环境良好**。雾云山全村植被覆盖率达 75%,主要植物有茶树、马尾松、油茶、楠竹等,梯田面积达 300 多亩,还有 2 个水库及若干零散的水塘。山区空气清新、噪声低,能让人们望得见山,看得见水,释放乡愁,是一处集摄影采风、休闲度假、家耕体验、农业观光于一体的生态旅游景区。

3. **红色文化富集**。雾云山村旧称雷公岩村,已有上千年历史。近代雾云山是一块有着光荣革命传统的红色土地,哺育了诸如楚北一代名儒陈诗、旧民主主义革命先驱詹大悲、共和国蕲春第一位将军查国桢等仁人志士。境内有革命传统教育和旅游观光价值的文物保护单位 56 处，其中省级文物保护单位 1 处、市级文物保护单位 2 处、县级文物保护单位 53 处。如长定卡、石门横楣上书有"关河长定"四个大字，并有"黄州府蕲州界"界碑，见证百年沧桑。

4. **文化底蕴深厚**。非物质文化遗产主要有各类制作技艺、传统工艺、演艺、手工工艺及山歌、鼓书、莲湘舞、舞狮舞龙等民间文化，景区内还保留有姓氏家谱、祠堂庙宇等传统文化。

二、主要做法

湖北雾云山生态旅游区自 2014 年 5 月从发现策划到规划建设，在县委、县政府的高度重视下，各项建设按照规划设计稳步推进，景区形象已具雏形，已见效果，得到各级领导、专家、艺术家以及社会各界的充分肯定和好评。按照省市旅游局领导及专家学者的意见和建议进行提档升级，并于 2018 年 9 月通过国家 4A 级景区评审验收。

1. **高标准做好景区规划**。由武汉中南财经政法大学环境与旅游设计专业专家团队按照国家 4A 级旅游景区标准完成了景区规划设计，于 2018 年 8 月 22 日顺利通过专家评审论证，被湖北省旅游摄影协会、黄冈市摄影家协会、湖北省新闻摄影学会、楚天传媒摄影学院及安徽省摄影家协会、河南省摄影家协会、复旦大学摄影协会、上海交通大学文化艺品收藏协会授予艺术摄影创作基地，创作出一大批优秀摄影作品见诸报刊网站、参赛获奖。

2. **高标准完成了基础设施建设**。目前已建成停车场 1 处，修建了 3 公里高标准旅游步行道，兴建村民休闲广场 2 个，兴建景区公共厕所 6 座，发展农家乐 50 户，基本解决了游客吃、住、行问题。此外过境的国家二级公路英檀线已完成勘测设计，即将进入

蕲春县雾云山村

施工阶段。

3. **深入发动，广泛宣传**。为了让全社会知晓雾云山4A级景区创建和全村美丽乡村建设工作，吸引社会公众参与创建、推动创建，雾云山景区项目建设指挥部通过"会议启动，媒体推动，活动带动"等方式，举办了大别山摄影旅游发展座谈会、雾云山农耕文化节、火把节、采茶节、插秧节、星光节、摄影比赛等活动，通过网络报刊等媒体散发景区宣传推介文字达100万余字、图片10万余幅，新华社、《人民日报》、央广网等国家级主流媒体进行了深度推介，使雾云山景区在湖北省内外旅游界、摄影界声名鹊起。

4. **加快产业发展与精准扶贫相结合**。自精准扶贫工作实施以来，雾云山茶业股份有限公司认真落实国家扶贫工作要求，认真履行市场主体职责与义务，积极参与精准扶贫工作，带动雾云山村20户贫困户脱贫。新发展茶业面积1200亩，接收当地村民劳务用工20000多个人/日，实现40户贫困户年均增收4000多元。雾云山茶场已成为雾云山生态旅游景区中的一道亮丽的风景。

三、主要成效

围绕美丽乡村生态游，全村发展农家乐50户，项目自2014年启动以来，共计接待游客30多万人次，先后举办了雾云山农耕文化节、插秧节、星光节、茶叶节、摄影比赛等各种活动。为村民直接或间接创收达300余万元。旅游业发展吸引外出务工人员回乡就业200余人，带动全村实现农副产品销售收入200万元。特别是通过美丽乡村建设的新发展、新思想、新行为和新的生活方式不断渗入，使山区农民的思维观念、生产生活方式和自然环境卫生条件发生了明显改观，新农村以一种崭新的面貌呈现在世人面前。

专家评语

高标准做好景区规划，邀请专业专家团队进行景区规划设计；高标准完成基础设施建设。深入发动，广泛宣传，吸引社会公众参与创建、推动创建。加快产业发展与精准扶贫相结合，规范企业认真落实国家扶贫工作要求，认真履行市场主体职责与义务，积极参与精准扶贫工作。

"结合""融合"创新发展
实现乡村繁荣兴旺

——湖北省武汉市杜堂村

一、杜堂村乡村旅游发展概况

武汉市黄陂区姚集街杜堂村位于武汉市北部、国家 5A 级旅游景区——木兰文化生态旅游区中轴北端，省级黄土公路纵贯全村。全村有 13 个自然湾、471 户、1748 人，自 20 世纪八九十年代起，村民纷纷外出务工，农房大量闲置，土地大面积撂荒，山林无人看管，经济收入普遍较低且不稳定。

2014 年，在黄陂区委、区政府及街道的热情感召下，杜堂村引回本村能人——武汉万中集团董事长葛天才。他先后投资近 4 亿元打造了美丽乡村葛家湾，成立了武汉木兰花乡景区。在武汉市大力推行能人回乡、企业兴乡、市民下乡的"三乡工程"的号召下，2017 年 3 月，木兰花乡景区一期工程开园。2018 年，通过美丽乡村建设和旅游开发，以葛家湾为核心的荆楚民居美丽乡村与木兰花乡景区交相辉映，描绘出杜堂美景。杜堂村先后荣获"湖北省新农村建设示范村""湖北省最美休闲乡村"等荣誉称号。

自 2017 年下半年以来，黄陂区杜堂村全省聚焦、全国关注，先后吸引国内 32 省市、500 多批次，近万人的参观考察，还接待了 3 个外国以及中国台湾地区代表

武汉市黄陂区杜堂村

团参访。此外，杜堂村的"三乡工程"成果多次在央视1套、12套、13套等媒体播出专访，并得到《人民日报》《光明日报》及省市区电视媒体的连续报道。开园至今，木兰花乡景区累计接待国内外游客110余万人次。

二、杜堂村开展乡村旅游的做法和经验

黄陂区杜堂村村景结合、农旅融合的做法不仅有效加强了乡村风貌和生态环境保护，更创新了土地利用方式，加强了土地的集约利用，带动当地村民增收致富。其核心是以乡村为基础，以旅游为纽带，以市场主体为支撑，以农民增收致富、农村全面振兴为目标，实现乡村繁荣兴旺。

（一）政府引导，搭起乡村振兴政策平台

近年来，湖北出台了大量政策，为乡村振兴和"三乡工程"的实施提供了良好的政策机遇，包括推进贫困村闲置集体建设用地试点、农村一二三产业融合发展意见等一系列政策措施。

2014年，黄陂区委、区政府选择杜堂村作为美丽乡村建设试点。由于杜堂村位于黄陂北部山区，2014年全村抛荒耕地60%以上，常年居住人口不足30%，房屋闲置率45%，农民人均可支配收入11980元。为此，区政府当年投资525万元，完成村庄整体规划，建成出行道路、污水管网、公共活动场所等基础设施，后又投资1000万元，完成5个自然湾257栋房屋的立面改造，使村庄面貌焕然一新。

2017年开始，政府从顶层设计上完成了政策设计和投资引导，又相继出台武汉市"三乡工程"黄金20条、钻石10条，黄陂区全面促进乡村振兴30条，为实施"三乡工程"吸引各类市场主体投资搭建起基础平台。

（二）引进乡村旅游带头人，担起乡村振兴领头之责

回乡能人葛天才1966年11月出生于黄陂区姚家集杜堂村葛家湾，20世纪80年代，葛天才从杜堂村走出去，从做泥瓦匠到创立业务覆盖十多个省市的万中集团，近十余年带动了周边上万人就业和致富，多年来持续投资家乡公益建设。

2015年，在政府投资1500万元建设美丽乡村的基础上，葛天才再投资3000万

元，实现美丽乡村提档升级。与此同时，利用其人脉关系和号召力，召集回5名本村乡贤和德高望重之人重回故土，参与美丽乡村建设谋划和管理。

（三）加强乡村风貌保护，发展乡村主题旅游产业

依托新建成的美丽乡村，葛天才将其旗下的武汉万中集团建筑公司总部迁到杜堂村，并注册成立武汉木兰花乡旅游发展有限公司。自2014年以来，累计投入资金4亿元，突出乡土民俗、生态环境、赏花旅游特色，建成以葛家湾为核心的乡村民俗文化商业街和以崇杰村为核心的康居养老生态村；在荒田荒坡上种上不同季节开放的鲜花1000亩，在山林空隙中建成150亩的鸟语林。"鸟语花香地，四季乡村游"，木兰花乡景区2018年吸引游客60余万人次，实现综合收入1.2亿元，带动周边1100余名村民就业，目前正成为华中地区乡村旅游的一张新名片。

（四）成立黄陂区杜堂乡村旅游专业合作社，创新土地利用方式

黄陂区杜堂旅游专业合作社是由企业代表（木兰花乡）、村集体代表（杜堂村支部书记）和村民代表共同成立的。合作社成立后，积极鼓励村民们将闲置的房屋和空闲宅基地、集体建设用地入股到合作社。房屋入股的模式就是利用村民们的闲置房屋，按照每平方米1600元估值（100平方米的房屋估值即16万元），每年都会有10%的保底分红，上不封顶，这样就确保了村民们有合理稳定的收入。对空闲的宅基地、集体建设用地与企业合作开发利用。

（五）吸引市民下乡，引导社会资本参与乡村旅游开发建设

黄陂区杜堂村瞄准城市市民向往乡村田园生活和城市资本寻求投资新渠道的发展趋势，大力开发农村空闲农房。按照一房一院一地送一景的思路，共推出生活配套、个性独特的村民空闲房屋113套，划分为美食区、文创区、民俗区、民宿区等，通过合作社平台向外招租。

2018年以来，合作社建成网上推介平台，组织市民大规模看房团7次，成功签约下乡市民86人，签约村民空闲房屋77套，其中，经营民宿13栋，农家乐3家，电商1家，木兰文化博物馆1家，贾恒画舍1家，还有卓尔书店、武商量贩、天福茗茶等一线品牌，以及众多个体商户入驻杜堂村。

（六）文旅融合，重视乡村精神风貌和文化建设

黄陂区杜堂村引入国家级非物质文化遗产"木兰传说"项目代表性传承人、武汉市民叶蔚璋，建立国内外第一家木兰文化博物馆。木兰文化博物馆的建成，对于弘扬木兰文化以及木兰"忠孝勇节"的精神有极大的促进作用。杜堂村还打造了一座"杜堂村大戏台"，戏台借鉴实景剧目演出，以荆楚传奇演艺为特色，不仅讲述了黄陂传奇女将花木兰闺秀孝女、代父从军的传奇故事，而且还原了荆楚大地一个个精彩纷呈的传奇人物、精彩故事。

三、村景融合，农旅富民

武汉木兰花乡景区所在的杜堂村、崇杰村、北门村、柏叶村共有贫困户185户、贫困人口465人，其中崇杰村是精准扶贫重点村。公司积极响应"三乡工程"助力脱贫攻坚工作，以"杜堂创业、崇杰康养、北门/柏叶发展特色农业"的模式，激活杜堂区域经济，助力精准扶贫。村民通过加入合作社，收入从过去单一的务工/务农收入转变成了四种收入，即土地流转收入（2000元/户/年）、房屋入股保底分红收入（2万元/户/年）、家门口就业的工资收入（2万元/人/年）以及村民依靠景区资源优势小本创业的收入，仅2017年杜堂村村民户均收入已达6.2万元。

2018年2月，1088位村民喜笑颜开拿红包，共同分享杜堂旅游专业合作社成立第一年的成果，他们获得了打工工资、入股合作社的房屋股金及土地流转费共计520万元。2019年年初，村民从合作社获得收益近700万元。

黄陂区杜堂村从美丽乡村建设，再到"三乡工程"的实施，到目前的"杜堂模式"，这个村从昔日的穷乡变景区，荒山变花山，村就是景，景连着村，从一个拥有24个重点贫困户的"空心村"，成为当今农村人的梦想家园。

专家评语

政府引导，搭起乡村振兴政策平台；引进乡村旅游带头人，担起乡村振兴领头之责；加强乡村风貌保护，发展乡村主题旅游产业；成立黄陂区杜堂乡村旅游专业合作社，创新土地利用方式；吸引市民下乡，引导社会资本参与乡村旅游开发建设；文旅融合，重视乡村精神风貌和文化建设。

无中生有　做好乡村旅游文章

——湖南省韶山市银田镇

银田镇，一个普普通通的农业小镇，其本身并不具备发展乡村旅游的基础、传统和优势。近年来，随着乡村旅游的蓬勃发展，其坐落于红色圣地韶山的区位优势开始凸显，其山、水、田、镇共融共生的乡土田园风貌开始受到青睐。银田镇紧紧抓住这难得的发展机遇，主动融入韶山全域旅游发展，以美丽乡村建设为契机，做好发展乡村旅游的三篇文章，即：做好"无中生有"的挖掘文章，做好"有中更美"的塑造文章，做好"美中铸魂"的特色文章。至2018年该镇共有各类旅游服务企业10家，其中四星乡村旅游区点2家、三星农家乐3家，共接待游客10万余人次，实现旅游收入2000余万元，农民年人均可支配收入25990元，乡村旅游已成为银田镇推进乡村振兴的主要抓手。

一、无中生有，做好挖掘文章

作为传统农业小镇，发展乡村旅游，首先就要解决发展定位问题，也就是要找准核心竞争力。2014年以来，银田镇利用特色小城镇和精美湘潭建设契机，聘请第三方专业团队实地调研、规划设计，做好做足了挖掘文章。

1. 向历史文化要核心竞争力。银田镇历史悠久，先后孕育和发展出了农耕文化、水运文化、商贸文化、工业文化等，成了一个兼具多产业、多气质的历史文化小镇。依托这一历史定位，银田镇在贯穿全境的韶河两岸，以"商贸休闲水街"为功能主题，以"主题创意"提升+"时尚消费"业态植入，规划打造"一河两岸、外古内新"的集老字号创意时尚商铺、红色文化画廊、百年手工面作坊、长庆和谷米行情景展馆等的文化休闲商业街区，展现一条承载历史记忆的活力水岸，银田小镇跻身湖南省湖湘风情文化旅游小镇创建单位行列。

2. 向红色人文要核心竞争力。银田镇是毛泽东的成长依托、求学出乡关处及开展湖南农民运动的发源地，同时韶山灌区是中华人民共和国成立后重要的水利枢纽工程，以10万民工历经10个月建设而成，银田灌渠是韶山灌区的重要节点，是展现韶山精神的文化地标。依托这一人文定位，银田镇积极挖掘镇内红色文化资源，唤醒利用银田寺、张公桥、古银杏树、老河街等历史古迹，讲述"毛泽东少年出乡关""华国锋青年修水利"等红色故事，传承红色基因，继承"韶灌精神"，为乡村旅游增添了更多魅力。

3. 向自然风貌要核心竞争力。银田片区全域缓丘平原间错分布，山秀绿绵延，形成了开窗即是景的生态肌理，同时通过乡村风貌改造，形成了白墙灰瓦悬山顶的统一建筑模式，保留了独院落的建筑模式。依托这一自然定位，银田镇抢抓美丽乡村建设、特色小城镇建设、现代农业示范园区建设等发展机遇，在保持宜人的乡村生态风光、原生的人文旅游产品的同时，以规模化、产业化经营模式来提升传统农业价值，引导发展休闲农业、创意农业、度假农业等"农业+旅游"的新业态，展现既有乡村风味又与时俱进的现代化农业特色乡村。

二、有中更美，做好塑造文章

立足发展定位，银田镇坚持在基础设施建设、文明城市创建、农旅产业融合等方面下足绣花功夫，一副具有湖湘文化魅力的山水田园画卷已初现雏形。

1. 完善基础设施，塑造形体美。实施了韶河整治工程、污水处理工程、管网杆线入地工程、道路提质改造工程、民居风貌改造工程、环境净化提质工程、等级景区创建工程七大工程，累计完成投资近2亿元，对河街及镇区进行通信及雨污管网改造，实现管线入地；对所有镇村主干道沿线、1000余户民居庭院进行绿化、美化，建设文化墙1600平方米、安装节能路灯780盏；实施S330沿线、高速高铁沿线、河街、镇区民居风貌改造，达到风格、色彩一致；实施20余公里文明示范道路提质改造项目，分别对8条镇村主干道进行油化、亮化、绿化，实现了村村有环线、户户通水泥路。

2. 深化文明创建，塑造管理美。深度融入韶山市创建全国文明城市工作，全面加强镇域精细化管理，实现了管理规范化、服务优质化。全面拆除两万余平方米的违章建筑，加强建房审批和质量监管，镇区和农村建房进一步规范；对街区门店招

韶山市银田镇

牌进行规范设置，主干道及景观道路两旁的门店招牌统一"扮靓"；建设镇主干道人行道，规范镇区停车位，对门店实行"街长制"，成立商户自治协会。经过四年多的努力，镇村面貌明显改观，先后获得全国环境整治示范村、湖南省美丽乡镇示范、湖南省美丽乡村示范、湖南省同心美丽乡村等荣誉。

3. 推进农旅融合，塑造产业美。围绕建设农旅一体发展产业链，银田镇先后引进了银田现代农业综合示范园、永红樱花园、宏发农林生态园等农旅融合项目，现已形成4个1000亩以上特色产业园、5个500亩以上中型特色农业园的产业发展格局。永红基地培育观光花卉区2000余亩、采摘体验区500余亩，正在积极发展高效创意农业项目；湖粮稻梦田园建成2000平方米连栋大棚、120亩百花园、300亩立体种养池、35个蔬菜大棚、1.2千米景观游步道，正在建设水稻博览园、百果园、智能温室大棚、农耕文化体验中心。强大而充满活力的市场主体为乡村旅游发展注入了新的动力，"金葵花海""百合之约""稻梦田园"等品牌迅速走红，让众多长株潭城市居民纷至沓来。

三、美中铸魂，做好特色文章

乡村旅游的蓬勃发展，既是机遇，也带来了同质化竞争严重的挑战。银田镇立足韶山精神、韶灌精神等独特人文，大力发展红色教育、基层党建和研学旅行，做好发展乡村旅游的特色文章。

1. 以红色教育充实乡村旅游的底色。红色文化是韶山文化的"根"，银田镇共享韶山大旅游格局的溢出效应，深度挖掘和开发利用红色文化资源，有力地补充了韶山核心景区的游客需求，为进一步弘扬红色文化提供了条件。韶山灌渠景区是第十四批国家水利风景区，樟木山风景区树木葱郁、冬暖夏凉，水天银河灌渠讲述着红色水利精神背后的故事，年接待人次达4万余人。银田寺坐落在美丽的韶河旁，是毛泽东与杨开慧早期创办夜校、开展农民思想启蒙运动的革命场所，寺内至今还收藏着很多相关的藏品，引来很多长株潭周边的游客特意前来观赏，获得湘潭在线等主流媒体宣传推广，年接待人次达2万余人。

2. 以研学旅行增添乡村旅游的活力。银田镇顺应市场需求，充分发挥绿色资源优势和红色人文优势，帮助打通村民与市场的桥梁，促成韶山知行研学旅行服务有限公司与银田村达成合作，在该村创办教学培训基地，为乡村旅游增添了活力。一方面吸引了村民返乡就业创业，40多位农民摇身变成"农家乐"老板，接待能力达到每批次800余人。另一方面，让孩子体验农家生活，既可以接触更加原生态的自然风光，在自然这个大课堂中学习知识，也可以了解到"韶山精神""韶灌精神"等文化底蕴和深刻内涵，更好地传承优秀传统文化，树立文化自信。该基地年接待培训近40批次，接待人数达到3万余人。

3. 以基层党建凝聚乡村旅游的动力。银田镇坚持把加强基层党建作为发展乡村旅游的动力引擎，通过探索"党建+"模式将基层党建工作与美丽乡村建设、文明创建等工作进行有效融合，进一步继承和发扬好"韶山精神""韶灌精神"，打造出"银田党建"品牌。韶河灌区陈列馆被评为湘潭市党性教育基地，银田镇银田村被评为湖南省贫困地区党支部培训基地，各地纷纷前来学习支部"五化"建设经验（即支部设置标准化、组织生活正常化、管理服务精准化、工作制度体系化、阵地建设规范化）、"1410"乡村治理经验（即1个党组织、4种会议形式、10项管理制度）等，年接待批次达100余批。

经过4年多的努力，银田镇一步一步走过了"无中生有、有中更美、美中铸魂"的艰辛历程，做好了挖掘、塑造、特色三篇文章，全方位、多层次推动了乡村旅游的升级与发展，打造了镇域经济新的增长极，有力推动了乡村振兴战略在基层的落地落实。

专家评语

以红色教育充实乡村旅游的底色，以研学旅行增添乡村旅游的活力，以基层党建凝聚乡村旅游的动力，坚持在基础设施建设、文明城市创建、农旅产业融合等方面下功夫，深入挖掘历史文化、红色人文、自然风貌等核心竞争力，通过完善基础设施，塑造形体美，深化文明创建，塑造管理美，推进农旅融合，塑造产业美。

统筹兼顾　建设新型生态旅游村

——广西壮族自治区桂林市鲁家村

鲁家村位于桃花江西岸芦笛景区以南，改造前全村65户，房屋破旧、布局零乱、巷道狭窄、污水直排入江，村貌与周边优美的山水风光极不协调。从2010年6月开始，秀峰区紧紧抓住桂林市推进国家旅游综合改革实验区和国家服务业综合改革试点区域的契机，依托两江四湖二期的改造以及芦笛景区的建设，以"新型生态旅游村"规划理念为指导，结合桂林市社会主义新农村建设，兼顾自然生态资源保护和可持续发展，按照统一规划、统一拆除、统一新建、统一安置的原则，对鲁家村实施了村庄风貌改造工程。改造后全村占地面积58亩，新建联排式桂北民居糅合徽派元素风格的房屋98栋，建筑面积25600平方米，总投资近8000万元，目前新村改建工程已全部完工。村民入住后，或自行居住，或开店经营，或出租收益，居住环境和经济收入得到了明显提高，村民人均收入达每年2万元。

鲁家村的节庆文化内涵丰富，成功举办了8届"三月三"民族歌圩节、首届桃花湾啤酒节，得到了社会各界的一致好评，其中，"三月三"歌圩节荣膺"2012年节庆中国榜最佳传承弘扬传统文化节庆"。2013年，被自治区确定为广西特色旅游名村。2014年，被自治区确定为广西首批5星级乡村旅游区和广西特色景观名村名镇。村内民宿集聚，20余家民宿中的鲁家村水秀精品酒店被评定为桂林市5星级民居旅馆，自治区全区乡村旅游与生态休闲产业发展工作推进现场会在此召开；2015年，鲁家村荣获"中国乡村旅游模范村"称号，大自然饭店、常满楼饭店荣获"中国乡村旅游模范户"称号，张建新、于爱华荣获"中国乡村旅游致富带头人"称号，原国务院副总理吴仪、前全国政协副主席李兆焯、原国家旅游局局长李金早等到该村视察；2016年，被评为"中国乡村旅游创客示范基地"，"三月三"民族歌圩节荣获"中国特色民俗风情旅游节庆奖"；2017年，精品民宿集聚鲁家村，其中逸居桃源、隐源居、水秀精品酒店分店获得桂林十大精品民宿荣誉称号。

新村建成以后，即成为桂林乡村旅游的热点，吸引了八方来客。现在，各旅行社更是将鲁家村特色乡村旅游作为旅游行程的重点之一，临近的湖南、广东、贵州等省份旅游团队接踵而来；另外，鲁家村与芦笛景区、两江四湖景区、象山景区共同打造了"芦笛岩—芳莲池码头—鲁家村码头—鲁家村特色豆腐宴—餐后鲁家村码头登船—象山南门桥码头"的黄金旅游线路。鲁家村每天接待国内外游客达2000多人，而在节假日更是每日接待5000多人。

当前，鲁家村有餐馆18家（22栋房屋），民宿20余家，小卖部2家，土特产店3家，工艺品店2家，咖啡屋1家，甜品店1家，茶庄1家，养生堂1家，会所1家，娱乐室1家，公司办公2家，银行1家。鲁家村业态正逐步完善，游客互动项目日益增多。村中设置了石磨豆腐现场体验场所，游客可免费体验石磨豆腐；鲁家村周边种植了草莓供游客采摘。

桂林市秀峰区鲁家村

三、景区带动发展型

　　如今，鲁家村正积极发展产业，与之配套的二期生态休闲观光农业项目正在紧锣密鼓的实施中，6.8公里的休闲步道已全面贯通。芦笛三村风貌改造工程也正在同步推进，另有6村改造项目亦在规划设计，力争用2～3年，全面完成桃花江流域的十村改造项目，实现"一村一品""一村一貌"的预期目标。届时，将与拟建成的桂林独秀动漫游戏产业园、桂林市琴潭栖息式养老中心等项目，以及现有的芦笛岩景区、刘三姐大观园相得益彰，成为桂林国际旅游胜地一道亮丽的风景线。

专家评语

　　紧紧抓住桂林市推进国家旅游综合改革实验区和国家服务业综合改革试点区域的契机，依托两江四湖二期的改造以及芦笛景区的建设，以"新型生态旅游村"规划理念为指导，结合桂林市社会主义新农村建设，兼顾自然生态资源保护和可持续发展，按照统一规划、统一拆除、统一新建、统一安置的原则，对鲁家村实施了村庄风貌改造工程。

实施旅游扶贫工程
"绿水青山"变"致富靠山"

——重庆市云阳龙缸景区

云阳县位于重庆市东北部、三峡库区腹心，是人口大县、农业大县、山区大县、移民大县和国家扶贫工作重点县。脱贫攻坚任务十分繁重，全县人口137万，其中建卡贫困人口12.5万，贫困发生率13.5%。贫困地区的穷山恶水，却是发展旅游带动群众致富的好山好水。云阳县依托龙缸景区，深入实施旅游扶贫工程，努力将"绿水青山"变成了山区群众的"致富靠山"，实现了开发一个景区、带活一方经济、致富一方百姓的良好效果。县委、县政府加快"景点旅游"向"全域旅游"转变，围绕建设"国内外知名旅游目的地"和"长江三峡国际黄金旅游带重要节点"目标，重点打造了龙缸、张飞庙、三峡梯城3张名片。特别是龙缸景区发展势头十分迅猛，已成功创建国家5A级旅游景区，面积约17平方公里，拥有13处五级资源、23处四级资源，属于资源富集型景区。主要资源包括以龙缸岩溶天坑为代表的天坑群、以大安洞为代表的溶洞群、以石笋河为代表的峡谷流水地貌、以"云端廊桥"为代表的建筑景观。被誉为长江三峡最后的香格里拉，已成为重庆旅游新的增长点、热门目的地。

龙缸景区所在的清水土家族乡，是云阳县唯一的少数民族乡。2014年，全乡有贫困村9个，建档立卡贫困户559户，贫困人口2121人，贫困发生率11.06%。2016年年底，全乡8个村整村脱贫，脱贫贫困户521户1976人，剩下贫困户86户315人，贫困发生率降低到1.6%。龙缸景区的持续打造推动了清水土家族乡大堰村、宝台村、七里村等周边村社的经济社会发展，旅游业已成为带动农民脱贫增收的主导产业，已成为脱贫攻坚新的重要手段。

1. 带动了贫困户创业脱贫。旅游业带动了乡村酒店和农家乐的兴起，农家乐门槛相对较低，推动了贫困户创业。目前全乡共有乡村酒店、农家乐258户，其中：直接从事农家乐经营的贫困户业主17户，把农房出租搞农家乐的36户，162位贫

三、景区带动发展型

云阳县

困人口实现了脱贫，部分贫困户已走上致富的道路。

2. 带动了贫困人口就业脱贫。全乡直接从事旅游服务业人员共2132人，有到店里打工的，有摆个小摊的，其中贫困家庭人口265人，贫困人口旅游服务业从业占总贫困人口的13%，一人就业一户脱贫，带动贫困人口脱贫达到1030人，占贫困人口的48%。

3. 带动农产品销售增收脱贫。餐饮企业对接82户，其中：贫困户37户。旅游业发展把腊肉、土豆、蜂蜜、土鸡蛋等养在深闺无人问的农特产品变成了钱，附加值大幅提升，现在的农特产品变成了紧俏货。贫困户养的猪、鸡，种的蔬菜在家就能卖个好价钱，受益贫困户达到60%以上。

4. 带动了贫困户精神面貌改变。旅游业的发展，四面八方游客的到来，拉近了边远乡与外面世界的距离，清水人民特别是贫困户的内在思想和外在形象都得到了很大改善，精神面貌焕然一新，清水人已经看不出山里人的痕迹。

有首土家民谣对旅游扶贫进行了生动写照，"景区内外摆小摊，小小生意养家当；就近务工人有岗，家家户户数钱忙；自主经营开农庄，农民变成老板娘；土地入股开农庄，脱贫致富不夸张；租房他人开农庄，租金收入有保障；合伙经营开农庄，生活直接奔小康。"大堰村、宝台村处于龙缸景区的核心区域，是受益最大的两个村，也是该乡9个贫困村旅游扶贫的一个缩影。

专家评语

依托龙缸景区，深入实施旅游扶贫工程，努力将"绿水青山"变成了山区群众的"致富靠山"，实现了开发一个景区、带活一方经济、致富一方百姓的良好效果。通过旅游业带动乡村酒店和农家乐的兴起，带动农产品销售增收，带动了贫困户精神面貌改变，推动贫困户创业。

乡村旅游助力脱贫奔康

——四川省巴中市平昌县

巴中市平昌县位于四川东北部,是全国休闲农业与乡村旅游示范县、国家扶贫开发工作重点县、秦巴山区连片特困地区县。据统计,全县核定贫困村146个,贫困人口39157户、129194人,贫困发生率15.2%。2018年,通过发展旅游脱贫奔康的共有2540户、8900人,分别占当年脱贫人口的35.6%、37%,人均年收入达到9540元,高于贫困线标准2.8倍,全县67.23%贫困户挣上"旅游钱"。

1. **全域旅游带动全域扶贫**。围绕连片扶贫开发重点区域,成功打造佛头山等5个国家4A级旅游景区,建成全国最大的中国工农红军石刻标语园等红色旅游景区,创建省级乡村旅游示范乡镇6个、示范村15个,辐射带动周边沿线35个乡镇,43个贫困村,建档立卡贫困户4728户、16051人从事旅游服务业实现脱贫增收。

2. **特色景区带动环境改善**。围绕景区配套公共服务和基础设施网络,新建乡村道路2750公里,新建景区车行道和游步道220公里,建成乡村旅游环线客运招呼站

平昌县

147个、自驾游营地10处、各类停车场320个。依托特色景区布局新村聚居点，完成20个中心村、463个聚居点的幸福美丽新村建设，深化"厕所革命"，实现新村即景区、新居即景点。

3. **农旅融合带动产业转型**。建成茶叶、花椒等60万亩六大特色产业基地，打造220个休闲农业与乡村旅游示范园区，121个休闲农业与乡村旅游示范点，并且连续承办四届全省乡村文化旅游节。

4. **以旅兴业带动增收致富**。组建乡村旅游合作社，开办特色农家乐和乡村酒店300余家，带动贫困户就业7300余人，从业人员户均增收1.5万元。引导有技能和专长的贫困户自己创业，带动1450户贫困户增收。打造白衣全鱼宴等特色农家餐饮品牌，开发何大妈豆瓣等旅游化农副土特产品30余种。

专家评语

全域旅游带动全域扶贫，扶贫开发重点区域，辐射带动周边，实现脱贫增收；特色景区带动环境改善，依托特色景区布局新村聚居点，实现新村即景区、新居即景点；农旅融合带动产业转型，建设特色产业基地，打造休闲农业与乡村旅游示范园区和休闲农业与乡村旅游示范点；以旅兴业带动增收致富，组建乡村旅游合作社，开办特色农家乐和乡村酒店。

乡村旅游助力建设最美乡村

——四川省广安市白坪—飞龙新农村示范区

白坪—飞龙新农村示范区位于武胜县东北部,按照"三产互动、农旅结合"的发展理念,突出红色文化主题,依托现代农业发展乡村旅游,根据乡村旅游布局现代农业,做好乡村旅游提升现代农业,形成了"三园一基地"和"一城一镇多新村"的发展格局,呈现出城乡一体化发展新景象。目前,示范区成功创建为全国休闲农业与乡村旅游示范点、国家4A级旅游景区、全国新时期党性教育基地武胜教学点、影视拍摄基地,荣获"中欧绿色和智慧城市技术创新奖""中国最美休闲乡村""全国宜居村庄""中国十大最美乡村""中国乡村旅游模范村"等称号。

1. **坚持统筹发展**。坚持多规合一,按照全域、全程、全面和城乡统筹的要求,编制《白坪—飞龙新农村示范区建设总体规划》,形成了"三园一基地"的产业布局和"一城一镇多新村"的镇村体系。按照"新村走进产业基地、产业基地覆盖新村"的建设思路,注重文化传承和生态保护,依托甜橙、果蔬等产业基地和竹丝画帘、农耕文化等文化旅游资源,采取新建、改建与保护性开发相结合的方式,成片推进"一村一品"主题产业新村建设,探索出新村建设与休闲农业、乡村旅游互动相融的新农村建设路子。

2. **坚持创新驱动**。创新建设资金筹措。组建县农投公司,发挥集成政策、集聚资源、集中资金的优势,按照市场法则,坚持平台融"资"、挂钩筹"资"、经营增"资"、招商引"资"多渠道筹措建设资金。首期注入300亩县城国有存量土地给农投公司作为抵押物,向银行融资7500万元、向社会BT融资2.47亿元。通过银行贷款、租赁融资等,共筹集资金3.5亿元。首批实施白坪乡、三溪镇城乡土地增减挂钩项目1340亩,可实现土地增值收益4亿元以上。通过开展国有土地经营,实现土地收益1.3亿元。编制招商项目,吸引城市工商资本和社会民间资本25.6亿元到示

三、景区带动发展型

武胜县白坪—飞龙新农村示范区

范区投资兴业。

  3. 推进"六个转变"。①产区变景区。建设橙海阳光、丝情画意、金色大地等6大景区，实现"种庄稼"与"种风景"的融合；建成花卉苗木园、农耕文化院落、红岩英雄文化陈列馆、竹丝画帘展馆等20多个景点。②产品变礼品。吸引工商资本和民间资本，建立农产品加工基地。③劳动变运动。打造开心农场、亲子乐园等景点，让城市游客感受新农村生活方式，享受个性化、人性化、亲情化的休闲体验。④一业变多业。大力发展现代农业、乡村旅游业、商贸流通业，实现一三互动，融合发展。⑤打工变创业。广大农民通过从事公益性岗位、企业务工、自办客栈和农家乐等方式，实现就地就业创业。⑥农民变居民。通过多形式经营、多方式就业、多功能基础配套，让农业成为有奔头的产业，农民成为体面的职业，农村成为安居乐业的美丽家园。

专家评语

  组建县农投公司，发挥集成政策、集聚资源、集中资金的优势；推进"六个转变"，产区变景区，产品变礼品，劳动变运动，一业变多业，打工变创业，农民变居民。通过多形式经营、多方式就业、多功能基础配套，让农业成为有奔头的产业，农民成为体面的职业，农村成为安居乐业的美丽家园。

党建引领乡村振兴

——四川省成都市战旗村

成都市郫都区唐昌街道战旗村原名集凤大队，1965年在兴修水利、改土改田活动中成为一面旗帜，取名战旗大队，后为战旗村。村党总支下设4个党支部，党员83人。先后荣获"全国社会主义精神文明单位""全国文明村""省级四好村""四川集体经济十强村"等称号。2018年2月12日，习近平总书记视察战旗村时称赞"战旗飘飘，名副其实"，要求战旗村在实施乡村振兴战略中继续"走在前列，起好示范"。

1. **党建领航强堡垒**。坚定以习近平新时代中国特色社会主义思想武装头脑、指导实践、推动工作。把支部建在集中居住区、合作社、民营企业，依托农民夜校、智慧党建平台全面加强党员群众教育管理监督，带领全村深化改革、发展产业、整治环境、淳化乡风，村党组织成为群众信赖的主心骨。2018年2月，得到习近平总书记"这里的'火车头'作用，做得很好"的高度评价。

2. **改革兴村激活力**。党的十八大以来，战旗村坚持以农业供给侧结构性改革为主线，按照上级部署，深入实施农村集体产权制度改革、耕地保护补偿制度、农地流转履约保证保险制度、集体资产股份制、农村产权交易"五项改革"，敲响全省农村集体经营性建设用地入市"第一槌"，推动资源变资产、资金变股金、农民变股东，实现资本下

成都市郫都区战旗村

三、景区带动发展型

成都市郫都区战旗村

乡、人才进村、市场主体再造。优化生产体系，建成绿色有机蔬菜种植基地800余亩。优化经营体系，引入京东云创平台、"人人耘"智慧农业，培育省市著名商标品牌3个。优化产业体系，引进培育榕珍菌业、满江红等16家企业；建成国家3A级旅游景区，正创建国家4A级旅游景区，2018年接待游客50余万人次，实现农、商、文、旅融合发展。

3. 乡村振兴谱新篇。战旗村按照"产业兴旺、生态宜居、乡风文明、治理有效、生活富裕"的总要求，坚持产业富民，发挥妈妈农庄等项目带动作用，打好陶艺坊等乡村十八坊传统文化牌；连通城乡两头、农业内外，以新品种、新技术、新业态提升产出效益；引入现代企业制度，释放村集体经济红利，走共同富裕道路。坚持生态先行，关闭5家污染企业，实施土壤有机转化和高标准农田整治1000亩，建成柏条河生态湿地，持续保持优美宜居环境。坚持涵养新风，引入"同行社工"等社会组织，开展国学诵读、文艺表演、百姓讲堂等活动，培育形成友善淳朴、守望相助、尊老爱幼的战旗新风尚。

专家评语

把支部建在集中居住区、合作社、民营企业，依托农民夜校、智慧党建平台全面加强党员群众教育管理监督，带领全村深化改革、发展产业、整治环境、淳化乡风；优化经营体系，引入京东云创平台；引入现代企业制度，释放村集体经济红利。

以全域创建为依托　推进乡村旅游发展

——贵州省六盘水市盘州市

近年来，盘州市紧紧围绕旅游质量服务提升，以创建"国家全域旅游示范区"为总抓手，以打造"国际山地特色大健康旅游目的地"为目标，推进乡村旅游项目建设，力促乡村旅游发展，提升旅游服务质量，扩大旅游品牌营销，全市旅游业持续呈现"井喷"态势。

一、取得的成绩

盘州市按照跳出"煤"、依托"煤"、不唯"煤"的战略思想，"谋篇"全域旅游，以全域发展的思维，把乡村旅游置于经济发展大格局中审视，放到可持续发展的历史纵深中把握，走上"全域旅游"创建助推乡村旅游发展之路，积极推进国家全域旅游示范区、国家4A级旅游景区、省级旅游度假区、国家3A级旅游景区和乡村旅游经营户等创建工作，打造国家湿地公园1处（娘娘山国家湿地公园），创建省级旅游度假区4个、国家3A级旅游景区5个、全国休闲农业与乡村旅游示范景区2个、历史文化名镇2个、传统村落4个，申报甲级乡村旅游村寨2个，创建五星级乡村旅游经营户、精品级乡村旅游客栈10余家，打造四星级农家乐和标准级客栈50余家。加大乡村旅游景区项目投入，累计完成投资170亿元推进旅游项目建设，不断完善旅游配套设施，深入推进"厕所革命"，完成230余座旅游厕所建设；建成帐篷酒店、房车营地等一批特色酒店和民宿，带动人民小酒、盘县火腿、刺梨产品、银杏产品等旅游企业发展。2018年接待游客突破1000万人次，实现旅游综合收入70余亿元，同比分别增长40%以上。

二、具体措施

盘州市始终以"任何乡村资源都可以成为旅游资源"的新理念,做好整合文章,整合区域内各种资源,拓展乡村旅游生活空间,集聚打造乡村旅游目的地,多项措施推进乡村旅游发展。

1. **统筹规划,引导旅游产业发展。** 将旅游融入城市环境、乡村振兴、交通等重点领域专项规划,完成《盘州市全域旅游发展总体规划》编制,推动《盘州城市发展规划》修编,推进旅游规划与产业发展、城镇建设、土地利用、生态保护等规划深度融合,严格规划审批程序、出台投融资政策,促进旅游规划与招商引资、投融资和项目建设同步实施,形成了以旅游规划为引领的多规融合的新格局。

2. **创新改革,推动管理机构建设。** 打破以往旅游发展的"壁垒",强化体制机制改革,成立了由盘州市四大班子主要领导任主任的旅游发展委员会,作为全市旅游工作的最高协调、议事、决策机构,通过市委常委会、市政府常务会、人大常委会主任办公会等专题研究部署全域旅游工作,推动旅游规划、重大项目和体制机制建设,出台《盘州市全域旅游创建实施方案》和《盘州市全域旅游工作目标考核办法》,将旅游创建纳入年终考核,举全市之力、集全市之智,促进乡村旅游产业发展;专门设立了旅游执法大队、景区管理处、旅游警察和旅游工商分局等市场管理机构,推动旅游市场规范化管理。

3. **统筹建设,推进乡村旅游发展。** 加快推进乡村旅游点和旅游项目建设,重点推动保基格所河大峡谷、盘州古城、大洞竹海、胜境古镇等旅游景区建设,打造了陆家寨村、海坝村、贾西村等乡村旅游点,壮大了草莓、蓝莓、有机蔬菜等特色产业,发展农事采摘、观赏体验、休闲度假、户外拓展等旅游项目,全力打造"一村一品""一村一韵"乡村旅游品牌。

4. **规范管理,提升旅游服务水平。** 一是成立以盘州市旅发办牵头,市场监管、交通、发改、消防、安监等14家单位为成员的旅游安全专业委员会,加强对旅游企业日常监管。二是采取自主经营模式,通过委托代管、租赁经营和经营权转让等多种方式确保景区项目提质增效。三是加强对乡村旅游服务从业人员的培训,组织旅游酒店、旅行社、乡村旅馆及其他旅游从业人员开展9次培训,培

六盘水市盘州市

训人数达 2300 余人次，其中建档立卡贫困户 700 余人；组织开展县域导游培训 2 期，培训导游 200 余人，吸纳专兼职导游人员进入导游库规范管理。四是重点打击冒用、盗用正规旅行社名义招揽游客的"黑导""黑社"，整治旅游市场，打击黑旅行社、违法组织 2 家。五是强化旅游市场监管，2018 年共开展联合检查行动 56 组次，检查人数 327 人次，检查旅游企业 108 家次，查处安全隐患 385 项，整改安全隐患 385 项，隐患整改率 100%，确保了全年未发生旅游安全事故。六是建立旅游投诉机制和"红黑名单"制度，形成旅游市场综合监管常态化监管格局。

5. **统一标准，逐步构建标准化体系。**坚持标准化管理、规范化提升，出台了《盘州市旅游景区管理细则》《盘州市农家旅馆（农家乐）管理细则》《盘州市旅游酒店（宾馆）管理细则》3 个行业管理标准，全力推进乡村旅馆、旅游酒店、旅游景区规范管理；通过政府贴息贷款、政府以奖代补等形式，扶持 200 余家乡村客栈（农家乐）等乡村旅游项目提级改造，目前全市有乡村客栈（农家乐）700 余家；制订了《盘州市导游管理体制改革工作实施方案》，成立市导游服务中心，建立县域导游库 100 余人，通过购买服务的形式服务旅游市场。

6. **统筹营销，共塑"旅游形象"。**组织开展多形式、多层次、多领域的旅游宣传营销活动，举办了东盟十国—妥乐论坛，赴瑞士、俄罗斯、马来西亚、中国香港等 10 余个国家和地区开展旅游宣传推介活动，赴北京、上海、重庆、海南等 20 余个城市开展冬季滑雪、夏季避暑旅游推介会，举办山地自行车赛、滑翔伞赛、山地女子马拉松赛等国际体育赛事活动，实施高铁营销，编排了彝族歌剧《天穹的歌谣》，拍摄了《大局》《三变》等电影，摄制了《三变促山变》《乡土——家在盘州》

纪录片和《金彩盘州·云贵之心》旅游宣传片等在中央和地方媒体平台滚动播出，充分利用微信、微博平台发布旅游攻略、优惠政策、旅游线路、节庆活动等旅游资讯，形成了全民共塑旅游形象的格局。

7. **统筹推动，共享"发展成果"**。积极融入"三变"推动景区建设，引导群众参与入股发展乡村旅游，全力开展旅游扶贫工作，深入贯彻落实"九项"工程，61个村纳入国家乡村旅游扶贫工程管理、29个村纳入全省乡村旅游扶贫重点村管理，组织实施"六个一批"（景区建设务工带动一批、入股旅游经营性项目受益一批、旅游企业就业解决一批、旅游从业技能培训提升一批、乡村旅游创业发展一批、旅游商品开发带动一批）战略，吸纳群众参与景区景点开发建设和就业创业，打造了舍烹、妥乐、贾西、卡河等80余个乡村旅游村寨，直接带动3.5万人、间接带动10.7万人创业就业，累计带动5.4万人脱贫，形成了人民群众共享旅游发展成果的格局。

三、下一步工作打算

下一步，盘州将以全域旅游创建为契机，学习借鉴先进典型，找准问题短板、突出重点难点、坚持上下联动，全力推进品牌创建，加强旅游市场监管，深化推进体制改革，加快推进项目建设，强化旅游营销推介，综合推动乡村旅游扶贫，持续将乡村旅游景点打造成旅游景区，进一步提升旅游接待服务质量和水平，通过乡村旅游发展助推全域旅游创建。一是搞好乡村旅游扶贫规划。根据地理条件、产业基础、收入水平、贫困现状等情况，结合小康社会实现程度，科学编制旅游扶贫开发规划，因地制宜，分类指导实现区域突破。二是抓好乡村旅游基础建设。把乡村旅游基础设施作为扶贫开发的先决条件，深入实施乡村振兴战略，加强农村基础设施建设，强化旅游基层行业培训，提高旅游业软实力。三是抓好旅游产业发展。围绕建设喀斯特山地特色农业示范区的目标，重点围绕城区、景区景点、扶贫观光农业园区进行规划，突出优势主导产业建设，提升旅游景点建设品位，着力打造乡村旅游精品，加快旅游扶贫步伐。四是抓好"三变"改革。积极探索推行"三变"工作，激活沉睡的资源、集中分散的资金、致富贫穷的农民，带动"农业增效、农民增收、农村发展"，继续探索研究财政扶贫资金量化到户、股份合作、入股分红、滚动发展的模式，促进区域产业规模集聚和精准扶贫到村到户

"两轮驱动",实现旅游景点贫困农户与经营主体发展"双赢",让更多贫困群众享受改革红利。

> **专家评语**
>
> 打破以往旅游发展的"壁垒",成立由盘州市四大班子主要领导任主任的旅游发展委员会;规范管理,成立以盘州市旅发办牵头,市场监管、交通、发改、消防、安监等14家单位为成员的旅游安全专业委员会。同时采取自主经营模式,通过委托代管、租赁经营和经营权转让等多种方式确保景区项目提质增效。

江口旅游的"乡味"路

——贵州省铜仁市江口县

近年来,江口旅游立足县情特点,坚持把旅游作为战略性支柱产业,紧抓创建国家全域旅游示范区的机遇,以梵净山优质旅游资源为依托,紧扣景区带动、回归乡村原真,让旅游充满乡土味,留住乡愁。2018年,全县接待游客1380.15万人次,同比增长35.02%,实现旅游综合收入159.25亿元,同比增长96.10%。在乡村旅游方面,建成乡村旅游示范村4个,获评全省甲级乡村旅游村寨1个,优品级客栈1家,四星级农家乐1家,新增四星级标准以上酒店3家。乡村旅游接待游客599.9万人次,同比增长26.3%,实现收入8.49亿元,同比增长25.6%。乡村旅游成为农民增收、农村脱贫的重要产业。

一、立足乡土,坚持乡村旅游平民化道路

1. **坚持绿色生态重规划**。结合山水风貌、人文民俗、交通地理等特点,围绕养生度假、休闲农业、特色文化、传统村落等不同类型,以展示山水观光、民俗体验、农家记忆为特色,以"吃农家饭、住农家屋、干农家活、享农家乐"为主要内容,高标准编制了《江口县全域旅游总体规划》《江口县"十三五"旅游专项规划》《江口县乡村旅游发展专项规划》以及9个特色乡村旅游扶贫发展规划,50余个特色乡村旅游扶贫项目,结合"四在农家·美丽乡村"建设,保持乡村的原真本色,着力构建"一品一特"乡村旅游的平民化发展格局。2014年以来,全县农家乐从190家发展到488家,乡村旅游户均年收入从3.2万元提高到10万元以上。太平镇代表江口县在全国发展乡村民宿推进全域旅游现场会上作交流发言,江口县在全市第七届旅发大会上做乡村旅游经验交流发言。云舍、寨沙景区、梵净山景区先后

铜仁市江口县历史文化名村云舍

成为全国发展改革系统生态保护与修复经验交流现场会、全省2018年东西部扶贫协作推进暨项目观摩、全省"文明如厕·从我做起"主题宣传活动现场推进会观摩点。

2. **注重因地制宜建景点。** 坚持因地制宜、分类规划建设的原则,重点打造了寨沙侗寨、云舍土家第一村、漆树坪羌寨、提溪土司城4个特色鲜明的民族文化乡村旅游景点;寨抱村、快场村、孟家屯、江溪屯、苗汉溪5个健康生态的山水体验乡村旅游景点;黄岩、张家坡、封神墰、韭菜4个原始古朴的传统村落乡村旅游景点;鱼粮溪农业公园、骆象生态茶园2个农旅一体化的休闲体验乡村旅游景点,实现了"农村"到"景区"转变。2016年,云舍村入选首批"中国乡村旅游模范村"。

3. **积极推动共建共享。** 有机整合以梵净山为核心的生态文化、民俗文化、佛教文化、红色文化等旅游资源,完善旅游基础设施和公共服务设施,实施"1+N"村寨提级改造工程,村民利用自家已有房屋自主经营、入股经营、委托经营农家乐,村民成为乡村旅游资源的提供者、受益者。引进贵茶集团、梵韵缘、贵州苗药生物技术有限公司等一批高新技术企业,把茶叶、紫袍玉、山野菜等土特产加工成适销对路的地标式"旅游商品",村民进园务工拿薪金,出售特产有资金。

二、景区带村,促进乡村旅游联动式发展

1. **全力打造特色村寨。** 按照"旅游统筹,景城一体,全域推进"的产业提升发展思路和"抓龙头、连金线、带亮点"的全域旅游工作路径,在全县精心打造一批景区景点、精心培育一批特色旅游商品品牌、精心建成一批乡村旅游特色村寨,推进旅游资源的有效开发和服务的全面提升。在世界自然遗产地梵净山的旅游带动下,提升打造了梵净山、亚木沟、云舍3个国家4A级旅游景区,寨沙侗寨、鱼粮溪农业公园2个国家3A级旅游景区,带动梵净山村、寨抱村、梭家村、坝梅村、河口村等13个村寨走上旅游路、吃上旅游饭。

2. **全力促进产业融合。** ①"旅游+农业",打响"梵净山珍·健康养生"品牌,

采取"园区+龙头企业(合作社)+家庭农场(农户)+基地"等多种模式,打造乡村旅游"联合体",延伸致富产业链,强化产业带动辐射作用。相继打造了鱼粮溪农业公园、骆象生态茶园2个农旅一体化的休闲体验乡村旅游景点,鱼粮溪农业公园成功申创为四星级农业公园、3A级旅游景区,成为乡村旅游样板。

铜仁市江口县寨沙侗寨

②"旅游+文化",稳步推进梵净山景区大门外移及基础配套服务设施建设,打造提升沿线景区景点,保护好传统村落和民族村寨,实现了"农村"到"景区"转变。③"旅游+电商",整合农村资源、劳动要素和闲散资金入股到企业、合作社等经营主体,把返乡的高校毕业生、优秀青年培训为电商"主力军",将农特产品及旅游产业通过电商网络营销渠道向外推广。探索建立"政府+公司+旅游协会+农户"长效互利共赢机制,实现农民从旁观者到参与者、股东的转变。目前,已建成江口县太平镇快场村生态旅游专业合作社、兴隆村旅游商品加工等旅游专业合作社,发展茶业、果蔬、花卉等涉旅合作社400多个,入股群众达3000余人。

三、用活政策,破解乡村旅游缺资金难题

1. **突出政策引领**。出台《江口县扶贫小额信贷贴息资金管理办法(试行)》优惠政策,设立全域旅游发展专项资金,对全域旅游、乡村旅游、旅游扶贫等特色产业实行贴息贷款,给予企业优惠配套政策支持,引导企业参与旅游扶贫开发,以体制机制创新催生全社会参与乡村旅游发展动力。

2. **政府精准投入**。围绕景区建设,按政府资助70%,群众自主投入30%的"帮7出3"激励机制,加强周边农村房屋立面和庭院环境改造,破解了群众不想改造、不敢改造、没钱改造难题。创新推出政府、旅游部门、银行、担保公司、项目业主"五位一体"项目融资新模式,破解了金融机构不放贷、贫困群众不敢贷难题。同时,成立梵净山担保公司,与国家开发银行贵州省分行、农业银行江口支行、建设银行江口支行、江口县信用联社等金融机构建立"群众贷款、政府担保、银行放贷、财政贴息"的金融借贷平台,为120户贫困群众争取到金融支持2300万元。如

在寨沙侗寨打造过程中，政府引导群众按照统一规划在原址上改造重建，帮助74户群众协调贷款资金1636余万元，并鼓励群众多方自筹资金500余万元。

3. **企业大力帮扶**。创新"以景带村""以企带户"模式，企业"带村帮户"，借助景区龙头企业的资金优势和营销平台，抽取企业收入一定比例资金用于当地旅游基础设施建设，在用工和收购农产品的过程中，优先考虑和保障当地村民。金奥旅游公司开发亚木沟景区，为寨抱村当地群众提供就业岗位60个，带动群众20户从事乡村旅游。三特公司经营梵净山景区，优先吸纳失地农民、经济困难户和就业困难户就业，每年从景区门票收入中拿出5%作为旅游发展专项资金，用于支持村基础建设、产业发展等，带动景区沿线10余个村的群众发展乡村旅游增收致富。梵净山景区成功入选2016年全国"景区带村"旅游扶贫示范项目。

4. **完善利益联结**。引进行业龙头企业（涉旅企业）参与市场开发、产品包装和经营管理，整合农村资源、闲散资金和劳动要素入股到合作社，形成"政府+公司+合作社（基地）+农户"的利益联结模式，实现了资源变资产、资金变股金和农民变股东的转变。建成太平镇快场村生态旅游、兴隆村旅游商品加工等涉旅合作社550个，入股群众10319人，全县农村合作社拥有资产总额达2203万元，商品销售收入7632万元，实现利润104万元，促进农民户均每年增收6000元以上，带动1500余人脱贫致富。

5. **群众积极参与**。鼓励群众通过"精扶贷"方式筹集资金，带动景区周边想创业、敢创业的贫困群众发展乡村旅游。同时，引导贫困群众盘活房屋、宅基地、土地承包使用权等资源，采取股份制、捆绑制、合作制"三制合一"方式参与乡村旅游发展，实现增收致富。2014年以来，全县通过发展旅游扶贫带动贫困人口5649人，辐射带动2万多人增收致富。侗家驿栈、一碗水等9家农家乐入选中国乡村旅游金牌农家乐。

专家评语

积极推动共建共享，实施"1+N"村寨提级改造工程；景区带村，促进乡村旅游联动式发展，全力促进产业融合；引导贫困群众盘活房屋、宅基地、土地承包使用权等资源，采取股份制、捆绑制、合作制"三制合一"方式参与乡村旅游发展，实现增收致富。

全域布局 典型带动
党政包抓的乡村旅游发展模式

——陕西省商洛市

商洛市位于陕西省东南部，秦岭南麓，与鄂豫两省交界。全市总面积19292平方公里，辖商州、洛南、丹凤、山阳、商南、镇安、柞水1区6县。市区距省会西安110公里，交通便捷，有福银、沪陕、包茂等多条高速穿境而过，县县通高速，是连接西北与南方地区最便捷的大通道。

近年来，商洛市紧盯追赶超越目标，认真贯彻新发展理念，突出绿色发展主线，将产业绿色化、城镇景区化、田园景观化作为基本路径，将发展乡村旅游作为农村美、农业强、农民富的重要抓手，坚持把美丽乡村建设作为引领农村巨变、推进脱贫攻坚、发展全域旅游的一场革命，坚持高点规划、典型示范、梯次推进，农村面貌显著改观、产业发展加快、城乡互动加强、群众收入增加、整体活力增强、综合效益初显，为"秦岭最美是商洛"注入了新的活力和丰富内涵。

一、商洛美丽乡村建设情况

"十三五"以来，商洛市选择了乡村旅游基础较好的柞水县朱家湾村、石瓮子社区、洛南县巡检街社区、山阳县前店子村、商州区江山村、丹凤县竹林关村、镇安县云镇村、商南县后湾村作为乡村旅游重要载体的美丽乡村示范村进行打造，紧紧围绕发展乡村旅游这条主线强力推进建设工作。8个示范村宛如竞相绽放的"八朵金花"，点缀着大秦岭核心区商山洛水旅游格局的新画卷。目前柞水朱家湾村、山阳前店子村、商州江山村、商南太子坪村先后荣获"中国美丽休闲乡村"称号。各县的美丽乡村示范村建设除了具有在统一发展理念基础上的共性之外，在发展方式上又结合当地特点有着自己的路径。

商洛市洛南县巡检街社区

1. 景区依托型发展模式。 商南县太子坪村和柞水县朱家湾村、石瓮子社区是典型的景区依托型发展方式，借助金丝峡、牛背梁和柞水溶洞景区，县上把美丽乡村建设按照景区的一部分来整体打造，把乡村作为景区的旅游接待后方。村子里大规模发展农家乐集群和高端民宿等旅游接待服务，同时增加与景区互补的旅游项目，成为既服务景区又有自身特色的旅游新村。

2. 招商造景发展模式。 对于周边没有核心景区支撑的村子，打造景点是拉动乡村游的有效措施。山阳县前店子村通过招商引资建设了西北地区规模最庞大的徽派私家园林"漫川人家"，同时建成鼎盛现代农业生态观光园区及300亩荷塘，形成乡村游的拳头产品。

3. 镇村融合发展模式。 镇安县云盖寺镇和丹凤县棣花镇是两个把美丽乡村建设与文化旅游名镇建设一体打造的典型。县上在古镇街区立面改造、店铺经营项目等各个方面以发展旅游为目的进行统筹，充分挖掘展示古镇地方文化，如，棣花镇以展现商於古道文化和贾平凹文学艺术为核心；云镇社区恢复云盖寺古庙，展示佛教文化等，赋予乡村旅游文化灵魂。山阳县把漫川关古镇与周边的前店子村、古镇社区、小河口村、水码头村、闫家店村和法官庙村6个村进行连片打造，建设"漫川文化旅游经济区"，最终目标是与天竺山景区相融合，共同打造国家级旅游度假区。

4. 移民搬迁新区整体打造模式。 结合山区移民搬迁工程，商洛市把发展旅游业作为移民安置的主导产业之一来考虑，在移民新村规划建设时就充分融入旅游元素，在基础设施和配套设施上满足旅游发展需求，通过精心选点，高标准、高起点建设移民新村。镇安县云镇村结合文化旅游名镇建设，把2500余户移民小区与古镇老街区连在一起，为移民围绕古镇旅游经营相关服务业打下了基础。

二、商洛乡村旅游发展示范经验

当前，全域旅游已经成为旅游业发展的新趋势。那么，全域旅游的起步阶段该如何着手来做？商洛的做法可谓是成功范例。

1. **抓典型，做示范，不贪大求全。** 商洛市委、市政府从实际出发，立足生态、资源、区位、人文优势，针对各县区乡村基础情况，采取抓典型先建设的办法，依据"自然环境优、自身特色优、基础条件优、交通区位优"的"四优"原则，以及"与精品景区结合、与旅游线路结合、与中心城镇结合、与精准扶贫结合"的"四结合"原则，从各县区中甄选8个美丽乡村建设示范点，集全市力量集中进行打造。不贪大求全的做法，保证了市、县（区）财力、物力、人力的集中使用，破解了乡村旅游发展中普遍存在资金不足的难题。示范村的现行经验也有效带动了周边村庄，起到连片发展的效果。

2. **党政主导，部门联动，层级同步推进。** 商洛市委、市政府把美丽乡村建设作为改善提升农村落后面貌的民生工程，把发展乡村旅游作为提高农村经济发展水平的重要突破口，视为一场改变乡村命运的革命。在这场革命中，党、政"一把手"领导不仅是决策者也是站在一线的建设者，通过包抓到村的具体分工，切实推动美丽乡村建设。成立了由市委书记担任第一组长，市长任组长，多个部门主要负责人为成员的美丽乡村建设领导小组，牵总负责领导全市美丽乡村建设工作。这项高规格配置的"一把手"工程产生强大的动能，推动美丽乡村建设快速、高效、高质量发展。并把美丽乡村建设纳入全市重点项目观摩内容，纳入市对县、对部门年度目标考核。

3. **重视规划引领，突出特色，强化执行。** 保持本色、注重特色是商洛美丽乡村建设的重要原则之一。市、县（区）两级政府把高标准规划作为美丽乡村建设的头号工程，围绕规划一张图、建设一盘棋的理念，按照专业、特色、务实、精准的原则编制规划，先后聘请浙江远见、湖北殷祖、陕西城乡设计研究院等国内一流规划设计单位进行美丽乡村规划。各县区在规划时本着深挖当地乡村本色，力求"一村一品、一村一景、一村一韵"的差异化发展要求，把美丽乡村建设规划和美丽乡村产业发展规划一并完成，既保证建设有章可循，又保证产业发展能够持续。高标准的规划避免了"千村一面"互相模仿的简单复制，也避免了美丽乡村徒有虚名缺乏可持续发展动力的弊端。

为了真正让规划蓝图变成现实，防止规划和建设"两张皮"的问题，商洛市让规划单位全程参与施工监理，指导施工建设，既当规划员又当监理员。确保建设质量和进度，做到了一张蓝图绘到底。

4. **多方投入，广泛争取，破解资金瓶颈。** 面对美丽乡村建设涉及面广，投资量大等难题，商洛市委、市政府不等不靠，积极探索建立了财政投入、项目整合、招商引资、金融支持、社会帮扶、农民自筹的多元化投入机制。市财政设立1000万元美丽乡村建设专项资金，各县（区）财政均设立不少于500万元的资金，引导美丽乡村建设。为整合各类资金，商洛市将市农业银行、农业发展银行、信用联办及邮储银行等与农村联系紧密的金融机构与农业、交通、水务等部门一并作为帮扶单位，调动各单位主动融入的积极性，从而加大了建设资金的筹措力度。并加大招商引资力度。积极策划包装项目，广泛宣传，赢得社会资金的投入，通过政府和市场两轮驱动，加快美丽乡村建设进度。

5. 与扶贫结合，同步推进，群众是主体。美丽乡村建设的宗旨就是要让农民脱贫致富，共同走向全面小康。商洛市在美丽乡村建设过程中始终维护好、保障好农民群众的切身利益，把美丽乡村建设与旅游扶贫同步推进，通过项目建设、景区运营、土地流转、农副产品销售、农家乐经营等渠道增加农民收入。各县村积极探索旅游精准扶贫新方法、新模式，乡村旅游的发展已经成为商洛破解山区农村发展难题，增强发展内生动力的有效途径。

商南县太子坪村将脱贫攻坚纳入旅游产业园区整体规划之中，以精准定位为保障，旅游带动为核心，品牌引领为抓手，辐射共赢为导向，依托金丝峡国家5A级旅游景区，打造了水上漂流项目、精品民俗项目、药膳养生项目、农家乐接待项目等休闲体验型旅游项目，创新建立了"旅游带动、品牌引领、民企共赢、合作共建"四大旅游扶贫模式，农民人均纯收入达到11200元，直接吸纳就业800人，间接提供岗位500人。

山阳县依托鼎盛源现代农业观光园的辐射带动，引导农民大力发展农耕体验园、水果采摘园、设施蔬菜科普园等设施农业，新建林果及茶叶采摘园5000亩、千亩油菜、千亩药材、千亩荷塘等农耕体验园15处，带动户均增收2万元。法官庙村按照精准识别管理、精准结对帮扶、精准规划定位、精准开发产业、精准融资投入、精准督促考核的"六个精准"扶贫思路，设立扶贫攻坚作战室，设立脱贫摘帽倒计时牌，大力推进美丽乡村建设，实施旅游扶贫工程。

6. 与名镇建设结合，镇村联动，加快城镇化进程。美丽乡村建设既是城镇化的重要支撑，同时加速了城镇化进程。全市8个示范村汇聚人口近20万，带动全市城镇化水平提高了49.5%，新修城乡旅游公路10条120多公里，8个示范村实施居民房屋立面改造523户，新建、改建房屋923间，特色园区17个，大型基础设施29个，停车场18个，文化广场8个，游客中心8个，安装路灯1200余盏。

镇安县以云盖寺文化旅游名镇创建为抓手，结合云镇村美丽乡村建设，按照"保护修复老区、打造特色新区、完善配套设施、带动旅游产业"的建设思路，以古镇建设为核心，带动周边的岩湾村发展以花卉苗木基地为主的风景区，把金钟村打造成牡丹—绿竹风景带，与云盖寺镇相互融合，同步发展。

山阳县把漫川关古镇建设与前店子美丽乡村建设整体统筹，以规划为引领，整体抓基础设施建设和城乡综合环境治理，集中打造十大项目工程。"漫川人家"和前店子美丽乡村已经成为漫川关文化古镇旅游产品体系的重要组成部分。2018年前店子村农民人均纯收入达到

商洛市商南县后湾村

11250元，农家乐旅游产业净增加收入4500元，占到群众收入的30%。全村有农家乐73户，占到总户数的11%。漫川关古镇连续三年在全省31个文化旅游名镇建设考核排名中位列前茅。

丹凤县把竹林关镇与竹林关村的美丽乡村、精美城镇、精品景区作为"三大会客厅"同时打造，围绕生态宜居示范区，突出五大板块，整合项目搭台，加快旅游开发，在保持本色上做"减法"，在突出地域特色上做"加法"，让美丽乡村既有"里子"又有"面子"，加速城镇化的发展。

三、商洛乡村旅游发展成效

1. **乡村旅游接待人数及收入大幅增长**。2018年全市乡村旅游接待人数2100万人次，旅游收入58.8亿元，全面辐射带动贫困群众1.5万人增收致富。2018年"十一"黄金周期间，商洛乡村旅游引爆了客源市场，接待游客408万人次，其中柞水朱家湾村、终南山寨、阳坡院子民宿共接待了10.4万游客，乡村旅游已经成为商洛旅游最活跃的增长极。

2. **加快了农民脱贫致富**。乡村旅游作为一项带动范围广、融合度高的产业，赋予了美丽乡村持续健康发展的动力，让农民寻找与自身专长相结合的致富途径，为农民脱贫致富创造了广阔的空间。八个美丽乡村示范村共6026户20086人，乡村旅游带动1760户5974人直接从事农家餐饮住宿、农特产品销售、特色种植养殖等旅游相关产业，2018年年底8个村人均纯收入达到10200元，比全市农民纯收入高1623元，其中旅游经营人均增收1000元，农特产品销售人均增收300元。

3. 创新了乡村旅游发展方式。针对旅游市场的发展趋势和游客的消费需求，商洛市美丽乡村建设从一开始就瞄准了乡村休闲度假甚至乡村生活的目标，依托大秦岭良好的生态环境，用现代的眼光重新审视田园生活，围绕游客对于田园、对于乡愁的向往，大到乡村布局、田园风光，小到一房一瓦、一苗一木，通过山丘、小溪、田垄、屋舍、树林全景呈现乡村的美丽和恬静。广大游客沉浸在自然山水和美丽田园之中，感受到返璞归真的畅然，乡村生活逐渐成为游客旅游消费的新选择，不断引领乡村旅游向休闲度假阶段发展。

4. 促进了农村产业结构调整。商洛美丽乡村建设与乡村旅游的结合，还体现在用旅游的服务理念，围绕游客"食、住、行、游、购、娱"的需求引导生产方式的转变。各示范村以服务游客，促进乡村旅游消费为目的，将特色民宿、小品景观、游客步道、旅游标识建设融入美丽乡村之中，建设实施了多个有味道、有品位的乡村休闲项目。同时推出了商洛"八大碗"等特色美食，商洛核桃、板栗等旅游商品和柞水渔鼓等文化节目，延长了产业链条。

5. 推动了乡村旅游服务品质化。商洛以乡村旅游引领美丽乡村建设，在发展中充分考虑旅游需求，村村建设了绿道、停车场、旅游公厕、游客服务中心等基础设施，乡村旅游的硬件配置得到提档升级。各村在统一发展理念下，通过培训、引导等措施大力提高农家乐接待服务水平，又通过市场化运作建设高端民宿，极大提升了乡村旅游服务品质。

商洛美丽乡村建设契合了党中央"美丽中国"和陕西省"三个陕西"的要求，以超前的理念和坚守特色的原则，通过全域布局、典型带动、党政包抓强力推进乡村旅游发展方式的创新，促进了农村经济发展、文明进步和农民脱贫致富，首批成功打造的美丽乡村"八朵金花"已经成为商洛乡村旅游的亮丽名片，成为陕西乡村旅游转型升级的一个典型模式。

专家评语

在发展方式上结合当地特点有着自己的4条路径，景区依托型发展模式、招商造景发展模式、镇村融合发展模式、移民搬迁新区整体打造模式。同时重视规划引领，突出特色，强化执行；与扶贫结合，同步推进，群众是主体；与名镇建设结合，镇村联动，加快城镇化进程。

特色家庭旅馆引领乡村旅游发展

——西藏自治区林芝市扎西岗村

一、基本情况

扎西岗村隶属于西藏自治区林芝市巴宜区鲁朗镇，下辖扎西岗、仲麦两个自然村，距林芝市巴宜区八一镇78公里，距鲁朗国际旅游小镇3公里，与南迦巴瓦峰、色季拉国家森林公园、鲁朗林海等多个知名景点相邻，平均海拔3300米。村内环境优美，交通便利，保留有西藏旧贵族遗址"桑杰庄园"（自治区级文物保护单位），并有许多脍炙人口的历史典故。

扎西岗村作为鲁朗国际旅游小镇的重要组成部分，以旅游业为主、农牧业为辅，是一个远近闻名的旅游村，相继获国家级"美丽乡村""妇联基础建设示范村""精神文明村"等荣誉称号。村内民俗旅游主要以家庭经营为主，以合伙经营和集体经营为辅。一是以户为单位经营家庭旅馆、响箭、马匹出租、工布服饰出租、土特产品出售等项目，可供游客住宿、餐饮、购买土特产品、骑马射箭等。二是合伙经营，根据收入平均分红。

二、发展历程

2003年以来，林芝市及时调整产业结构，积极创造各种有利条件鼓励和扶持农牧民大力发展农村旅游，通过各种渠道争取资金相继投资1500余万元为条件相对较好、离旅游景点较近的扎西岗村修建了路、桥梁、家庭旅馆等配套设施。用事实告诉所有农牧民依托旅游资源大力发展农村旅游业，发家致富奔小康是一条环保且正确的致富道路。旅游带动的农村经济效应使得很多农牧民思想有了很大转变，积极性空前高涨，自愿参与旅游培训和服务，村容村貌也得到了极大改善。目前家庭旅馆数量已达到 52 家，从业人员 180 余人，床位 1000 余张。2017 年接待游客 7.1 万余人次，全年经济收入 1097 万元，旅游收入 291 万元。

同时，扎西岗村利用村容村貌、庭院综合大整治、家庭旅馆升级改造改变村庄面貌，发动群众开展植树造林全力打造绿色扎西岗，通过增加旅游元素等方式增加扎西岗村的旅游核心竞争力，提高旅游收入。用惠民项目安置村内贫困家庭就业，帮助贫困户进一步改善生产生活条件。

林芝市巴宜区鲁朗镇扎西岗村

通过多年培育，扎西岗村的旅游产业不断蓬勃发展。家庭旅馆的兴起打破了客居服务市场的单一格局，并且更加经济实惠，深受背包旅游者和对价格敏感的游客喜爱。游客入住家庭旅馆可以全面感受当地民间风俗，原汁原味地收获一种文化的体验与感受。此外，烘干房、洗车场、自行车租赁、干洗店、便民超市、演艺厅出租等村集体项目，年底将部分收益分红给贫困户。村内贫困户通过家庭旅馆收入、马匹出租、合作社吸纳、村内富裕群众帮扶等渠道实现脱贫，农牧民纷纷变身为景区工作人员、家庭旅馆业主、合作社社员、旅游商品销售员等。目前，全村仅有 3 户 6 人因病致贫。如今的扎西岗村作为全区家庭旅馆第一示范村，普遍实现了房屋楼层化、园林化，人民生活水平不断提高，村中邻里团结，村风民风淳朴，成为"生产发展、生活宽裕、乡风文明、村容整洁、管理民主"的旅游示范村。

三、主要做法及成效

1.**政府引导发展建设**。按照林芝市委、市政府提出的要把旅游业作为支柱产业的要求，在深入调研的基础上，不断解放思想，更新观念，紧紧依靠当地旅游资源的优势，积极引导农牧民群众发展民俗旅游。巴宜区委、区政府通过实施制定优惠政策、无偿划拨土地、小额信贷，引导有经济实力、有致富头脑的农户带头发展家庭旅游等措施，为其他群众的参与发挥了示范引路作用。好的发展思路，带来了较好的社会和经济效益，群众观念变了，思路宽了，眼光远了，门道多了，砍伐木材维持生计的观念已成了历史，群众保护生态资源，参与旅游服务的积极性空前高涨。

2. 汇聚各方支持力量。 为了直接增加农牧民的现金收入，巴宜区把农家乐作为发展乡村旅游的亮点，不但扭转了农牧民参与旅游意识淡薄的不良局面，而且大大转变农牧民群众千百年来形成的根深蒂固的观念，使他们充分认识到保护生态资源、合理开发资源、旅游脱贫致富的现实意义。通过兄弟省市援藏在该村修建多功能演艺厅、村公房、藏餐馆、数字电影院、林下资源烘干房、洗车场、干洗店、自行车租赁等项目的建成进一步完善了该村旅游基础设施。近几年通过各种渠道争取资金相继投资近1500万元，把扎西岗民俗村建设成为远近闻名的"旅游村"，成为镇旅游业的"领头雁"。

3. 村集体开拓创新思路。 扎西岗村"两委"班子积极开动脑筋，确立了旅游强村、旅游立村的道路。并紧紧围绕"旅游新农村"建设，重点发展推进以绿色植被为依托，建设高原森林氧吧的"生态型旅游新农村"；以高原田园的农耕风貌为特色的"田园型旅游新农村"；以特色藏式民居、民俗风俗习惯文化为基础的"村落型旅游新农村"的长远计划。积极引进资金、技术、项目和先进的管理经验，加快产业结构调整。以"支部＋合作社＋农户"的模式带领村民发展旅游服务业，成为全区家庭旅馆第一示范村。

4. 找到旅游和扶贫的契合点。 村"两委"和驻村工作队帮助贫困户厘清发展思路，拟订发展计划，以产业帮扶、劳务输出等多形式、多渠道带动贫困户增收，并计划利用废弃已久的景点旅游厕所经改造装修成小商店，由村里出资完善后通过租赁方式交由贫困户管理经营。村集体经济、专业合作社吸纳贫困户参与以增加收入防止返贫，引导贫困户树立"遵纪守法讲诚信、打铁还靠自身硬"的发展理念。

5. 拓展旅游服务产业链。 扎西岗村在开办家庭旅馆的同时，相继拓展了响箭、骑马、藏餐、出售土特产品等民俗旅游经营项目。随着旅游市场的日益红火，每年就家庭旅馆概况、旅游政策法规、职业道德、乡村旅游业务技能、应变处理、急救常识、文明礼仪、消防知识、石锅鸡烹饪技术等不断开展农家乐服务技能培训，系统地将贯穿于农家乐"食、住、行、游、娱"为一体的农家乐旅游服务技能和科学的经营理念传授给每家经营户，明显提高了全村旅游接待户的综合接待水平。

四、经验启示

为了实现家庭旅馆的有序发展，需要政府、个人、援藏企业等各方面的支持与合作。只有明确责任，各负其责，共同管理，才能保障家庭旅馆顺利发展。

1. **政府主导**。政府鼓励发展家庭旅馆最初都带有扶贫性质，在管理上不多加干涉，任其自由发展，结果就是规模小、质量差、没有规范。政府在整个过程中起主导作用，不仅是开始给予引导，而且要在后续的发展中提供咨询、指导和政策保障，保证工作的持续性。主要任务是制定开设家庭旅馆的相关政策、法规和管理制度，为家庭旅馆的开办和管理提供依据；改善基础设施；组建专门的部门负责本地文化、建筑的研究，为家庭旅馆的建设提供指导，并且保护好本地的民族、文化、宗教特色。

2. **行业协助管理**。单个经营者力量弱小，没有统一的管理，因此需要行业来协调统一。它是政府和经营者，游客和经营者之间联系的纽带，实现共同建立合理、和谐管理方式的目标。主要任务是执行相应的管理和服务，负责家庭旅馆的审核许可和日常管理，使各成员单位守法经营，维护公平的竞争环境；对家庭旅馆进行统一宣传，开拓客源市场；提供相应的培训服务。

3. **经营者积极配合**。经营者要努力使自己的家庭旅馆有特色，遵守政府与行业协会的相关管理条例。家庭旅馆的经营者、家人或雇员要有一技之长，如厨艺，善于讲当地的故事、传说，唱歌，跳舞，绣花等，除了家庭接待外还要能担当导游的责任。积极参加培训，提高服务水平，改善住宿条件。保持家庭旅馆的建筑特色，避免过于现代化而导致传统特色缺失。尊重和喜爱本民族的传统、文化。

专家评语

村内民俗旅游主要以家庭经营为主，以合伙经营和集体经营为辅，积极引进资金、技术、项目和先进的管理经验，加快产业结构调整。以"支部＋合作社＋农户"的模式带领村民发展旅游服务业。一是政府主导，二是行业协助管理，三是经营者积极配合。

因地制宜 因势利导
高标准打造花桥乡村旅游扶贫示范基地

——甘肃省陇南市花桥村

一、基本情况

康县长坝镇花桥村位于省道白望公路沿线，距望关高速路口8公里，距康县城26公里。全村共8个合作社，215户774人。是康县的北大门和茶马古道上的知名驿站，也是康县全域旅游的门户和名片。2012年实施美丽乡村建设，彻底改善了群众生产生活条件和人居环境；从2013年开始在美丽乡村建设的基础上不断完善提升，打造美丽乡村升级版，发展乡村旅游；2015年被列为全市乡村旅游示范点；2016年在全省乡村旅游精准扶贫现场会上被授予"中国乡村旅游模范村""中国茶马古道文化艺术之乡""甘肃省乡村旅游培训基地""全省农民回乡创业基地示范区"等荣誉称号；同年12月花桥村被评为国家4A级旅游景区，先后获得"2016中国最美村镇"生态奖、"2017中国最美村镇"50强等奖项。目前有建档立卡贫困户63户210人。

二、发展历程

近年来，县镇党委、政府抢抓乡村振兴机遇，集省、市、县、镇、村五级资源，采取"政府引导、市场运作、公司化经营、贫困户参与、综合性带动"的方式，高标准建成了入口服务、游客接待、休闲养生、民俗体验、亲水游乐、养身休闲等13个核心区域。通过招商引资由陇南龙江公司投资2300万元修建了游客接待中心和乡村宾馆；省公航旅投资2600万元建设了自驾游房车露营地；县上以采取土地入股、整合项目资源等方式筹措资金2800万元，发挥群众主体作用，硬化了村内道路，改造了房屋风貌和庭院，配套建设了文化广场、中医养生堂、村史馆、电子商务室及油坊、酒坊、磨坊、豆腐坊、村内广电网络、Wi-Fi 等服务设施以及污水管网、仿生态河堤和供水工程，结合"十村百户千床"乡村旅游示范工程，发展 13 户农家乐，建成 10 家农家客栈，64 间客房 102 张床位。

三、典型做法

该村根据乡村旅游消费热点、消费层次和花桥旅游示范村建设投资结构方式，不断探索运营模式，提升营销能力。在乡村旅游发展运营上，实行协会统一管理，协会在村党支部的领导下，下设旅游扶贫、餐饮管理、环境卫生管理、安全管理 4 个分会，会长及成员均由村民代表大会选举产生，对景区各种经营常规工作、日常事务进行全面规范管理。探索完善了乡村旅游三种运营带贫模式：一是"协会+企业+贫困户"模式，全村 63 户建档立卡贫困户中，40 户从扶贫互助社户均借款 5000 元，入股茶马风情旅游文化公司，每年每户贫困户可获得 1150 元的稳定收益。二是"龙头企业+产业+贫困户"模式，旅游文化公司、酿酒企业、农家乐、农家客栈与贫困户签订需求合同，带动 41 户 139 人通过发展养殖、种植、采摘山野菜和从事务工等方式增收。三是"支部+协会+贫困户"模式，由协会组织建档立卡贫困户参加公共服务管理，带动贫困户 18 户 77 人增收致富；帮助务工青年组建专业合作社，采用入股分红、流转土地、农户务

陇南市康县长坝镇花桥村

工、开办小吃摊点、饮品摊点等形式,带动了16户贫困户增收,既解决"留守儿童""空巢老人"等社会问题,又使贫困户就地就业脱贫。

2016年5月20日在花桥召开了全省乡村旅游精准扶贫现场会,推广了"花桥经验"。同时进一步加大对电商优秀人才应用、网络供应企业、能人大户、专业合作社等扶持力度,加快促进传统模式向电商模式转变。按照"请进来,走出去"的发展思路,多次参加县上举办的电子商务技能培训,并筛选出6名"村小二",9名淘帮手充实到电商人才队伍中,提升"工业品下乡,农产品进城"的双向流通服务水平。加强乡村互联网应用,创新了"互联网+旅游""互联网+乡村"的新模式,加强与腾讯公司合作的"腾讯为村开放平台"、陇南乡村大数据等为切入点,动员全村力量广泛参与。

四、取得成效

2017年,成立了花桥村国家4A级旅游景区管理委员会,具体负责景区的管理运营、宣传营销、旅游安全和景区开发建设工作。随着乡村旅游的持续升温,花桥村旅游集散地和旅游枢纽的区位优势进一步凸显。

1. **"农家乐"等实体经济快速发展。**村民等人开办农家乐和农家客栈,收入从以前外地务工年收入4万~5万元,增长到月收入3万余元,年收入可达20万元左右。定期向贫困户购买土鸡、土鸡蛋、山野菜等原材料,聘请了贫困户为服务员,带动了20多户贫困户共同发展。

2. **增加就业机会增收。**通过吸纳当地农民参与乡村旅游的经营与管理,增加群众就业机会。游客服务中心和乡村宾馆,为200余人提供保洁、保安、服务等就业岗位,目前已优先招聘当地和周边建档立卡贫困户54人,按月工资1500元计算,年收入可达18000元。村内油坊、磨坊、豆腐坊、手工挂面坊等各种作坊在采购原材料、招聘务工人员时,优先考虑村内及周边的农户和贫困户。

3. **依托景区创业增收。**乡村旅游的红火发展,吸引了更多外出务工青年和大学毕业生回乡创业。张强、蒲富德等人成立的花桥景园种植农民专业合作社、花桥富得养殖农民专业合作社,采用入股分红、流转农户土地、农户务工等形式带动了16户农户增收。组建了20余人参加的花桥文艺社,为游客有偿表演传统社火等民俗节目,参与表演者每场平均可获得100元收入。大学生村干部王长娥开办电子商务网店，帮助农户出售核桃、花椒、黑木耳、土蜂蜜等农特产品，累计销售额达到10万余元。带动本村及周边村社贫困户增收。

> **专家评语**
>
> 在乡村旅游发展运营上，实行协会统一管理，协会在村党支部的领导下，积极探索完善乡村旅游三种运营带贫模式：一是"协会＋企业＋贫困户"模式；二是"龙头企业＋产业＋贫困户"模式；三是"支部＋协会＋贫困户"模式。加强乡村互联网应用，创新了"互联网＋旅游""互联网＋乡村"的新模式，加强与腾讯公司合作的"腾讯为村开放平台"。

永不打烊的美丽乡村

——宁夏回族自治区固原市龙王坝村

一、基本情况

龙王坝村坐落于宁夏南部山区著名的红色旅游圣地六盘山脚下，位于西吉县火石寨国家地质公园和党家岔震湖两大景区之间，距离县城10公里，交通便利，旅游资源丰富。该村是全县238个贫困村之一，有8个村民小组，401户，建档立卡户208户1764人，其中80岁以上的老人有40多位，90多岁的老人有8位，是远离城市喧闹的原生态长寿村寨。目前，龙王坝村已形成了传统三合院、多种风格乡村民宿并存的美丽乡村风貌，建有塞上龙脊高山梯田、滑雪场、窑洞宾馆、民宿一条街。在全村人的共同努力下，2018年共接待游客41.38万人次，旅游收入达1442万元，为208户建档立卡贫困户解决就业。先后获得"中国最美休闲乡村""全国生态文化村""中国乡村旅游扶贫示范村""国家林下经济示范基地""中国乡村旅游创客示范基地"等荣誉称号。2017年被确定为央视农民春晚和乡村大世界走进西吉拍摄基地。

二、主要做法

近年来，龙王坝村以"生态休闲立村、乡村旅游活村"为发展思路，以"农民变导游、农房变客房、产品变礼品、民俗变旅游"为抓手，以带领乡亲们脱贫致富为目标，依托本村丰富的自然景观资源，大力发展乡村旅游，形成了自己的特色与亮点。

1.**农房变客房。**通过依托休闲观光旅游资源优势，推进"乡村休闲观光旅游+餐饮+住宿"一条龙经营模式，采取"政府危房改造补贴+农户筹资"的方式改造客房，大力发展乡村旅游民宿，提升接待能力和水平。

2. **村民变导游**。为了让村民参与乡村旅游、共享旅游红利，合作社请专业导游对村民进行培训，让村民在给游客介绍村庄的同时，讲述红军"三过"单家集、会师将台堡、毛泽东夜宿陕义堂清真寺等革命故事。使村民们转变了"等、靠、要"的思想观念，助力精准脱贫。

3. **产品变商品**。龙王坝村的经营户充分利用龙王坝旅游区自身品牌优势，加大宣传力度，对本地农产品马铃薯、芹菜汁、小秋杂粮、红军粉进行品牌包装，积极开展线上线下整合营销推广。既解决了农产品销售渠道不畅、对外知名度不高、品牌影响力不够等问题，又全方位帮助农户（特别是建档立卡户）学会线上线下"互联网+"的电商销售模式，提高了农产品的附加值，增加了农民收入。仅2017年一年村民靠销售马铃薯、芹菜汁、小秋杂粮、红军粉等旅游商品，收入就达230万元。

西吉县吉强镇龙王坝村

4. **民俗文化变旅游资源**。龙王坝村通过保持黄土窑洞、农民耕地等原生态场景，培育特色文化和传承民俗文化，着力打造特色乡村旅游产品。通过举办文化大讲堂、广场舞比赛等丰富多彩的文化活动，营造文明向上的乡村文化氛围。通过拍摄全国农民春晚，极大地提升了龙王坝村的文化品位和知名度。

三、经验与启示

1. **抓基层党建，促进乡村旅游快速发展**。龙王坝村积极响应乡村振兴战略，积极探索"支部+合作社+农户"模式，抓好基层党建，坚持党的领导，不仅提高了支部的凝聚力，共同抵御市场风险。同时提高了社员和贫困户的积极性，带动贫困

三、景区带动发展型

户积极经营乡村民宿，在家门口实现就业增收。走出了一条"南部山区落后村庄"变"宜居宜游的美丽乡村"的脱贫致富发展新路子。

2. **立足于现有资源发展乡村民宿，实现脱贫致富。**村民们依托村里得天独厚的自然资源，建成了窑洞宾馆、滑雪场。滑雪场的建设进一步增加了乡村旅游产品的吸引力，使龙王坝村的民宿外部面貌别具特色。村民们积极将本地农产品变成旅游商品进行出售，延伸了产业链，培育了新的农民增收点，实现了农户致富。

3. **通过创新机制推进乡村旅游发展，实现共同富裕。**龙王坝村是全天候免费开放的景区，游客一年四季可以随时进出、自由停留，不收门票，不收停车费。龙王庙、乡村科技馆、节庆民俗表演等免费观光，只有在民宿、餐厅、窑洞宾馆、滑雪场等直接消费才收费，迎合了游客"喜欢免费"的心理，平均每天吸引上千名游客前来游玩。春节、"五一""十一"等重要节假日每天接待的游客过万人。龙王坝村不但对游客免费开放，对商家也免费招租。通过招商，目前已引进近10家各类业态商家，同时为10户建档立卡贫困经营户提供用电补贴，对商家实行免费入驻，规范经营，定期考查。通过开放与免费，龙王坝村快速吸引了大量的游客和商家。

4. **搭建乡村旅游平台，助推乡村振兴。**龙王坝村不同于很多封闭式的乡村旅游景区，除了鼓励村民参与乡村民宿经营外，合作社以开放的心态鼓励和吸引大学生、返乡青年、复转军人、高校农业专家、文化企业家等到龙王坝创业。近几年新开的梯田精品民宿、创客咖啡馆、乡村酒吧、大学生创意密室逃脱、7D影院等，都是外来商户的典型代表。龙王坝村和西吉县科协合作打造的乡村科技馆成为政府与乡村共享资源的典范。正在加紧推出的龙王坝新村民计划会让更多的城里人来龙王坝村下乡安家，他们将不断丰富龙王坝村的旅游业态，进一步增强龙王坝村乡村旅游产品的内在生命力和对外吸引力。

专家评语

以"生态休闲立村、乡村旅游活村"为发展思路，以"农民变导游、农房变客房、产品变礼品、民俗变旅游"为抓手，通过抓基层党建，积极探索"支部＋合作社＋农户"模式，立足于现有资源发展乡村民宿，搭建乡村旅游平台，通过创新机制推进乡村旅游发展，鼓励和吸引大学生、返乡青年、复转军人、高校农业专家、文化企业家等到龙王坝创业，实现共同富裕。

景区建设助推脱贫攻坚

——宁夏回族自治区固原市老龙潭景区

一、基本情况

老龙潭位于泾源县城东南22公里处，是绵延千里流经陕、甘、宁三省22个县区的泾河发源之地，因传说泾河老龙居于此而得名，古丝绸之路横贯于其中。老龙潭景区是六盘山旅游区的核心景区之一，由一河（泾河）、四潭、十景构成，其独特的自然景观既有北国之雄壮，又具江南之秀丽。"魏征梦斩泾河老龙"及"柳毅传书"的故事，更为其添加了几分神秘色彩。老龙潭景区是集山水观光、生态休闲、避暑度假、文化展示及户外运动健身于一体的综合性休闲旅游景区，也是全国首批100个红色旅游经典景区之一。近年来景区不断完善基础设施建设，经营性售货亭、游览观光车等服务设施齐全，目前已经推行了景区门票免除制度。2018年，老龙潭景区接待游客达63.8万人次，实现旅游收入766万元，同比增长49.11%。

二、主要做法

1. 依托景区创收。 近年来，景区采取点对点精准扶贫，借助于景区区位和资源优势，积极吸纳当地贫困户参与旅游景区环境维护、接待服务等工作。目前，仅老龙潭景区安全保卫、卫生保洁等服务型岗位需求就为建档立卡户提供了30多个就业岗位，经营旅游特色产品摊点提供了20多个就业岗位，间接性服务岗位就业200余人次，实现了周边村镇贫困户的稳定脱贫。

2. 瞄准特色增收。 景区依托于其旅游资源优势，大力发展农家餐饮、住宿、娱乐等综合服务体。凡新建、改建、扩建住宅用于农家乐经营的农户，一次性给予2万~4万元的资金补贴，相应配发经营所需的配套设施。目前，老龙潭景区周边的冶家村、河北村、泾光村发展农家乐近200余家，带动建档立卡户近600余人参与旅游综合服务增收创收。

3. 聚焦培训促收。 围绕景区发展需求，把旅游景区作为建档立卡户扶贫扶志的实验基地、培训基地，针对不同层次的扶贫对象，组织开展服务技能、土特产品加工、餐饮品质提升等各类实操培训活动，累计培训建档立卡贫困群众400人次以上。

泾源县

三、取得的成效与经验启示

1. **瞄准特色增收是农民脱贫致富的关键。** 依托旅游景区开展旅游扶贫，使贫困群众实现了就近就业，2018年，全县乡村旅游接待游客37.6万人次，同比增长29.2%，实现旅游收入3.61亿元，同比增长29.3%，带动近3.7万农民通过参与旅游综合服务受益。

随着景区游客接待量的日趋攀升和乡村旅游的快速发展，特色旅游产品、民宿手工艺品、土特产品研发销售所产生的旅游服务链，带动了周边群众就业，促进了农村剩余劳动力的就地转移。

2. **开展服务技能培训是农民参与就业增收的保障。** 通过开发建设旅游景区，既使一大批贫困群众通过参与劳务用工增收致富，也有效地将美丽乡村建设与乡村旅

245

游开发相结合。使景区周边农村面貌焕然一新,农民素质普遍提高,形成了城乡互促互动、和谐发展的良好局面。

专家评语

瞄准特色增收是农民脱贫致富的关键,依托旅游景区开展旅游扶贫,使贫困群众实现了就近就业;开展服务技能培训是农民参与就业增收的保障,通过开发建设旅游景区,既使一大批贫困群众通过参与劳务用工增收致富,也有效地将美丽乡村建设与乡村旅游开发相结合。

促进旅游业发展　带动群众增收致富

——新疆维吾尔自治区巴音郭楞蒙古自治州巴音布鲁克景区

一、基本情况

巴音布鲁克景区位于巴西里格村（自治区扶贫开发重点村），地处巴音布鲁克镇以南，距和静县城332公里，距巴音布鲁克镇47公里。位于扎格斯台河畔，海拔2400米。夏季气候宜人，冬季漫长寒冷，年平均气温-4.7℃，无绝对无霜期，年平均降水量216.8～361.8毫米。巴西里格村是一个以畜牧业为主的纯牧业村，可利用草场面积57.57万亩，人工种草面积3771亩。随着景区旅游事业的发展，巴音布鲁克已逐步由畜牧产业向旅游服务产业转型。

截至目前，从事宾馆酒店、区间车、牧家乐、马匹租赁、旅游纪念品销售等服务经营项目的从业人员突破2000余人，其中当地牧民占90%。客运、物流、餐饮、住宿、娱乐、特产及商品零售等间接从业人员达到1.6万余人。同时景区用工优先考虑当地牧民和当地应、历届毕业生就业，对牧民开展免费手工艺品技能和创业培训，安排巴西里格村每户1名牧民到演艺公司、旅游公司、游客中心、餐饮酒店、牧家乐、镇区及景区工作。

二、主要做法和成效

生态是巴音布鲁克景区赖以生存和发展的基础，富民是发展壮大旅游业的最终落脚点，如何做好景区与牧民共同发展、互利共赢是旅游业持续健康发展的关键。随着景区旅游事业的发展壮大，旅游富民惠民已成为实施景区创建工作中的自觉行动，积极推进景区旅游产业结构转型，促进旅游就业。

1. 探索"合作社 + 贫困户"双赢同富合作模式取得显著成效。通过合作社实现劳动力转移就业。解决富余劳动力 210 人：其中，60 人通过各项业务培训纳入旅游企业（月工资 3200 元）或牧家乐合作社；80 人在本村畜牧专业合作社放牧；50 人通过保联及相关部门协商转移到其他企业从事二、三产业或外出务工，提高牧民收入。同时，积极争取 2016 年少数民族特色村寨旅游项目发展资金，建立旅游合作社，全面改造 41 套巴西里格村民俗特色家庭旅馆的上下水、取暖等配套基础设施，并配套建立牧家乐，全部入股旅游合作社，解决 10 户 20 人就业。促进景区生态环境保护与当地牧民增收良性互动。

2. 保景富民，旅游带动致富。2015 年，和静县委、县政府出台《和静县巴音布鲁克镇巴西里格村"保景富民"行动计划》，投入 325 余万元从就业、培训、教育、医疗、社保、入股分红、畜牧等方面实施强有力帮扶措施。一是从巴音布鲁克景区旅游收入中投入 60 万元专项资金扶持贫困牧民的生产生活；二是对 2015 年巴西里格村民新办牧家乐给予每户 1 万元补助，鼓励牧民从事二、三产业，增加财产性收入；三是鼓励牧民在景区内开办旅游纪念品商店并给予免房租优惠；四是落实观光农业种植补贴 50 万元，在巴音布鲁克景区人工饲草料地种植油菜花，一次性给予 1000 元 / 亩补贴，同时积极争取上级美丽乡村、阵地建设等项目和资金支持，加快巴西里格村"保景富民"工作步伐。目前 103 户 286 名贫困牧民脱贫，人均纯收入增收 2000 元以上，达到 6000 元以上；实现所有贫困户有住房；完成职业技术培训富余劳动力 160 人，完成季节性就业 130 人，固定就业 60 人；扶持贫困学生 105 人。

3. 创新"特色产业"新模式。通过发展特色产业、重视旅游发展，扩宽牧民

巴音郭楞蒙古自治州和静县巴西里格村

增收渠道，实现了牧民增收和村集体经济壮大。利用和静县脱贫攻坚"十大专项行动"之特色产业发展20万元资金，新建10幢民族特色小木屋，用于提高村旅游经济收入，可带动10户贫困户创业增收；投资30万元在巴音布鲁克镇建立41户组成的牧家乐家庭宾馆；根据牧民的特色需求投资72万元成立天鹅姑娘刺绣合作社；为解决牲畜的饲料问题投资30万元成立饲草料加工合作社，承包给本村牧民一年承包费4万元。

4. 创新旅游投入机制，促使牧民入股增收。促成巴音布鲁克镇巴西里格村汉家乐、牧家乐专业合作社投资天鹅湖景点巴西里格观光车项目，每年可享受项目税后纯利润的40%分红，红利由合作社按规定分配给牧民。2014年兑现协议分红147086.21元，收益率45.17%；2015年兑现协议分红337173.69元，收益率103.5%。2016年兑现协议分红348738.8元，收益率107.1%。经营从事马队、牧家乐等旅游项目，人年均收入增加近5000元。

5. 利用牧民自身资源，促使牧民就地创收。《东归·印象》大型文化与历史实景剧是新疆首部实景演出剧目。和静县积极组织当地农牧民参与剧目拍摄，充当群众演员。经多次沟通协调，当地260名牧民成功入选群众演员，每年人均增收约4000元，开辟了巴音布鲁克景区牧民增收的新途径。

专家评语

探索"合作社+贫困户"双赢同富合作模式取得显著成效；保景富民，通过旅游带动致富；创新"特色产业"新模式，扩宽牧民增收渠道，实现牧民增收和村集体经济壮大；创新旅游投入机制，促使牧民入股增收；利用牧民自身资源，促使牧民就地创收。

四、生态资源依托型

依托优质的自然生态资源而开展生态体验、生态研学、康养度假的乡村旅游发展模式，生态资源依托型乡村多位于自然条件优越、生态资源丰富、环境污染较少的地区，其产品主要特色为"绿色低碳"和"亲近自然"，在开发过程中注重生态环境的保护。

传承红色基因
打造一流乡村旅游度假区

——河北省石家庄市李家庄

一、基本情况

李家庄美丽乡村旅游度假区是河北省石家庄市平山县岗南镇打造的展示美丽乡村和农业园区建设成果的旅游区。度假区位于平山县中东部的岗南镇境内，三条省道和西柏坡高速路在此贯穿交会，是通往革命圣地西柏坡和平山温泉城、天桂山、驼梁山等旅游景点的必经之路。岗南镇红色历史悠久，1931年中国共产党平山县第一个农村党支部诞生于此，党中央和毛主席在西柏坡时期，中央统战部、中央卫生局、中央医院、中央军委二局三局及一大批老一辈无产阶级革命家战斗和生活于此，20世纪60年代，曾是平山县委、政府所在地，是全县的政治、经济、文化中心。

李家庄美丽乡村旅游度假区处于平山县委、县政府全域旅游战略"西柏坡红色生态旅游片区"的中心轴，建设面积达10余平方公里，结合美丽乡村建设，打造"快旅慢游"景观走廊，实施"旅游+"发展策略，着力打造太行风情小镇，统筹推进"旅游+美丽乡村""旅游+农业园区""旅游+文化产业""旅游+养老产业"等领域深度融合，李家庄美丽乡村旅游度假区包括以统战部旧址为核心的李家庄、石盆峪、胡家咀三个美丽乡村；辐射至岗南镇区的太行风情小镇（包含李家庄、石盆峪、韩庄、上奉良、下奉良、三角、胡家咀7个村）；泓润科技生态园。其中李家庄村是2015年省级美丽乡村精品村，被省委、省政府评为省级美丽乡村示范村，被省农业厅授予"河北美丽休闲乡村"称号，被住建部列入第四批"国家级美丽宜居村庄"。

二、旅游要素打造

李家庄美丽乡村旅游度假区依托李家庄美丽乡村和红色资源以及生态优势，秉承"自然、农业、科技、颐养、文明和生活"的理念，大力发展"美丽乡村＋乡村旅游＋农业园区＋特色小镇"，开发生态观光、立体农业、采摘园、创意工坊、艺术田园等乡村旅游项目，总投资达到8.6亿元。让游客来体验田园乡土味道，同时舒适性是保障，参与性是手段，充分展现特色小镇的自然和人文元素，通过特色小镇的建设，顺利实现传统农业的转型，促进农民增收致富。

（一）吃：餐厅分区功能化

李家庄美丽乡村旅游度假区中李家庄、石盆峪村主要为农家饭，特色方面，餐具"粗"一些，"土"一些，如土钵陶盆等，食材要"绿"一些，"鲜"一些，如蔬菜为绿色有机菜，肉类原材为无饲料添加的散养方式；餐厅整体风格根据农家乐主题和本地乡土特色来布置。在挖掘乡村元素的同时，发展手工作坊，把最原始、最农家的食物用最地道的手工方式制作出来，如石磨面粉、农家豆腐、乡村烧酒、古法香油等，让游客品尝到具有地域风格的农家食品；2018年4月开业的李家庄荣逸乡村客栈也是主打本地菜，在原来的基础上进行改良，精工细作，满足不同游客的需求；泓润科技生态园主要体现生态性，包含生态餐厅等，让食客着重体验人与自然的深度融合。

（二）住：接待乡土民俗化

李家庄美丽乡村旅游度假区中李家庄村已完成的农家院住宿环境突出原乡特色，有乡村情趣。一砖一瓦，每一处细微的雕琢修饰，都展现出传统风格，体现乡土悠然气息。室内装饰立足村庄特色，使用农家木床、扎花棉被等；装饰突出乡村情趣，如几串红辣椒、几个斗笠、特色剪纸；选址充分利用闲置农宅改建，保持原汁原味，同时要注重游客住宿的舒适性、便捷性和私密性，每一个房间都有卫生间，每一个院子都有厨房餐厅，无线网络覆盖；荣逸乡村客栈共有246间客房，分为标间、大床房、家庭房、儿童主题房，多功能厅可同时容纳600人同时进行会议、餐饮；泓润科技生态园主要以木屋酒店为主，多元化的风格涵盖了现代、自然、生态、人文等元素，每位游客都可以选择自己喜欢的主题。

（三）行：交通方便快捷化

李家庄美丽乡村旅游度假区突出打造"快旅慢游"景观带，便利的交通是乡村旅游成功经营的重要因素，是乡村旅游设施的重要一环。西柏坡高速在岗南镇境内南有温塘出口直通温塘镇和富力国际养生城项目、众诚圣地玫瑰"花世界现代农业观光园"项目和岗南镇区，北有岗南出口直通李家庄、石盆峪、胡家咀美丽乡村和特色小镇、泓润科技生态园，以及岗南镇区。路口及景区入口处设置路标及旅游标识，以及解说景点的相关信息，2019年将增加观光电瓶车、增加公交车站点，方便游客的出行和游玩。

（四）游：设施布置人性化

李家庄美丽乡村旅游度假区乡村旅游服务设施建设中，充分考虑了乡村旅游与自然景观以及红色人文特色的协调统一，在西柏坡高速温塘出口设立游客接待中心，除了岗南镇的全域旅游业态之外，将平山县的全域旅游项目在这里进行一个展示和宣传，包含路线、餐饮、特色等内容，让游客有一个合理的出游规划；旅游设施方面，提供游客必需的旅游厕所、休息及遮阳的桌椅、观景台等；配备旅游观光车，将各个景点统一组织统筹，所有的景点连成景观带，在镇区成立综合服务中心，方便游客出游所需。

（五）购：体现红色和乡土特色化

李家庄美丽乡村旅游度假区中李家庄村发掘红色和乡土元素，开发了统战文化旅游产品及乡村旅游产品，内容涵盖书籍、生活用品、剪纸、柳编等产品；泓润科技生态园以无公害、纯绿色的蔬菜、水果和养殖产品为主；圣地玫瑰依托万亩玫瑰种植优势，生产玫瑰精油、玫瑰护肤品、玫瑰饼、玫瑰酱等产品。岗南镇旅游产品注册了"李家庄""岗南粉条""武西源""涧泓""圣地玫瑰"等品牌商标，融合绿色、无公害、乡土、原始和高科技等多种元素，满足不同游客的需求。

（六）娱：红色体验＋乡村旅游＋农业园区＋特色小镇

旅游开发娱乐项目中，李家庄美丽乡村旅游度假区根据各村的不同特色，因地

四、生态资源依托型

平山县李家庄

制宜选择项目落地。

统战部旧址是集宣传、教育、展览、研究四位一体的全国统一战线传统教育基地。

美丽乡村、特色小镇和农业园区（泓润科技生态园、圣地玫瑰产业园、花世界现代农业观光园）深度融合，内容包括特色民宿、拾光街区、文创园区、光荣田园、绿色食园、四季庄园和生态庄园。

三、文化要素打造

李家庄村"大力弘扬西柏坡精神，把中国共产党与党外人士团结合作的政治信念、高尚风范和革命传统薪火相传、发扬光大"，打造集宣传、教育、展览、研究四位一体的全国统一战线传统教育基地，建设具有太行风情的红色旅游乡村；泓润科技生态园打造集现代农业生产示范、生态农业旅游观光、农业科普教育和推广、农产品展示展销、生态休闲度假等功能于一体的现代农业园；花世界现代农业观光园打造以玫瑰花为主题，集育种、观赏、旅游等于一体的花世界农业观光园；富力国际健康养生城建设国际休闲养生城，包括文化旅游、养生康复、养老护理、特色商业、休闲居住等内容。

四、产业经营

李家庄美丽乡村旅游度假区中李家庄美丽乡村及特色小镇主要为红色体验和乡村旅游，内容有统战部旧址展馆、特色民宿、手工作坊等；泓润科技生态园内容有高校实训基地、热带水果展棚、生态农业观光区、生态餐厅、木屋酒店等。花世界现代农业观光园内容包括育苗鲜切花基地、四季花廊、迷宫花园、吸水花园、奇花异果航天种植园、玫瑰花加工体验、花卉博物馆、餐饮商品一条街、温室垂钓场等；富力国际健康养生城内容包括学校、中医院、精品酒店、文化艺术会展中心等。

五、组织方式

李家庄美丽乡村旅游度假区遵循"政府主导、市场运作、公司管理、群众参与"的原则，强化组织、政策、资金、机制保障，积极推进美丽乡村建设，大力发展乡村游和园区体验游。同时，成立了乡村旅游管理公司，实行规划、建设、管理、标准、营销"五统一"管理。

六、社会资本投入

李家庄美丽乡村旅游度假区在资金整合上，创新工作思路，多方筹集建设资金。基础设施建设和环境打造由政府投资，产业发展由引进企业投资，政府投入和村集体资源资产作为集体股份，与企业按一定比例分成。保障了村集体、村民、企业三方利益，为片区长远发展奠定了基础。

李家庄美丽乡村建设，政府投入资金进行基础设施建设。土地统一流转给平山县富通生态农业有限公司，进行整体开发，投资2800多万元，建成了657亩的观光采摘园，重点发展樱桃、红树莓、金银花，兼作中药材。农宅与河北荣盛集团合作，投资2000万元，按照"一户一设计、一户一特点"的要求装修改造，发展经营农家乐，村民在农家乐务工，一部分有经营能力的村民在企业引领下自主经营农家乐；石盆峪和胡家咀的美丽乡村建设将参照李家庄的发展模式进行；

泓润科技生态园由河北泓润林木种植有限公司投资10.3亿元建设；河北圣地玫瑰开发有限公司花世界现代农业观光园项目由河北众诚企业集团投资3.5亿元建设；富力国际健康养生城项目由广州富力地产集团投资200亿元建设。2018年以来乡村旅游接待火爆，李家庄村村民人均收入超过1.8万元，村集体收入超过60万元。

专家评语

着重打造旅游六要素，大力发展"美丽乡村＋乡村旅游＋农业园区＋特色小镇"，大力发展乡村游和园区体验游，成立乡村旅游管理公司，实行规划、建设、管理、标准、营销"五统一"管理；由政府投资打造基础设施建设和环境，引进企业投资产业发展，政府投入和村集体资源资产作为集体股份，与企业按一定比例分成。

实施旅游兴州战略　优先发展乡村旅游

——吉林省延边朝鲜族自治州

延边朝鲜族自治州是吉林省管辖的一个少数民族自治州，简称延边州，是满族及其祖先肃慎人的发祥地、清朝的"龙兴之地"。全州有6个村跻身国家美丽乡村行列、13个村入选中国少数民族特色村寨、63个村被评为省级美丽乡村。近年来，围绕"大旅游、大市场、大产业"目标，突出自然风光、民俗风情、边境风貌、冰雪风韵、红色风采，全面提升旅游产业创新能力、发展能力和竞争活力，努力打造成以康养休闲为特色的东北亚重要旅游目的地。

1. 注重"三个强化"，构建乡村旅游发展保障体系。①强化顶层设计。延边州明确了把旅游业作为引领全州经济发展龙头的产业定位，召开全州"旅游兴州"动员大会，提出"坚持四个原则、突出五大元素、实施七个一工程"的包含乡村旅游内容的全域旅游发展总要求，全州上下迅速形成大力发展全域旅游、乡村旅游的强烈共识和浓厚氛围。②强化政策保障。相继制定出台了《关于大力发展全域旅游推动旅游兴州的实施意见》(延州发〔2018〕4号)、《关于促进全域旅游发展的若干意见(试行)》(延州办发〔2018〕13号)、《延边州休闲农业和乡村旅游三年行动计划(2018年~2020年)》(延州农旅联发〔2018〕1号)等一系列推进全域旅游、乡村旅游发展的政策性文件，强化组织领导，科学谋篇布局，保证资金支持，打造营商环境，形成上下贯通、横向协调、有序推进的组织体系和工作格局。③强化人才兴旅。大力实施人才兴旅战略，通过举办全州乡村旅游带头人培训班、观摩游走交流会等，培养乡村旅游实用型人才。通过派出学习，积极组织参加国家、省级乡村旅游、旅游扶贫等业务培训，培养乡村旅游管理人才，激发贫困村旅游扶贫创新活力。招募社会各界各类志愿者200余名，走进乡村开展旅游志愿服务，形成人才支撑长效机制。

四、生态资源依托型

2. 坚持"三个狠抓",筑牢乡村旅游发展坚固基石。①狠抓项目建设。统筹指导全州 20 余个具有生态风光、民俗风情、边境风貌、冰雪风韵、红色风采等特色鲜明的乡村旅游项目建设,其中亿元以上项目 4 个。乡村旅游项目示范引领带动作用凸显,有效丰富拓展了乡村旅游业态,提升了乡村旅游服务功能和水平,促使乡村旅游在全域

延边州春兴村

旅游中的地位和作用显著提升。②狠抓设施完善。抓住乡村振兴战略、脱贫攻坚战役和农村人居环境提升行动有利契机,推动完善"食、住、行、游、购、娱"旅游要素和基础设施条件。积极参与州农村人居环境整体提升行动,2019 年年底将重点考评各县(市)乡村旅游发展情况,促进乡村人居环境、旅游基础设施和服务水平显著改善,树立"礼仪延边"品牌形象。深入推进厕所革命,敦化市荣获全国唯一的县市"厕所革命综合推进奖",旅游厕所"八有"经验得到省长景俊海充分肯定。③狠抓产业融合。坚持以农业农村为基础,以绿色发展为导向、以文化底蕴为灵魂,延伸产业链条,加快产业融合发展。乡村旅游经营单位和工业旅游企业服务质量等级评定工作扎实推进,截至目前,全州 A 级以上乡村旅游经营单位 59 家,其中 5A 级 2 家(安图红旗村、和龙金达莱村),4A 级 16 家,3A 级 24 家;工业旅游示范点 9 个。

3. 搭建"三个平台",打响乡村旅游发展鲜亮品牌。①搭建节庆活动平台。打响叫亮"美丽中国·鲜到延边"旅游品牌,号召游客"延着边儿,来寻鲜",增加对延边乡村旅游"鲜美美食、新鲜空气、鲜活文化、鲜明特色"更为立体的感知。全州开展民俗文化、农事体验、消夏避暑、登山踏雪、摄影拓展、自驾越野等内容丰富、亮点频现的乡村旅游节庆活动 40 余起,成功举办的 2018 吉林省消夏避暑全民休闲季暨东北亚"中国·延边"国际文化旅游节、2018 延边·韦特恩国际自行车旅游节等大型节庆活动吸引了国内外各级媒体的广泛关注。特别是国家农业部把每年的秋分设立为"中国农民丰收节",龙井市的农夫节、辣白菜节值此背景下举办,更具重要意义。②搭建宣传推介平台。进一步发挥好"旅游+互联网"的积极作

延边州万亩果园

用,积极推进智慧旅游大数据、管理、服务、宣传、基础设施五大平台建设,实现乡村旅游线上线下全互动。逐步推动品牌营销、城市营销、主题营销、活动营销、渠道营销"五大营销计划"实施,持续输出延边朝鲜族民族文化产品和特色产品、节庆活动和乡村旅游精品线路。积极组织乡村旅游企业参加各级各类旅博会、推介会、特色商品大赛等活动。近五年来,联合州农委、住建、妇联等部门积极推荐省级以上乡村旅游先进典型102个,彰显榜样力量。③搭建示范引领平台。围绕延边州实施全域旅游"四三一"工程,整合域内资源,发挥比较优势,升级打造乡村旅游示范点。要求各县市充分挖掘传统民居、美丽村落,结合乡村振兴战略,每个县市精心培育和打造1~2个乡村旅游示范点,将其建成展示延边州美丽乡村、特色村寨的亮丽窗口,联合州民委申报全省首批少数民族特色小镇3个,特色村寨26个。让来到延边的游客避暑怡情乡村游,望山看水忆乡愁。

专家评语

注重"三个强化",强化顶层设计、政策保障、人才兴旅,构建乡村旅游发展保障体系;坚持"三个狠抓",狠抓项目建设、设施完善、产业融合,筑牢乡村旅游发展坚固基石;搭建"三个平台",节庆活动平台、宣传推介平台、示范引领平台,打响乡村旅游发展鲜亮品牌。

发挥优势 提质升级 努力实现乡村旅游新跨越

——吉林省长春市双阳区

长春市双阳区围绕打造东北亚休闲旅游目的地，以满足人民日益增长的乡村旅游需求为导向，以乡村旅游供给侧结构性改革为主线，以提高质量和效益为核心，积极培育乡村旅游新业态，全面提升双阳乡村旅游发展质量和服务水平，全力打造乡村旅游"升级版"。截至目前，全区有省A级乡村旅游经营单位29家，其中5A级1家、4A级5家、3A级10家；省休闲农业与乡村旅游星级企业4家，乡村旅游点160多家，相关从业人员2万余人。2018年，全区乡村旅游接待游客343万人次，乡村旅游收入实现40亿元。

1. 夯实旅游主导地位，持续释放乡村旅游原动力。 ①高标准规划引领。围绕双阳良好生态资源，突出乡村山水文化和都市农业资源，系统编制了《双阳区全域旅游规划》，科学制定了《双阳区休闲农业与乡村旅游发展总体规划》《农业嘉年华总体规划》，积极谋划了吊水壶、双阳湖、国信温泉、将军泉和鹿乡特色小镇五大旅游核心组团，为双阳区乡村旅游优质发展、提质升级提供了有力遵循、系统指导。②高站位政策保障。着眼双阳区乡村旅游发展需要，加快乡村旅游向乡村生活转变，相继出台双阳区乡村旅游管理办法、扶持旅游业发展的优惠政策，全面细化双阳区促进乡村旅游提质升级的具体措施和工作方案，着力构建乡村旅游的诚信体系，乡村旅游经营单位服务质量持续提高。③高规格完善设施。针对双阳区乡村旅游基础设施相对滞后实际，切实加大资金投入力度，完成了龙东公路、双朝公路、卢羊公路等主要公路提标改造，全区新建改造农村公路365公里，新设立旅游标识牌60多块，栽植绿化树木100余万株，美化面积达50多万平方米，通乡公路全部实现绿化、美化、亮化，乡村旅游发展基础全面提质升级。

2. 丰富开发建设内涵，不断增强旅游产品吸引力。 将打造优质旅游产品，提高

长春市双阳区

核心竞争力作为工作目标，充分整合双阳区山水资源和特色物产，主动对接城市人群回归自然的田园梦想，将乡村旅游提质升级与共享乡村生活、传承历史文化和打造旅游新型业态相结合，全力做好"乡村+"文章。①以山水资源为根，大力发展生态观光游。充分利用得天独厚的生态环境，大力开发生态观光型旅游产品，全方位加快双阳湖、万龙湖、石门沟等景区景点建设，培育了枫树湾度假村、玉林湾渔港、森麒生态园等乡村观光游景点，切实扮靓移步换景、人在画中的山水风光，为市民短途出行提供了多样选择。②以农业特色为本，大力发展农耕采摘游。抓住城市人群对农耕体验和农村生活的向往，开发建设了国信现代农业、奢爱良蔬有机农场、冠科农业园等一批新型都市农业园区，扶持培育了奢岭草莓、黑鱼葡萄、灵山果园等各类特色采摘园，集中打造了全域万亩果蔬、千亩花海、百亩垂钓湖，积极发展菜园管理、果蔬采摘、花卉种植、休闲垂钓等休闲娱乐项目，让城市游客尽享悠然的田园之乐。③以文化传承为魂，大力发展民俗体验游。深层次挖掘民俗、宗教等旅游文化内涵，高标准建设了国信农耕民俗体验馆，培育出积德泉酒文化山庄、曙光朝鲜族民俗村、盛世图腾马文化博物馆等景点。特别是围绕梅花鹿等特色资源，打造出全鹿宴、鹿鸣宴、贡鹿火锅宴等健康养生美食，培育了将军冷泉鱼、绿屋土窑焖制、黑鱼村满族八大碗、奢爱良蔬全猪宴等精品特色农家乐美食，让游人留下体验独特的双阳印象。④以市场需求为导向，大力发展乡村度假游。迎合上班人群追求慢生活的休闲度假心理，瞄准都市人群需求，培育出既有适合家人度假休闲的国信南山温泉、缘山湖集装箱别墅、绿屋生态农庄，也有适合垂钓休闲的向阳源山庄、香域依庄，还有满足团队拓展需求的绿宝石山庄、亿嘉山庄、凤凰谷等景点，切实满足了不同游客的休闲度假需求。

3. 创新宣传营销模式，全面提高双阳旅游影响力。以媒体、节庆、展会等为载体，积极运用现代营销理念和手段，强化策划宣传、市场运作和精品推介，打响了双阳乡村旅游品牌。①推出系列节庆品牌。围绕"月月有节庆，四季有亮点"的思路，利用双阳拥有的温泉、梅花鹿、都市农业等优势资源，开展了双阳冰雪嘉年华、奢岭草莓节、中国双阳梅花鹿节、黑鱼葡萄采摘节等系列节庆活动。融合双阳淳朴的民俗乡情，创新推出了红火逛年集、参茸展销会、平湖稻米品鉴等活动，《诗经·小雅·鹿鸣》古装朗诵表演和鹿神舞走上重大节庆舞台，极大提升了乡村旅游人气。②加大网络宣传力度。充分发挥媒体资源优势，与央广媒体、省市电视广播以及主流报刊合作，多角度、多方式宣传双阳旅游产品。通过双阳旅游微信公众平台，即时推送热点旅游线路和旅游景点，适时开展各类抽奖活动，不断提升双阳旅游知名度。授权建行使用双阳旅游LOGO和吉祥物图案，推出了双阳梅花鹿储蓄卡，全面提高了双阳梅花鹿品牌和旅游企业品牌影响力。③强化展会推介活动。积极参加各类旅游会展会议，赴宁波、厦门等地拓展客源，借助消夏节、东博会开展推介活动。特别是在国庆假期前通过新闻发布会，集中推出温泉康养、绿色采摘、亲山赏花等精品旅游线路，吸引了众多游客来双阳度假休闲。

专家评语

> 高标准规划引领，高站位政策保障，高规格完善设施；以山水资源为根，大力发展生态观光游；以农业特色为本，大力发展农耕采摘游；以文化传承为魂，大力发展民俗体验游；以市场需求为导向，大力发展乡村度假游。创新宣传营销模式，全面提高双阳旅游影响力。

乡村旅游发展的绿色转型之路

——黑龙江省伊春市金山屯林业局

金山屯林业局坐落于小兴安岭南麓，汤旺河中游，位于伊春、鹤岗、佳木斯三市之间，是林都伊春的东大门。这里群山连绵秀美，气候凉爽宜人，旅游资源富集，属寒温带大陆性季风气候，施业区总面积184949公顷，森林覆盖率高达93.5%。金山屯区是在伊春市较早谋划和开发生态旅游产业的地区，具备"镇内10分钟、镇外30分钟旅游圈"的地缘优势。于2012年成为黑龙江省唯一一家以区址为概念晋升的国家3A级旅游景区，又于2017年晋升为省级旅游度假区，并荣获"中国慢生活休闲体验区"称号。

旅游产业发展以来，林业局积极带动职工群众脱贫致富，增加就业，利用现有的自然资源优势打造可持续发展的全域产业，安置就业2800多人，带动周边万余农民增收，实现年游客接待量100万人次以上，实现旅游收入5亿多元。

回顾整个旅游发展的历程，金山屯林业局经历了"三个阶段"：

第一阶段：举全局之力发展旅游。

1. **打造旅游品牌。** 以创建名牌企业、完善服务设施、提高服务质量为目标，引导旅游景区差异化发展，九峰山养心谷景区于2016年晋升为国家4A级旅游景区，并入选中国乡村旅游模范户、黑龙江乡村旅游示范点、全市首批"十佳特色山庄"，荣林都"十大最美景区"等称号，大丰河漂流、金山鹿苑、峰岩山寨、金祖峰先后晋升为国家3A级旅游景区。此外以红色抗联、林业文化、金祖历史等为背景打造的中国·冰湖雪村、白山红松原始森林、金博园、金秘洞等景区也已经逐渐步入正规化运作。旅游景区从原来的一家增加至现在的近20家。

2. **推进智慧旅游。** 借助智慧旅游电子化的平台，在伊春市率先进行区域联票联营。实现重点景区Wi-Fi、3G、4G无线网络覆盖，建设景区信息管理系统，为游客

四、生态资源依托型

伊春市金山屯林业局

提供景区电子信息资讯、景点介绍、电子导览、在线预订及支付等服务，建设景区电子票务系统，实现对门票的自动识别。

3. 加强行业经营。2017年为将旅游商品与金山特色文化有机结合，改造了金山小镇木雕艺术馆，并鼓励商家做"千年金祖情"旅游衍生商品的制作推广。借助"森林铁人三项赛"的举办，设计制作纪念币和旅游吉祥物"金山狍子君"并推向市场。

第二阶段：想千方百计留住人。

为留住游客，金山屯林业局开始转型升级做乡村度假，发展民宿，满足游客夜晚对于住宿的需求。2014年，金山屯林业局成立了金山文旅集团公司，规范了经营管理。采取公司房屋出租加个人装修经营的合作模式，统一集中开办起了40家林业家庭公寓。按照"旅游+"的"蝴蝶型"产业布局，鼓励引导百姓开办主题酒店、民宿和青年旅舍、家庭宾馆。并对全局家庭宾馆进行普查，从2012年的47家宾馆旅店，1172张床位，到目前共200多家宾馆，6000多张床位。同时引导大学生、艺术青年、金山百姓参与，逐步打开了金山小镇夜游的市场。

第三阶段：注重细节，全面提升。

一方面强化旅游教育培训。多次邀请旅游专家到金山屯林业局授课，举办旅游培训班，提高涉旅从业人员的专业知识和管理水平，多次深入各单位进行培训指导检查，从整体上提高了全局旅游从业人员的业务素质和服务技能。另一方面构建文明旅游经营新秩序。为规范旅游市场秩序，2016年金山屯林业局在黑龙江省率先成立了旅游警察和联合执法队伍，全天深入景区应对处置各类突发情况。在各大宾馆酒店、景区张贴旅游投诉电话，时时受理游客投诉电话。及时公布收费标准，提高消费透明度，坚决杜绝擅自涨价、乱收费现象发生。同时在火车站、客运站、宾馆酒店、大岭检查站设立了旅游咨询服务台。

一、坚持以乡村旅游为主体，培育发展主力军

坚持将旅游与民俗、养生融合，引导九峰山养心谷景区按照 5A 级景区的标准提档升级、丰富产品供给。已投资 1.7 亿元，建设了全市首座 5D 玻璃栈桥、中医养生室、康体运动室、娱乐室、移动养生屋 10 栋等，实现普及养生文化和改善亚健康的目标，将养生文化与旅游紧密融合。完善"九养"配套设施，种植面积达 3369 亩，打造中药百花园，让游客亲自体验 DIY 种植、养生食材追根溯源、花海畅游区；观赏珍禽异兽园，开发亲子互动、小动物领养等具有参与性和互动性的活动。九峰山养心谷景区遵循原始、绿色、生态的理念，将天然的树木、山水、瀑布、白雪、雾凇结合人造的花海、木屋，让乡村旅游精致化、多元化，能够让游客远离城市的喧嚣、烦躁，感受乡村旅游的休闲与原生态的氛围。

凭借寒地黑土，重点打造占地面积 200 多公顷的中国·冰湖雪村景区，也是重点差异化打造的集林业民宿、特色美食、冰雪娱乐于一体的地道东北民俗体验产品。共分为四个板块，建有 11 栋东北乡村范的木屋和浪漫的玻璃接待大厅。特别设计了冰湖雪村的四道名菜、金人坑烧、锅贴小饼、雪村烤全羊等具有金山小镇特色的美食。感受冰湖雪村"拜山祈福过大年"活动，再现了女真人和林业人对大自然的敬畏祭拜和期盼，不仅是感受林业文化，也是对文化的进一步传承。2018 年也成为第八届中国伊春森林冰雪欢乐季开幕式的举办地。

二、坚持以创新为主线，打造发展的推进器

按照全局打造全域旅游的总体部署，继续发展乡村旅游特色小镇，坚持全域化、绿色化、市场化、文化优先四个原则；讲好金祖文化、康养文化、体育文化、餐饮文化、红色文化和冰雪文化六种文化；打造九峰山养心谷、中国·冰湖雪村、金山鹿苑、金祖峰、金博园、五加子、金人部落、森林奇妙世界八大景区；构建以"三馆一中心"为核心的金山小镇，全力打造金山小镇全域旅游度假中心集核区。

1. 以"旅游+"战略为引领，构建融合发展模式。旅游产业的提升，离不开文化的支撑，目前金山屯林业局打造的景区、景点在"旅游+"战略上已初见成效。

①"旅游+金祖文化"。金山屯有着 2500 年厚重的金祖历史文化积淀，近年来，

四、生态资源依托型

金山屯林业局以金祖文化为底蕴,推出了博物馆、金祖峰、金秘洞、崇石馆、金秘藏酒窖、渔猎古道等金祖旅游产品,创作了千年金祖情大型室外实景剧,形成了金祖文化圈,推出了金祖探秘游主题线路。②"旅游+体育文化"。创新将"森林骑行、漂流、穿越"作为"铁人三项赛"内容向国家申报,已得到国家体育总局相关部门的认可,并作为独创项目在全国进行推广。还相继举办冰雪创意成果三项赛、黑龙江省五花山徒步大会、全国雪地足球赛等体育活动,极大地拉动了金山小镇的旅游人气,提升了省内外知名度。③"旅游+康养文化"。以九峰山为重点,注重森林生态体验度和养生度假产品线路,围绕"食、住、行、游、购、娱"于一体的养生产品。④"旅游+餐饮文化"。推出了金人坑烧、雪村特色菜和以百合宴为代表的养生宴,成为到金山小镇不可错过的美食。⑤"旅游+冰雪文化"。以金山小镇为中心,引导冰湖雪村、九峰山、金祖峰景区、冰上乐园等重点景区结合实际,形成主题突出的全局冬季旅游发展大格局。⑥"旅游+红色文化"。在白山林场有东北抗日联军根据地——抗联营遗址,是东北抗日联军第六军军部遗址,借助东北抗联遗址与原始森林结合,推出了"重走抗联路"为主题的系列线路。

2. 全方位拓展客源市场,着力打响"金"字旅游品牌。金山屯林业局于2014年开通金山旅游网站和金山小镇旅游公众号,关注人群遍及了34个省,226个城市。

开展了中国·冰湖雪村新年欢乐季、冰雪创意成果三项赛、九峰山养生露营大会、金祖文化旅游年、旅游商品大赛等系列活动,极大地拉动了金山小镇的名气。金人坑烧和九峰山养心谷的养生餐登上了中央电视台的"魅力中国城"节目和北京卫视的"暖暖的味道"节目,也将金人坑烧和养生餐呈现在了全国观众面前。

连续邀请近百家旅行社到金山小镇考察踩线,并将金山屯林业局旅游产品纳入其重点推介线路中。另外,还到南京、沈阳、胶州、青岛、广州、哈尔滨、佳木斯等地进行主旨推介。

专家评语

坚持以乡村旅游为主体,旅游与民俗、养生融合,培育发展主力军;坚持以创新为主线,按照全局打造全域旅游的总体部署,继续发展乡村旅游特色小镇,坚持全域化、绿色化、市场化、文化优先四个原则;以"旅游+"战略为引领,构建融合发展模式,全方位拓展客源市场,着力打响"金"字旅游品牌。

做好"四个盘活" 推进乡村振兴

——浙江省杭州市下姜村

下姜村坐落在浙江省淳安县西部的深山中,近年来,下姜村从做优环境、盘活资源、完善机制入手,坚定走生态绿色发展之路,实现了从穷山村向"绿富美"的飞跃。2018年,下姜村全村实现农村经济总收入6873万元,是2001年的21.68倍;村集体经济收入198万元,是2001年的396倍,从"空壳村"变为富裕村;农民人均可支配收入3.3137万元,是2001年的15.32倍。下姜村先后获得全国文明村、全国生态家园示范村、浙江省美丽乡村、浙江省3A级景区村庄等一系列荣誉,真真切切地把绿水青山变成了金山银山。

1. **盘活生态资源,向绿色环境要"空间"**。近水不可枉用水,近山不可枉烧柴,为此下姜努力做好环境文章。一是实施有序开发。按照习近平总书记来下姜村蹲点调研时提出的:既要保护好青山绿水,又不能"深居宝山不识宝"的要求,下姜村先后编制完成了《村庄整治规划》《农业产业规划》《乡村旅游规划》等六大规划和35个项水利、交通、道路等项目设计方案,厘清发展思路,明确发展举措,全力推进"美丽乡村"建设。二是实施环境优化。按照"留住乡愁、突出乡土、美丽乡村"的总体思路,下姜村对村庄进行全面整治,先后完成了全村拆违拆旧和以"景观建筑、景观铺装、绿化种植、管网铺设"为重点的景观改造工程,积极推进"公厕革命",推行垃圾分类积分制,兴建沼气池,彻底改变厕所露天、柴薪占道、满地粪便的旧村庄形象,蝶变成粉墙黛瓦、山水协调的江南小山村,"下姜逐梦"荣膺千岛湖旅游新十景。生态环境质的变化,山村魅力得以完整展现,这为下姜发展打开了广阔的空间。

2. **盘活土地资源,向休闲农业要"效益"**。靠山吃山,靠水吃水,为此下姜努力做好山水文章。一是转变农业经营方式。当年贫穷的下姜人只能靠上山砍树烧

四、生态资源依托型

杭州市淳安县下姜村

炭为生，6000多亩山林成了"瘌痢头"，一下雨整个村庄污水横流，转变农业发展方式提升土地综合效益势在必行。为此下姜村开始大规模土地流转，近年来相继引进社会资本建成了481亩现代化休闲农业产业园区，发展了葡萄、草莓、桃子、桑葚四大高效生态休闲农业。经营方式成功转型后，每年给村集体带来56万元的租金分红，农民不用种地，每亩土地每年能分到1200元租金和分红，和以前种稻谷、油菜相比，土地流转后的效益提高了近10倍。在家的村民还实现了家门口打工，每月工资在3000元以上。二是做好"农业+"文章。土地流转催生"美丽经济"，下姜村依托产业园区大力发展休闲农业，开发赏花、采摘、休闲等乡村旅游活动，农业产业园区还被评为浙江省果蔬采摘旅游基地。同时，"下姜"牌农家酱、山茶油、地瓜干等系列农特产品顺势而生，农业产业链得到延长，传统农业发生了七十二变，下姜传统"四叶经济"开始实现转型升级：毛竹加工品成为旅游纪念品，茶叶通过电商卖到全国各地，黄栀子从单纯的中药材变成可观赏的栀子花海，桑葚挂果时办起采摘游，农产品价值得到大幅度提升。下姜村积极践行乡村振兴战略的有关做法，还得到央视、《人民日报》、新华社、《光明日报》等主流媒体的宣传报道。

3. 盘活旅游资源，向红色旅游要"收益"。 小康不小康，关键看老乡，为此下姜努力做好休闲文章。一是丰富旅游业态。依托优越的生态环境，下姜村把红色旅游资源与新农村建设结合在一起，打造"红色旅游之乡"，赋予新时期红色旅游新内涵。下姜村成功创办了下姜基层干部培训学院，创建浙江省"红绿蓝"三色现场教学基地，迄今已累计培训学员300多期2万余人。下姜村招商引进下姜水

269

上娱乐公司，创作"遇见下姜"水上实景演出，发展水上游乐项目。下姜村还充分发掘当地传统文化，打铁铺、篾匠铺、石头画坊、狮城酒坊等项目相继落户下姜，磨豆腐、编草鞋、编竹篮、打麻糍、开蜂蜜、牛耕田等农事体验活动应运而生，村内各种旅游休闲业态丰富多彩。2015年，下姜村成功创建国家3A级旅游景区，2018年，下姜村又通过了创建国家4A级旅游景区资源评审。二是扩大旅游品牌效应。下姜村专门聘请品牌管理公司对"下姜"品牌进行设计策划，统一推广口号"下姜，梦开始的地方"，对村内的标识标牌、店标、墙绘、景观小品、宣传栏统一融入红色元素，不断深厚红色旅游氛围。此外，下姜村整合全村专业合作社、家庭作坊、农业园区和农特产品，实施统一形象、统一包装、统一宣传，进一步提升了"红色下姜"品牌效应和旅游附加值。近年来，下姜村先后荣获省老年养生旅游示范基地、省农家乐特色村、市职工（劳模）疗休养基地、县红色旅游资源访问点等一系列称号，极大地拓展了下姜旅游知名度，过去因为贫穷而被迫远走他乡打工的年轻人纷纷回村创业。2018年，下姜村接待游客46.19万人次，旅游经济收入3010万元，实现了从"乡村丑小鸭"到"深山绿富美"的逆袭和飞跃。

4. 盘活经营机制，向新型业态要"红利"。一人富不算富，大家富才是真正富，为此下姜努力做好新型产业文章。一是实行村民入股联营。为使下姜村民享受更多发展红利，下姜村大胆探索"均衡发展、共同致富"的农村发展新模式。通过人口股、现金股和资源股三种入股方式，成立了"下姜实业发展有限公司"，村民每人每年可获500元人口分红；每户村民以1万元入股，年底获500～3000元的现金分红；每户还可通过闲置房屋和土地征用入股，年底再获资源分红。新型经营模式使下姜村"资源变资产、资金变股金、村民变股民"，实现了从"一片富"到"全面富"。二是实行民宿统一经营。蓬勃发展的乡村旅游和休闲农业为下姜村带来大量客流，下姜村因势利导大力发展民宿产业，目前全村已有民宿30家，床位498个。为壮大民宿产业，下姜村专门成立了下姜景区管理有限公司，通过"公司+农户"的形式，实行"统一管理、统一规划、统一营销、统一分客、统一结算"的"五统一"运作模式，变"单打独斗"为"大兵团"作战。2018年，下姜村接待住宿游客4.7万人，同比增长55%，既提高了民宿经济效益，又提升了服务品质。民宿产业发展还带动村其他产业发展，连家家都腌的豆腐乳、晒的地瓜干都成了游客抢手的伴手礼，推动下姜村实现了从"土墙房，半年粮，烧木炭，有女莫嫁下姜郎"到"农家乐，民宿忙，瓜果香，游客如织来下姜"的巨大转变。

专家评语

  盘活生态资源，实施有序开发和环境优化；盘活土地资源，转变农业经营方式，做好"农业+"文章；盘活旅游资源，向红色旅游要"收益"；盘活经营机制，实行村民入股联营，实行民宿统一经营。通过"公司+农户"的形式，实行"统一管理、统一规划、统一营销、统一分客、统一结算"的"五统一"运作模式，变"单打独斗"为"大兵团"作战。

打造"文化引领 品质发展"的新型乡村社区

——浙江省丽水市平田村

平田村位于浙江省丽水市松阳县四都乡，距离县城 15 公里，海拔 610 米，全村共有 123 户 312 人，是第三批国家传统村落。2014 年以来，平田村依托古村资源和良好自然生态，坚持"活态保护、有机发展"的理念，以"中医调理、针灸激活"的方式，对村域存量资源进行有效开发利用，以乡村旅游带动生态农业、民宿经济、文化创意等产业深度融合发展，吸引了一批有理想情怀的优秀团队、创业青年回归乡村，带动村民就地就业，村庄发展面貌焕然一新，从昔日破败荒凉的空心村，逐步蜕变成为一个充满生机活力的新型乡村社区。其以乡村旅游撬动"乡村振兴"的发展经验，被新华社、《人民日报》《光明日报》《浙江日报》等主流媒体报道，平田村成为中国乡村旅游创客基地、浙江省 3A 级旅游景区村、浙江省"慢生活休闲旅游示范村"。2016 年以来，累计接待参观游客 80 余万人次，总营业额达 2400 余万元。

一、坚持政府引导，推动乡村品质建设

平田乡村旅游示范村的建设，得益于建立了"政府主导、村民主体、优秀社会人才共同参与"的工作机制，高起点系统谋划推进村庄发展。一是高起点规划设计。坚持政府引导、人才引领、全民参与的工作格局，县委、县政府引进哈佛大学、清华大学、香港大学、中央美院等国内外知名的设计团队，入驻平田把脉乡村建设。高端人才的引进和先进设计理念的融入，极大提升了村庄规划建设的品位，云上平田的知名度迅速提高。二是高标准维护风貌。依照全县域传统村落保护发展总体规划，对村落核心区块进行控制性保护，严控建新房，外围区域注重风格协调，保护整村风貌。出台传统民居改造利用专项政策，在不改变民居外观的前提

四、生态资源依托型

浙江省丽水市松阳县平田村

下，鼓励村民改造民居，给予经费补助，并编制传统民居改造技术指南，用图文并茂的方式指导老百姓改造土木结构的老房子，提高舒适度。三是高品质建设项目。发扬工匠精神，始终将品质意识贯穿于项目建设的始终，设计师、施工团队、乡村干部等之间形成良好互动，提升了工匠和干部群众的品质意识，并在全村逐渐形成保护古村落以及高品质建设的价值共识。如建筑师徐甜甜设计的平田农耕馆获得了"2015住建部第一批田园建筑优秀作品"一等奖，农耕馆建筑走上德国Aedes建筑论坛和威尼斯建筑双年展等世界顶级建筑展台，"云上平田"民宿综合体成为全国民居改造利用典范。

二、坚持融合发展，培育多元经济业态

坚持以传统村落为底本，大力发展乡村旅游、文化创意、生态农业等多元业态，推动传统单一农业经济结构向农文旅、一二三产深入融合的复合型经济结构转变，发展"有根的乡村经济"。一是大力发展民宿经济。依托闲置民居资源，以农村危旧房改造为契机，引入专业技术团队对原有闲置破败民居进行有效利用改造，发展特色乡村民宿产业。截至目前，"云上平田"民宿综合体有6家民宿49个床位和1家可同时容纳150人就餐的特色餐厅。二是大力发展生态农业。依托生态优势，以农业供给侧改革为导向，积极推进自然农业、原种农业等高品质农业发展，目前全村生态农业基地共有103亩，通过统一包装、统一经营、标准化生产等方式，村内原有的白萝卜从每斤0.8元增加到每斤3元，亩均增收8000余元，还相继开发出白萝卜片、古法红糖、自制笋干、端午茶、"爷爷家"的茶等热销的旅游商品。三是

大力发展文化创意产业。以艺术家工作室为基地，利用山村周边群山上的植物和茶叶做染料，打造扎染手工作坊，创立"云缬"文创品牌，并将其作为首个文化创意的新业态项目入驻平田。2018年10月，"云缬坊"扎染作品亮相德国法兰克福书展上。依托丰富的农产品食材资源，与翎芳魔境合作推出云上艺堂居，为萝卜、豆腐等中式传统食材和西方烘焙文化的创新融合搭建乡村平台。

三、坚持主客共享，搭建创业创新平台

注重发挥村民的主体作用，同时通过建立能与当地百姓互为支撑、和谐共处、有机融合的工商资本利益联结机制，促进合作共赢。一是建立乡村创客基地，吸引年轻人回归。把"引人留才"作为村庄发展的根本性问题，重点吸引"走出去"的年轻人、愿意回乡的乡贤人才以及富有创新意识、先进理念的高端人才。同时，为人才搭建事业发展平台，用好乡村的生态环境、创业机会和发展空间留住人才。如"云上平田"民宿负责人和总管家叶丽琴是从杭州返乡创业的白领，"云上平田"管家团队15人均为"90后"和"00后"，在村内负责民宿管理、村内留守老人服务等工作。二是建立工商资本利益联结机制，吸引优质资本集聚。政府出台《关于开展传统民居改造利用工作的实施意见（试行）》，以补助形式鼓励有情怀的社会资本进入乡村发展。2013年年底，平田村在外年轻企业家江斌龙返乡购、租28幢闲置民居，成立云上平田农业旅游发展有限公司发展古村民宿。"云上平田"列入全县古村落保护利用改造示范项目，并以"整村打造"形式打造"云上平田慢生活体验区"。三是建立股份合作社，提高农民组织化程度。由本村党员干部发起、本村25名农民以资金入股和土地入股等形式，成立"平田村大荒田合作社"，将坐落于海拔750余米的高山荒地进行开垦种植，种植过程中坚持不施用化肥、不使用农药、不使用除草剂的自然农法，提高农产品的绿色品质。经过一年半时间的发展，"大荒田"合作社的股东已达到50余人，生态农产品年销售额达到25万余元。

四、坚持文化引领，厚植乡村发展内蕴

逐步恢复优秀传统文化中的道德教化、礼仪规范和特色民俗文化，并将有机植

入现代创新文化,推动乡村文化兴盛。一是弘扬传统文化精髓。开展"村风、民风、家风"教育活动,将优秀传统文化全方位融入村庄建设和发展中,努力延续"温良恭俭让""仁义礼智信"的文化传统。平田村民宿业主自发承担服务留守老人的公益活动,除了日常的理发、生活用具维修等服务,在每年中秋、重阳、春节等传统节日里向村内留守老人送去月饼、粽子、米、油,为老人们提供免费桌餐等。二是挖掘村落文化遗产。全面开展村内传统村落物质和非物质文化遗产挖掘,对以龙鼎山庙、鹫灵庵和江氏宗祠为代表的10余幢清代古建筑进行保护修缮。在"农耕文化展示馆"内陈列展示本村传统生活用品和农业生产工具,展现农耕文明及乡村的价值。充分挖掘节庆文化,以"四都萝卜节"为主题,不定期举办乡村音乐节、秋实节、帐篷节、摄影节等,并在节会中展示夯土、打草鞋、耕田等农耕生产文化,和做筛子、箧席、箧篮、晒谷簟竹艺制作文化。三是植入现代创新元素。举办乡村音乐会、写生创作比赛、建筑沙龙等

松阳县四都乡平田村

活动,联合建筑师徐甜甜举办"复兴传统手工艺"系列沙龙,不定期组织游客参与村内农事活动和传统手工艺的体验,活动更加注重传统民俗与现代礼仪有机结合、彰显传统礼仪文化的时代价值,更加注重提升活动的仪式感、庄重感和荣誉感,更加注重弘扬传统文化正能量、提振社会精气神。

当下平田村良好的发展态势仅仅是迈开了乡村振兴的第一步,还有很多课题尚未破解,真正实现"产业兴旺、生态宜居、乡风文明、治理有效、生活富裕"依

然任重道远。下一步，我们将牢牢把握实施"乡村振兴"战略的重要契机，重点在提高农民组织化程度，以多元经济业态带动村民实现共同富裕；强化对周边村庄带动辐射作用，形成特色明显、功能集聚的发展片区；真正建立工商资本—村集体—村民之间科学合理利益联结机制，增强乡村可持续发展的内生动力等课题上着力破解，努力将平田村打造成为既深刻保持传统乡村文明原真性，又开放兼收现代文明创造性的乡村新型社区。

专家评语

坚持政府引导，通过高起点规划设计、高标准维护风貌、高品质建设项目，推动乡村品质建设；坚持融合发展，培育多元经济业态，大力发展民宿经济、生态农业和文化创意产业；坚持主客共享，搭建创业创新平台，建立乡村创客基地，吸引年轻人回归，建立工商资本利益联结机制，吸引优质资本集聚，建立股份合作社，提高农民组织化程度；坚持文化引领，厚植乡村发展内蕴。

"花鸟模式"谱写现代版的诗与远方

——浙江省舟山市花鸟岛

花鸟岛地处浙江东部，是舟山群岛最北部的一个离岛。花鸟以岛建乡，岛上有远东第一大灯塔——花鸟灯塔，建于1870年（清同治九年），2001年被国务院批准列入第五批全国重点文物保护单位名单。

2015年5月25日，习近平总书记到舟山考察调研时说："舟山有花鸟岛，名字就美，当年我就想去那里。"然而在产业转型之前，由于海岛交通不便、淡水缺乏、生态脆弱、环境承载能力差等先天瓶颈，花鸟岛人口不断外流，老龄化问题严重，传统产业衰退，是一个非常典型的"空心岛"。但自2013年10月起，花鸟乡党委政府紧紧遵循习近平总书记"两山"重要论述，发挥离岛优势，做足"海"字文章，逐步探索生态、产业、民生三者融合发展和可持续发展之路，形成海岛乡村旅游发展的"花鸟模式"。随着2014年定制旅游的起步，2016年全省美丽乡村和农村精神文明建设现场会的顺利召开，如今的花鸟岛已用乡村旅游发展谱写了现代版的诗与远方，蜕变成为舟山乃至浙江省旅游的一张金名片，生动体现了"两山理论"在边缘海岛的全面实践。

一、创新做法

花鸟岛的乡村旅游发展是在充分考量海岛环境承载能力的基础上，以生态保护为前提，以经济崛起为核心，以全民共享为目标，经过五年多的探索实践，形成了特有的"花鸟模式"。

1. **坚持定制化。** 花鸟岛基于本身脆弱的生态及有限的设施承载，选择了"定制旅游"。一是严格控制上岛人数。以提前预约的形式，将每日进岛游客数量严格控制在300名，三天两晚的定制游客人数锁定在600人以内，防止游客过载后造成的环境恶化和品质下降，为游客提供更多私享化的休闲空间。二是科学匹配旅游设施。花鸟的旅游船舶和民宿发展的规模都根据进岛人数，予以科学匹配。同时水、电、污水排放、垃圾处理等设施也根据进岛人数，予以设计扩容。三是推行私人定制。花鸟的私人定制有两种形式。第一种是专属化服务，所有定制旅游的客人都可以享受进岛有专属的高速游船、接送有专属的观光车辆、入住有专属的精品美宿、全程有专属的私人管家服务。第二种是根据游客需求，提供各种个性化的定制服务。

2. **坚持低碳化。**花鸟的开发建设绝不以破坏环境为代价，而是以生态为利器，坚守低碳循环的理念，通过海岛生态工程进一步优化、美化和彰显其原生态的淳朴与魅力，凸显环境的可持续发展。一是低碳经济。花鸟拒绝一切有污染的企业进入，岛上没有任何工业企业。岛上所有项目开发建设，包括已完成的民宿区、慢生活街区以及今后的"到灯塔去"项目，都是以生态保护为前提，以适度改造、就地取材、废旧物利用和贴近自然为原则。二是低碳人居。花鸟推行全岛垃圾干湿分类和垃圾分类"绿色账户"诚信档案制度，生活垃圾无害化处理率达到100%，采用MBBR生物移动床技术治理污水，开展屋顶集雨示范工程试点，岛上推行低碳交通系统，以观光电瓶车保障交通运力，除运输车等必备车辆外，其他机动车辆一律拒绝进岛。三是自然生活。花鸟依托原生态环境，实施四季园林景观廊道建设、山体绿化、美丽庭院和修旧如旧、原生态设计，倡导废旧物改造、资源循环利用和健康饮食、步行等简约的生活方式，全面营造鸟语花香的生活及心灵的空间。2016年，浙江省环保组织绿色科技文化促进会在花鸟岛建设了低碳示范点。

3. **坚持特色化。**花鸟岛的开发充分彰显了产业的特色化发展和生产、生活、生态、文化的融合发展。一是离岛微度假。花鸟岛是离岛中的离岛，距舟山定海超过100公里，距嵊泗泗礁本岛也有26.5公里。基于这一特质，花鸟岛定位为"中国第一个高端定制化离岛微度假目的地"。微度假是短暂抽离都市生活的一种度假生活方式，以三天两晚、两天一晚旅游产品为主。二是共建共享。花鸟积极引导全民参与，努力实现群众安居乐业、普惠共享，让岛民有更多的获得感。花鸟实施了中青年"乐业工程"，积极引导本地群众参与民宿、餐饮、渔家乐、商贸零售、手作等产业，提升造血功能，凸显产业的富民效应。花鸟实施了长者"乐龄工程"，建立了"乐龄幸福公社"，不仅以低廉的价格提供了托管照料、送餐服务，还把公社打造成集同堂会、影院、作坊、学堂、康疗等于一体的公共休闲平台，吸引全岛的老人到这里共享幸福生活，构建整岛乐龄幸福圈。三是文化融合。花鸟打造了富有渔文化特色

四、生态资源依托型

嵊泗县花鸟岛

的露天酒吧,将民宿区打造为文化演艺的特色空间。打造了张海舟艺术家工作室和《江南诗》诗刊工作室,特邀中外艺术家举办"中国海岛·浙江舟山花鸟诗会",并授牌"中国诗歌之岛",提升岛屿的艺术气质。以"老兵之家"彰显军民鱼水之情,并由此延伸出"爱家、恋家、守家、回家"的家文化,让在花鸟的所有人,包括老人、老兵、游客、灯塔人、创业者,都成为相亲相爱的一家人,都能够积极践行低碳环保、乐龄志愿、传承精神的使命,守护共同的家园。

4. **坚持专业化。** 花鸟的开发建设从筹划开始就交给专业人士,并形成专业化开发模式。一是专业化管理。花鸟的管理模式为"一岛一景区一公司",由一家专业公司整体打包运作、统一管理运营,避免无序开发,确保定制旅游的持续推进。二是专业化设计。花鸟坚持"一把尺子"量到底,以全域景区化的理念,提前做好顶层设计,编制完成《花鸟旅游岛总体规划》《花鸟旅游示范岛提升规划》、"到灯塔去"项目概念方案及低碳发展实施意见、共建共享实施意见等。三是专业化打造。花之语民宿区、慢生活街区、艺术家工作室、露天酒吧、印象馆、陈列馆等一期项目建设,由杭商旅集团旗下西溪漫居公司全程指导与跟踪,今后"到灯塔去"项目也将由其注册的专业公司统一打造。

二、取得成效

自构建"花鸟模式"以来,定制旅游已被广大游客认可并受到市场追捧,一个贫穷落后的边缘海岛涅槃再生,实现了"绿水青山"与"金山银山"的有机统一,实现了生态环境和经济社会发展的双赢,走出了一条新常态下边缘海岛科学发展之路。

1. **实现了空心村产业的可持续发展。** 定制旅游改变了之前单一的以渔业为支撑产业结构,花鸟岛上的游客数量和旅游产值呈逐年增长态势,已实现游客接待量3

万人次、旅游总产值 6000 万元。产业的发展还带动了剩余劳动力的就业，岛上的群众纷纷参与到民宿、渔家乐、餐饮等服务管理中，开起了本土化的渔家民宿，平均年收入可达 10 万元。

2. 吸引了本土青年的回归和外来人才的流入。原来的花鸟岛是名副其实的老人岛，人口不断流出，常住人口不足 800 人，其中 60 周岁以上老人占 60% 以上。现在，花鸟岛吸引了本土和外地青年人才的进驻，他们打造自己的特色民宿，岛上的民宿由 2013 年的 5 家增加到了 60 家。春节来临的时候，人口流入多达 1000 人次。花鸟还吸引了陈佩斯、张丰毅、杨立新等艺术家，吸引了《欢乐颂2》等影视制作团队，老人岛正逐渐蜕变成青年岛、文艺岛、网红岛。

3. 优化了边缘海岛的生活设施和人居环境。自美丽乡村建设以来，花鸟岛灰暗破旧的居民区变成了浪漫的民宿区，岛上的道路、码头、山塘水库、照明系统、排污系统等基础设施得到了明显改善，交通船舶得到了更新，商业街区业态逐渐丰富，人居环境越来越好，群众幸福指数不断提升。2016 年全省"美丽乡村"和农村精神文明建设现场会在嵊泗成功召开，花鸟作为美丽乡村建设的典型，接受了全面检阅。

4. 营造了"老有所养""老有所为"的乐和氛围。乐龄幸福公社的建立，使老年人的夕阳生活更加丰富多彩，75 周岁以上的老人 680 元/月可全托照料，老人们还可在公社休闲娱乐，享受更加幸福的生活。安逸的晚年生活使他们更愿意"老有所为"，积极参与到花鸟的低碳环保、手工制作当中，一些经验丰富的老人组织传统手工艺的学习制作，让传统文化传承下去，并助推海岛旅游，实现老人们的自我价值。

花鸟岛，一个富有诗意的"鸟屿花乡"。她的再生，见证着一个边缘海岛的蜕变，它的变化由内而外，是生态的、可持续的。希望花鸟岛的羽化成蝶，能够为浙江省乡村振兴战略和大花园建设提供借鉴，能够为全国边缘海岛、边缘山区以及空心村、空心岛的发展提供借鉴，使其重焕生机，永葆自然环境的底色、高质量发展的底色和人民幸福生活的底色！

专家评语

充分考量海岛环境承载能力的基础上，以生态保护为前提，以经济崛起为核心，以全民共享为目标。坚持定制化、低碳化、特色化、专业化。推行全岛垃圾干湿分类和垃圾分类"绿色账户"诚信档案制度，采取"一岛一景区一公司"管理模式。

乡村旅游大发展　乡村振兴大跨步

——江西省宜春市靖安县

依托优越的生态环境和区位优势，靖安县坚持"以旅为先"的县域经济发展战略，多年来致力于把生态优势转化为旅游产业发展优势，全力发展全域旅游，大力唱响"有一种生活叫靖安"品牌，实现了生态美、旅游旺、乡村兴三位一体的良好局面，旅游业已成为靖安经济发展的支柱产业和引领三产发展的龙头产业。近几年来，靖安县在全县旅游产业蓬勃发展的态势上，提出了"以大型旅游项目为支撑，以乡村旅游为背景，以乡村振兴为使命"的全域旅游发展格局，把大力发展乡村旅游作为旅游产业转型升级和乡村振兴的一项重要工作内容，举全县之力推进乡村旅游建设，大力促进乡村振兴，取得了良好的经济效益和社会效益，为乡村振兴闯出了一条康庄大道。

一、基本情况

全县11个乡镇共有96个乡村旅游示范点，1个中国乡村旅游模范村，1个省5A级乡村旅游点，5个省4A级乡村旅游点，4个省3A级乡村旅游点，参与农户共1100多户，接待床位14000多个，其中精品民宿52家，接待床位1300个。2018年全县旅游接待人数990万人次，其中乡村旅游接待人数317万人次，实现乡村旅游综合收入8.2亿元。靖安县乡村旅游的发展也得到了上级部门的充分肯定，被认定为首批江西省全域旅游示范区，被评为全国休闲农业与乡村旅游示范县、全省乡村旅游工作先进单位、全省旅游扶贫工作先进单位，中源乡三坪村被评为"中国乡村旅游模范村"，蓝孔雀生态庄园被评为"中国乡村旅游模范户"，古楠村乡村旅游点、蓝孔雀生态庄园、西头村示范点、白沙坪山庄、食德居、三哥农家饭庄被评为"中国乡村旅游金牌农家乐",古楠村舒敏璋荣获"中国乡村旅游致富带头人"称号。

二、主要做法

1. **政策扶持大,乡村旅游发展快。** 县委、县政府先后出台《靖安县农宿文化旅游发展实施意见》《靖安县民宿管理和产业扶持暂行办法》《乡村旅游扶贫工作实施方案》等一系列乡村旅游发展扶持政策,每年整合各乡镇、各部门资金近亿元用于乡村旅游规划编制、项目建设、环境美化、设施完善、宣传促销、评优评先等方面的补助和奖励,并每年为乡村旅游经营户发放贷款1000万元。

中源乡是靖安乡村旅游发展的大本营,得益于得天独厚的气候优势和政府的大力扶持,该乡大力发展乡村避暑休闲旅游,每年5~10月,每天有近万来自南昌、上海、长沙、武汉、丰城、樟树、高安、九江的城市"候鸟人"到中源避暑休闲,全乡直接从事乡村旅游的家庭有278户,接待床位10284个,2018年该乡乡村旅游接待人数210万,乡村旅游已经成为中源乡最主要的经济产业和农民收入来源,在家做半年乡村旅游顶得上在外打工两年的收入,央视二套据此专门拍摄了时长近一小时的专题片《城市"候鸟人"》进行反映和展播,中源乡已成为南昌等周边城市乡村避暑游的天堂,全乡被评为江西省4A级乡村旅游示范点,三坪村被评为江西省5A级乡村旅游示范点。

2. **旅游规划专,乡村旅游建设美。** 在编制全县旅游总体规划和5A提升规划时,对乡村旅游进行了专项策划、设计,按照"一乡一品、一村一特"的发展思路,避免盲目跟风、重复建设,坚持按照差异化发展原则,实现各乡各村乡村旅游差异互补,共赢发展。同时在乡村游建设中坚持按照乡村面貌景点化、乡风民俗产品化、乡村活动常态化、农业生产旅游化、乡村人员专业化的"五化"要求,促使各乡村旅游点提升品位和档次,建议了一批产业实、特色显的精品乡村旅游示范村庄和示范点。

3. **文化内涵厚,乡村旅游体验特。** 发展乡村旅游,靖安县特别注重文化与旅游的融合发展。一方面注重文化展示,组织专门力量,把真正具有地方特色,具有强烈差异性的民俗文化、饮食文化、诗词文化等地方特色文化元素进行挖掘、整理和特色化展示。另一方面注重乡村休闲文化的参与性和体验性。结合靖安的白茶园、椪柑园、板栗园、翠冠梨园、蓝莓园、鱼塘等生态农业园,推出了采摘、垂钓等乡村体验游活动,让游客可以亲身体验农趣活动,吸引游客参与和购买。

4. 宣传促销多,乡村旅游名气响。一是结合传统景区联动推介。以大旅游的繁荣促进乡村旅游发展,合理引导游客在传统的旅游景区游玩后吃在农家、住在农家、乐在农家,有效拉动乡村旅游客源市场。二是加大对乡村游的专题推介,充分利用网站、报纸、电视、电台等媒体加大乡村游的宣传力度,扩大了乡村旅游的知名度。三是策划举办了一系列的乡村旅游节庆活动。通过举办高吕阳洞千人溯溪和帐篷露营节、走进靖安人家万人自驾乡村游、白崖山杜鹃观赏节、山地自行车赛、白茶节等活动,刺激市场,吸引人气,做响名气。

宜春市靖安县宝峰镇

宜春市靖安县虎啸峡

5. 能人乡绅带,乡村旅游基础实。"中国乡村旅游致富带头人"、全国劳动模范舒敏璋自垫资金200万元不计报酬建设江西省4A级乡村旅游示范点古楠村,高湖商会会长漆海平自筹资金2.2亿元建设海益园生态农业有限公司发展农、旅、康养为一体的田园综合体项目,及中源乡蔡小平、胡志勇,香田乡余青凌,水口乡邓斌、刘冬梅,仁首乡张和波,璪都镇潘叶香……涌现出了本土本乡的一大批乡村旅游带头能人,建设了一批精品的乡村旅游项目,典型带动各地乡村旅游的发展。

三、取得成效

1. 促进了多产融合。"旅游+农业""旅游+林果""旅游+康养""旅游+运动""旅游+养殖""旅游+特色文化体验"……旅游产业对其他产业的融合、辐射

283

宜春市靖安县西岭梯田

作用日渐深化，乡村旅游新业态层出不穷，多产融合的良好态势，使乡村旅游成为拉动乡村经济和县域经济发展的新引擎。

2. 促进了乡村振兴。全域性乡村旅游的大发展，夯实了乡村产业、美化了乡村环境、净化了乡村风气、增强了乡村治理、培养了乡村人才，涌现出了中源三坪村、合港村、垴上村，罗湾哨前村、双溪洞村、璪都黄浦村、塘埠村，三爪仑塘里村、宝峰毗炉村、宝田村、高湖西头村、古楠村，水口周口村、青山村，双溪马尾山村、泥窝村，雷公尖塔里村，香田山下余家等一大批通过发展乡村旅游达到乡村振兴的典型实例，通过发展乡村旅游兴旺乡村产业，为乡村振兴提供了内生动力和动力引擎，保障乡村振兴的健康可持续发展，同时也促进了各乡镇各村集体对进一步发展乡村旅游的热情和更大的发展保障，形成了乡村旅游与乡村振兴相辅相成、相互促进的良性局面。

3. 促进了业态完善。靖安县乡村旅游已成为江西乡村旅游的一张名片，在传统旅游项目遇到瓶颈和发展趋势缓的时候，乡村旅游的大发展，为靖安全域旅游的发展注入了新鲜血液，成为一种体验更深、特色更显的旅游新业态，与传统旅游产业形成了良性互补的业态空间，更广阔的区域空间、更独特的亲身体验、更深厚的文化沉淀，乡村旅游将成为今后靖安旅游发展的主力军。

专家评语

依靠生态资源优势和政府推动扶持，将乡村旅游发展作为全域旅游发展主要支撑和发展县域经济的重要引擎。注重发挥旅游规划的引领作用，注重文化和旅游融合发展，能够将特色文化元素融入乡村旅游产品开发。本地乡村旅游带头能人投入建设精品项目，示范带动效应显著。

呵护青山绿水　探索旅游扶贫新模式

——广西壮族自治区百色市三合屯

一、基本概况

三合屯位于伶站乡浩坤湖国家湿地公园景区内，距乡政府所在地10公里，离凌云县政府驻地40公里。该屯2017年被评为巴马长寿养生国际旅游区名村名屯、五星级乡村旅游区。

三合屯有38户172人，属纯壮族聚居屯。周边自然风光独特，湖面宽阔，水域容量3.24亿立方米，每立方米负氧离子含量高达2000～5000个，最高可达10万个，被称为"天然氧吧"；湖中独峰耸立，小岛显露，四周山峦起伏，天坑、溶洞遍布，拥有得天独厚的旅游资源。这里的群众在每年春季"三月三"都会开展活动，这一天是壮家儿女们的节日，各村男女在一起跳舞、唱歌、抛绣球。玩时男女青年各一队，并各自选出队长，相距约50米远，画出界线，相互抛接，凡是抛出界线或接不到的都算输。男女青年以此互相物色对象，为选择佳偶进行投情活动，这些是当地依然保存着的最古老的自由恋爱方式。

二、主要做法

1. 挖掘资源，进行合理利用。

（1）基础设施不断完善，道路交通、人居环境逐步向好。

（2）充分利用浩坤湖得天独厚的自然优势，成立了坤福生态养鱼农民专业合作社，组织引导群众加入合作社进行规范化养鱼。

（3）配合旅游开发，扶持建设农家乐，群众积极自营小商店；成立了浩坤村金

湖旅游专业合作社；组织群众规范经营管理。

（4）进行特色产业设计，种植火龙果和山茶油等能增加游客观光体验和农民收入的项目。

（5）加强就业务工指导和培训，提升劳动力素质。

（6）注重组织管理，成立三合屯党支部和村民理事会，确保在建设过程中以及建成后的发展规划，有对应的组织进行管理带动。民居还保持着传统的壮族居住格调，为了更好地保护和发展，县委、县政府高度重视，要把三合屯打造成为独特的壮族山寨集食、住、玩、游、壮族风情展示、休闲旅游等为一体的乡村生态特色旅游点。村民开办农家乐，不仅增加了村民的收入，周边优美的自然环境，干净舒适的客房也让游客尽情享受着依山傍水的天伦之乐。

2. 积极探索旅游扶贫模式，拓宽群众增收渠道。 探索建立"六个一"旅游扶贫模式，拓宽群众增收渠道，实现脱贫致富奔小康。

（1）资源租赁模式。采取群众将土地、林地等资源租赁给景区开发利用，按资源占比每年获得租金收入的方式，15户75人通过土地出租，年人均收入1446元。

（2）发展特色产业模式。组建景区特色生态养鱼业，增加了三合屯群众收入。

（3）群众参与景区就业模式，优先吸纳三合屯贫困群众。

百色市凌云县浩坤村三合屯

(4)景区收入分红模式。经营企业将景区门票收入的10%拿给群众分红，2%给村集体经济。

(5)旅游企业带动模式。在景区内规定特定区域，由农户自主经营农副产品，目前正在建设的景区湿地商街，计划前三年免费给景区内的贫困群众经营使用。

(6)资产入股模式。参与扶贫移民搬迁的农户，将原有房屋、土地、宅基地交由旅投公司经营，获得入股分红。

三、发展体会

1. **坚持建设美丽乡村**。三合屯作为凌云浩坤湖湿地公园里五星级乡村旅游景点，将全力打造成为中国美丽乡村升级版。呵护青山绿水，持续推进村庄绿化、亮化、净化、美化工作。做大三合屯，从2016年1月开业经营，至今接待游客30多万人次，旅游总收入1800多万元，实现美丽环境与美丽经济的共建共赢。

2. **坚持完善旅游设施，加大宣传力度**。根据村域特色，深入挖掘内部资源，积极投入资金用于完善设施建设，为了更好推广三合屯的知名度，在现有资源整合的基础上，以多方式、多途径开展宣传营销，通过宣传手册、媒体报道等形式广泛宣传三合屯的民族风情、特色旅游产品。可以看出，"美丽三合"建设确实改变了屯里的面貌、改善了人居环境、提高了家门口就业率、收获了丰硕的成果，名副其实的"看得见山，望得见水，记得住乡愁"。

3. **坚持旅游富民，做出品牌**。三合屯必须做好"特"的文章，形成"名"的品牌，因地制宜突出民族风情、历史文化、自然风光等不同特色，提升文化品位，形成知名品牌。要加快推进以交通为重点的旅游公共服务设施建设，完善景区景点连

百色市凌云县浩坤村三合屯

接交通干线的交通网络,为发展特色旅游提供更加便捷的条件。要在保护好当地特色旅游资源的基础上,着力改善旅游住宿、餐饮、卫生等条件,构建完善的服务体系。要把发展旅游与惠民富民结合起来,用好的规划、好的项目带动特色旅游产业整体提升,让人民群众共享旅游资源、共享旅游发展成果。

专家评语

挖掘资源,进行合理利用,探索建立"六个一"旅游扶贫模式,拓宽群众增收渠道,实现脱贫致富奔小康。一是资源租赁模式,二是发展特色产业模式,三是群众参与景区就业模式,四是景区收入分红模式,五是旅游企业带动模式,六是资产入股模式。

农旅融合 民俗节庆助力全域旅游发展

——四川省巴中市红光镇

红光镇地处四川盆地北缘，拥有良好的山地、丘陵、湖泊和森林资源，辖区内国家 4A 级旅游景区、国家级水利风景区"醉美玉湖"是川东北片区居民休闲度假的重要目的地，依托景区带动、农旅融合和民俗节庆积极发展全域旅游，多次被中央电视台、《农民日报》《四川日报》等主流媒体专题报道。

1. **绿色生态书写"底色"**。牢固树立绿水青山就是金山银山的发展理念，依托原有的自然风光和生态资源，坚持生态建设和旅游资源开发相结合，深挖乡村自身优势，激活乡村内生动力。强化特色农产品"区域品牌＋企业品牌"双品牌战略，以"三品一标"认证为抓手，主打"绿色、无公害、有机"三张名片，成功注册"光雾蜜李"、玉湖有机渔业等商标 11 个，地理标志 3 个。

2. **农旅融合融出"亮色"**。坚定"花果红光"发展思路，精心布局"一镇四园"全域产业，建成杨梅、茭白、葡萄、蜜李等 1.5 万亩特色花果主导产业，建设玉白村、柏山村渔业新村 2 个，建成乡村旅游综合体 3 个，花果产业核心基地 8 个，农产品加工基地 2 个。依托"醉美玉湖"风景区，设计开发集生态采摘、民俗体验、文化休闲、水上娱乐、极限运动、野外生存体验等具备参与性、体验性的系列旅游产品，打造旅游精品路线 5 条，有效提升旅游产业

南江县红光镇

南江县红光镇

水平，在区域内形成明显的竞争优势。

3. 民俗文化渲染"成色"。深挖川东北本土民俗文化，修缮保护明镇寺、禹王宫、红岩洞、观音井文物古迹4处，建成青少年红色教育基地1个，村史馆2个；创作"柏山新貌赞""玉湖渔歌"等民俗文化作品5个，厚植文化底蕴。举办杨梅采摘节、葡萄采摘节、茭白品鉴节、抢鱼节、龙舟赛等8个旅游节庆活动，年接待游客80万人次以上，实现旅游收入6000余万元。

4. 全域旅游成就"特色"。布局"一心多点"全域旅游，以"醉美玉湖"风景区为核心，建设渔村玉白、梅香黑池、田园房岭、浪漫花石、古色白庙、幸福柏山等乡村旅游综合体和精品旅游点，以点带面，坚持整村推进和多村联动，盘活1.5万余亩特色花果产业辐射带，用活"旅游+"，以"门票经济""民宿经济""体验经济"等全面提高旅游收入，带动群众增收致富。

专家评语

依托原有的自然风光和生态资源，坚持生态建设和旅游资源开发相结合，深挖乡村自身优势，激活乡村内生动力，强化特色农产品"区域品牌+企业品牌"双品牌战略；坚持整村推进和多村联动，用活"旅游+"，以"门票经济""民宿经济""体验经济"等全面提高旅游收入，带动群众增收致富。

农旅结合促发展　乡村旅游助脱贫

——云南省保山市银杏村

一、基本情况

固东镇江东银杏村距腾冲市区 35 公里，面积 35.42 平方公里，辖 4 个自然村 19 个村民小组 1137 户 4012 人。全村共有银杏 1 万余亩，3 万余株，百年以上的 1000 余株，除拥有古老和天然连片的银杏林外，还有喀斯特地貌特征明显的江东山、秀丽优美的龙川江峡谷、神奇惊险的溶洞、神秘莫测的古战场"鬼磨针"、历经沧桑的石门古栈道等，集"山、水、林、洞、峡"等生态奇观及历史文化遗址为一体。

二、取得的成效

固东镇江东银杏村原有贫困人口 2520 人，占总人口的 70%。由于贫困面大、贫困程度深，在当地甚至流传着"养女嫁入江东村，不如推下天生江"的说法。在开展精准扶贫工作中，固东镇找准致贫"穷根"，充分发挥资源优势，提出了"以四季江东引领四季固东，以四季固东支撑四季江东"的旅游发展思路，把发展乡村旅游作为扶贫开发工作的重要抓手，变以往的"输血"式扶贫为增强"造血功能"式扶贫，通过全境式开发，实施全域性扶贫带动，形成全产业链旅游服务，让旅游惠及更多群众，让贫困对象通过参与乡村旅游，实现脱贫致富。截至目前，江东银杏村建档立卡贫困户从原先的 726 户减少到 9 户，贫困人口从 2520 人减少到 39 人。

2017 年全村接待游客 36 万人次，实现旅游总收入 4800 万元。经过努力，江东社区先后荣获"云南省第七批文明村""云南省旅游特色村""云南省绿色社区""全国生态文化村""全国最有魅力休闲乡村""云南十大刺绣名村（镇）"和首

保山市腾冲市固东镇江东银杏村

批"中国乡村旅游模范村"殊荣。"国萍农家乐"被评为首届"中国乡村旅游金牌农家乐"。

三、主要做法及经验

1. 优先"输血",夯实旅游产业基础。加大财政投入力度,引导群众广泛参与,强力实施"旅游设施配套、家居环境改造及民居旅馆改造提升、古树名木保护、休闲观光农业、生态环境综合整治"五大工程,改善旅游发展环境。一是投资1.53亿元,建成了全市唯一一条通往行政村的二级旅游公路,扩建硬化进村主路及村内道路200余条,完成了村内相关配套设施建设。二是以陈家寨自然村为核心,辐射坝心、江盈自然村,以群众自筹资金及投工投劳为主,整合项目资金补助为辅的方式进行改造提升。先后改造标间床位1000余个,实施农村危房改造200余户。三是对1000余株百年以上树龄的古银杏树进行普查,对50余株树龄在500年以上的进行挂牌保护。四是按照"农旅结合、以农促旅、以旅扶贫"的方式,采取良种培育、生态养殖、立体种植为一体的高效生态农业发展模式,安排专项资金在江东、顺利、和平、小甸发展休闲果园和观光农业项目。五是强力推进村庄环境综合整治,建成污水处理设施两个，配套垃圾处理设备，并建立完善了村内道路日常管护、环境卫生保洁、公共设施管理等长效机制。

2. **加速"造血"，提高产业增收效益**。一是积极开展"全领域营销"。在市委、市政府的大力支持下，参与市级以上营销团队前往北京、上海、广州、成都、重庆等全国20多个大中城市开展组客营销，有效提升了江东银杏村的品牌吸引力。二是积极组织"全民服务"。针对群众和从业人员业务能力低、思想落后等现象，大力实施雨露计划、旅游服务、实用人才技术、传统文化教育等系列培训，完成实用技术培训1.2万人次，培育新型职业农民540人，完成政策业务培训、互助合作社业务培训775人，有效提升了群众的素质能力和服务意识。三是积极倡导"全民创业"。引导群众大力发展星级农家乐、民居旅馆、商品销售、特色美食等旅游商贸服务业。农家乐户数从最初的8户发展到160余户，民居旅馆床位从20个增加至1200余个。以坝心自然村为主体，依托工艺独特的江东刺绣产品初步探索出一条"公司+合作社+农户"的乡村文化产业运作模式，参与刺绣产业的妇女突破500余人，年均收入400万元。随着旅游发展，原来每市斤5~6元的银杏果，上涨到40~50元，年产值500余万元。

3. **积极探索，创新旅游发展新模式**。2017年，腾冲市政府引进东方园林产业集团与腾冲市盛源旅游文化投资开发有限公司共同开发建设银杏村旅游区，东方园林产业集团占股70%，腾冲旅投占股30%。项目依托万株古银杏树和千年古村落相伴相生的银杏村核心资源和周围的火山奇观、峡谷瀑布、千亩良田等自然资源，将银杏村景区改造提升为以银杏为主题形象，以"华夏农耕文明活态传承地"为文化定位的综合型休闲旅游综合体。项目改造完成后将助推银杏村从传统乡村旅游到全域乡村旅游的升级，引领腾冲旅游由单一型观光产品向综合型旅游产品集群转型，有

保山市腾冲市固东镇江东银杏村

力推动全域旅游发展。

4. **以学促进，助推乡村旅游产业发展升级。** 自发展乡村旅游以来，固东镇政府及江东社区依托社区资源和产业优势，以发展乡村旅游为着力点，以"以学促进"为抓手，积极组织社区"三委"到明光、滇滩、界头等乡镇进行产业发展现场观摩，组织部分总支委员、党员代表到四川成都郫县农科村、三圣花乡、黄龙溪等地考察学习。学习结束后，围绕"立足岗位见行动，补齐短板促发展"和"发展乡村旅游，江东社区怎么办"进行专题讨论。为进一步规范景区经营秩序，组织景区内商户代表到和顺考察规范经营模式，通过帮大家算"生态账""经济账""发展账"，使群众与政府、公司的矛盾一定程度上得到缓和，有力助推了乡村旅游发展。

保山市腾冲市固东镇江东银杏村

专家评语

优先"输血"，夯实旅游产业基础，按照"农旅结合、以农促旅、以旅扶贫"的方式，采取良种培育、生态养殖、立体种植为一体的高效生态农业发展模式，积极开展"全领域营销"，积极组织"全民服务"，积极倡导"全民创业"，采取"公司＋合作社＋农户"的乡村文化产业运作模式。

大力发展生态旅游 带领农民脱贫致富

——青海省西宁市卡阳村

一、基本情况

卡阳，在藏语中的意思是"纯洁的地方"，乡趣卡阳户外旅游度假景区位于青海省西宁市湟中县拦隆口镇西南部，地处高山林区，风光优美，空气清新，是距离西宁市最近的原始林区和高山牧场，森林覆盖率高达81.1%，户外健身休闲资源极为丰富。乡趣卡阳户外旅游度假景区已建成18公里休闲徒步木栈道、石子按摩徒步道、800米水滑道、山地自行车越野道、摩托车道、房车露营基地、冬季滑雪场、攀岩区、康体健身区等设施及运动场所，户外体育休闲产业覆盖景区整个区域，体育休闲运动涉及户外运动休闲健身、极限、探险运动、体育拓展训练、民族传统体育健身以及时尚体育休闲体验等项目，并具备承办多种户外体育赛事、体育节庆会展等活动的能力。随着旅游基础与配套设施的不断完善，前来景区的省内外游客络绎不绝，游人在感受卡阳自然山水的同时，体验乡村旅游的乐趣。在乡趣卡阳景区产业开发带动下，景区所在地卡阳村，在不到两年时间里，发生了翻天覆地的巨大变化，由青海省省定的贫困村一跃成为最美小山村，村中贫困户全部实现脱贫摘帽。

二、发展经历

1. **加强基础设施建设。**持续加大投入，不断完善旅游基础设施，建设完成游客服务区、扶贫产业园、大型停车场、房车露营区、民俗木屋度假区、户外休闲健身区、文化服务区等功能区域，达到了国家4A级旅游景区的标准，景区年接待游客可达30万人次。

2. 拓展旅游产业空间。 乡趣卡阳户外旅游度假景区以河湟文化为牵引，以乡村旅游资源为基础，以举办民俗活动为抓手，因地制宜，吸引前来观光旅游的人们体验大美青海——河湟乡村旅游乐趣，实现游客休闲度假旅游与民俗文化相结合的特殊的休闲生活方式，拉动旅游消费，带动乡村旅游产品开发。打造了全国同类景区长度之最的徒步木栈道、西北首条高山水滑道。2017年，景区又相继完成恐龙主题自然科普基地、爱国主义国防教育基地项目的建设，极大丰富和提升了景区乡村旅游的品质与档次。

3. 持续打造旅游品牌。 乡趣卡阳户外旅游度假景区在"户外旅游度假休闲"的基础上深度挖掘河湟农耕文化、传统工艺、传统美食、传统民俗等资源，不断完善景区旅游基础设施及相关服务配套设施，加大乡村旅游与文化休闲、康体养老、观光农业等的融合发展，引导特色乡村经济，发展集康体养生、农趣体验、户外健身等于一体的休闲旅游产业，不断推出乡村旅游特色体验型新型产品，加快创意旅游消费发展方式，打造乡趣全国乡村旅游品牌。

4. 坚持产业开发助推精准扶贫。 以"党建扶贫+乡村旅游"方式，依托乡趣卡阳景区旅游产业开发，通过劳务输出、扶持开办"农家乐"、成立农机化扶贫专业队等措施，推动卡阳精准扶贫、美丽乡村建设工作。同时，以乡村旅游开发带动扶贫攻坚，坚持产业主导，创建"文化+旅游"的商业模式，切实夯实扶贫基础，改善当地农民生产生活条件。2016年12月，经青海省扶贫开发局考核通过，卡阳村成为青海省脱贫致富第一村，"卡阳样板"扶贫模式在青海省范围内推广。

湟中县卡阳村

四、生态资源依托型

湟中县卡阳村

三、取得的主要成效

以产业融合、业态创新、功能互补、合理布局为指导,利用自身优势,充分挖掘乡村旅游资源,并坚持产业发展助力扶贫攻坚,建设卡阳山水生态美丽乡村;以乡村旅游产业融合发展新业态,做强地区旅游经济,并在相关产业互动下,辐射带动周边乡村经济发展。

积极探索"企业+农户"的发展模式,乡趣卡阳户外旅游度假景区被评为国家4A级旅游景区、"中国美丽休闲乡村旅游推介名单"和"青海户外健身休闲产业基地"等称号,卡阳村被评为全国生态文化村。乡村旅游的发展为卡阳村及周边村民打开了致富大门,卡阳村贫困户44户256人,全部脱贫摘帽,在青海省实现卡阳扶贫"五个唯一",形成了卡阳扶贫模式。经过三年的奋斗,贫瘠了上百年的卡阳村已走向了脱贫致富奔小康的幸福之路;通过乡村旅游,卡阳村也获得了中国美丽乡村的称号。

专家评语

持续加大投入,打造旅游品牌,不断完善旅游基础设施,拓展旅游产业空间。坚持产业开发助推精准扶贫,以"党建扶贫+乡村旅游"方式,依托景区旅游产业开发,通过劳务输出、扶持开办"农家乐"、成立农机化扶贫专业队等措施,推动卡阳精准扶贫、美丽乡村建设工作。坚持产业主导,创建"文化+旅游"的商业模式。

依托优势资源 大力发展乡村旅游

——新疆维吾尔自治区阿勒泰地区禾木村

一、基本情况

阿勒泰地区布尔津县禾木哈纳斯蒙古民族乡禾木村成立于1984年6月，为乡政府驻地，辖区面积1500平方公里，辖东哈拉、围哈拉、齐巴罗依、海英布拉克、河西、齐柏林、阿什克7个片区（自然村）。禾木村共有5种少数民族成分，其中蒙古族图瓦人253户，哈萨克族298户，回族9户，汉族17户，塔塔尔族1户，俄罗斯族1户。禾木村具有淳厚的民族文化底蕴以及丰富的自然资源。禾木村作为蒙古族图瓦人的聚居地，是中国保留最完整、历史最悠久的图瓦人部落；自然资源丰富，分布着广袤的寒温带泰加林，同时也是西伯利亚动植物种类南延至中国的代表性地区，现有植物83科298属798种，野生动物有兽类39种、两栖爬行类4种、鸟类117种，鱼类有5科8种等；喀纳斯最美的秋色在禾木，漫山层林尽染，炊烟袅袅的图瓦村落，禾木哈登平台是最佳取景地点；位于喀纳斯旅游区内，与喀纳斯湖、白哈巴村、草原石人群、那仁草原等旅游资源优势互补。先后荣获中国第八个摄影创作基地、全国生态文化村、中国最美的六大乡村古镇、中国十大乡愁村庄、中国少数民族特色村寨等荣誉称号。

二、主要工作措施及成效

充分利用自身特色旅游资源，以淳厚的民族文化底蕴和丰富多彩的自然旅游资源招徕游客，合理地规避交通、生物物资自身短板。通过规范化管理各经营企业，变短板为优势，以旅游寻致富，积极打造以旅游为特色的禾木原始古村落。2018年

四、生态资源依托型

阿勒泰地区布尔津县喀纳斯景区禾木村

接待旅游人数75.97万人次，旅游综合收入5.19亿元；农牧民人均纯收入达到1.9万元，同比2017年增收1500元，摘掉了自治区级贫困村的帽子，人均收入远高于平原地带人均收入，名列阿勒泰地区前列。同时，全乡以旅游业和畜牧业为主，全年社会生产总值3800万元，乡村两级集体经济收入139.3万元，彻底摆脱了空壳村的状态。

1. **坚持科学引导先行**。针对乡村旅游涉及面广、关联性强特点，景区对所有从事民宿、家访等乡村旅游经营户进行统一登记、建档立卡，纳入旅游资源数据库，并实行挂牌经营，通过这种方式将景区以民宿、家访为主的乡村休闲旅游经营户全部纳入规范管理。在此基础上，进行规范引导、星级评定、重点扶持，并将星级民宿、家访作为政府职能部门的指定接待单位，极大地调动了经营户上星级、创品牌的积极性，有效促进了乡村旅游的快速发展。同时，在节庆活动和旅游旺季，联合市场监督、卫生、物价等部门对乡村旅游接待点进行定期或不定期检查整顿，加大旅游市场监管力度，树立民宿旅游良好形象。

2. **加大项目扶持力度**。为提高乡村旅游接待点文化品位，景区配合乡村旅游发展出台相关政策措施，对从事乡村旅游的经营户从庭院规划、服务标准、民宿星级等方面进行全方位指导，并创新设计、施工改造、提升档次，切实规范和加强景区民宿升级改造和精品民宿建设，计划升级改造民宿137余户，种植云杉、疣枝桦等林木1100余棵，栽种虞美人、滨菊、翠雀花等特色花卉1.79万平方米，成品花箱花苗6万株。对具有一定规模或发展潜力的经营户进行整改、提高服务，例如禾木百年老屋家访民宿一体经营点，传承当地图瓦民俗文化，通过一处百年木楞屋展示当地民族历史文化、奶酒及食品制作等，通过不同主题打造不同风格的民宿体验，

299

结合当地特色歌舞、美食打造的星级民族家访点，得到了游客的广泛好评。禾木乡积极实施禾木河河道生态治理工程，稳步推进湖面游艇"油改电"项目，完成农村人居环境综合整治及"美丽乡村"示范村建设，持续推进厕所革命工程，打造贾登峪—禾木（布拉勒汗）为中心的特种游徒步线路，在星级接待点分别实施道路改造、乡村亮化、厕所改造以及通过特色村寨项目修建迎宾大门，制作指示牌等充满乡村文化品位的项目，全力为乡村旅游服务，提升旅游服务档次。

3. **创新岗位培训方式。**为增强经营业主的发展意识、诚信意识和服务意识，景区党委协同乡村三级对经营业主开展集中培训的基础上采取推荐就业、创业帮扶、强化旅游培训等措施千方百计扩大就业，开展乡村专场招聘会7场次，提供讲解员、厨师、服务员等800余个岗位，685名农牧民实现就业增收。大力实施牧民培训工程，建立了景区、乡、村三级培训体系，与新疆农业大学、乌鲁木齐职业大学、石河子职业技术学院等院校建立了长期合作关系，开展定向培训，全面提升各类人员的文化素质和就业技能；坚持请进来、走出去相结合，开展餐饮服务、农业种植、民族刺绣、马队管理、摊位经营等专题培训班，培训牧民群众1.1万人次。

4. **加强宣传促销力度，着力打造冬季旅游，利用节庆活动带动民俗游。**禾木冬季长，雪期长且雪量较大，为依托冰雪资源优势，全力发展冬季旅游，叫响"净土喀纳斯，雪都阿勒泰"核心品牌影响力，着力打造极美雪乡和精灵小镇，禾木村在洪巴斯区域规划建设大型冰雪大乐园。自开园以来已形成民俗体验、赛事表演、冰雪运动主题乐园，先后举办"2018中国西部冰雪旅游节暨第十三届新疆冬季旅游产业交易博览会""第十一届喀纳斯冰雪风情旅游节暨泼雪狂欢节""禾木原始年"等活动，承办"丰田户外俱乐部冬游喀纳斯"等户外主题活动，大幅提高了冬季旅游攻势，冬季累计接待游客13万人次。

专家评语

依托淳厚的民族文化底蕴、丰富的自然资源以及喀纳斯景区的带动效应发展民族文化乡村旅游。创新管理方式和激励机制，对乡村旅游经营户进行统一登记、建档立卡，将星级民宿、家访作为政府职能部门的指定接待单位。完善基础设施，提升服务档次。创新岗位培训方式，增强经营业主的发展意识、诚信意识和服务意识。

五、田园观光休闲型

主要依托优美的田园风光和乡村人居环境,将生产、生活、生态结合起来,满足游客回归自然、农事体验、休闲度假的需求。该模式围绕乡土景观与农业生产形成多元化的旅游体验产品,旅游服务功能相对复合多元,乡村多位于城郊地带,主要聚焦于城市居民亲子娱乐和休闲度假市场。

丰富旅游新业态 打造乡村旅游新品牌

——天津市蓟州区众耕农庄

天津众耕农庄，隶属于众耕文旅公司，选定原戚继光驻军屯粮之地后营寨为基地，占地面积近1000亩。于2010年开始运作和基础建设，2016年10月完成一期工程，2017年5月1日正式对外营业。这里环境清幽、植被茂密、负氧离子浓度极高，是一座得天独厚的天然氧吧。经过充分的酝酿、创意与规划，众耕农庄形成了现在这座独具耕读文化特色的山居农庄、世外桃源。未来5年内，众耕农庄计划至少打造15户各具创意文化特色的民宿，总客房数达150间，各种手造体验坊20间，延伸旅游产品达50种以上。

一、原创设计，打造"渔樵耕读"文化氛围

众耕农庄由一群有情怀的专业设计团队和艺术爱好者原创设计、本色打造，保留和修复了许多传统的乡村文化元素，让中高端人士专享"渔樵耕读"的文化氛围。整个众耕农庄的建筑风格以"亲自然、原生态"为设计理念，结合华北地区传统民居特色，打造以石头、青砖、灰瓦、茅草等为主要建筑元素的创意文化园，以闲、养、耕、读、乐为主要内容，将现代山居民宿、特色餐饮、情怀酒吧、修心茶舍、手工作坊、生态种养以及独具特色的耕读学堂等休闲设施与功能融于一体，兼顾传统国学教育、乡村旅游实训等多项服务内容，逐步发展成为独具蓟州传统工坊与创意文化的耕读农庄，开设了古法烧酒、传统米酒、酿醋、石磨豆腐、麻酱鸡蛋、手工画坊等传统工艺体验项目。2017年5月1日开业至今，深受各界人士的喜爱和好评。

五、田园观光休闲型

二、产业融合，打造天津蓟州区乡村旅游名牌

众耕农庄由松树沟和云彩沟组成，这里曾经是乱石沟和半荒山，沟内零星地种植一些蓟州山区传统的果木，如：百年酸梨树、柿子树、核桃树、梨子树、山杏树等。但是受到地形、道路、人工等困难因素的影响，这些山沟产生的经济效益很低，丰厚的资源没有得到有效的利用。2010年起众耕文旅公司团队进入沟内进行基础建设，开垦荒山，修筑道路，将沟内各种果树进行保护性修剪修复，发展方式开始由单一的农业生产方式向一二三产业融合发展转变，通过发展旅游、高端民宿接待、特种鸡观光与养殖及各种乡村DIY体验活动等，充分发挥现状环境和土地资源，实现沟内的果树循环利用。经过众耕文旅公司七年的艰辛建设和当地政府的支持，现在已经将曾经被村民搁置的荒山变成了当地的示范和样板项目，在这里春天可以闻花香，赏山花烂漫（梨花、杏花及各种各样的小野花相映成趣）；夏天鸟鸣山涧，这里是万木葱茏的天然氧吧，也是避暑、静心、看山的最好目的地；秋天沟内硕果累累，叶色丰富，山间恣意飞扬着大自然的艺术之魂，凭栏而望还能够欣赏不远处黄崖关长城的巍峨壮阔；冬天沟内松柏苍劲，搭配皑皑白雪是摄影、赏雪的好去处。云雾缭绕中的大山，宁静、和谐，神韵尽收眼底，令人流连忘返。通过沟域旅游经济建设，由原来的自然封闭经济逐步向"高端、高品、高效"发展，增加就业岗位，提高当地农民收入。

在发展中众耕农庄坚持生态优先，发展绿色产业，促进人与自然和谐；在产业布局上，实行以点成线、以线带面，融合发展；在建设模式上，采取统一规划、政府扶持、社会参与，聚集人气；在内涵开发上，把乡村旅游植入沟域经济发展中；在市场营销上，突出特色，打造天津蓟州区乡村旅游名牌。

蓟州区众耕农庄

三、文旅融合，打造耕读文化新品牌

耕读文化是一种以半耕半读、耕读结合为主要生活方式和价值取向的文化观念。耕读文化是对"乡土中国"的一种历史追忆，是对农耕时代乡村生活的一种精神向往，是对抱朴守真心灵生活的一种崇尚回归。目前很多孩子特别是生活在城市里的孩子，在日常生活中缺少耕读文化的体验和感受，众耕农庄通过后营寨基地，建设耕读大学堂、茶室等建筑，营造读书、书法、耕读文化学习和画画、茶艺、乡村DIY、山地果蔬采摘等劳动的体验活动。不仅符合现代人对传统耕读文化生活的向往，也是锻炼孩子的很好方式，能够让孩子更多地融入自然环境，体验传统劳作的辛苦与乐趣，释放身心的自由，陶冶性情、回归自然。

四、借助民俗，打造传统手工集聚地

众耕农庄所在的后营寨以前是戚继光将军屯兵屯粮供给的地方，融入了全国各地军人带来的传统工艺。众耕农庄将后营寨周边村庄众多传统手工的民俗文化在这里进行整合，从而扩展到整个蓟州区的传统手工集聚地，形成相关的产业链，在继承和发扬传统手工文化的同时提升周边百姓的生活质量，丰富旅游的业态，使众耕农庄有了更强的吸引力。手工豆腐、古法烧酒、传统米酒、麻酱鸡蛋、古法做酱、腌菜、风鸡腊肉、木艺、陶艺等各种手工学习和体验项目，深受从幼儿园到大学生再到社会各界人士的欢迎。

专家评语

通过原创设计，打造"渔樵耕读"文化氛围；通过产业融合，发展旅游、高端民宿接待、特种鸡观光与养殖及各种乡村DIY体验活动等，打造天津蓟州区乡村旅游名牌；通过文旅融合，打造耕读文化新品牌；借助民俗，整合周边村庄众多传统手工的民俗文化，打造传统手工集聚地。

企业乡村共铸品牌　发展精品乡村旅游

——山西省大同市车河村

灵丘县车河有机农业综合开发有限公司开发的车河有机农业社区项目位于大同市灵丘县，是集脱贫攻坚、乡村振兴、农村人居环境改善工程于一体的综合性项目，建设范围包括上、下车河两个行政村，户籍人口182人，其中建档立卡贫困户32户77人，2013年前农民人均纯收入不足2300元。2013年，灵丘当地的矿业企业山西金地矿业有限公司积极投资，上、下车河两村成立了灵丘县道自然有机农业专业合作社，开始共同建设有机农业社区项目。

公司采取"有机农业+美丽乡村建设+生态旅游"的模式，坚持中高端旅游为引领的全域旅游发展新思路，发展特色产业和生态旅游，依托生态有机农业及游憩体验类旅游资源，融合地方特色文化打造精品旅游项目。截至目前，该项目已完成投资1.8亿元，已建成65套上下两层新型农居、旅游接待中心、有机餐厅、民俗博物馆和有机农产品展示中心并投入使用；完善了通村公路、天然气、污水处理厂等基础设施；"梦幽谷""冰雪缘"等文旅项目投入运营。车河有机乌鸡蛋等9种农副产品取得有机认证，并且深受市场欢迎。

近年来，由大同市政府和中国农业大学等高校在该社区成功举办五届"车河国际有机农业论坛"，周边区县乃至京津冀等地的游客慕名而来品尝有机食品，享受有如世外桃源般的生活。特色产业和生态旅游业的发展带动了群众脱贫致富，目前两村人均年纯收入达到18500元。"车河村级有机农业扶贫模式"作为全国三个典型案例之一，登上了"2018中国扶贫国际论坛"，并入选"中外减贫案例库及在线分享平台"。

公司有以下四个方面的主要做法：

1.探索乡村旅游新模式。坚持绿水青山就是金山银山的发展理念，以有机农

灵丘县车河村

业为基础，发展有机农业和中高端乡村旅游，满足都市居民休闲养生度假体验需求。围绕"望得见山，看得见水，记得住乡愁"的乡村旅游文化内涵，充分发挥生态优势和区位优势，以休闲度假作为主打产品，按照生态保护、景观设计、旅游经济的现代理念，形成优质乡村旅游发展新格局。

2. 立足专业化发展。公司邀请中规院编制了社区发展规划，和北京文创时代公司合作成立了车河旅游运营管理有限公司，推行现代旅游企业管理，通过市场化的手段和专业化的运营，增强社区影响力和竞争力。

3. 打造多元化产品。满足城市假日游、亲子拓展游、养生休闲游、汽车露营游等市场需求，打造帐篷酒店营地、空中飞人、丛林探险、户外攀岩、露天影院等游乐项目，给游客带来各种不同体验。打造崖壁冰挂、艺术雪雕、滑雪场、冰上游乐项目以及整体的艺术山谷冬日风貌，填补了周边区域冬季休闲旅游的空白。

4. 全面提升服务保障能力。社区的旅游接待中心、有机餐厅、民俗博物馆和有机农产品展示中心已建成使用；新建了停车场、新增了停车场管理系统，以及全域视频监控及网络覆盖一期工程，购买了电动观光游览车、巡逻车，极大地提升了车河社区的安全管理和服务水平。

专家评语

采取"有机农业+美丽乡村建设+生态旅游"的模式，坚持以中高端旅游为引领的全域旅游发展新思路，发展特色产业和生态旅游，依托生态有机农业及游憩体验类旅游资源，融合地方特色文化打造精品旅游项目。积极探索乡村旅游新模式，按照生态保护、景观设计、旅游经济的现代理念，形成优质乡村旅游发展新格局；立足专业化发展，打造多元化产品，全面提升服务保障能力。

以乡村旅游为依托　探索脱贫致富新路子

——内蒙古自治区巴彦淖尔市富强村

巴彦淖尔市临河区富强村2015年被国家旅游局评为"中国乡村旅游模范村"，2016被中央电视台评选为"中国十大最美乡村"，华北地区"美丽乡村"第一名。该村位于临河区北部、狼山镇南部，具有近湖、近路、近城（紧邻镜湖，紧挨G6、G7高速公路和临河城区）的独特优势，在村党支部的引领下，通过各种帮扶措施的实施，探索走出了一条依托乡村旅游发展带领农民脱贫致富的新路子。

一、基本情况

内蒙古富强村，地处塞上江南——河套平原，具有近湖、近路、近城的独特优势。内蒙古富强村由村集体组织实施的整村推进旅游经营项目，全村有常住农户438户，参与旅游经营32户。由旅游投资公司牵头经营民宿点13个，年接待游客8000人，民宿收入100万元。富强村紧紧围绕产业抓经济、抓好经济促脱贫，2017年村民人均可支配收入超过2.5万元，累计接待游客25万人次，村民通过乡村旅游、特色餐饮人均年增加收入1.2万元以上，最大的农家乐年收入达到20万元，使村民共享产业发展的红利，很多人依靠旅游发展脱贫致富。

过去的富强村，居住环境差，生产生活条件落后。为了带动村民摘掉贫困的帽子，富强村以支部为引领，实施产业扶贫，以自身的旅游特色，吸引四方游客来此体验特色农家乐、传统手工小作坊、观光采摘等旅游项目，让村民尝到了产业致富的甜头。村支部立足贫困户实际情况，不漏一户、不漏一人，为每位贫困户制定具体的帮扶政策，按照"一户一品一策"的思路，大力发展特色产业、特色旅游业、订单农业、规模化养殖业，以帮扶启动、垫资入股、合作经济、乡村旅游、项目带动的途径，推动村集体经济多元化发展，形成了独具富强村特色的特色产业发展脉络，实现精准帮扶、精准脱贫。

二、主要做法

1. 以旅游规划统筹旅游发展。富强村以乡村振兴战略为指引，编制《乡村旅游发展规划》，统筹谋划乡村旅游产业布局和业态发展。建设环境优美、生活富美、社会和美的现代化新农村样板和厕所革命样板，打造生态环境优美、村容村貌整洁、公共服务健全、农民生活富裕的美丽乡村，建设集"农业、文化、旅游、生态、经济"于一体的具有河套特色、惠及四方的乡村旅游项目示范基地，统筹考虑贫困人口未来发展方向，确立发展思路、旅游项目、扶贫模式及运营管理机制，明确旅游扶贫目标定位、主导产品、旅游功能设施、新业态项目等，精准到户，在扶贫路上不落一人。

2. 完善基础设施建设，夯实旅游发展基础。实施新村改造计划，加快提升水电路信等基础设施，改善农村生产生活环境，为贫困人口发展乡村游提供基础保障。新修小油路 29.5 公里，硬化路肩 1.5 万平方米，实施村屯绿化 200 亩；新建文化大院、文化活动室、村部共计 535 平方米；新建文化广场 4500 平方米、游园 4300 平方米、骑行驿站 6600 平方米；安装路灯 90 盏，设立垃圾箱 110 个，建设排污管道 5 公里；建设民宿设施均配套水电、水冲厕所及餐饮娱乐设施；配套完善了草原书屋、篮球场、足球场、健身器材、乒乓球等文体活动设施。新村改造后的富强村宜居、宜业、宜游水平大幅提升，填补了内蒙古河套平原地区乡村旅游的空白，亮出了"中国十大最美乡村"的金字招牌。

3. 发挥党支部的引领带动作用。2018 年，在村党支部的引领带动下，按照"党支部＋协会＋农户＋基地"四位一体发展模式，于 6 月成立富强村农家乐餐饮协会，村庄内 21 家农家乐全部加入协会，民主选举出理事会成员，从食材供应、服务、卫生、收费标准等方面统一由协会管理，大力发展旅游餐饮业，打造集"食、住、行、游、购、娱"为一体的特色旅游村庄，游客可在美丽村庄体验美食休闲、生态农业、果蔬采摘、民俗文化、观光自行车、游乐小火车等生活娱乐项目，不断发展壮大村集体经济，收益用于扶持贫困户发展产业，反哺村集体经济，最大限度地减轻贫困人员的生活负担、保障他们的权益。

4. 发挥传统优势，以特色文化带动旅游业发展。发挥传统文化优势，打造油

五、田园观光休闲型

坊、豆腐坊、粉坊、面坊、酒坊、传统手工坊等10家传统小作坊，发展特色餐饮和民宿业，以特色和原生态吸引游客，不断扩大客源市场。

5.打造旅游新业态，壮大旅游经济。做到因村制宜，突出特色，打造镜湖湿地保护区，开发水上闯关、水上滑板、水上飞人、游艇观光等对镜湖污染、破坏少的活动项目；打造果林经济区，采用"特色果树+油用牡丹"的共生模式，种植河套地区特有的山杏树、苹果梨树、桃树、樱桃树、枣树等，为村民带来显著经济收入，实现景观效益与经济效益的良性统一；打造花海景观区，以"巴彦淖尔——鸿雁的故乡"为主题，将整个花海景观区划分为农田花海、浪漫花海、婚纱摄影、产品展示、科研生产等8大功能分区。

巴彦淖尔市富强村

三、取得的成效

富强村依托临河区政治、经济、文化、旅游中心的优势和独具特色的河套平原风光资源优势，吸引了来自京津冀、甘肃、宁夏的游客前来休闲观光度假，伴随着富强村旅游业的快速发展，民宿业发展势头强劲。现在的富强村，绿树环绕，一条条道路干净整洁，房前屋后树木林立，有乡村客栈、园林水系景观等配套建筑，每

309

逢夏季，更是瓜果飘香。村子分为五个功能区：文化展示区、体验经济区、田园风光旅游区、旅游度假区和精品农业种植区。其中文化展示区建有展览馆、骑行驿站、戏台、假山水系等；体验经济区重点以农家院为主，开展村民经营的农家乐、现榨油房、豆腐房等面向游客的经营活动；旅游度假区，以大小不等的园林式院落为主，院落之间既可以相互串联，又可以独立封闭使用，可举办企业年会或婚庆活动；田园风光旅游区，主要以兵团人家、河套旧时人家的情景再现，小型精品农产品现栽种现采摘体验为主。

富强村完整地保留了河套地区的农耕文化，同时又把农耕文化和农家乐、采摘园、农事体验园有机地结合起来，开发了乡村旅游，增加了村民的收入，扎实推进精准扶贫，带动了农村经济的发展。

四、未来的发展思路

今后一个时期，富强村党支部将按照"一村一品一策"的思路，大力发展特色产业、订单农业、规模化养殖业，以旅游业发展带动民宿产业，完善旅游经济体系。通过引导带动贫困户从事旅游接待、投入旅游产业调整种养殖结构、帮助他们转移就业，用好上级旅游扶持发展的专项资金，以帮扶启动、垫资入股、合作经济、乡村旅游、项目带动的途径，发展新业态，增添新元素，推动村集体经济多元化发展。

专家评语

为每位贫困户制定具体的帮扶政策，按照"一户一品一策"的思路，大力发展特色产业、特色旅游业、订单农业、规模化养殖业，以帮扶启动、垫资入股、合作经济、乡村旅游、项目带动的途径，推动村集体经济多元化发展。打造旅游新业态，壮大旅游经济，做到因村制宜，突出特色，如采用"特色果树＋油用牡丹"的共生模式打造果林经济区。

耕海作画　生态强岛　青山绿水变金山

——辽宁省丹东市獐岛村乡村旅游区

一、基本情况

东港市獐岛村位于辽宁省丹东市西南部黄海之中，是中国万里海岸线最北端起点第一岛，陆域面积1.2平方公里，岛上居民647人。獐岛村岛即是村，村即是岛，四面环海、风景秀丽、民风淳朴、气候宜人、物产丰富，海面一望无际，碧波荡漾，海鸥翱翔，嬉戏碧水。日则云朵点点，夜来渔光闪闪。滩辽礁奇，破浪生花，优美动人。家家夜不闭户、路不拾遗，素有"世外桃源"之美誉。岛上唯一一座妈祖庙美丽的传说也为獐岛村增添了几分神秘的色彩。岛产海鲜是辽宁省文化遗产，其中黄蚬子、梭子蟹和杂色蛤荣获国家地理标志。

獐岛村在村两委班子的带领下，在各级政府的支持下，凭借得天独厚的自然资源优势和建设开发海岛的发展理念，通过规划建设，开展乡村旅游，集体经济得到快速发展，现今海岛渔村已发生翻天覆地的变化，村容村貌整洁优美，基础设施不断完善，獐岛村由过去以海洋捕捞为主的偏僻小渔村已发展成为以发展休闲农业为主要特色的海岛乡村旅游示范村。岛上现有80余家农家乐旅店和多座高档宾馆，年平均接待游客20万余人，可实现旅游综合收入4000余万元。獐岛村现为国家4A级风景区，并荣获全国文明村、全国十佳休闲农庄、全国最美休闲村、全国五星级休闲农业与乡村旅游示范村、全国休闲农业与乡村旅游示范村、中国美丽乡村、全国生态文化村、中国最美渔村、全国休闲渔业示范点、辽宁乡村旅游示范村等，已成为中国北方海岛旅游的主要景区。

二、发展历程

獐岛村利用岛上得天独厚的自然资源,坚持"政府引导、市场培育、需求导向、绿色发展"的工作思路,全力打造以乡村旅游业为龙头,以捕捞业、养殖业为两翼的海岛绿色产业,弘扬渔村文化,叫响休闲渔业品牌,全力实施强村富民战略。通过一系列的发展举措,已从一个小渔村成为现今远近闻名的乡村旅游示范村。

1. **积极保护生态环境,努力打造乡村旅游品牌**。村两委班子高度重视生态环境保护,不断开发和打造乡村旅游品牌,实现了乡村旅游产业的可持续发展。该村以生态采摘、赶海垂钓和乡村海岛时尚休闲游为旅游区主导产业,大力推进村庄绿化、美化人居环境,景区的植物覆盖率达65%以上。獐岛周围近7万亩滩涂浅海,盛产纯天然野生海鲜,同时也为游客度假休闲垂钓、赶海、拾贝提供了广阔的天地。在方圆1.2平方公里小小的海岛上,自然生长着品种繁多的野菜,是完全没有污染的绿色食品,深受城里人的喜爱,海岛野菜采摘成为游客来岛春游的必选项目。春夏时节岛上的映山红、槐花,盛开季节粉白相映,香味弥漫全岛,沁人心脾,来岛赏花,既能陶冶情操,也能舒心健体,实为健康之旅。独具特色的海岛休闲渔业开发和利用已成规模产业,景区以"吃渔家饭、住渔家屋、干渔家活、观渔家景"为主要内容的"渔家乐"旅游活动,海洋特色鲜明,渔家文化浓厚。通过开展观海岛风光,尝渔家特色风味餐,住渔家的大火炕,与渔民一起赶海、垂钓、拾贝,参与渔村民间活动(民间大秧歌、渔家号子、渔家祭海等)以及原汁

丹东獐岛

原味的"正月渔家乐""渔家赶海""做渔家人"等系列活动，让游客全面感受海岛渔家纯朴的风俗和浓郁的渔家亲情乐趣，使游人与渔村、渔家、渔民融为一体。

2. 加强旅游基础设施建设，大力发展休闲旅游。随着丹东市政府打造大旅游产业格局，獐岛村作为滨海旅游产品的中心地位将进一步显现，其对外辐射功能及对丹东周边地区经济拉动起到重要作用。几年来，獐岛村在国家、省、市、县级等有关部门的大力支持下，按照"依照规划、统一管理、合理开发、永续利用"的发展思路，对景区服务设施和服务能力提升做了大量基础性工作，通过不断加大建设资金投入，旅游基础设施不断完善、配套设施日益齐全，旅游环境极大改善，旅游服务能力显著提升。2013～2018年，獐岛通过国家旅游专项、省级专项资金及地方投入累计投资2亿多元，修建了游客码头候船厅、前滩防波堤、休闲广场、环岛游步道路、民宿客栈、度假村，铺设海底电缆、通信设施，从陆地引淡水上岛的生活供水工程，建设旅游码头，购置旅游车船，铺设石板路面、安装路灯照明、建设海产品市场、新建村级医院、个体旅游饭店及商业网点设施，增设旅游景点标识，环境整治购置环保垃圾箱和多处生态厕所等基础设施建设，极大改善了獐岛村的旅游环境，旅游服务能力得到极大提升。目前，Wi-Fi覆盖整个海岛，无论是酒店还是农家乐，每家每户都配有宽带。根据岛上接待能力和游客日益增长的需要，村里先后购建了运输客船6艘、快艇2艘、气垫船1艘，在陆上建设国家三级客运站一座、修建5万平方米停车场，日接待游客能力达4500人次。獐岛村被评为国家4A级风景区。

3. 提高管理与服务能力，打造和谐安全经营环境。景区始终坚持依法经营，诚信经营，努力打造和谐安全的经营环境。建立健全管理机制和员工培训制度，服务人员经过岗位培训才能上岗，全面提高员工的服务技能和综合素质。成立专门的饭旅店协会来加强自律，配备投诉电话；成立治安组织，救援团队，从游客进入旅游景区码头开始到游客离开，从负责运输的船只到食宿、游玩，由相应的安保组织负责。严格规范管理旅游区内浴场、各餐饮食宿场所，确保游客游得放心，玩得舒心，安安全全来岛，高高兴兴回家。景区内消防、防盗等设施设备齐全、功能完好；游览、娱乐等设施具备相关合格证书，定期维护保证运行正常，消除安全隐患。严格执行国家各项安全法律法规，建立健全治安防控机构，安全责任落实到人；设置醒目的安全标识，每个酒店都安放防火器材，确保游客安全。严格执行国家各项卫生法律法规，食品卫生符合国家规定，餐饮服务配备消毒设施，不使用对环境造成污染的餐具，残渣废料必须专门集中收集储藏和处理，不随意排放或丢弃。饮用水卫生根据《生活饮用水卫生标准 GB 5749—2006》的相关指标确定。景区有 10 人的专业环保园林队伍，配备垃圾清运车 2 辆，设置垃圾箱 200 多个，建成垃圾焚烧场和污水处理厂各一座，已开始进行垃圾分类，环保承担区内和居民区环境卫生清扫、垃圾污水清运，做到垃圾日产日清。公共场所干净整洁，垃圾箱布局合理，处理及时；厕所设置合理，地面无污物、无污水、无异味，近 3 年未发生污染环境现象。综合治理、安全生产是獐岛经济发展的保障，特别是旅游客运运输安全更是重中之重，每年来獐岛旅游的旅客和务工人员数量庞大，成分复杂，獐岛村离陆地又远，边防警力有限，村委会依靠自己维护治理，成立了治安办，负责全岛的巡逻治安。每年对来村打工人员进行登记造册，对旅店也定期进行排查，至今全村未发生一起刑事案件，有力维护了獐岛村的社会治安。

三、取得的主要成效

近年来，獐岛村乡村旅游的健康发展有效地促进了渔业产业结构调整，使传统渔业逐步向观光农业、生态农业和休闲农业方向发展，推进了新农村建设和集体经济可持续发展进程。村里紧紧围绕特色休闲生态示范主题，全面发展休闲农业，通过积极创新旅游体制机制，狠抓旅游资源整合开发，优化旅游环境，强力促进旅游市场培育开拓，策划包装旅游品牌，实现旅游业从传统服务业向现代服务业转变，旅游产品从初级观光产品向休闲、度假等高端产品转变，宣传促销从产品推销向市场营销转变，旅游开发从注重硬件建设向软、硬件并重转变，促进了经济效益、社会效益和环境效益同步发展：自 2013 年以来，獐岛游客每年都以 30% 以上的速度递增，仅 2018 年，接待游客达 20 万人次，带动周边农民就业人口近万人，村集体经济年收入超过 1400 万元，全村人均年收入超过 6 万元。乡村旅游产业发展极大拉动了村经济发展。在满足大城市居民来旅游消费的同时，给百姓和周边地区的经济形成一股强热的海风，促进农业、农民的增收，引领和带动当地休闲农业和旅游经济跨越发展。獐岛的青山绿水正在变成百姓致富的金山银山。

专家评语

坚持"政府引导、市场培育、需求导向、绿色发展"的工作思路，全力打造以乡村旅游业为龙头，以捕捞业、养殖业为两翼的海岛绿色产业，弘扬渔村文化，叫响休闲渔业品牌；村委会依靠自己维护治理，成立了治安办，负责全岛的巡逻治安。

田园综合体　象帽舞之乡

——吉林省延边朝鲜族自治州百草沟镇

百草沟镇以创建"生态大镇、旅游强镇、文化名镇"为目标，以打造"湖光杉色田园综合体"为核心，全力推进乡村旅游发展，统筹推进乡村振兴，推动全镇经济社会又好又快发展。

一、基本情况

百草沟镇位于汪清县境西南部，辖区面积584.02平方公里，东与图们市、珲春市隔山相望，西与安图、龙井比邻。距州府延吉48公里，县城汪清25公里，汪延公路横穿全镇，蒲左高速公路在镇区入口设立收费站，距延吉机场或延吉高铁站仅需50分钟车程。S1115高速公路、G333国道、202省道、蒲左高速公路穿镇而过，全镇硬化路率达92%。国家3A级旅游景区满天星国家森林公园在百草沟镇辖区内。百草沟镇是吉林省小城镇综合改革试点镇、吉林省特色小镇，全镇辖34个行政村，现有总人口6296户13408人，其中汉族占46%，朝鲜族占54%，是汪清县朝鲜族人口居住最多的乡镇，是典型的民族乡镇，保持了朝鲜族能歌善舞、开朗活泼、勤劳朴实、善良贤德的传统文化。

二、发展历程

百草沟镇素有"象帽舞之乡""民族之乡""鱼米之乡"的美誉。朝鲜族传统民俗、山水风光、特色农业、古遗迹遗址等资源一应俱全，形成了以朝鲜族特色为核心，具有一定历史文化底蕴、绿色生态休闲的地域特色和自然、生态、民俗等多种优势，旅游资源良性开发的状态，为乡村旅游发展提供了有力支撑。

（一）深挖潜力，发展乡村旅游产业

1. 开发花谷旅游产业项目。为了充实和丰富百草沟镇乡村旅游内涵，2017 年开始投入 672 万元，启动 20 公顷棉田花海项目建设，已建设七彩路面、驳岸工程、小木屋等旅游基础设施，花海园区内已种植玫瑰、金达莱等花卉几十万株。2019 年，计划申请 1000 万元中央预算内资金，建设二期花谷项目。项目总投资 1367 万元，建设景区连接路、停车场、环境整治设施、生态卫生间、垃圾处理设施、消防设施、安防监控设施、游客服务设施、步行道等。项目建成之后，准备实行公司运营机制。公司运营不仅需要专业的管理团队，也需要景区餐饮、园艺、保洁、警卫、交通管理、售票等服务人员，初步计算带动就业岗位 150 个。

2. 发展旅游产业经济带。1000 公顷油牡丹项目，年吸纳劳动力约 1000 人次；位于辖区内的"汪清县 100MW 光伏扶贫项目"，年可提供扶贫收益 1200 万元，带动全县 4000 贫困户年均增收 3000 元。持续建设村级光伏发电项目、光伏温室科普中心、蔬菜采摘园及配套设施建设，打造农、牧、光、游互补的生态光伏产业园。通过多年的探索和实践，百草沟镇辖区内形成"象帽舞基地·棉田村""魅力乡村·新田村""特色村寨·凤林村""红豆杉基地·仲坪村""光伏基地·牡丹池村"等以村屯为主的旅游产业经济带。

3. 开发保护历史遗迹。据 1952 年考古发现，作为人类早期活动的地区之一，古代百草沟镇是一处青铜时代到铁器时代的大型聚落，不仅分布范围大，其文化内涵丰富，较全面地反映了沃沮人的社会生活，以及同周邻文化乃至同中原文化的联系，对研究中国东陲开发历史具有极高的历史和科学价值。于 1961 年 4 月 13 日被列为省级重点文物保护单位，2006 年 5 月被核定为第六批全国重点文物保护单位。另外，百草沟日本领事分管从 1910 年 3 月 1 日开始处理事务，起初称"间岛日本总领事馆百草沟出张所"，并设警察署，1922 年 10 月 3 日升格为"百草沟日本领事分管"，隶属于"龙井间岛日本总领事信"。馆内设有办公室、宿舍、武器库、拘留所、汽车库等几栋房子，总面积约 6000 平方米，百草沟领事分管警察署，是至今为止，汪清县保存较完整的唯一一处抗战时期日本侵略者杀害无辜群众和抗联将士的历史见证地。目前，汪清县正在谋划开发保护古代及近代遗址。结合旅游产业，充分实现遗址保护与利用结合，实现旅游经济效益。

（二）因势利导，发展民俗特色产业

1. 发展民俗特色餐饮产业。朝鲜族文化如一枝独秀，具有鲜明的民族特色。最独特的就是朝鲜族饮食文化，朝鲜族的饮食不仅形式多样，而且美味可口。百草沟镇作为典型的朝鲜族乡镇，自从2001年便成立了"中国朝鲜族美味风俗食品一条街"，其中狗肉、豆腐、小河鱼汤、朝鲜族酱汤、冷面、打糕等各类朝鲜族食品让人回味无穷。其中，"朝鲜族香肉馆"年接待游客超过3万余人次，在延边州内民俗餐饮类独树一帜。在"朝鲜族香肉馆"的带动下，"小河鱼汤""本地香肉馆""延吉串店""牛蹄子馆"等周边的餐饮业迅速发展，年带动就业150人，贫困户参与服务行业的人数也不断增加，年人均收入都在8000元以上，成为贫困户及辖区群众劳动致富的优势产业。

2. 发展朝鲜族特色民宿产业。少数民族特色村寨在产业结构、民居式样、村寨风貌以及风俗习惯等方面都集中体现了少数民族经济社会发展特点和文化特色。百草沟镇依托凤林村等传统朝鲜族老村寨，开展特色村寨建设。2012年以来，陆续申请少数民族发展资金项目5个，累计投资350万元，打造了凤林村露天博物馆、朝鲜族民俗用品展览馆、特色民居等。特色村寨年游客量可达到5万人，带动就业20人，人均年增收2万元。

三、发展成果与发展方向

1. 加强基础设施建设投入。正在建设中的满天星旅游公路建设，目前完成投资

汪清县百草沟镇

7000万元，已经完成第一标段8公里沥青路面铺设，第二标段2公里的下挡墙施工，计划2019年实现工程竣工并实现通车，届时将对百草沟镇的新田、棉田、富岩等村的脱贫攻坚任务完成起到极大的推动作用，将百草沟镇打造成绿色稻作、珍稀植物培育、特色产业集聚、农产品加工物流、玉女满天风景区、民族风情村寨、综合服务中心等集合的湖光杉色田园综合体。

2. 发挥旅游产业经济带作用。重点打造以南部"满天星旅游"至北部"光伏发电"的"田园综合体"项目。该线路包括"象帽舞基地·棉田村""魅力乡村·新田村""特色村寨·凤林村""红豆杉基地·仲坪村""光伏基地·牡丹池村"，形成以"食、住、采摘、垂钓、农耕体验"等民俗旅游业为主的第三产业，带动农民就业增收、脱贫致富。

百草沟镇积极推进农业农村资源与休闲旅游、农耕体验、文化传承、养老服务等产业的深度融合，丰富乡村旅游业态和产品，打造了各类主题乡村旅游目的地和精品线路。2018年汪清县共接待游客52.92万人次，实现旅游收入3.65亿元。其中，将近1/4游客的旅游目的地为百草沟镇。

专家评语

因势利导，发展民俗特色餐饮产业，发展朝鲜族特色民宿产业，积极推进农业农村资源与休闲旅游、农耕体验、文化传承、养老服务等产业的深度融合。加强基础设施建设投入，发挥旅游产业经济带作用，丰富乡村旅游业态和产品，打造了各类主题乡村旅游目的地和精品线路。

从穷变富 由富到美的"三级跳"

——江苏省苏州市旺山村

一、基本情况

旺山村位于苏州市古城区西南部,从地理位置上看,东依川流不息的京杭大运河,西倚四季花果飘香的七子山,南临烟波浩渺的东太湖,北坐遍布名胜古迹的上方山,是苏州市的南大门,吴中越溪城市副中心所在地。全村占地12平方公里,人口2562人。旺山拥有得天独厚的生态环境、丰富的自然资源和悠久的历史人文景观,是一处融山林植被、农业生态、田园村落、历史古迹于一体的旅游休闲胜地。先后被评为"全国文明村""全国农业旅游示范点""中国特色商业街""国家5A级旅游景区""江苏最美乡村"等荣誉。

2005年前,旺山村只是一个名不见经传的小山村,交通闭塞、经济薄弱、村落松散、环境凌乱,村民生活水平较低。2006年,国家旅游局全面实施"乡村游"发展战略,深入推进社会主义新农村建设。旺山村抢抓先机,积极作为,依托优美的自然风光和区位优势,进行科学规划,实施布局调整,大力发展乡村特色旅游。突出民居改造,对三面环山的生态园进行了集中整治和开发,形成了具有苏式品位的民居村落;突出改水排污,疏浚河道、重建桥梁,铺设污水管网,实现区域零排放;突出生态环境,大规模实施封山育林、山体覆绿和宕口整治,再现青山绿水的自然风貌;突出道路建设,新建生态道路20公里,并实现电力、通信、电视、网络等线路全部入地。同时,积极推进农业产业结构的调整,着重发展经济型茶园、果园、花卉园、蔬菜园、养殖园,打造特色高效农业生产基地。整个景区形成五大板块,即钱家坞农家乐餐饮住宿区、耕岛农事参与体验区、上山塘农业观光游览区、暧䂮岭农业观光游览区、环秀晓筑温泉养生区。景区内一幅幅

苏州市越溪旺山村

斑斓、秀美、精致的风景向来这里的游客展现出旺山诗梦乡里的田园梦境，也向广大市民打出了一张离市区最近的"吃农家饭、赏农家景、享农家乐"的特色名片。

二、主要做法

旺山一直把乡村旅游作为新农村建设的重点加以发展，致力于将潜在的农业和旅游资源优势转化为现实的经济优势，切实增强旅游的品牌效应，不断构筑和优化旅游发展环境，实现乡村旅游和新农村建设的比翼齐飞。

（一）发展乡村旅游，首先在于围绕优势，找定位

随着生活水平的提高，大众旅游时代已经到来。对于久居都市、忙于工作的人来说，他们需要在悠闲的环境、清新的空气中释放压力、放松心情。旺山大自然的清新、回归田园的不羁，"春赏花、夏耕耘、秋摘果"的淡薄和宁静正切合了现代都市人的这一需求。景区内森林植被覆盖率达78%，是天然的"绿肺"和"氧吧"。为此，旺山在定位时，牢牢把握这个核心要素，致力打造"生态、健康、休闲"品牌，"生态"就是要在郁郁葱葱的绿色中实现人与自然的和谐相处；"健康"就是要在轻松、愉快的运动、体验中，增强体魄和意志；"休闲"就是要通过在青山绿水中的垂钓、摘果、品茶，给疲劳松绑。

（二）发展乡村旅游，关键在于围绕民俗，展风情

游客想看的是袅袅炊烟、小桥流水、渔歌唱晚这些散发着浓厚乡土气息和农

耕文化韵味的景象。突出农家特征，保持乡村面貌是乡村旅游成功发展的关键。在最早对钱家坞农家乐民房的改造中，始终坚持"保留民房主体、适度拆除旧房、保持乡村风貌"的原则，实行现场设计、逐幢改造，使其呈现出疏密得当、错落有致的景观效果，浓郁的乡土民俗风情，自然的生态绿色，每天都吸引大量城市游客来吃农家饭、住农家屋，体验山里人的农耕生活；环秀晓筑度假酒店，本是一片苗木基地，利用依山傍水、静谧清幽的独特条件，投资3亿元建成休闲度假村，设有康复体检、温泉、宾馆等多项服务，为城市居民提供了一个疗养休闲的好去处；又如耕岛，通过规划建设，现已成为一个以体验农事为主题的游览区，设有室外烧烤、农耕体验、宠物驯养及茶楼品茗等活动内容，十分贴近人们回归自然的向往；再如暧暧岭风景区，原来只是旺山的一个产茶基地，通过建造观光通道和休闲茶室等配套设施，形成集游览、赏景、品茶、购茶为一体的茶文化游览区，不但保护了茶叶的种植，而且还提高了旺山碧螺春茶叶的知名度。乡村旅游应该突出农耕文化，农耕文明与现代文明对比度越强，其田园意味越足；农耕文化越突出、越典型，越贴近都市人亲近大自然的"乡梦"，乡村旅游才会越有发展潜力。

目前旺山引进了"王森巧克力工厂""天棚美术馆""纳德文化""儒林居""隐君子陶瓷""正道书院""华庭苑"等17家文化创意客商。从生态农庄集聚的新农村逐步走向乐居、乐业、乐活的旅游休闲度假美丽乡村，通过资源整合，文旅风情小镇已然成型。

（三）发展乡村旅游，抓手在于围绕形象，创品牌

为了打响品牌，使旺山乡村旅游成为家喻户晓、人人向往的旅游目的地，专门成立了旺山生态农庄旅游公司，招聘专职导游、营销人员，负责旺山旅游的整体营销策划、推介宣传。举办了旺山景区旅游推介会，邀请旅游局领导、50多家旅行社负责人和新闻单位代表出席，同时，通过互联网、电台电视、《苏州日报》《城市商报》《姑苏晚报》等多种媒体平台，宣传报道旺山生态园的美景和特色。专项编撰了《旺山览胜》一书，制作了旺山生态农庄的旅游形象广告、产品信息、宣传画册、光盘等资料，全面介绍旺山乃至越溪地区的历史人文故事和景观，提升景区的文化内涵。中央电视台七套节目组专程赴旺山拍摄《聚焦三农》专题片，在十一国庆期间已顺利播放。随着景区的知名度逐步提升，越来越多的游客慕名而来，全村的经济效益和社会效益也得到了快速提升。

旅游集团公司按照文旅风情小镇建设三年目标任务分解要求，全面完成了《越溪全域旅游规划编制》和《旺山文旅风情小镇规划编制》。同时成功举办了2017、2018两届"苏州国际女子半程马拉松赛"，极大提高了越溪、旺山的知名度和美誉度。赛事第一年举办就得到了中国田协的认可，被评为中国铜牌赛事和最具特色赛道，在上海马拉松博览会上，赛事奖牌被评为设计奖第一名；在厦门马拉松博览会上，赛事被评为2018年最具投资价值赛事TOP100的第75名（全国赛事860场）。

（四）发展乡村旅游，目的在于围绕农民，促增收

旅游带动就是"通过实施'以旅兴农'"，使旅游业"成为农村经济发展的新的增长点"，"使很多农民成为旅游从业者"。旺山旅游的发展之路较好地印证了这些观点。自景区建设以来，旺山村充分重视村民参与乡村旅游开发建设、经营管理的积极性、能动性，在乡村旅游发展的受益中激发村民的热情。目前旺山景区已解决500名以上村民的就业问题；农庄景区内的各类餐饮、住宿和休闲服务行业提供了超过700个就业岗位。在对钱家坞农家乐景区几十户民居改建之初，政府平均每户给予3万~4万元装修补贴。经过几年的经营，农民收入不断增加，2017年每家农家乐收入都在20万元左右，收入最高的超过50万元。结合农业旅游，旺山还充分发挥5400亩林地优势，先后实施林相改造，种植茶叶及优质果品，形成集约化、规模化、产业化、生态化的特色农副产品旅游带，实现旅游业与农业的互动发展。旅游业的兴盛直接推动了旺山村民的致富步伐。2018年共接待游客109万人次，较上年度增加20%；接待国家、省、市参观考察264批次，较上年度增加45%；实现旅游总收入240万元，较上年度增加15%。村级收入3800万元，农民人均收入可达41500元。全村城镇职工养老保险、大病风险保险和阳光保险覆盖率达100%，村集体还建立了以村民养老、帮贫救助为重点的保障体系，大力支持村公共福利事业的发展。

（五）发展乡村旅游，魅力在于围绕前景，谋未来

"上有天堂，下有苏杭"，如今的旺山已被誉为"江苏最美乡村"。未来几年，旺山将以风情小镇创建为主题，5A级景区提升为主体，景区管理为主旨，在现有1.2平方公里景区核心区的基础上扩大规模，主要是打造小镇客厅和乾元寺的重要

五、田园观光休闲型

连接线。通过游客中心的改造和钱家坞的提升来实现小镇客厅的功能,乾元寺是一座千年古刹,距今1600多年,与苏州寒山寺同年建造,现已基本恢复完成。它是苏州市唯一一座建造在山顶上的寺庙,也是观苏州全景的绝佳位置,吴江、园区、新区、古城区、吴中区一览无遗,太湖、石湖尽收眼底。整个路段设有几个观景台,能清晰地看到越溪在全域旅游方面的发展成果,必将成为一条观光大道、朝圣大道、健身大道。我们将在农村经济和乡村旅游发展中,用自己的智慧和双手,努力向世人描绘旺山这处安逸祥和的世外桃源,走出一条旅游富民的幸福之路。

专家评语

注重发展定位和品牌打造,牢牢把握山林植被、农业生态、田园村落等核心要素,致力打造"生态、健康、休闲"品牌。在新的发展阶段,能够引入符合发展定位的文化创意客商,丰富产品体系。通过实施"以旅兴农",使旅游业成为农村经济发展的新的增长点,充分重视村民参与乡村旅游开发建设、经营管理的积极性、能动性,在乡村旅游发展的受益中激发村民的热情。

打造乡村旅游的路径探索

——南京市江宁区

近年来，江宁区深入践行新发展理念，按照中央和省市部署，突出把发展乡村旅游作为创建国家全域旅游示范区的重要抓手，按照"以游促农、以旅富农"的思路和理念，高标准打造了一批乡村休闲旅游示范村，并在连点成片、提档升级中，推动乡村旅游从"盆景"拓展为"百花园"。近年来，江宁区黄龙岘获评"2014年中国最美休闲乡村""2014年江苏最具魅力休闲乡村"；大塘金荣获"2014年中国美丽田园"称号；谷里周村被评为"2014年中国最美村镇"（人文环境奖）。2015年，石塘村、黄龙岘村成功入选首批1000个"中国乡村旅游模范村"。2017年全年接待游客3305.86万人次，旅游收入350.35亿元，同比增长10.1%和9.45%。美丽乡村接待游客1005.8万人次，实现旅游收入49.88亿元，同比增长10.78%和9.27%。

一、强化规划引领，在全域统筹中推进乡村旅游

立足江宁广袤农村，紧扣乡村禀赋特征，因地制宜开展规划建设，致力于打造极具个性特色的乡村旅游风貌。西部片区依托山水风光和现代农业资源，打造大都市近郊生态休旅田园乡村示范区；东部片区打造以温泉度假为核心、以乡村旅游为互补的休闲养生度假区；中部片区打造既传承厚重文化，又彰显鱼米之乡特色的田园水乡景区。同时，综合考虑自然生态资源、民俗文化、产业基础和区位条件，从源头把关旅游策划规划，为各旅游特色村量体裁衣，打造富含旅游元素的特色田园乡村。

五、田园观光休闲型

江宁区石塘人家

二、深化"四变"工程，在举措创新中发展乡村旅游

深入实施"盆景变百花园、农村变大景区、大学生变创业者、农民变富裕户"的"四变工程"，嵌入文化、创意、体育、休闲等新元素，完善乡村旅游的公共基础配套，加强综合交通与旅游线路的无缝对接，以完备、便利、安全的基础设施体系，增强江宁乡村旅游的横向带动力。特别是按照城乡一体的旅游服务体系建设理念，高标准完善"旅游交通、游客服务、智慧旅游、安全应急、市场管理、购物消费"等公共服务网络，构建线上与线下相结合的城乡自助旅游公共服务设施体系，先后打造了"大塘金+婚庆甜蜜产业""石塘人家+互联网创客""苏家文创+高端民宿"等一批新业态，拉长了"乡村旅游+"的产业链，江宁跻身全国乡村旅游热点目的地前3位。2019年中秋国庆黄金周，全区共接待游客255.8万人次，旅游收入达6.9亿元，同比增长10.8%和9.8%，创历史新高。

三、注重品牌塑造，在综合施策中创优乡村旅游

把品牌培育作为运营管理中的关键一环，精心塑造江宁乡村旅游品牌，不断丰富横溪西瓜、南京农业嘉年华等节庆活动的内涵，综合利用传统媒体和新兴媒体，加大宣传推介和品牌营销，先后举办江宁礼道"旅游+"产业融合展销会等活动，组织参加上海旅游博览会、北京旅游博览会等旅游推介行动，在央视播放"来江宁织造幸福"宣传片，打响了江宁乡村旅游品牌。同时，持续推进品牌创建，积极推

动"世界温泉论坛永久会址"落户汤山,打造江宁面向全球的国际性节庆品牌,提升了江宁旅游"金名片"的含金量。截至目前,江宁区建成国家级旅游度假区1处、市级旅游度假区1处,国家等级景区10处,省星级乡村旅游示范区24个。

四、突出齐抓共管,在机制创新中保障乡村旅游

创新投入机制,确立每年不少于8000万元的奖补资金,吸引社会资本投入建设,在西部示范片区建设中国企资本和民营资本占投资总额的50%。创新管理机制,构建了独具江宁特色的"1+3"组织管理体制,即"农家乐示范村党组织+农家乐旅游服务中心(村农家乐旅游开发公司)、农家乐专业合作社、农家乐餐饮协会",实现了基层党建工作与乡村旅游发展的良性互动、共同发展。创新运营机制,积极鼓励农民以土地、房屋、资金或劳务等方式入社入股,提升农民经营组织化程度,通过农家乐行业协会,规范经营活动,保证土特产质量和旅游环境安全。

下一步,江宁区将扎实推动旅游供给侧结构性改革,持续深化特色田园乡村建设,坚持问题导向,提升工作标杆,创新思路方法,努力把江宁打造成为"魅力独具、环境一流、集散便捷、服务完善、产品丰富"的中国知名乡村旅游目的地,加快创成国家全域旅游示范区,为全市旅游发展做出江宁贡献。

专家评语

强化规划引领,在全域统筹中推进乡村旅游,深入实施"盆景变百花园、农村变大景区、大学生变创业者、农民变富裕户"的"四变工程",嵌入文化、创意、体育、休闲等新元素,完善乡村旅游的公共基础配套,加强综合交通与旅游线路的无缝对接。创新管理机制,构建了独具江宁特色的"1+3"组织管理体制,即"农家乐示范村党组织+农家乐旅游服务中心(村农家乐旅游开发公司)、农家乐专业合作社、农家乐餐饮协会"。

发展生态农业旅游　做有文化的特色农庄

——安徽省蚌埠市禾泉农庄

禾泉农庄位于安徽省蚌埠市涂山风景区内，依山傍水、景色宜人，占地面积1500亩。是古时大禹三过家门而不入、创建治水丰功伟绩之地。农庄以展示皖北民俗风情、弘扬大禹文化、发展生态农业旅游为主要特色，倡导和谐自然的农耕文化。农庄是国家4A级旅游景区、全国农业旅游示范点、全国休闲农业与乡村旅游示范点、国家级标准化试点单位、安徽省文化产业示范基地、安徽省林业产业化龙头企业、安徽研学旅行基地和安徽省农业科技示范园。农庄拥有皖北地区最大的生态餐厅，农庄的生态黑毛猪养殖示范场、梅花鹿苑、果园养鸡场、有机蔬菜基地为游客品味农家菜提供新鲜自然的原料。农庄拥有生态会所、生态咖啡厅、生态客房、草坪婚礼项目、露营烧烤、拓展培训和越野车体验基地等休闲娱乐和培训场所，安徽最大的专业石榴盆景园、锦鲤观赏塘、特色石榴园、垂钓塘、香油坊、传统工艺酿酒坊及遍布农庄的上百种植物也别具一格、引人入胜。

农庄自2001年成立以来，目前已走过18年的历程，从创业之初到目前成为年游客量60万人次的旅游景区，但禾泉走得并非一路坦途，有歧路，有弯道，有大坑，经历过无数次的纠结、沮丧和彻夜不眠，才有了柳暗花明和峰回路转。

一、要当"地主"，不做"佃户"

你是农庄主，但你是地主吗？当这个问题提出来时，有人也许会觉得好笑，但如果你这样问禾泉农庄董事长蒋保安先生，他肯定会给你点个大大的赞！这问题提得太好了。为什么这样说呢？因为经历或者经验让蒋保安先生认准一个事实：作为农庄主，你是地主还是佃户，这是农庄最终能否发展的关键。

所谓"地主"就是土地要通过招拍挂的形式得到，或是乡村旅游项目使用的土地是国家政策允许开展乡村旅游项目建设的。"佃户"是什么呢？就是农庄所使用的土地是从农民手里流转来的，或者是通过其他渠道来的，但这个土地国家是不允许建设乡村旅游项目的。这里的"地主"和"佃户"只是用来说明土地是否能够用于建设乡村旅游项目的形象化比喻。

这二者有什么区别呢？有天壤之别！对于做乡村旅游景区（农庄）的投资者来说，土地的所有权是第一位的。如果在没有取得合法手续的情况下就盲目地搞建设，最后的结局很可能就是血本无归。比如，有些农庄利用"大棚房"搞乡村旅游项目由来已久，有的已经辛苦经营了十几年，但最后却被无情的拆除了，无论是某位领导人口头答应还是与地方政府签订了招商协议，都绝不能开展乡村旅游的建设工作。

这也就是蒋保安先生一再强调"要当地主，不能做佃户"一个重要原因。当然，还有一个原因：那就是土地的增值收入。农庄的土地如果不是通过招拍挂得到的，或者只是划拨的，这样的土地将享受不到土地增值的效益。比如一宗土地现在是50万元一亩买的，10年以后可能就是200万元一亩了，你现在不买，土地划拨给你的，一毛钱都没花，干了十年了，你把周边的地价都抬起来了，但物业的升值与你没有关系。

当"地主"不仅能够避免因为土地违法带来的风险，还能享受到土地增值的利益。如果做"佃户"，用租赁、流转的土地搞乡村旅游项目，根本就无法享受到土地增值、物业增值的收入。

二、"宁做乞丐，不做土豪"

如果你是一个认真的人，你会发现，在乡村旅游项目的投资者中有两种类型的人：一种人口袋满满的、挥金如土；还有一种人囊中羞涩、克勤克俭。那种始终缺钱的人做的项目只要能坚持下来，反而生存能力、盈利能力更强，做的产品更有趣、更好玩，总结下来就是"宁做乞丐，不做土豪"。

禾泉农庄只想做乞丐，或者说，禾泉农庄在有些项目的建设上，反对土豪的做派。做乡村旅游项目，有钱是好事，有钱做事更方便。但如果没有充分的定力，没有非常高的水平，有钱往往也能坏事。比如，要做一个菜园子，由于资金紧巴，菜园子的篱笆和围墙只能用一些景区的竹子、树枝和当地的一些石头等材料来凑合，岂不知，这种最原始简单的做法，恰恰让城里人喜欢上了，认为这样的篱笆和围墙才有乡村的味道。但如果你是一个有钱人，对乡村味道的鉴赏能力等方面却跟不上，可能就会用欧式的栏杆做篱笆，用英式花园的建材来做果园的围挡，还误以为这样做的东西档次高，结果反而失去了人们喜欢的乡村味道。

禾泉农庄

　　本着"宁做乞丐，不做土豪"的思路，这几年禾泉农庄在做每一个项目时，都秉承一点：禾泉要做的是一个让游客喜爱的乡村旅游项目，而不是一个看起来高大上的项目。比如景区里的苹果树不一定种的多高端，技术含量多高，而只要能达到正常的质量就可以了，游客要的是能看到苹果长在树上的那种景观和能亲手采摘苹果的乐趣。

三、种树栽花有窍门

　　禾泉农庄从2001年开始到现在历时18年，来过的客人，如果隔几个月再来，都会说禾泉农庄又变漂亮了。其实禾泉农庄就项目建设而言，和全国其他的农庄相比也没有太大的区别，虽然禾泉也在不停地创新、不停地建设、不停地搞活动，但即使这样，也不会每隔几个月就会有那么大的变化。为什么客人会有这样美好的感觉呢？有人对此进行过深入的分析，最终认定：禾泉农庄之所以受到客人的欢迎，是禾泉农庄的森林覆盖率高，每一次来树都会长大，花都会盛开，给客人的感觉就特别好。

　　栽树栽花种草坪看似简单，其实有很大的学问。禾泉农庄在这方面就走过一些弯路。创建之初，这块地上基本是荒地，创业者的第一想法就是栽树！栽多多的树！但栽什么树才科学？栽多少树才合理？心里并没有数。出于盲目，造成了禾泉农庄在绿化建设上不太理想：①栽树的密度过大，导致树的生长缓慢，反而比合理栽植间距生长的树效益低。②在绿化的设计上不专业，树种的选择上不科学，造成禾泉农庄前十年的绿化林相不良，季相不丰富，整个绿化没有层次。③栽植的位置不对。比如说在客房的门口，全部都栽上了香樟树，开头几年还好，五年以后香樟树长得特别茂盛，夏天遮阴房子里很凉快，但是冬天房子里一点阳光都进不来。无奈他们只能在房顶上开了天窗使冬天的太阳能照到房间里来。④绿色树种多、彩叶树种少，树多花少。年轻人不喜欢绿色一片，他们喜欢五颜六色、百花满园。

为了尽快改变这一现状，最近几年禾泉农庄花了很多钱来进行园林绿化的改进。改造之前，他们开始调研分析：什么样的树种最适合农庄，农庄的树木怎样分布最科学，还有农庄需要什么样的花？

栽树栽花种草坪，为禾泉农庄创造了一个优美的生态环境。为了保证这种环境之美是禾泉农庄常态的风景，禾泉农庄在两年前专门设立了花艺师的岗位，聘请一位专业的花艺师，利用农庄修剪下来的树枝、竹叶、花卉等材料，做成花艺盆景来装点客房、会议室、餐桌。这些不花一分钱买材料做成的花艺作品受到游客的追捧，花艺师还专门为游客开设了花艺学习课程，为农庄增色许多。

禾泉农庄

四、好吃好玩有文化

每个从事乡村游的农庄都追求独有的特色,这也是农庄得以健康发展的基础,游玩禾泉农庄你会有一个强烈的印象:这里的乡村旅游融入了大量的文化元素,而这一点是禾泉农庄与其他大批农庄最明显的区别,也是最大的特色。

禾泉农庄从创建之始就努力打造农耕文化、大禹文化,并根据这一文化元素开设了富有特色的逛吃街,引入非物质文化遗产项目老石家梨膏糖、凤画、捏泥人、糖画、虎头鞋等项目,和高校合作成立了陶艺工作室、菊花产业园等项目,和社会各界文艺爱好者成立了禾泉作家村,萨克斯、长笛俱乐部,钢琴、吉他俱乐部等公益性学习班,不仅为农庄增加了人气,还为禾泉农庄增添了文化、音乐的符号,让禾泉农庄景点变得更加多元化,更具有禾泉独有的"气质"。现在的禾泉农庄已从当初为客人提供单纯的吃与玩,发展为好吃好玩有文化的乡村旅游目的地!

禾泉农庄18年的发展历程说明:在历经风雨,走过坎途的过程中,要善于在实践中积累经验,企业的发展要沉住气,不贪求大步跑、盲目地做,而是要用一种抱朴守拙的匠人精神去从事事业,慢慢走,笨笨做,时间看得见。

专家评语

在发展乡村旅游过程中注重规范土地利用,强调土地的使用权和经营权。在具体项目建设上找好定位,立足乡村旅游的特色和优势,挖掘本土文化内涵,加强文化元素和乡村旅游的融合。将乡村旅游发展纳入整体生态系统来考虑,注重绿化和生态环境建设。

践行"两山"理论　助推乡村旅游发展

——福建省三明市泰宁县

一、基本情况

泰宁县地处福建西北部，居闽赣两省三地市交界处，旅游资源丰富，以绚丽奇奥的丹山碧水、神秘原始的闽越民俗、灿烂辉煌的人文传统、清新宜人的生态环境见长，是福建省乃至全国著名旅游目的地。习近平总书记在福建工作期间，曾数临泰宁考察指导。20多年来，泰宁始终牢记习近平总书记的嘱托，把发展乡村生态旅游作为践行"绿水青山就是金山银山"理念的具体举措，坚持旅游兴县战略不动摇，创造了全国第五个县域旅游发展模式——"泰宁路径"，成为世界自然遗产、世界地质公园和首批国家生态文明建设示范县、国家重点生态功能区。结合实施乡村振兴战略，泰宁在发展乡村旅游上大胆探索、先行先试、明确定位，有序铺开以丹霞田园为特色的乡村旅游产业，启动"五朵金花"（五个旅游专业村）建设，走出了一条生产发展、生活改善、生态优良的乡村旅游发展新路子，实现了"生态美"与"百姓富"的有机统一，成为全省美丽乡村建设的名片，并入选全国魅力新农村十佳县、全国休闲农业与乡村旅游示范县，大源村跻身中国历史文化名村，水际村、音山村、崇际村分别获得全国美丽乡村示范村、全国生态村、全国美丽宜居村庄示范村等称号，李家创客坊入选中国乡村旅游创客示范基地。2018年全县接待游客553万人次，旅游从业人员占全县总劳动力的1/5，旅游收入在农民纯收入构成中占1/4，以旅游为主导的第三产业超GDP的1/3。

二、经验做法

1. 定位发展，品牌培育。 一是"点"上造特色。围绕"一村一品"凸显特色，培育发展田园综合型、景区依托型、乐享生态型、民俗文化型、科普研学型、双创产业型、红色旅游型、康养度假型、水乡渔业型、运动休闲型10种特色乡村旅游产品。尤其是按照"渔悦水际、耕读李家、豆香崇际、花样音山、鹭嬉南会"的发展定位，培育了"五朵金花"乡村旅游专业村样板。如，鹭嬉南会突出"鹭文化"，通过植入白鹭文化符号，形成创意旅游产业链，举办的"白鹭杯"摄影比赛，吸引了全国数百名摄影爱好者到此采风；豆香崇际突出"豆腐文化"，营造"慢聊、慢品、慢饮、慢食、慢跑、慢读、慢写、慢步"的休闲慢生活，产品深受广大游客的欢迎和好评。二是"线"上拓链条。做好"旅游+"文章，推动一、二、三产业深度融合。"旅游+工农业"方面，重点开发饮品、食品、保健品、竹制品、矿产品的工业"五品"，大力发展一条鱼（大金湖有机鱼）、一只鸡（金湖乌凤鸡）、一棵草（崖壁铁皮石斛）、一袋茶（金湖岩茶）、一粒种（科荟种业）等特色农业，形成"寻找泰味"系列乡村旅游伴手礼。"旅游+文化"方面，重点打造中国丹霞文化旅游节和"水陆"马拉松、垂钓、摄影等特色赛事，举办"大源傩"民俗文化节等节会活动，形成"乡乡有特色、县域有品牌"的局面；中国历史文化名村新桥乡大源村统筹资金1900万元，修缮古建筑、古驿道，组建非物质文化遗产傩舞、赤膊龙灯表演队，打造古韵悠悠"傩起大源"，成为闽赣交界历史文化浓郁的乡村旅游典范。三是"面"上抓布局。按照旅游"1234"发展思路（即打响中国静心之地主题形象，推动由福建知名向全国一流旅游目的地、由观光型向观光休闲度假并举型转变，突出休闲、健康、安养三大功能，布局开发滨湖休闲、古城开发、高山安养、乡村旅游四大板块），全力创建国家全域旅游示范区，加快旅游转型升级，实现全景打造、全时供给、全业融合、全域旅游。

2. 集智聚力，规划先行。 一是理念引领。着眼打造"望得见山、看得见水、记得住乡愁"的现代田园乡村，把"五个留"（留白、留绿、留旧、留文、留魂）的要求体现在规划设计之中，并在实践中做到"三不两保留一避免"（即不大修大改、不大拆大建、不大挖大填，保留农村传统民俗风情、保留田园风光，避免同质倾向），充分展示丹霞田园自然生态之美和乡村特色文化魅力。秉持"不怕有缺点，就怕没特点"的理念，深入挖掘泰宁古建文化，在城乡推广以"粉墙、黛瓦、坡顶、翘角、马头墙"为基本元素的"杉阳明韵"建筑风格，形成了独具特色的城乡面貌。二是规划引导。坚持"多规合一"，把乡村旅游纳入全域旅游统一规划、统筹实施，聘请知名规划设计单位，对全域旅游发展路径、产业定位进行深入论证、认真设计，并引进台湾团队常驻泰宁，指导"五朵金花"旅游专业村的规划、开发和经营。如，际溪村突出"耕读文化"，与台湾景典公司合作，建立闽台美丽乡村交流中心，打造"李家客栈""快乐骑行""鹿趣园"等一批项目，每年吸引10余万名游客前来休闲度假。三是人才引进。把高素质人才作为乡村旅游发展第一资源，招贤纳士、广聚英才，聘请国内规划设计师担任顾问，结合旅游"双创"工作，从北京、深圳等地引进一批高端人才，引领带动泰宁乡村旅游规划、经营和发展。如，引进北京客商投资5000万元，高标准规划建设集研学、禅修、养生于一体的静心书院，深受广大游客和禅修爱好者喜爱。

3. 精准创建，互促互进。一是与美丽乡村建设相结合。以污水垃圾治理和"厕所革命"为重点，大力实施村庄环境综合整治，推行"户保洁、村收集、乡转运、县处理"的垃圾处理一体化运作模式，全县农村污水、垃圾无害化处理率分别达85%、95%以上，农村环境连片整治、污水处理设施管护等经验做法得到国家有关部委的肯定和推广。二是与生态文明建设相结合。坚守"生态环境只能变好、不能变坏"底线，持续开展生态治理专项行动，全面落实"河长制""湖长制""路长制"，扎实推进闽江流域山水林田湖草生态修复试点，推行产业准入负面清单、生态有偿使用和禁柴改燃、禁柴烤烟等系列举措，建立生态综合执法大队、公安局生态分局、生态法庭、生态检察联络室"四方联动"生态环境执法体系，为乡村旅游发展擦亮生态底色。目前，全县9个乡（镇）已有8个成为国家级生态乡（镇）。三是与精准脱贫攻坚相结合。按照"旅游+扶贫"思路，探索出"生态+文化""农庄+游购""景区+农户""公司+农户""合作社+农户""能人+农户"六大旅游扶贫模式，旅游带动脱贫人数超全县脱贫总数1/3。如，际溪村"耕读李家"积极推动"农民变股民、民居变民宿、手艺变收益"，成为全省乡村旅游精品；崇际村成立旅游专业合作社，吸纳贫困户为社员，建成大排档，推出"豆腐宴"，年收益的20%归村集体、80%扶持贫困户，实现旅游富民。

4. 激活要素，整合资源。探索乡村旅游经营发展新模式，通过盘活资源、资

五、田园观光休闲型

三明市泰宁县

产和资金,着力推动资源变资产,发挥山水资源、农产品以及乡土文化等优势,创新发展农事体验、休闲度假、住宿餐饮等特色乡村旅游项目,将现有资源变为创业致富的优质资产。如,音山村以打造"花样音山"为主题,通过土地流转,建设了集花海观光、生态大棚、农事体验、餐饮购物于一体的金湖牧歌乡村旅游综合体项目。民居变民宿,出台扶持民宿发展七条措施,鼓励引导农民盘活乡村闲置资源,把有条件的古民居和旧房屋改建成民宿,培育发展了状元茗舍、晟境未茗等一批特色主题民宿,成为乡村旅游发展的新引擎。全县共兴办民宿300余家,拥有床位4000余个,约占全县床位40%。农民变股民。通过"公司+合作社+农户"等方式,积极引导农民以土地、资金、劳动力等方式入股,成为"股东农民",共享乡村旅游发展收益。如,水际村依托毗邻金湖景区优势,通过"政府引导、能人带动、村民入股"方式,组建渔业、家庭旅馆、游船"三大协会",有效推动特色资源资产化、优质资源股权化、经营管理市场化,建成"户户搞旅游、家家住别墅"的富裕小康村,成为福建旅游明星村、全国美丽乡村示范村、全国休闲渔业示范基地。

5. 政府搭台，业主唱戏。一是发挥政府主导作用。县委、县政府连续20年将旅游产业发展大会作为每年第一个全县性大会来举行，成立乡村旅游发展领导小组，每年统筹不少于3000万元旅游产业发展资金，并制定乡村旅游用地管理规范，鼓励引导乡村旅游发展。开展"三个一"竞赛活动（即每个乡镇每年创建1~2个乡村民宿旅游示范村、至少开展一场主题活动、民宿接待游客不少于1万人次），着力打造全域化写生体验基地，与全国近200所高校建立合作关系。二是持续加大宣传推广力度。将乡村旅游作为旅游营销重点，每年投入1200万元旅游营销经费，通过央视和东南卫视有关电视专题片，新浪福建、腾讯大闽网等网络主流媒体以及泰宁旅游官方微信、微博渠道，全方位、多视角地宣传推介乡村旅游产品和精品线路，借势旅游节庆及群众性民俗文化活动，结合各村特色，开展"小城过大年"、淘气节、渔人节、骑行节、帐篷节等丰富多彩的主题活动。三是激发市场主体活力。引导社会力量，积极参与旅游开发建设，培育发展一批乡村旅游休闲度假精品和品牌。如，梅口乡引入社会资本，依托生态优势，建成了集"采茶、制茶、品茶、购茶、茶景、茶艺、茶食、茶宿"等体验互动为一体的生态观光休闲茶园，形成独具泰宁特色的"茶香文化"；水际村大力发展渔产业，"晏清"有机鱼成为福建首个有机鱼品牌，列入福建省特色菜肴接待目录。

专家评语

定位发展，品牌培育。一是与美丽乡村建设相结合，二是与生态文明建设相结合，三是与精准脱贫攻坚相结合；激活要素，整合资源，资源变资产，民居变民宿，农民变股民；政府搭台，业主唱戏。

以"真相乡村"旅游带动乡村振兴

——江西省抚州市资溪县

近些年来,资溪县立足"生态立县·旅游强县·绿色发展"战略,按照全域旅游发展要求,出台了《加快乡村旅游发展的若干意见》等一系列文件,就发展乡村旅游产业、带动乡村振兴进行了有效探索,摸索出了"政府引导、文化搭台、多方参与、市场运作、统筹推进"的乡村旅游产业发展新模式。

一、基本情况

资溪县乌石镇"真相乡村"项目依托古朴的乡土风情、优良的生态环境和秀美的田园风光,围绕"探索乡村·体验真相"和"寻迹真相·回归初心"的概念,打造一条集个性化村落体验、田园农事参与、乡野食宿感知、明清文化品鉴等为一体的乡村慢生态旅游景观走廊,是资溪县实施"乡村振兴战略"探索与实践的示范工程之一。该精品旅游带计划投资2.5亿元,总规划面积约20平方公里,覆盖4个行政村46个自然村,根据不同村落的文化特征,重点打造"一谷四人家",即:"野狼谷景区"及"古雅长兴·美味人家""古韵陈坊·老表人家""古朴草坪·公社人家""古远新月·畲乡人家"。目前,老表人家、公社人家、畲乡人家景点基本成型,野狼谷加速建设,相关风光让人眼前一亮。2018年,真相乡村旅游风光带被评为江西省5A级乡村旅游点,实现旅游接待80余万人次,相关产业收入超2亿元。

二、主要做法

1. **定位明确，规划清晰。**一是科学定位。原鹤城镇至乌石镇沿线自长兴村始到新月村，村庄保存较为原始，且村庄之间各异，有原人民公社所在地、少数民族聚集处、建村800余年江西老表村等，厚重的人文历史给予其得天独厚的乡村旅游资源，"真相乡村"由此而出。二是整体规划。围绕良好的旅游资源和乡村旅游发展定位，坚持规划先行，总体规划分四层：第一层生态体系规划。对沿线村庄生态环境进行科学提升改造，改善基础设施，保留原生态的森林水域、空气土壤以及浓郁的地域乡村特色等。第二层乡村文化规划。对可供开发本地百越、移民、苏区、畲族等乡村文化内涵规划，彰显和发挥村庄各自特色，形成互补，提升乡村旅游综合竞争力。第三层旅游要素规划。围绕旅游食、住、行、游、购、娱六个方面，规划好交通、民宿、娱乐、购物、美食等涉旅基础设施和标识标牌。第四层营销体系规划。有组织、有计划地开展乡村旅游品牌营销推介宣传活动，提升旅游市场知名度。如：畲乡人家的民俗文化节，老表人家的上梁、打麻糍等。三是严格落实。始终强调规划的指导性、权威性和延续性，建立项目监管、专项巡查、责任追究等制度，有序开发旅游资源，维护整体品牌形象。

2. **多元建设，提升基础。**一是政府投资管基础。通过上面争一点，财政整一点，项目融一点等举措，筹资投入2.8亿元。县城至新月村新公路38公里顺利通车，时间由原来的35分钟缩至15分钟；新月山哈广场、游客中心、停车场全面建成；草坪公社舞台、慢时光街区、知青陈列馆投入使用；陈坊赣剧场、魏氏宗祠全面修复。村庄雨污分流管网、房相改造、管线下地伪装、供电供水设施等全面提升。二是客商参与增供给。客商丁永安投资1.57亿元的野狼谷景区，野狼居、房车营地已经开业，狼阵迎宾、野狼观光等项目全面开工建设。投资2000万元大亲谷生态农业观光园，百香果、无花果、火参果等自助采摘基地已建成。山哈小筑、熹园茶宿等民宿，黑子土灶、"食里长廊"等餐饮先后运营。三是专项整治促提升。全面开展专项环境整治，包括交通设施、河道整理、渔政管理，以及沿线可能影响环境的矿山开采、规模养殖、石材加工等企业整治搬迁，关停水产养殖场（户）2户、整改3户，裸露植被恢复0.8万平方米，切实提升了沿线生态环境质量。

3. **挖掘内涵，唱响品牌。**成立了"真相乡村"旅游公司，市场化运作，不断

五、田园观光休闲型

挖掘内涵，唱响品牌。一是重历史、因地制宜出特色。"古韵陈坊·老表人家"重点打造了后龙山原始样板林及游步道、魏若虚祠堂、修复古残台恢复了赣剧表演、老表上梁名俗园、老表习俗体验、古路、古桥、古井观光等古色古香的项目。二是重红色、因势利导巧还原。"古朴草坪·公社人家"重点打造"野狼谷"观光体验，复旧计划经济年代人民公社建筑，建设知青陈列馆、公社食堂，引领游客重温公社时代的火红岁月，追忆时光；并由此打造党员教育培训基地、青少年研学游基地等。草坪村稻田景观成功入选"2014年中国美丽田园景观"。三是重民俗、因人成事聚合力。"古远新月·畲乡人家"注重民俗文化与旅游、自然生态与旅游、农耕体验与旅游相结合，多次举办"神秘畲乡，魅力新月"为主题的畲族民俗文化节活动；畲歌畲舞《凤凰迎宾》《禾秆舞》亮相省、市旅游博览会，畲族山歌、陈氏娘娘祭祀仪式被列入省级非物质文化遗产。同时，大力开展旅游营销和推介活动。一方面请进来。通过畲族民俗文化节、白茶采摘节等节庆活动，将新闻媒体、旅游专家以及广大游客请进来聚焦"真相乡村"。另一方面走出去。先后赴上海、福州、厦门等国内10多个主要城市进行宣传推介，开拓周边成熟旅游市场；并与大觉山、法水温泉等景区，与各大城市100多家旅行社达成合作协议，合打"一张牌"，抱团发展，唱响品牌。

资溪县乌石真相乡村

4. 创新机制，优化环境。一是以制度来管理。先后出台了《加快乡村旅游发展的若干意见》《关于促进农家乐乡村休闲业发展的实施意见》，制定了景点、导游、住宿、餐饮、旅行社等7个相关《管理办法》，推动了乡村旅游产业科学化、规范

资溪县乌石真相乡村

化方向发展。二是以自律来引导。成立了相关商户、旅行社、农家乐、民宿等行业协会，通过行业自律，引导涉旅经营业者文明经营。三是以法制来规范。成立了游客投诉中心和旅游执法中队，规范旅游行业服务秩序，及时接待游客投诉，依法依规处理相关涉旅纠纷，避免游客乘兴而来、败兴而归。四是以包容来吸引。要求各相关执法部门本着包容、扶持的角度，适当放松执法尺度，如：交警部门对外来车辆轻微违章"五不"（即：不拦车、不检查、不扣车、不罚款、不收费）政策、市管部门对商户违规先警告再执法等，营造良好的乡村旅游氛围。

三、取得成效

1. 人居环境明显提升。一是交通道路全硬化。完成乡村（景点）公路提升77公里，沿线所有自然村庄路面全部硬化，景点、农家乐水泥路全部通达，群众出行更快捷。二是强弱电全覆盖。实现了户户通电，村村有电话、能上网，手机信号全覆盖，农民交流更方便。三是基础设施全生态。在交通沿线、景点周边25个自然村，结合乡村旅游开发，大力开展村容村貌整治，实行改水改厕、污水处理、垃圾集中清运等工程，基本实现"走平坦路、喝干净水、上卫生厕、住整洁房"。

2. 沿线产业经济发展。一是种植业规模、质量双提升。2018年，本地西瓜、葡萄、草莓、茭白和蔬菜等种植面积达1.5万余亩，农业合作组织11家，清风白茶种植基地、欣荷蜜蜂养殖基地被列为省市级农业龙头企业，清风白茶通过国家有机农产品认证。二是服务业量增效提。目前，沿线村庄共有农家乐、民宿20余户，床位400余张，餐位2000余个，以及数十名旅游商品生产经营者，户均经营净收入超2.7万元，当地群众参与相关服务业人员达1700人，人均实现增收3000元以上，并带动贫困户166户372人脱贫增收。三是村集体经济明显增强。新月村通过旅游带动发展苗木产业，以"公司+农户"的形式经营，种植面积超千亩，产品远销福建、广东、浙江等省市，年产值1000多万元。草坪村通过参股公社食堂、租赁房屋、发展合作社等方式，村集体经济收入从不足5万元跃升到18万元。陈坊村做大做强传统有机农业，引进了投资2亿元的资溪绿色田园设施农业项目，通过"公司+基地+农户"带动周边农户参与。

3. 农村文明新风显著。一是生态保护意识更强。人居环境的改善使村民生态保护意识自发增强，保护环境、垃圾入桶，保护古树、植树造林，保护环境、拒绝污染等深入人心。二是文明新风意识更浓。大力开展"生态和谐村""生育文明示范村"创评、文明新风"四进农家"，以及倡导"绿色殡葬"等活动，群众自发拆除"两违"建筑、危旧房等100余处，整治乱堆乱放2000余处。三是乡村文化意识更厚。各景点、农家乐、民宿自发成立的龙灯、腰鼓等表演队，经常开展健康有益的活动，活跃了农村文化生活。

专家评语

摸索出了"政府引导、文化搭台、多方参与、市场运作、统筹推进"的乡村旅游产业发展新模式。具体做法主要通过明确定位，规划清晰；多元建设，提升基础，政府投资管基础，客商参与增供给，专项整治促提升；挖掘内涵，唱响品牌；创新机制，优化环境。

"三变"模式的乡村旅游实践者

——山东省淄博市中郝峪村

一、总体发展情况

中郝峪村，位于山东省淄博市博山区东南部，地处鲁山主峰之阳，十里桃花溪之尽头，森林覆盖率96%以上，村内溪流淙淙，峰峦叠翠，林木繁茂，花果飘香。全村共113户、364人，耕地面积80亩，山林、果林面积2800亩。中郝峪村坚持"绿水青山就是金山银山"的理念，集中力量发展乡村旅游，实行全村入股、全民致富的"郝峪模式"。2017年全年接待游客17.8万人，实现地区旅游消费总额2840万元，人均年收入达3.8万元，真正实现了乡村旅游带动乡村振兴。

二、主要举措

1. **保留山村原始风貌，发展独具特色的乡村旅游**。一是制定发展规划，突出思路引领。认真分析村庄生态环境和产业发展现状，制定《中郝峪村发展规划》，划分生产功能区、生活功能区、生态涵养功能区，以村庄改造、生态修复为着力点，

淄博市博山区中郝峪村

五、田园观光休闲型

集中发展乡村旅游。二是整治村容村貌,建设宜居乡村。明确村容环境布局,全面提升村庄绿化水平,进村路、村内街道、河道两侧、农宅之间,村内边边角角全部实现绿化,高标准开展环境保洁,街巷日日清扫,垃圾日产日清。三是打造旅游景观,形成乡村特色。把高山密林、河流库塘、农房小院、故事传说、手工艺品、农家饭菜等因素作为卖点,最大限度保留古树、旧宅、石墙等村庄原始风貌。四是完善村规民约,塑造文明乡风。制定《中郝峪村村规民约》,实现了村规民约制度化,村民行为自觉化,村民一言一行处处体现乡风文明。

2. 转变发展方式,培育乡村旅游新产业、新业态。 一是打造生态康养基地。依托自然生态优势,突出养老养生主题,建设各类康养住宅32户,配套康体休闲、无障碍老年活动中心等设施,发展医疗服务、休养康复等服务。二是打造特色乡村民宿。把村内60户180多间闲置房屋有偿收回,重新进行景观化单体设计,外观更加凸显山村风貌,内部更加注重现代舒适,户户建成风韵别致的

淄博市博山区中郝峪村

乡村民宿。三是打造高标准农家乐。全村规范建设农家乐96户,其中25家被评为5星级和4星级农家乐。统一农家乐管理标准,制定行业规范,在所有食、住场所配备一次性卫生用品,达到农家乐卫生安全标准。

3. 开展集体资产股份制改革,增强发展乡村旅游的向心力。 积极推进集体资产股份制改革,通过开展清产核资、确定农村集体经济组织成员身份、规范股份设置和股权管理等方式明晰产权关系,实现资源变资产、资产变股份、村民变股

343

淄博市博山区中郝峪村

民,全村合计总资产为641.6万元。

4.成立公司,创新乡村旅游发展新模式。探索实施"公司+合租社+村民"的综合性发展模式,全村人人是股东、户户当老板。通过成立幽幽谷旅游发展有限公司和博山梦里老家种植专业合作社,对全村旅游项目建设、农作物种植和市场运作进行统一管理,杜绝业户之间竞相压价、恶性竞争。

5.创新乡村治理机制,注入村庄发展新动能。一是发挥基层党支部领导核心作用。协调村委会、股份公司、妇女、治保等群团组织,提高管事做事的积极性。发挥党员先锋模范作用,在乡村旅游发展中定岗定责。二是发挥村委会民主自治作用。贯彻村民自治,落实村务管理制度,村委会成员发扬"蜜蜂精神",任劳任怨、无私奉献,与村民同食、同住、同劳动,带领村民发展乡村旅游脱贫致富。三是发挥"年轻人"的优势。随着乡村旅游事业的发展,中郝峪村吸引了大量的周边有志青年回乡做贡献。中郝峪村幽幽谷公司的管理运营团队共28人,平均年龄不足26周岁。年轻人发挥"精力充沛、思维活跃、执行力强"的优势,为中郝峪村乡村旅游的发展注入了新活力。

三、发展体会

中郝峪村通过发展乡村旅游，实现了"五个致富"。脱贫致富：人均年收入13年时间增长了19倍，从2005年的不足2000元，提升到目前人均年收入3.8万元，全村户均存款10万元以上。共同致富：村集体收入从2005年的2200元和负债8万元，提升到380万元，破解了村级组织"无钱办事"的难题。就地致富：所有村民参与乡村旅游发展，成为产业工人，年均工资4万元以上，实现了就地就业、持续增收。联合致富：与中心城区等经济强村结成姊妹村，姊妹村每年支持10万元基础建设资金，实现了优势互补、互惠互利、联动发展。文明致富：不良生活习惯逐步改正，讲品行、重礼仪、讲诚信的文明行为蔚然成风。

专家评语

保留山村原始风貌，发展独具特色的乡村旅游；转变发展方式，培育乡村旅游新产业、新业态，打造生态康养基地，打造特色乡村民宿，打造高标准农家乐；开展集体资产股份制改革，成立公司，创新乡村旅游发展新模式。探索实施"公司＋合租社＋村民"的综合性发展模式，创新乡村治理机制。

坚持"四不""三尊重"
促进乡村旅游可持续发展

——河南省信阳市郝堂村

郝堂村位于河南省信阳市平桥区五里店街道办事处南部，是典型的豫南山村。全村面积20平方公里，耕地1900亩，辖18个村民组，640户，2385人。2011年以来，以"可持续发展实验区"为契机，将生态文明建设融入经济发展、基层民主、文化涵养和社会建设等方方面面，坚持"不挖山、不填塘、不砍树、不扒房"和尊重自然环境，尊重村庄肌理，尊重群众意愿"四不""三尊重"原则，借用外部智慧和现代理念激活旧的资源，通过政府科学引导、群众深度参与、资本有机融入，复兴村落文化、保护生态文化、化育乡风民风，使村庄变美、农民增收、产业发展、农村升值，渐渐走出了一条望得见山、看得见水的乡村旅游可持续发展之路。

一、坚持原真保护，提升乡村旅游品位

保护自然生态是发展乡村旅游的基础，任何有历史的村庄形态都经过长期的历史磨合，村落选址、布局、空间走向与山川地形相结合，村落建筑与自然生态相和谐，农民生产生活与山水环境相互交融，也构成了乡村有别于城市的空间布局和生产生活方式。郝堂村在建设时尊重这一规律，在"不搞大拆大建，不求速生快成"的原则下，郝堂村整个建设过程中没有拆除一栋房，没有砍掉一棵树，没有挖掉一座山，没有填垫一口塘。村庄原有道路、农田、沟渠一律保持不变，河道保持原有形态，保持原有河道树种；道路等基础设施更多采用本地材料，保持道路自然的高低起伏；绿化树木用本地柿子、板栗、洋槐，草坪用山里生命力很强的草种；村内的标识也没用现代化样式，而采用古风古韵和村庄环境协调的设计；老房子都保留

下来，过去的居住结构大体未变，在原有住房基础上，不破坏原有环境风貌，采取分别建设、分散居住，住房四周无围墙，敞开建筑，确保农民居住环境生态优美、原汁原味。郝堂村坚持因地、就势、依山进行修复式建设，不仅是传统民居的保护改造，对公共空间的拓展，还是一种文化与理念的传播，是农耕文明的修复，也是现代文明的融汇。

二、厚植文化优势，丰富乡村旅游内涵

文化是村庄得以延续的血脉，郝堂村乡村旅游发展始终坚持把文化的涵养和复萌作为最核心的目标和最高层次的追求。一是展现村落文化。依托现有山水脉络等独特风光，让村庄融入大自然，建设中不仅考虑房屋和院落本身，还把周围环境与房屋建设有机结合，古老的磨盘、重装的水车、废弃的猪槽都成为设计元素，具备豫南特点的狗头门楼、青砖布瓦，劈柴垛起柴扉墙，精心修葺的土坯房，随意装点的小竹林，绿叶成荫的参天古木，青山薄雾中的小桥流水都成为城里人流连忘返的风景。二是保护生态文化。大力开展封山育林，严厉打击砍树、卖树、烧炭等破坏行为，使山林植被覆盖率得到增加。引入生态污水处理技术，新建村庄集中无动力湿地污水处理系统1座，推广家庭湿地污水处理系统5座，不仅使水质得到净化，而且污水处理成为可观赏性项目，通过创意设计，在污水处理湿地旁边建茶社、书吧，实现了变废为宝。保护120棵百年古树，在农田种植紫云英改良土壤，在村旁道路播撒乡土花草美化环境，着力还原农村本色。三是培育多元文化要素。近年来郝堂村举办全国性时尚运动山地自行车比赛，组织郝堂民俗文化活动展演，建立了信阳手工茶、李开良古建等非物质文化传承工作室，开展手工炒茶能手大赛，举办高规格、高水平的经典名篇朗诵会，举办以乡村为主题的摄影书画比赛、乡村音乐会，举办村民自编自演的春节联欢晚会和传统庙会，引进信阳鸡公山合唱团、信阳诗歌学会、信阳摄影家协会等文化团队入驻，建设中国乡建院、寻找无双咖啡屋等一批文艺风格的服务场所和特色建筑，村庄到处都能感受到浓厚的文化氛围。

三、尊重农民意愿，激发内生动力

农业、农村、农民是乡村旅游开发的基本依托，充分尊重农民利益、调动农

信阳市平桥区郝堂村

民积极性是乡村旅游工作的基本原则，郝堂村在发展乡村旅游过程中充分让农民参与规划设计，参与运营管理，共享发展成果。一是村民参与民居改建和环境整治。采取政府免费提供图纸、规划引导、政策扶持，群众自愿、自行筹资的方式，循序推进民居改造，图纸根据每户具体情况量身设计，实行一户一图，由新农村建设的专家团队和户主进行充分协商敲定。实施"清洁家园行动"，家家户户参与垃圾分类，建立长效建管机制，选出小学生代表担当"环保小卫士"，实施常态化卫生评比，表彰卫生农户、文明村组，引导村民改掉了不讲卫生的习惯。二是坚持民主议事决策。推行"四议两公开"工作法，对村级重大事务，村两委充分征求群众意见，召开村民会议决议，从村庄规划、房屋改造、道路选线，再到土地流转及其价格村里都召开村民代表会议，征求群众意见，由基层组织和村民说了算。同时，制定《郝堂村规民约》，结合旅游发展需要完善垃圾日常清扫、农家乐评比等多项自治制度。三是探索村社共同体治理机制。郝堂村探索建立了资金互助社，成立了集体经济组织——绿园生态旅游开发公司，村集体注册了村民共享的品牌，逐步构建起郝堂村党组织领导提议、村民代表大会决策、集体经济组织经营开发建设的村社共同体治理机制，统分结合、双层经营体制中集体经济"统"的功能越来越强。

四、发挥政府职能，做好引领带动

乡村旅游的发展，政府不能大包大揽，但也不应缺位旁观，郝堂村旅游发展的成功因素之一就是地方政府在乡村旅游发展之初做好了政策扶持、基础设施助推和起步项目引导。一是发挥政策扶助作用。为鼓励民房规范有序改造，政府出台了"改建奖补、贷款贴息"的奖扶政策，对按照图纸改造的住户以每平方米130元给予补贴，对新建住房提供5万～15万元两年期贷款贴息。截至目前共改造和新建民居130户，区财政共补贴、贴息300多万元，政府通过小额度的财政支持，撬动了巨大的民间资金，其中农户投入超过1500万元。同时，为了满足停车场等公共设施建设和未来产业发展需要，区政府对郝堂村用地规划进行了微调，增加旅游设施用地，通过增减挂钩增加建设用地27公顷。二是提升基础设施助推作用。通过项目运作、整合资金、集中财力等多条途径，先后整修村内外部路网23公里，架桥9座、建拦水坝13座，清理整治河道7000米；在村庄建设完善了自来水站、卫生室、社区服务中心、金融服务中心、农家书屋、茶社、礼堂、戏台等公共服务设施，打通郝堂至震雷山风景区的旅游循环路，拓展了乡村旅游发展空间。三是强化产业引导作用。为引导完善旅游服务要素，2011年区政府通过会议安排、专门督查的方式推动区直委局对口结对帮扶有经营意愿的村户发展农家乐、酒店、客栈等服务行业；为了引导群众发展民宿产业，乡村干部深入到旧房改造户中，逐个动员其按旅游需求进行改建；为引导村民生产经营具有本地特色的农副产品，办事处组织采购试销、手册宣传，建立了农副产品展销中心。现在的郝堂村，通过乡村旅游带动了茶产业，研发出"信阳乌龙"新品，推出了信阳传统绿茶、功夫红茶、黑茶、白茶、茶膏等系列产品；做大了有机农业，推广种植有机水稻300亩，不撒化肥、不打农药、生产加工优质糙米，发展观赏性荷花220亩，新鲜莲蓬按个卖；做活了创收增收项目，当地群众开办农家乐40余家，兴办豆腐坊、酒坊、肉坊、手工坊等农家作坊10多家。

以"四不""三尊重"乡村复兴为基础，郝堂村推动乡村旅游实现可持续发展；以乡村旅游发展为带动，郝堂村民生产生活方式发生深刻变化：2011年前，郝堂外出务工人数700多人，村民人均收入6800元，到2018年年底，郝堂外出务工人员全部返乡，并为周边群众提供200多个就业岗位，村民人均年收入突破20000元。2018年，郝堂村乡村旅游经营户90余户，带动就业人数600余人，接待游客65万人次，旅游收入达1950万元。2013年以来，郝堂村先后被住建部授予"第一批建设美丽宜居村庄示范""2015年中国人居环境范例奖"，被农业部授予"美丽乡村创建试点乡村"称号,被原国家旅游局授予"中国乡村旅游模范村"等称号,并多次被《人民日报》、中央电视台专题报道。

专家评语

以"可持续发展实验区"为契机,将生态文明建设融入经济发展、基层民主、文化涵养和社会建设等方方面面,坚持"不挖山、不填塘、不砍树、不扒房"和尊重自然环境,尊重村庄肌理,尊重群众意愿"四不""三尊重"原则;坚持尊重农民意愿,村民参与民居改建和环境整治,持民主议事决策,探索村社共同体治理机制。

点靓多彩乡村 开启振兴新篇

——河南省信阳市新县

近年来，新县围绕全域旅游发展目标，立足特色旅游资源优势，把乡村作为旅游发展的主战场，将旅游作为乡村振兴主抓手，坚持以科学规划为引领，以特色产业为根基，以美丽乡村为载体，紧扣"高品质"要求，创新"五个三"模式，走出了一条以乡村旅游带动脱贫攻坚、助推乡村振兴的可持续发展之路。在旅游及相关产业的带动下，全县32个乡村旅游扶贫重点村11321名贫困群众实现稳定脱贫，84.34%的建档立卡贫困群众在旅游发展各环节受益，旅游已成为助力县域经济发展、带动富民增收的支柱产业。2018年，全县共接待游客636.3万人次，实现旅游综合收入33.1亿元，同比分别增长35.7%和42.5%。其中乡村旅游人次和收入分别占比56.7%、67%。

1. **厚植优势，"三重保障"绘蓝图。**一是规划引领。把全县作为一个大景区来谋划，把乡镇作为一个景点来构图，把村庄作为一个小品来设计。围绕"一镇一主题，一村一特色"目标定位，构建了由9个特色旅游小镇和18个特色村落组成的"九镇十八湾"乡村旅游发展布局，逐步形成了集观光、休闲、度假、康养于一体的乡村旅游产品体系和全域景观。二是政策支撑。结合全县脱贫攻坚工作，累计整合农业、水利、交通等涉农资金12.8亿元，投入乡村旅游基础设施建设，作为乡村旅游发展引导资金；出台相关扶持政策，每年设立1000万元旅游业发展奖励扶持资金，重点对乡村旅游龙头项目给予贴息扶持和基础设施补助，对上规模的特色乡村旅游产品给予政策支持和资金奖励。三是机制保障。成立新县旅游委，县委书记兼任旅游委主任，县政协副主席兼任旅游局长并专职旅游工作，健全"县有旅游委、乡有旅游办、村有管委会"的三级旅游管理体系。成立乡村旅游经营单位等级评定委员会，制定《新县乡村民宿管理服务指南》，组织全县300家旅游企业成立新县旅游协会、民宿协会、餐饮协会、旅游商品协会，不断完善行业自律机制，推动乡

信阳市新县

村旅游规范化、品质化发展。

2. 强化配套，"三项提升"固根基。一是优化人居环境。实施美丽乡村生态新县建设三年行动计划和改善农村人居环境建设美丽乡村五年行动计划，每年设立1000万元改善农村人居环境专项资金，实施农村生活垃圾、污水治理专项行动，整治农村"八乱"，提升公共服务，实现了全域"一眼净"的目标，打造了城乡共荣、居游一体的乡村旅游大环境。截至目前，全县共建成改善农村人居环境达标村151个（其中示范村76个），全县所有乡镇均成功创建为国家级生态乡镇、省级以上卫生乡镇。二是完善基础设施。全面实施农村公路建设三年行动计划，实现百人以上自然村通旅游公路；实施乡村"六小工程"行动，完善乡村旅游标识系统、咨询服务体系，建成乡村旅游生态停车场70个；将厕所革命列入全县十件民生实事之一，全县共新建、改扩建现代化公厕380座，实现了乡村旅游点、精品旅游线路、交通集散点旅游厕所全覆盖。三是推进人才强旅。立足劳务大县优势，实施"999人才回归工程"，鼓励回归人才创办新型农业经营主体、家庭农场359个，新县被确定为全省返乡农民工创业示范县；在本地人才培育上，建设大别山民宿学院、大别山乡村振兴学院，开办"大别山旅游讲堂"，开展"红城英才""红城管家"培训课程，实现乡村旅游管理、服务培训全覆盖，为乡村旅游发展提供了强大的智力支撑。

3. 深化融合，"三大特色"强肌体。一是打造"多彩田园"。坚持文旅融合，挖掘丰富的乡村民俗文化，举办全国首届乡村复兴论坛、大别山乡村旅游文化节、大别山民俗文化节、大别山茶花节等文化旅游活动，建成民俗文化园、民俗博物馆、油茶文化公园等文化旅游精品；坚持农旅共建，大力培育农业龙头企业，发展油菜、紫云英等特色景观性种植产业，建成集农业观光、果蔬采摘、美食体验为一体的"旅游扶贫·多彩田园"创业示范基地86处，带动22079名贫困群众就业增收，新县被评为全国休闲农业与乡村旅游示范县；举办踏青节、银杏节等赏花节庆活动，组织开展摄影、书画等文艺创作活动，叫响了"赏花济"旅游品牌。截至目前，全县发展农家乐497家、民宿体验场所94处，培育星级以上乡村旅游经营单位49家，获批省级休闲观光园区3家、省级乡村旅游特色村9个，旅游从业人员达5万人。二是做活"教育培训"。充分发挥大别山干部学院、大别山红色商学院引擎作用，深入挖掘大别山红色精神内涵，做活红色教育培训、商务培训产业，建成红色旅游"体察式"教学点39个，通过开展"体农时、知农情、干农活、进农家"等多层次红色旅游体验活动，全县累计培训学员25万人，催生红色培训机构17家，有效激活了乡村消费市场；立足生态优势，建成大别山露营公园，开发以房车露营体验、青少年研学旅行为内容的新兴旅游产品，成功举办第十届中国露营旅游论坛暨首届大别山区域房车露营大会，景区年接待游客超过100万人次，带动周边村组年用工量达3700人次，销售农副产品600万元，有力助推了脱贫攻坚。三是发展"步道经济"。紧扣"山水红城、健康新县"发展定位，建成全省首条500公里国家级登山健身步道，举办全国群众登山健身大会、国家登山健身步道联赛、China100户外运动挑战赛、亚洲越野大师赛、相亲&公益半程马拉松等11场国家、国际级体育赛事，实现了"周周有主题、月月有活动、季季有赛事"。乡村旅游与体育健身深度融合，推动"步道经济"快速发展，拉长了乡村产业链条，带动沿线16个贫困村参与旅游发展，1万多名贫困群众共享旅游红利，新县获评为"2017中国体育旅游目的地""河南省体育产业示范基地"。

4. 示范引领，"三则案例"闯新路。一是西河大湾模式。西河湾——国家传统古村落、中国景观村落，依托原生态古建、古树、古寨等风貌特色，坚持"修旧如旧"原则，整合各方资金2000万元实施古民居修缮工程，将古村落保护开发与乡村旅游结合起来，打造古村落休闲度假基地。2013年开始，该村发动返乡创业"新乡贤"力量，领头创办农民专业合作社，吸纳群众以房屋、田地、山场入股开发旅游产业，先后打造出古枫杨咖啡厅、水舍精品酒店、森林剧场等一大批旅游项目。仅2018"十一"7天，小村接待游客达10万人次，实现旅游综合收入200多万元，周边农家餐馆已发展至40余家，带动全村101户362人实现稳定脱贫。二是创客小镇模式。田铺大塆依托"豫风楚韵"特色，紧扣"乡村创客"主题，将自然与人文、古朴与现代深度融合，将大众创业、万众创新与美丽乡村建设有机结合，整合各类"双创"资源，把创新创意植入美丽山水，以时尚元素增辉传统村落，打造了河南省首个乡镇层面的创客小镇。在这里，群众积极参与旅游发展、融入乡村建设，开发出田铺豆腐乳、豫南刺绣等品类丰富、层次多元的乡村旅游商品，打造了爱莲说主题餐厅、不期而遇书吧、食面埋福面馆等20余家特色小店，辐射带动周边6个贫困村，193户贫困户入股合作社，实现稳定脱贫。创客小镇理念不仅让传统村落焕发出勃勃生机，走向大众，更为建设美丽乡村、发展文化旅游探索出一种新的模式，开启了一种新的思路。三是耕读小镇模式。大别山耕读小镇以"晴耕雨读"为发展理念，以特色农业为依托，以旅游产业为支撑，打造了一个既体现传统农耕文化特色，又具备现代产业功能的旅游目的地。在这里，农民不脱离"本业"，依然从事种养加相关产业；农村不改变"本色"，依然保持山水林田湖生态肌理，依托6000亩土地的流转利用和景观化打造，家庭农场变成旅游景点、"三留守"变身"上班族"，人人有自己的位置，人人有自己的发挥，贫困群众积极参与其中，村民共享旅游发展红利。三年来，农场立足农业发展，通过实施到户增收项目（有机水稻种植），吸纳345户贫困群众入股分红；农场常年务工300余人，人均增收4000元以上；通过资产入股项目建设，带动周边5个贫困村集体经济发展，年均增收2万元，耕读小镇已发展成为新县旅游扶贫和乡村振兴的示范项目。

新县将旅游作为贯彻落实乡村振兴战略的重要抓手，探索出"政府主导+合作社带动+运营公司管理+贫困户参与"的乡村旅游开发模式，将乡村旅游发展成果最大限度转化为群众共享的红利，助力群众实现"入股股金、就业薪金、资产租金"多重收益。新县发展乡村旅游助力脱贫攻坚、助推乡村振兴的做法被央视《焦点访谈》、新华社《每日电讯》专期报道，被《河南日报》《河南新闻联播》连续报道，相关经验被省委工作信息、工作交流和省政府工作快报、参事建议专期刊发。2017年、2018年连续两年河南省旅游扶贫现场会在新县召开，新县以优异的成绩实现脱贫摘帽，被确定为河南省旅游扶贫示范县、乡村振兴示范县。

专家评语

规划引领、政策支撑、机制保障"三重保障"绘蓝图；优化人居环境，完善基础设施，推进人才强旅"三项提升"固根基；打造"多彩田园"，做活"教育培训"，发展"步道经济""三大特色"强肌体；西河大湾模式，创客小镇模式，耕读小镇模式"三则案例"闯新路。

创新惠民项目 解锁乡村振兴新动能

——广东省广州市粤菜师傅工作室和百家旅行社进乡村

一、主要做法

（一）积极主动作为，全力推进粤菜师傅工程

1. 高起点筹划。 广州各大星级酒店及重要餐饮场所的粤菜烹饪技术、管理理念在全国排名第一，世界排名仅在中国香港之后，广州乡村的绿色食材、鲜花佳果、自然环境具有独特魅力，粤菜师傅工作室就是城乡优势资源结合的最好体现。广州市文化广电旅游局切实将推进粤菜师傅工程作为贯彻落实习近平总书记有关乡村振兴战略思想、"四个走在全国前列"重要指示和全省乡村振兴工作会议、市委十一届五次全会精神的实际举措，率先行动，多次赴旅游院校、旅游企业、从化增城等区开展调研，广泛征求意见，及时制订《粤菜师傅工程总体方案》，统筹纳入全市《乡村振兴战略三年行动计划（2018～2020年）》。

2. 高标准建设。 工作室采取联手共建模式，市文化广电旅游局牵头抓总，相关区提供地点和输送当地粤菜人才，旅游学校出师资力量组织专家团队，努力打造广州乡村烹饪"人才发展的摇篮、传承创新的基地、交流互动的平台"。经过紧张筹备，2018年9月26日，全省首个粤菜师傅工作室在从化区城郊街西和村挂牌成立。目前增城的粤菜师傅工作室也已完成选址，正在加紧筹建。

3. 高层次定位。 粤菜师傅工作室主要有五项功能：①培训功能。对当地乡村厨师进行培训和传帮带，提高厨师技艺和就业技能。②创新功能。对当地菜式和美食进行技术攻关、改造提升，研发新的特色菜品。③挖掘功能。开发、挖掘当地特色食材。④宣传功能。通过举办系列活动，宣传推广乡村旅游资源，展示乡村振兴发展成果。⑤传承功能。弘扬当地美食文化和粤菜文化，提升乡村美食服务水平。采

广州市粤菜师傅工作室和百家旅行社进乡村

取"周周有服务,月月有活动"的形式,送教下乡,送技上门,以五星级酒店的水准、标准化的烹饪流程、原汁原味的乡村美食,助推乡村旅游发展。

(二)组建实力雄厚的专家团队,大力培养乡村粤菜厨师队伍

粤菜师傅工作室由资深中国烹饪大师、全国餐饮行业国家一级评委黎永泰师傅担纲,马健雄、谭国辉等烹饪大师及广州泮溪酒家、白天鹅宾馆等酒店行政总厨共23名专家组成,其中包括9名"广州十大名厨",2名"广东省劳动模范",国家级烹饪裁判评审员超过2/3,既有从事烹饪行业30余年的名家大师,也有数十年教龄的资深烹饪导师。在工作室挂牌活动中,名厨大师们齐聚献艺,表演了气球上切萝卜丝、蒙眼切花刀等精湛技艺,引起观众一片惊呼,市民游客热情参与,争相参观工作室,品尝现场制作的美食,气氛非常热烈。2018年,这些名厨分8批来到工作室给来自从化、增城、花都、番禺、南沙、黄埔等相关区的320名乡村烹饪从业人员进行5天全脱产培训,授课内容包括技能培训、菜品研发、包装、品位提升、原材料食材开发等内容,并组织人员参加厨师比赛,全市乡村厨师技能水平得到显著提升。

(三)坚持乡村美食与乡村旅游融合发展,创新举办百家旅行社进乡村活动

在粤菜师傅工作室挂牌的同时,还举办了"百家旅行社进乡村"活动,将乡村美食与美丽乡村游精品线路串联起来,精心设计推出了生态养生游、亲子休闲游、花果飘香游、农业生态游、绿色田园游、亲水乡村游、海丝文化游、古村史韵游、

创意乡村游、古驿道游 10 条特色乡村精品旅游线路，组织了授旗仪式，广东省中青旅、广之旅、省中旅、港中旅等 10 余家旅行社及 200 余名游客代表参加，引导广大市民游客走进广州美丽的乡村，赏美景、品美食，寻找儿时的田园风光、倾听美妙的乡间音符，共同见证和感受新时代中国乡村发展的丰硕成果。特别是"广之旅"旅行社，围绕"上山下海·广东人游乡村"的大主题，在广东省内首批设立了 14 个乡村旅游站点，打造更多元化、深层次、个性化的乡村旅游产品，每周针对不同站点策划主题活动，通过完善的线上线下网络进行全渠道营销推广，取得了非常好的效果。

二、下一步打算

粤菜师傅工程是一项极富岭南特色的创新惠民项目，是乡村旅游和乡村振兴的新动能。下一步，我们将按照市委、市政府的统一部署和既定的工作方案，重点抓好两个方面的工作：一是深入开展"百厨百店"三年行动计划。到 2020 年，为全市乡村培养 100 个粤菜名厨、100 家粤菜名店，重点推进"五个一"工作：建立一批粤菜师傅工作室、建立一批粤菜师傅人才培训和实训基地、推出一批乡村美食与乡村旅游精品线路、制订一套行业工作指引、每年举办一次乡村美食节。二是充分发挥工作室粤菜大师的引领辐射作用。以"专业引领、传承创新、交流研修、传业授徒"为宗旨，推广展示美食文化、粤菜技术攻关、技能传承创新、工作标准制。

专家评语

积极主动作为，全力推进粤菜师傅工程；组建实力雄厚的专家团队，大力培养乡村粤菜厨师队伍；坚持乡村美食与乡村旅游融合发展，创新举办百家旅行社进乡村活动，将乡村美食与美丽乡村游精品线路串联起来，引导广大市民游客走进广州美丽的乡村，赏美景、品美食。

产旅融合示范　助力脱贫攻坚

——广西壮族自治区百色市田东县

一、基本情况

田东县位于广西西部，地处右江盆地腹部，东连平果县，南与德保、天等县相邻，西与田阳县接壤，北与巴马瑶族自治县相连。南昆铁路、国道324线、南百高速公路穿越县境。县城至南宁吴圩机场、百色巴马机场分别为175公里和23公里。全县总面积2816平方公里，辖9镇1乡167个行政村（街道、社区），总人口43万人，其中贫困户3977户，贫困人口14621人，是一个以壮族为主体的多民族聚居县。

近年来，田东县按照"芒乡红城四基地"的战略定位，全面推进旅游强县建设。以"红色文化"、自然景观与农业观光结合的"绿色生态"、古人类文明与宋清历史文化结合的"古色文化"为依托的"红、绿、古"三色旅游资源，突出田东"芒乡红城"，打造旅游"四基地"，即打造全国革命传统教育基地、全国现代农业休闲观光基地、古人类科普教育基地、地质奇观体验探险基地。特别是充分融合田东县丰富的农业资源和旅游资源，强力推进产旅深度融合项目建设，产旅融合工作取得了明显的成效，休闲农业和乡村旅游品牌逐步形成，2017年田东县被农业部认定为"全国休闲农业和乡村旅游示范县"。2018年全县接待旅游总人数327.37万人次，同比增长23.87%；旅游总消费34.66亿元人民币，同比增长31.67%。

二、主要做法

（一）科学编制产旅融合发展规划

田东县委托国家农业部规划设计研究院编制《广西田东县产旅融合发展规划》

和 17 个优先发展项目点的建设规划并通过评审验收。该规划立足田东的资源禀赋和产业基础，充分挖掘每个规划项目的特色与优势，实现特色差异化发展，对田东产旅融合发展具有重要的参考价值，为田东打造旅游新形象，为田东经济社会建设注入新活力。

（二）整合财政涉农资金支持产旅融合项目

田东县按照国务院支持贫困县开展统筹整合使用财政涉农资金试点的有关要求，创新财政涉农资金整合使用机制，把"零钱"化为"整钱"，集中力量办大事，全县共统筹整合财政涉农资金 1.38 亿元，以入股的方式实施 49 个产旅融合和特色种养项目。撬动近 8 亿元社会资本投向产业开发领域。增加了贫困村村级集体经济收入。按照《入股协议》，每年以不低于 3% 的分红共 415.2 万元，主要用于扶持壮大村集体经济，保障了 53 个贫困村每村年内村集体经济分红收入近 8 万元，助推了贫困户脱贫摘帽。按照《入股协议》，每年以不低于 2% 的分红共 276.8 万元用于贫困户保底分红和产业发展，每年将扶持 55 户贫困户发展产业。同时，每年可吸纳就近就业人口约 2000 人，月人均增加收入 1500 元。有力推动贫困户脱贫摘帽，巩固全县脱贫成果。

（三）发展特色种养产业带动农业增效、农民增收

田东县积极引导和扶持新型经营主体与农民"抱团"闯市场，发展特色种养。培育合作社 537 家、家庭农场 157 家，龙头企业 16 家。在新型经营主体带动下，全县形成了水果、蔬菜、甘蔗、生猪、家禽、林木六大"十亿元"产业，形成杧果、甘蔗、山茶油、猪、牛、羊、鸡等"一村一品""一村多品"的产业格局，实现每个贫困村都有 1 个以上特色产业，全县特色产业覆盖贫困户比例达 89.93%。其中杧果产业辐射带动 28 个贫困村，占全县贫困村总数的 52.83%，累计有 1.16 万贫困群众依靠种植芒果走上致富的道路。逐步实现农业增效、农民增收、农村繁荣。

（四）完善产旅融合项目区周边的公共基础设施

整合资金重点用于完善水、电、路等公共配套设施的固定资产投资，财政涉农资金按照当年业主实际投入数 80%、40%、20%、10% 的比例入股。不断完善产旅融合项目区的基础设施，实现涉农资金整合成果共享共用，共同发展。

（五）打造产旅融合示范点，以点带面，滚动推进

实行产旅融合项目考核激励机制，对成效明显、成绩突出、示范作用大的项目和诚信经营、规范服务、增收明显的产旅融合和特色种养项目给予表彰奖励。此举极大鼓励项目业主做强做大做优产业，带动群众脱贫致富，壮大村集体经济，加快推进农业供给侧结构性改革和农村一二三产业融合发展。

（六）加大宣传推介，做好营销增加效益

充分利用"南菜北运"新线路百色—北京果蔬绿色专列开通、百色·田东芒果文化活动月、芒果季营销活动等，加大芒果宣传和推介力度，不断提高芒果市场竞争力。2017年7月，田东县成功举办了第十二届世界芒果大会，进一步展示田东芒果产业优势，打响田东芒果品牌，推动田东芒果走向世界。此外，大力发展电商，开展线上线下同步销售，拓宽芒果销售渠道。2017年全县从事芒果种植销售的合作社达50多家，芒果销售网店达3500多家，销售芒果近10万吨，销售收入1.3亿元。其中1.3万贫困人口参与芒果电商，人均收入超2000元。

田东县

三、案例启示

（一）政府主推是前提

近年来，田东县委、县人民政府把产业融合发展摆在战略性的发展方向上，

五、田园观光休闲型

将农业、旅游业、工业、服务业、商贸业、城市建设等有机融合起来，在规划中坚持"多规合一"，在发展上坚持百业共兴，不断推进地方产业升级、产业结构转型和发展方式转变。出台了统筹整合使用财政涉农资金实施办法，把各级财政安排用于现代农业生产发展、农村基础设施建设等方面资金，以及补助教育、医疗、卫生等社会事业方面资金，全部统筹整合起来，加大扶贫资金投入。通过财政涉农资金、撬动了社会资金等多种方式投入产旅融合项目建设，使产旅融合项目点的基础设施迅速得到完善，环境得到提升。

（二）群众参与是关键

为使企业和贫困户在发展中共赢，田东县把调动贫困户参与作为重点，鼓励符合政策贷款条件的贫困农户以贷款入股的方式参与企业发展，货款所产生的利息由扶贫和财政部门按政策给予补贴。积极引导贫困户采取土地流转、资金、村寨房屋建筑、文化资源等资产作为基本股参与项目收益分配，每年分红给群众，提高了群众参与产旅融合的主动性。

（三）旅游脱贫须融合聚合力

将旅游业和其他相关产业深度融合、一体发展，是旅游脱贫的关键所在。要推动旅游业与农业、新型城镇化融合发展，与大健康、文化、体育等相关产业共生共荣，不断丰富旅游业态，加快产业转型升级，有效延长产业链、价值链，着力形成"全景域体验、全过程消费、全产业融合、全民化共享"的全域旅游新模式，实现相互搭台，形成发展脱贫攻坚的强大合力。

专家评语

科学编制产旅融合发展规划，整合财政涉农资金支持产旅融合项目；引导和扶持新型经营主体与农民"抱团"闯市场，发展特色种养；完善产旅融合项目区周边的公共基础设施，坚持政府主推是前提，群众参与是关键的发展思路，引导贫困户采取土地流转、资金、村寨房屋建筑、文化资源等资产作为基本股参与项目收益分配，每年分红给群众。

整合乡村旅游资源　开发旅游扶贫发展模式

——海南省三亚市中廖村

党的十九大报告提出："实施乡村振兴战略，要坚持农业农村优先发展，按照产业兴旺、生态宜居、乡风文明、治理有效、生活富裕的总要求，建立健全城乡融合发展体制机制和政策体系，加快推进农业农村现代化。"美丽乡村建设是美丽中国建设的重要组成部分，是实现农村全面建成小康社会的重要内容，也是华侨城作为大型央企义不容辞的社会责任。近年来，在中央美丽乡村建设战略指引下。华侨城集团充分发挥文化旅游行业的品牌影响力和资源优势，以美丽乡村建设为抓手，通过整合乡村旅游资源，精心打造以中廖村为典型代表的文化旅游产业精准扶贫示范项目，积极探索可复制、可推广的旅游扶贫开发模式，逐步探索出了一条"文化旅游+美丽乡村建设"为特色的美丽乡村发展之路。

一、"待字闺中"——最美乡村中廖期待蝶变

中廖村位于海南省三亚市吉阳区，环境优美、乡风文明，是全省闻名的"无刑事案件、无群众上访、无吸毒人员、无房屋违建"的"四无"村庄。中廖村拥有热带田园风光，民族民俗文化氛围深厚，但旅游产品较为单一，配套服务及设施匮乏，旅游基础设施不足，出行交通极为不便，村庄有丰富的旅游资源但无旅游产品，有一定的黎族风情但无保护传承，据悉 2013~2015 年中廖村村民年收入约为 6800 元／年／人，全村 3800 多人，年轻人以外出务工或在家务农为主。

2017 年 4 月，经过深入考察，华侨城集团与吉阳区政府、中廖村委会就产业合作开发达成初步意向，并签署了《美丽乡村产业发展合作框架协议》。至此，华侨城正式进驻中廖村，并围绕城乡规划、基础设施建设、产业布局、公共服务和社会

管理等方面，持续加大对中廖村的资金投入，引入城市公共服务设施，让乡村的优美生态与城市的生活配套设施充分结合，把中廖村真正建设成为与城市共融共存、功能与特色互补的美好家园。

中廖村作为三亚"十镇百村"工程中最为重要的示范村，将朝着"生态美、产业强、百姓富"的目标创造时尚新农村样本，为建设"美好新海南"创建全域旅游美丽乡村示范点而奋斗。

二、主客共建共享——华侨城的乡村建设在行动

自 2017 年 4 月进驻中廖村后，华侨城海南集团在保留村中好水好景的基础上，遵循乡村生存的自然法则，尊重地域和地区发展的文化脉络，对中廖村进行了原址提升规划改造计划，重新还原农村原有的生活场景，还原一个有乡村感、有历史、有家味儿的故园。

1. **利用闲置田地，合理规划打造。** 华侨城海南集团重点对村庄的公共设施进行升级改造，建立全新游客中心、公共洗手间；对村内原生态种植业进行改造，打造特色蔬果"花园"——黎夫彩园；打造供游人休憩玩耍的阿爸茶社、儿童乐园，提升游客旅游体验。

2. **统一规划，整体布局特色民宿。** 华侨城海南集团共租赁了 18 户村民的闲置旧民宅房屋，融入当地民族文化元素后设计改造为民宿，这些旧民宿均藏于椰林中，装修简约，装饰元素大多就地取材，每一处设计都匠心独运，让住客体验别样黎族风情。

3. **开展特色餐饮业，大力弘扬餐饮文化。** 为进一步凸显中廖特色餐饮，村内开设四家特色餐厅，阿爸茶社是极具海南特色的传统饮品集中营，延续并弘扬海南老爸茶文化精神；小姨家餐厅主打特色小吃，秉承深厚的老店工艺传承；土坛树老鸭店是槟榔树下的露天餐厅，主营黎族农家菜，对于喜欢地道乡土菜的吃货一族来说，是不错的尝试，先有鸡餐厅是中廖村着力打造的一户一味餐厅，以"中廖走地鸡"为主要烹饪食材的餐饮店，打造集健康、美味、正宗、便捷为一体的特色餐厅。在餐厅中还有特色"莲花灶"可为游客提供更接地气、更回味曾经的消费体验，培育农旅融合发展新业态，提升农业综合效益。

4. **整合特色文化，发展旅游产业。** 华侨城海南集团对村民的原生态表演进行了包

装，在村内精心布置了莲花池、黎家小院、大榕树广场等演艺点，精心排练各种演艺节目定时进行表演活动，用独具当地特色的文化演艺内容吸引游客前来参观；与海南热带海洋学院合作、引入海南特色非遗项目，让非遗文化得以更好地传承和发展；引进自行车及电瓶车骑行项目，增加二次消费内容；与此同时，中廖村深入挖掘和继承黎族文化，设计了一批极具特色的黎族形象IP代表：大力神（黎族人民开天辟地的祖先）、椰壳怪（会捣蛋的小精灵）、槟榔族（世代繁衍生息的黎族人）。中廖村根据其特有的民族优势，不断优化完善进一步塑造独具韵味的美丽乡村，以不砍树、不拆楼而闻名全国的美丽乡村中廖村迎来了一个全新发展时代，取得了良好的社会效益和经济效益。

三、村民化身"上班族"——还乡于民助力乡村变革

"一个充满休闲气息又不失生态原貌的新农村形象"是符丁练现在对中廖村的印象，曾经的她也和村里的小伙伴加入过外出打工的浪潮。待结婚生子后，为了照顾家庭，符丁练无奈成了全职家庭主妇，日子变得日复一日、千篇一律。自从华侨城海南集团对村庄进行集中开发建设后，符丁练加入了华侨城集团，顺利通过严格的岗前培训和考核后，她成为中廖村游客部的一名电瓶车导游，向游客介绍中廖村的发展变化，"以前为了顾家根本没法上班，现在是在家门口吃上旅游饭，不仅方便照顾家人和孩子，更能有一份稳定的工作和收入，孩子也经常和小伙伴说，我妈妈会开红色的很厉害的车"，符丁练开心且自豪地说，"每天上班很开心，能向游客介绍自己的村子，非常荣幸"。

不仅如此，村里的各项基础设施及公共服务越来越好，住在村里跟住在城市中没有太大区别，反而是生活在城市的人们开始羡慕住在

中廖村

五、田园观光休闲型

村里的人了。图腾窗棂瓦白墙，院落宽敞干净，在青山环抱间，黎兰珍大姐家的老房子焕发了新的活力，这栋曾经要被废弃的老房，经过华侨城海南集团的精心打造如今变身为中廖特色"村上书屋"，洁净敞亮的落地窗、加盖镂空花纹的屋顶，内藏书千余册，各类70、80年代绝版经典怀旧书籍吸引着游客的关注。在书屋的改造过程中，既尊重了老屋的历史，又赋予其新功能，使其与乡村生活方式更协调、更融合。如今，这里已经成为中廖村的一处亮丽风景线。而作为"房东"的黎大姐并没有固守于房租收入，而是选择加入华侨城集团，成为一名客房服务员。对于如今的"上班族"身份，黎大姐笑称习惯啦，"现在有了固定时间的限制了，打扫打扫客房，比以往种庄稼轻松了许多，每月还有固定的工资，风吹不着雨淋不着，挺好的"。不善言辞的黎大姐不好意思地搓搓手，"赶上好时候了，家里人也都支持我将家里不用的房子出租，自己也出来干工，跟着华侨城干，有盼头，相信以后中廖村的发展会越来越好，我们的收入会越来越高"。

华侨城入驻以来，通过旅游项目的开发及打造，实实在在地带动了部分村民实现了收入的大幅增长，2018年带动村民创收约500万元，其中直接带动村民创收情况：自2017年华侨城集团进驻后，村内用工多为村民就地就业，其中：普通用工51人，人均收益6.5万元/年；临时用工11人，人均工资4500元/月；合作社用工5人，3500元/月。扶持贫困户，为帮扶贫困户，除固定租金1万元/年，企业安排该贫困户负责项目的卫生清理工作2万元/年。土地租赁通过采用以补代租，打造特色餐饮，不破坏原土地性质，确保农户土地保底收入2.8万元/年，通过整合性租赁，与25户农户签订租赁协议，为村民创收7.5万元/年，不仅如此，通过租赁经营场所、办公区、宿舍区及民宿用房等村民房，帮助村民创收71万元/年。现华侨城集团正大力开展"一户一味""一村百美"产品，以租赁或合作开发模式，带动村民从事相关美食产品的发展。开展特色共享产品，实现闲置资产的高效转移，如共享菜地、共享厨房、共享集市等产品，进一步增加村民的收入，让村民享受到美丽乡村发展成果。

专家评语

主客共建共享，利用闲置田地，合理规划打造，统一规划，整体布局特色民宿，开展特色餐饮业，大力弘扬餐饮文化，整合特色文化，发展旅游产业。村民化身"上班族"，还乡于民助力乡村变革。大力开展"一户一味""一村百美"产品，以租赁或合作开发模式，带动村民从事相关美食产品的发展。

企业与农民共建共享的绿色发展之路

——海南省海口市冯塘绿园

一、基本情况

1. **地理区位优势**。冯塘绿园位于海口市秀英区永兴镇冯塘村,距海口市区26公里,与海榆中线及中线高速相连,车程20分钟,交通便利,区位优势十分明显。园区附近有东山高尔夫球场、东山野生动物园、观澜湖旅游区、冯小刚电影公社和雷琼世界火山地质公园等旅游配套资源。

2. **自然资源优势**。园区面积2500亩,区内山清水秀,环境宜人,森林覆盖率达到88.8%,植被覆盖率达95.20%,空气质量Ⅰ级,地表水质Ⅰ级。这里有150亩近30年树龄的3000株橄榄树和数不胜数的古树,蜿蜒清澈的天然溪谷、白鹭穿翔的葱茏湿地、原始茂密的热带植被和怪石嶙峋的火山地貌,构成了古村周边特有的生态景观,成为古村可持续发展的重要资源支撑。

3. **文化资源优势**。冯塘古村是海南省著名的国家级传统古村落,积淀着深厚的传统文化,八卦形的村庄布局、古朴沧桑的幽静巷道、火山岩砌成的斑驳古屋,散发着浓郁的火山文化;在革命战争年代,冯塘村曾是儒万山革命根据地的一个重要组成部分,曾设立中国共产党的基层政府组织雷东乡公所,分布着众多的战斗遗迹,流传着许多革命故事。

目前,已经开辟出龙栖谷、橄榄园、樱花园、孔雀园、榕树王、景观大道、冯塘古村、荷花塘以及"瓦秀"周末自留地9大乡村景观,丰富了旅游业态。游客数量不断增多、接待能力不断增强、游客停留时间不断增长。2017年接待游客20万人次,营业收入859.5万元;2018年接待游客35万人次,营业收入1300万元。

2017年5月,海南省省委书记刘赐贵专程来园区考察,对冯塘绿园通过"共享模式"带动农民脱贫致富的做法，给予了很高的评价。2017年12月5日全省文明生态村现场会在冯塘绿园召开。冯塘绿园先后被评为海南省休闲农业示范点、海南省休闲观光果园、海南省首批试点共享农庄、海口市中小学校外示范性综合实践基地、2016年度海口市旅游标准化示范单位、2016年幸福美丽海口·最美乡村"我最喜爱的旅游名村（点）"、罗经村党建促脱贫致富示范基地，并与中国热带农业科学院香科饮料研究所（兴隆热带植物园）联合建设热带珍稀植物园。2017年11月获得海南省五椰乡村旅游点；2017年11月获评"全国第五届文明生态村镇"称号。

二、主要做法

（一）立足乡村丰富资源，打造六大主题景观

园区以冯塘村为根基、以橄榄园为核心，在2500多亩的范围里，围绕着茂密的热带火山雨林和郁郁葱葱的橄榄林，开辟出如下主要景点：

1. **火山文化凸显的古村落。** 2016年10月，海口冯塘村被评为国家第四批传统村落。村内环境整洁，古村风格完整，火山特色鲜明，红色文化和民俗文化深厚。

2. **和平主题突出的橄榄园。** 面积近150亩，具有20多年树龄的斯里兰卡橄榄树郁郁葱葱，以传递和平友好为内涵，以突出生态和休闲功能为亮点。橄榄园中建有休闲长廊、摇椅、星星屋、青石板路、茶吧、冷饮小吃、客服中心、环保生态旅游厕所和100间民宿客房。

3. **热带雨林茂密的龙栖谷。** 本区域属琼北世界地质公园保护区，有天然形成的火山溪谷，热带雨林植物生长茂密。谷中清泉溪流相伴，清水在火山石间蜿蜒流淌，辅以666米长的木栈道，供游客在火山热带雨林间休闲、探秘、体验、拓展。

4. **火山湿地氤氲的白鹭家园。** 古村落周边分布着广阔的火山湿地资源景观。企业进驻后大量保护农村荒废闲置用地，跟农户租用下来蓄水还原湿地生态，引来白鹭栖息，成为游客喜爱的观赏景点之一。

5. **四季花儿绽放的莲花池塘。** 在古村附近分布着几片池塘，公司充分利用水体资源，构建池塘生态系统，在水面上种植莲花，在水中养鱼，让游客来此垂钓、赏花。

6. **种植采摘融合的共享农庄。** 企业自对外营业之日起，就打出了"我在海南有个农庄"的口号。向广大游客发出邀请，来共享农庄种植区，体验种植和采摘瓜果蔬菜的乐趣，感受劳作的艰辛，增长农业知识，培养健康的生活理念。

冯塘绿园

（二）加强古村保护修复，不断拓展产业链条

2017年，在海口市政府的帮助下，对冯塘古村进行了保护性修复，加强古屋室内装修，在古屋中建设火山民俗展览区、乡村咖啡屋、乡村饭店等设施，为解决农民就业、增加农民收入创造条件。充分利用几片池塘水体资源，构建池塘生态系统，在水面上种植莲花，在水中养鱼，让游客来此垂钓、赏花，还制作莲花茶、莲花汤等，不断延伸莲花的产品链条；橄榄园林下种植科普植物；开展林下养殖，向游客提供独具特色的原生态乡村美食。

（三）挖掘古村文化遗产，铸就村庄精神灵魂

企业积极倡导传统文化教育，除了创建"古村古屋艺术家创作联盟基地"供广大艺术家采风创作外，还开设国学课、开展民俗表演，使该村成为远近闻名的弘扬传统文化、树立新风尚的文明生态村。

（四）不断丰富旅游产品，促进产业结构优化

2018年，结合园区实际，开发研学课程，跟许多大中专院校、中小学校合作，开展学生研学活动。同时，积极开展各种休闲养生等户外活动，吸引国内外的游客前来园区游览；建设房车停靠设施，国内许多房车前往停靠休闲；接纳各种大型会务活动，如海南省共享联盟大会、《没有冬天的村庄》开机仪式等均选点在冯塘绿园举办，扩大了园区的影响；按照时间长短，对外出租木屋别墅、客房，吸引国内外游客前来度假养生，充分发挥客房的利用效益。

（五）建立三方运营模式，引导农民积极参与

冯塘绿园项目运营开始时，就引入了"政府+企业+农户"的三方联动运营机制。政府、企业、村民小组三方共同规划，政府进行基础设施建设，优化发展环境；公司负责经营管理和商业运作、开拓市场，组织客源；村委会负责组织村民参与企业的运营管理和服务工作。企业积极构建"政府+企业+贫困户"的旅游帮扶模式，企业与冯塘村签订土地承包合同，租用农民荒地，企业联合农村信用社签约了周边贫困户61户入股冯塘绿园，为其解决农副产品的销量问题。开发共享田园采摘超市，对外向游客出租共享菜地，由农户代管，使农民主动参与企业的管理，关心企业的发展，最大限度地提高他们的积极性。

三、案例启示

1. 以农为本，协调发展。坚持城乡统筹、一二三产业协调发展，农文旅融合发展。以莲花、橄榄与果树种植、飞禽养殖为第一产业；以农产品加工如莲花加工为第二产业；以旅游服务，销售农产品，如莲花茶销售、休闲品饮等为第三产业。不但使游客能够充分领略现代特色生态农业的魅力，享受自然和谐的生态环境，还使

冯塘绿园

本村农民能充分分享生态农业和休闲旅游所带来的经济和社会效益。

2. **生态优先，绿色循环。**企业牢固树立生态文明理念，坚持共享农庄建设与保护环境相协调，坚守"三不准、三尊重、三提高"原则，即：不准砍树破坏生态、不准占有农民的土地权益、不准与农民发生争执；尊重农村的民风民俗、尊重人与自然和谐共生、尊重公共道德和友善；提高农民的思想观念、提高农民的素质和技能、提高农民的经济收入。

3. **全民参与，共建共享。**秉持"共建、共享、共赢"的理念，寻找出符合实际的产业运营模式，让各方主体参与建设，共享成果。每户农民除从企业的土地租金中获得收入外；园区还确保村里户户有人来企业上班，现有从业人员90人，带动农户70户，农民70人就业，其中贫困户10人。农民月平均工资2000元以上，对村里70岁以上老人，企业还给予每月200元的生活补助。冯塘绿园开发的共享田园采摘超市，对外向游客出租共享菜地，由农户代管，每月可以收到代管费300元。这使当地村民由原来的年收入4000多元，一下子提升到年收入2.5万多元，真正做到了企业扶贫，农民增收。

专家评语

牢固树立生态文明理念，坚持以农为本，协调发展，生态优先，绿色循环，共享农庄建设与保护环境相协调，全民参与，共建共享的发展思路，秉持"共建、共享、共赢"的理念，引入"政府＋企业＋农户"的三方联动运营机制和"政府＋企业＋贫困户"的旅游帮扶模式，让各方主体参与建设，共享成果。

从贫困村到"梦乡村"的美丽蝶变

——重庆市万盛经济技术开发区凉风村

一、基本概况

重庆万盛经开区关坝镇凉风村是一座历史悠久、生态秀丽、民风淳朴的山区农村,该村现以凉风渔村而得名,是以乡村旅游为主的特色景观旅游村庄,以农旅融合发展,打造休闲度假区、伏淡季水果种植区、生态鱼养殖区、生态旅游观光区,致力于打造集休闲、度假、健身于一体的开放式景区。

凉风村总人口1734人,其中常住人口1322人,户数499户;辖区面积约1476.04公顷,该村坐落于万盛经开区关坝镇境内,背靠九锅箐森林公园,地处渝黔复线高速和大黑山旅游环线,距重庆主城约80公里,距万盛城区约26公里。现在的凉风"梦乡村",已成功创建为全国第一批绿色村庄、全国第一批运动休闲(垂钓)特色小镇、中国乡村旅游创客示范基地、全国科普惠农兴村先进单位、中国散文之乡创作基地、重庆市乡村垂钓基地和重庆市精准扶贫微企梦乡村,成为万盛经开区乃至全市精准扶贫、全域旅游全民健身及微企创业就业的典型,实现了昔日国家级贫困村到凉风"梦乡村"的美丽蝶变。

二、主要做法

1. 挖掘特色资源,进行科学规划。 凉风村充分利用特有的鱼塘、山地、农林资源,发展生态鱼池、伏淡季水果、乡村旅游、休闲度假、特色文化基地,以生态旅游、休闲垂钓为核心产品,在海拔800米以上打造休闲度假区,在海拔550~800米打造伏淡季水果种植区,在海拔550米以下打造生态鱼养殖区,以苗族村落为特点,打造财兴苗家院子，以渔村自然风貌和民宿为主要景观。规划面积8.99平方公里，核心面积1.39平方公里，整村地形呈"U"形，分布有"一河三区四梦"特色产业链。现已建成的景点有入口雕塑、杨梅苑、苗家院子、追梦迷宫、莲花洞、财兴坝子、童心渔趣、人和鱼乐等20余处，致力于打造休闲、度假、健身于一体的开放式景区。

2.完善功能和服务设施，提高服务水平。凉风村以打造特色景观旅游为重点，大力完善旅游功能和服务设施建设，提高服务水平，提升旅游景区整体形象。目前，凉风村村内有农家乐114家，可提供13680人的餐饮服务和560人的住宿服务。与中国钓鱼运动协会（CAA）对接，打造重庆乡村垂钓基地，成功举办中国钓鱼运动协会"梦乡村杯"国际钓鱼比赛、重庆市体彩杯钓鱼大赛、重庆市高校教职工钓鱼比赛等精品赛事。

3.完善公共设施，提升人居环境。凉风村计划在2018年新建建筑面积为932.77平方米的标准化便民服务中心一座，集一站式服务大厅、文化展览室、群众工作室、计生工作室、卫生室等于一体。村内建成占地3000平方米幼儿园一座，建成乡村公路16公里，旅游环线公路5公里，开通旅游公交1条，安装旅游标识标牌80余块、监控系统点位36个，配备3个总占地面积为5000平方米的应急避险场所，建成日供水200立方米凉风水站及配套3.87公里供水管网，安装太阳能路灯316盏，推进智慧旅游建设，实现公共区域免费Wi-Fi全覆盖，村内具有A级公共卫生间4座，建成污水处理设施10个，配备垃圾箱130个，建成12公里骑行健身步道和30公里慢行步道等基础设施。

4.建立健全管理制度，确保长效发展。景区面貌如何，既取决于建设质量，更取决于管理质量。关坝镇在综合管理上，一是建立依法管理约束机制，关坝镇城管办、食药监、旅游办等各部门建立长效管理机制，对景区路灯、垃圾箱等市政设施进行管

万盛经开区凉风村

护，对餐饮食品安全、住宿单价进行监管，设立投诉咨询热线；二是引进专业物业管理公司，每天出动保洁车、保洁员、安保员，对景区环境、治安做好日常管理；三是建立健全旅游管理制度，抓好旅游质量、旅游安全、旅游统计、旅游培训等各项制度落实；四是成立运营管理小组，负责包装、策划旅游项目，确保景区的长效运行。

三、发展体会

1. **坚持"两全"战略，助推转型升级。**按照全区"全域旅游""全民健身"两大战略要求，结合万盛经济技术开发区乡村旅游工作，整合凉风梦乡村乡旅游资源和相关产业要素，不断深入开展乡村旅游创客行动，推动乡村旅游转型升级，助推全区乡村旅游产业良性发展。目前，凉风村已建成特色点、家庭果蔬采摘等10余个乡村旅游点，组织旅游服务从业人员开展餐饮、礼仪、管理等培训20余次，人员素质和管理服务水平显著提升。自2017年开村以来，凉风村共接待游客约38万人次，接待市内外考察团130个，实现旅游综合收入4560万元。

2. **营造创业氛围，吸引乡村旅游创业人才。**由工商分局、科技局、人社局牵头，关坝镇配合，深入挖掘当地返乡农民工、大学生、青年创业团队、煤矿下岗职工等创业人群典型事例，完善信息化平台、文化创业长廊建设，通过创业奖补扶持机制、搭建融资渠道、减免房租税收等方式营造创作创业良好氛围，推进凉风梦乡村创客行动，吸引乡村旅游创业人才。现今，凉风村共创办微企172户，同比增长47.0%。全村参与创业的居民户数达176户，同比增长43.1%，占全村居民户数的37.7%。其中：建档贫困户微企创业户数11户，同比增长83.3%，采用合伙、租赁等其他创业22户，同比增长16%；返乡农民工创业户数达165户，同比增长41.0%。

专家评语

> 按照全区"全域旅游""全民健身"两大战略要求，结合乡村旅游工作，整合凉风梦乡村乡村旅游资源和相关产业要素，不断深入开展乡村旅游创客行动，推动乡村旅游转型升级，助推全区乡村旅游产业良性发展。同时营造创业氛围，吸引乡村旅游创业人才。

返乡创业促进乡村旅游发展

——四川省绵阳市安州区

安州区以建设"国内知名、西部一流"全域旅游目的地为目标，紧抓"国家全域旅游示范区""天府旅游名县"创建契机，不断优化环境、创新机制、拓展载体、丰富内涵，鼓励返乡创业者从事"三产"发展，激活乡村旅游发展动力，推动乡村振兴，先后获得四川省乡村旅游示范县、四川最佳度假胜地和"最美中国·生态旅游目的地"等多项荣誉。

2018年，全区接待游客1150万人次，实现旅游综合收入85亿元，同比分别增长22%、27%。建成文化旅游产业聚集区2个，景区12个，省级旅游度假区1个，星级农家乐59家，星级酒店2家，民宿22家。文化旅游直接从业人数突破1万人。

1. **政策牵引，激活返乡创业旅游"因子"。** 安州区是"全国第二批结合新型城镇化开展支持农民工等人员返乡创业试点地区"。近年来，安州坚持政策引导、金融扶持、基础配套先行，创新建立党政统筹、部门联动的文化旅游产业发展协调机制，出台了加快旅游业发展扶持政策等系列文件，在全市率先试点实施"1+1+3"旅游管理体制机制改革，每年用于支持和鼓励乡村旅游产业发展基金超过1000万元。2018年，安州区吸引各类返乡创业人员1550余名，创办旅游链条产业各类实体1400余个，带动12000余名返乡人员就业创业，实现年产值50余亿元。其中，返乡创业人员投入乡村旅游行业的占比超过80%。

2. **拓展载体，"旅游+"提升乡村振兴品质内涵。** 安州区坚持"旅游+"发展思维，农业、林业、水利、体育、特色美食、传统民俗等相关业态深度融合，引领旅游项目建设、景区打造、功能配套、三产服务和旅游开发。将地域特色明显，业态丰富、极具影响力的"花城果乡""幸福七里及猕猴桃走廊""温泉花海"等乡村旅游示范景区连点成线，形成景观带，带动更多返乡农民工就业创业。同时，通过

五、田园观光休闲型

绵阳市安州区

举办"乡村旅游文化节""美丽花城梨花节""猫儿沟农耕文化节""罗浮山漂流节"等特色鲜明的旅游节庆活动,提升乡村旅游品质内涵。

3. 文化为魂,唤醒乡村旅游"乡愁"元素。"看得见山,望得见水,记得住乡愁。"在安州,中国春社·雎水踩桥、"廊桥夕照"姊妹桥、《西游记》拍摄地国家级水利风景名胜区白水湖等"乡愁"景点以及新春民俗文化巡游、元宵猜灯谜、安州山歌会、安州非遗展示等"乡愁"文化活动深受游客青睐。结合幸福美丽新村建设,积极将文化艺术、文明创建等融入乡村旅游发展,开展乡村旅游摄影大赛、厨艺大赛、文创体验等系列文旅活动,促进乡村旅游多元化发展。安得儿意、安驿·箱几等一批文创品牌声名远扬,张包蛋、焦鸭子、李红酥、花荄牛肉等特色美食进一步唤醒安州乡村旅游的"乡愁"元素。

专家评语

政策牵引,激活返乡创业旅游"因子",坚持政策引导、金融扶持、基础配套先行,创新建立党政统筹、部门联动的文化旅游产业发展协调机制;拓展载体,"旅游+"提升乡村振兴品质内涵;文化为魂,引领旅游项目建设、景区打造、功能配套、三产服务和旅游开发;唤醒乡村旅游"乡愁"元素,结合幸福美丽新村建设,积极将文化艺术、文明创建等融入乡村旅游发展。

"一带一路"背景下的最美农业公园

——四川省南充市高坪区

中法农业科技园（凤仪湾景区）依托嘉陵江，旨在打造中国最美农业公园。景区依托自然优势和政策优势采用多种方式带农增收，打造最美农业公园的同时实现共同富裕。

1. **基本情况**。中法农业科技园是四川省委、省政府在"一带一路"战略背景下推进川法合作的现代农业重点示范项目。项目总体定位为"中国农业公园、都市后花园、旅游目的地"。中法农业科技园位于南充市高坪区江陵镇。园区占地1.8万亩，共分为生态农业休闲区、湿地高效农业区、旅游综合服务区三大板块，集中展示现代农业"新设施、新模式、新品种、新技术"，实现"成果展示、交易平台、科教培训、技术研发、休闲观光"五大功能。

2. **主要成效**。项目建成后，每年可实现农业产业收入8500万元，旅游产业收入14400万元，康养收入8500万元。除为农户提供土地租金收入外，还提供2000余就业岗位，直接带动农民户均增收5万元，实现公司与农民共同致富的良好发展局面。形成集现代农业、观光度假和康体养生于一体的特色旅游经济带，实现一、二、三产业联动，带动南充市旅游经济发展。同时随着中法双方合作与交流的频繁深入，必然会为南充市的对外发展打开国际市场。该项目被列入法国《2015气候计划》项目、2015年全球气候峰会扶持项目。本项目每年将减少约100吨CO_2排放量，且持续数十年，保留了亚洲候鸟迁徙路线上的栖息地之一，增加了保护鸟类数量，保护嘉陵江流域生态系统，改善生态环境。

3. **特色亮点**。一是科学规划，以环境为基础保护沿江生态环境。科技园在嘉陵江固有自然生态的基础上沿江而建，园区内植被覆盖率达到95%以上，河流水系对植被的保护、鸟类的栖息提供天然的保护屏障。花果等植被合理布局，在沿江生态

五、田园观光休闲型

南充市高坪区

环境保护的基础上形成一道亮丽的风景线。二是产业兴村,以产业为支撑引领百姓脱贫致富。园区建成后,以观光农业、农业产业发展、劳务需求为支撑,合理地带动和改变当地百姓的生产生活方式,提供就业空间和更多的就业岗位,增加当地的产业和百姓收入。三是政府引导,以园区为依托改善当地整体风貌。政府作为主导力量,要提供更多的劳务培训、就业服务等政府公共服务。以园区为依托,不断改善农村环境风貌,不断开拓农民工就业渠道,不断增加百姓收入。

专家评语

一、二、三产业联动,带动旅游经济发展,主要通过科学规划,以环境为基础保护沿江生态环境;产业兴村,以产业为支撑引领百姓脱贫致富;政府引导,以园区为依托改善当地整体风貌。政府作为主导力量,要提供更多的劳务培训、就业服务等政府公共服务。

四精四全谋发展　乡村旅游奔小康

——贵州省遵义市湄潭县

近年来，湄潭县紧紧围绕"乡村振兴"战略，以全域旅游为抓手，凸显"旅游+特色产业"，强化乡村旅游发展，创新利益联结机制，乡村旅游实现井喷式增长、跨越式发展。"十三五"以来，全县乡村旅游接待游客485万人次，实现旅游综合收入32.9亿元，同比分别增长337%、477%。先后荣获"全国旅游标准化示范县""国际生态休闲示范县""全国魅力新农村十佳县"等20余项国家级称号。打造了2个国家4A级旅游景区——"湄潭天壶茶文化旅游景区"和"湄潭茶海生态园"（翠芽27°景区）；3个3A级旅游景区——八角山乡村旅游景区、万花源旅游景区、月季苑旅游景区；"贵州省十佳农业旅游景区"——湄潭茶海休闲度假旅游景区。还有全国休闲农业与乡村旅游示范点——桃花江田园休闲度假区；全国农业旅游示范点——核桃坝；2个省级休闲农业与乡村旅游示范点——"湄潭县乡村休闲观光快乐园""湄潭县二道河鱼龙山寨乡村旅游中心"。

一、主要做法

1. **精心安排，全方位布局**。县委、县政府高度重视旅游发展工作，编制《湄潭县旅游发展总体规划暨全域旅游规划》，着力打造县城区及周边镇（街道）全产业融合核心旅游区，以百面水、乌江七星峡、野猴谷、奇洞天为重点的南部观光探险山地旅游带，以水湄花谷、石家寨、两路口为重点的北部休闲乡村旅游带，形成"一核两翼"全景域旅游格局。制订《湄潭县A级旅游景区创建工作实施方案》，推进"一镇一A"工作，加快七彩部落、奇洞天、八角山、偏岩塘、石家寨等乡村旅游示范点项目建设，形成成熟乡村旅游产品。制定《中共湄潭县委关于加快旅游业发展的决定》

五、田园观光休闲型

《湄潭县人民政府关于加快乡村旅游业发展的实施意见》《中共湄潭县委关于建设文化旅游强县的决定》《湄潭县整县推进农村人居环境整治实施方案》等文件，推进乡村旅游就业、乡村宾馆建设及茶庄建设、乡村旅游项目招商、乡村环境打造等涉及乡村旅游的重点任务。

以石家寨、天粟府、琴洲港等5个乡村旅游项目发展为依托，全县推广实施《贵州省乡村旅游村寨建设与服务标准》《贵州省乡村旅游客栈服务质量等级划分与评定》《贵州省乡村旅游经营户（农家乐）服务质量等级划分与评定》三个标准，推动乡村旅游村寨、客栈及经营户（农家乐）提档升级，以户带村，以村带镇，加快形成标准化、规模化、现代化的乡村旅游产业体系。其中七彩部落获评省级甲级旅游村寨、琴洲港度假村获评优品级乡村旅游客栈。

2.精准借力，全域化推进。以"改善农村人居环境，建设美丽乡村典范"为主题，着力打造"特色、富裕、乡土、整洁、文明、活力"六个美丽乡村，乡村旅游环境极大改善，农村居住条件改善率达98%，群众幸福指数不断提升。一是以"四在农家·美丽乡村"为载体，规划建设美丽乡村示范点206个，实施村庄整治点820个，累计新（改）建黔北民居7万户；二是坚持交通引领，按照"路兴产业、产业兴路"思路，累计新（改）建农村公路2000多公里，成为全省村村通油（砼）

八角山乡村旅游景区

路示范县、村村通客运示范县,农村呈现出"公路通、经济活、百姓乐"的良好局面;三是以"小康六项行动计划"为抓手,不断改善农村基础设施,做到"五到户三到点"(水泥路连到户、自来水通到户、农网改造到户、电视通信到户、庭院硬化到户;文体设施建到点、计卫室建到点、农村客运通到点);四是以"七改一增两处理"(即:改水、改电、改路、改房、改厨、改厕、改圈,增绿,污水处理、垃圾处理)为核心,推进农村环境综合整治提档升级。县委、县政府提出"整县推进农村人居环境整治",重点对未实施"四在农家·美丽乡村"建设且人居环境较差的村寨实施整治,对农村居住群众中住房不安全、居住环境差的农户实施整治,实现乡村旅游环境"绿化、美化、净化、亮化、文化"的五化目标。

3. **精确带动,全社会参与。**县委、县政府坚持以"市场运作为主、政府补贴为辅"思路,变单方投入为多方众筹,运用"公司+合作社+农户""村民、集体、企业出资入股"等筹资方式,注重资源整合、要素配套、资金集中,实现乡村旅游打造一个点、做活一个点、引爆一个点。制定《湄潭县发展旅游业助推脱贫攻坚三年行动方案(2017～2019年)》优先对2个旅游扶贫示范村,19个旅游扶贫重点村,66个旅游扶贫村进行旅游开发。成功申报全国"能人带户"旅游扶贫示范项目——杨兴(遵义湄潭县茅坪镇土槽村黄金树避暑庄园总经理)。旅游受益贫困人口约2000人。

上下联动,大力实施旅游企业结对帮扶计划,实现21个重点贫困村企业一对

湄潭茶海休闲度假旅游景区

一帮扶，通过直接间接就业、专家指导、技术培训等多种方式带动整村脱贫。其中奇洞天景区吸纳当地农村富余劳动力，招聘本地员工50余人，吸纳当地百姓130余人在景区内经营摊位，为本地群众充分创造就业机会，直接受益农户286户，其中贫困户51户，户均增收5000元以上，同时带动全村1000余户，其中贫困户230户，户均增收500元以上。

进一步打造贫困地区及周边旅游产品，已建成以翠芽27°、奇洞天、水湄花谷、石家寨、八角山、七彩部落为代表的旅游扶贫示范点。七彩部落引导农民"三资"入股参与旅游开发，通过合作社自我经营管理并分红，2018年全年旅游综合收入达3000余万元，集体经济盈利130余万元，人均收入从2015年前的8400元上升到2017年的33000余元，增幅达292.9%。

4. **精选项目，全景式打造。**资源普查谋项目。对全县旅游资源进行全面普查，共普查旅游资源单体808个，覆盖12个主类。其中：新发现旅游资源单体405个。优良级资源单体68个，其中五级资源单体2个；四级资源单体29个；三级资源单体37个。

项目落地强建设。围绕全域旅游、1+5个100工程、厕所革命等专项工作，稳步推进桃花江国际健康旅游示范基地、翠芽27°景区、月季苑景区等23个旅游项目建设。已建成七彩部落、田家沟、偏岩塘、八角山等乡村旅游示范点共21个。打造圣地皇家金煦酒店、烟岚旅居、户晓民宿等宾馆、酒店、乡村民宿355家，共计房间5952个，床位9525个。建成兰馨茶庄、群峰茶庄、沁园春茶庄等11个茶庄。完善中国茶海游客中心、湄潭东游客服务中心、茶海游客中心等10个游客接待中心。实施旅游厕所70座。建成旅游餐饮208家（含农家乐），旅游购物26家。建成木栈道和观光车道100多公里、自行车道109公里、健身步道125.5公里。以及智慧旅游、标识标牌、停车场等众多基础配套设施，为湄潭乡村旅游提供了强有力的支撑。

二、经验启示

1. **发展乡村旅游须改革强动力。**深化体制机制改革，激发发展的内生动力，是发展乡村旅游的基本前提。要用好用活上级有关政策，同时有针对性地制定相关政策，推进农村产权制度、农村经营体制等改革，盘活茶园等沉睡资源，优化产业结构。积极创新经营管理模式，建立合作社与农民的利益共同体，实现农村资源"活"起来、农村要素"动"起来、农民腰包"鼓"起来。

2. **发展乡村旅游须配套增活力。** 做强旅游业配套服务，是发展乡村旅游的重要要求。要以景区景点为中心，围绕"食、住、行、游、购、娱"六要素，有效供给，精心布局，完善配套设施和服务体系，让游客行之顺心、住之安心、食之放心、娱之开心、购之称心、游之舒心。

3. **发展乡村旅游须融合聚合力。** 将旅游业和其他相关产业深度融合、一体发展，是发展乡村旅游的关键所在。要推动乡村旅游与现代山地高效农业、山地特色新型城镇化融合发展，与大健康、文化、体育等相关产业共生共荣，不断丰富旅游业态，加快产业转型升级，有效延长产业链、价值链，着力形成"全景域体验、全过程消费、全产业融合、全民化共享"的全域乡村旅游新模式，实现相互搭台，生成发展乡村旅游业的强大合力。

4. **发展乡村旅游须全景添魅力。** 坚持全景式打造，是发展乡村旅游的有效抓手。要充分发挥旅游资源点多面广等优势，精心推出四季主题文化旅游活动，形成处处是景、一步一景的旅游格局，让游客随处可游、步步留情，望得见山、看得见水、记得住乡愁。

专家评语

运用"公司+合作社+农户""村民、集体、企业出资入股"等筹资方式；积极创新经营管理模式，建立合作社与农民的利益共同体；"全景域体验、全过程消费、全产业融合、全民化共享"的全域乡村旅游新模式；全景式打造，形成处处是景、一步一景的旅游格局。

创新旅游扶贫模式 探索精准扶贫新路

——甘肃省甘南藏族自治州

一、基本情况

甘南州深入贯彻落实习近平总书记扶贫开发重要战略思想，围绕"统筹城乡一体发展、建设美丽幸福甘南、打造全域旅游大产业"的工作思路，坚持把发展乡村旅游作为发展农（牧）村经济、增加农牧民收入、推进精准扶贫、精准脱贫的重要抓手，大力实施旅游富民工程，积极推进旅游扶贫项目建设，以完善乡村旅游基础设施为突破口，以建设旅游专业村为载体，积极争取项目资金，高标准编制了乡村旅游发展规划，不断完善旅游基础设施，切实改善了乡村旅游业发展基础条件，初步探索出了一条贫困地区旅游脱贫之路，涌现出了一批乡村旅游发展迅速、模式特色鲜明、带动效果显著的乡村旅游示范村，有效带动了群众增收致富。2017年全州乡村旅游接待游客368.3万人次，收入8.5亿元。截至目前，全州共打造旅游专业村126个（其中：乡村旅游示范村9个、乡村旅游重点扶贫村25个），农（牧）家乐1112户，其中星级110户，能团体住宿的493户。冶力关镇池沟、益哇乡扎尕那等9个村被评为"中国乡村旅游模范村"；夏河县曲奥乡香告村，迭部县多儿乡洋布村、茨日那村，卓尼县尼巴乡尼巴村被国家民委命名为"中国少数民族特色村寨"，舟曲县大川镇土桥村入选"中国美丽乡村百家范例"。

二、典型做法

1. 完善政策措施，强化扶贫责任主体。 为扎实实施旅游扶贫行动，在制订"1+17"精准扶贫方案中，把旅游扶贫作为最体面、有尊严的扶贫措施，甘南州委、

甘南州

州政府先后制定出台了《关于扎实推进旅游精准扶贫工作的实施意见》《甘南州开展乡村旅游富民工程推进旅游扶贫工作实施方案》等一系列操作性强的政策措施，制定了《甘南州旅游专业村建设标准》，成立甘南州旅游精准扶贫工作领导小组，靠实工作责任，强化督查考核，有力促进了旅游扶贫工作的扎实开展。

2. 争取项目资金，完善乡村旅游基础设施。 一是借助生态文明小康村建设，整合各类项目资金10.68亿元，建成旅游专业村126个，同时以每户补助不低于10万元的标准，对1112户农牧家乐进行"三改一整"，进一步提升乡村旅游接待条件。二是积极争取国家乡村旅游富民工程项目资金1100万元，对合作市卡加曼乡香拉村、临潭县城关镇青崖村等11个旅游扶贫重点村村道、民居、停车场、旅游厕所等基础设施进行了全面改造。三是争取天津对口支援甘南州项目资金720万元，实施了环境革命升级版碌曲县尕海乡尕秀村旅游专业村、临潭县八角乡庙花山"花庐"民俗旅游综合体的建设。四是整合州县旅游发展资金6900万元，通过"以奖代补"的形式，建设道路沿线观景台52处，旅游厕所286座。五是实施了万亩油菜花观赏带和3条绿色长廊建设，精心打造临潭县八角乡万亩油菜花梯田观赏带，倾力打造"最美彩色风景线""最美213国道自驾游线路""中国西部最美民族风情自驾游线路"，实施了"花开舟曲"观赏项目，全面提升了"九色甘南香巴拉"旅游对外形象。

3. 丰富乡村旅游产品，挖掘特色文化内涵。 在实施旅游扶贫开发当中，注重"一村一品""一家一特"乡村旅游特色，结合各村地域特色、民俗文化、自然资源发展乡村旅游业态，积极发展农家特色菜、传统民居、果园采摘、游牧文化体验，山野菜、刺绣、根雕、木（石）雕等加工销售，拓宽农牧民增收渠道，在首届中国特色旅游商品博览会暨2017中国特色旅游商品大赛上，甘南州欧丹藏圣酒业有限公司和卓尼县长辫子洮绣传承有限责任公司分别选送的旅游商品"老青稞酒"和"洮绣系列"荣获2017中国特色旅游商品大赛银奖。在旅游专业村组建农牧村业余演出队62个，帮助民间文艺团体，在城区广场、景区景点等地开展常态化演出，民族民俗演出成为乡村旅游发展的新载体，不断丰富了乡村旅游文化内涵。

4. **推进"三变"改革，积极探索乡村旅游扶贫新模式。**一是探索"政府+公司+合作社"乡村旅游发展模式。选择临潭县庙华山村，投入2460万元，将该村17户民居提升改造成高端民宿，政府投资计入村集体和村民股份，村集体以周边闲置土地入股，村民以闲置房屋入股，引进兰州艺雅斯酒店管理有限公司参与运营，村委会参与管理，村民参与接待和保洁工作，除享受年底分红，还享受月劳动报酬，初步形成了可遵循、可借鉴、可复制的"花庐模式"。二是探索"公司+农户模式"专业旅游村发展模式，引进迭部泰吾赛雍文化产业园项目，泰吾赛雍旅游公司租赁迭部县电尕镇谢谢寺村村民耕地，用于泰吾赛雍文化产业园周边花卉种植，引导谢谢寺村民从事文化产业园住宿、餐饮、花卉种植等工作。租赁群众耕地100亩，每亩租金500元，2017年耕地租金户均收入5万元，花卉种植农户增收每户2万元左右。三是积极探索乡村旅游"公司+村集体经济"发展模式，全面启动夏河县阿木去乎镇安果尔村民俗旅游特色村建设项目，该项目由甘南九色香巴拉旅游文化开发有限公司参与投资建设及市场运营，公司持股80%，村集体持股20%（村集体每年保底资金52万元），项目建成后，带动群众参与旅游特色项目经营和后期手工制造、民俗演艺、食材提供等产业链发展，最大限度地增加村民收入。

5. **强化业务技能培训，注重乡村旅游市场营销。**按照"培训一人、就业一人、脱贫一家，扶贫与扶志相结合"的旅游扶贫工作思路，不断创新乡村旅游扶贫人才培养方式，积极开展乡村旅游经营户、乡村旅游带头人、乡村旅游导游、乡土文化讲解等各类实用人才培训，2016年举办各类乡村旅游从业人员培训班35期，培训4003人次，2017年举办27期，培训3057人次，有效提升了乡村旅游从业人员技能。创新宣传模式，利用新媒体，整合州县市9个旅游宣传微信公众平台组建了甘南州旅游宣传矩阵，持续开展乡村旅游宣传活动。积极探索"互联网+旅游扶贫"营销模式，在126个旅游专业村建立了电子商务平台，以碌曲尕秀村、迭部扎尕那村为代表的"互联网+乡村旅游"模式趋于规范，实现了景区、村貌360°实时观景，当地土特产品网络售卖，农牧家乐网上展览、预订、营销等功能，为当地群众增收开拓了新的渠道。

三、取得成效

1. **创造更多利益分享机会。** 甘南州积极推进农牧村"三变"改革，让群众通过宅基地、闲置土地等资产入股的方式，不断增加贫困户收入，同时，带动群众参与旅游特色项目经营和后期手工制造、民族演艺、食材提供等产业链发展。通过生态文明小康村、富民工程等项目多渠道筹措资金对旅游贫困村的村道硬化、民居改造、停车场、旅游厕所、步行道、太阳能路灯、给排水、垃圾桶、标识牌等进行了全面改造，不断改善人居环境和旅游基础设施建设，让贫困户从不同层面享受到旅游发展的红利。

2. **辐射带动贫困村发展。** 甘南州把景区周边及道路沿线的 67 个贫困村全部纳入旅游扶贫村，对其基本情况进行摸底调查，按照区位分为 3 类：景区核心村、景区周边村、景区辐射村。立足各村实际情况，按照"一村一品"思路，将培育壮大旅游新业态及配套服务业建设与改善农村环境融合发展。在景区核心村，建设一批具有地域文化特色的参观体验项目、观景台、休闲栈道等。在景区周边村，重点发展特色餐饮、住宿为主的乡村游，建设一批与核心景区互补相融的民宿、帐篷城、特色村寨等。在景区辐射村，引导贫困户参与特色种植养殖和土特产品加工销售，让农民真正成为旅游发展的受益者。

专家评语

推进"三变"改革，积极探索乡村旅游扶贫新模式。探索出"政府＋公司＋合作社"乡村旅游发展模式；"公司＋农户模式"专业旅游村发展模式；乡村旅游"公司＋村集体经济模式"发展模式。实施旅游富民工程，积极推进旅游扶贫项目建设，完善乡村旅游基础设施，积极争取项目资金，高标准编制了乡村旅游发展规划，完善旅游基础设施，切实改善了乡村旅游业发展基础条件。

兴办乡村旅游　建设和谐山村

——甘肃省天水市孙集村

孙集村坐落于美丽的陇上江南——甘肃省天水市秦州区平南镇，是国家级美丽乡村示范村。该区自然环境优美，地域开阔，紧邻陇南市各县，是南部城市通往关中经济区的咽喉之所在。距离天水市区35公里，距甘肃省会兰州320公里，东距宝鸡225公里、西安408公里，南距陇南240公里，紧邻省道306东侧，交通便利。

该村在2006年被甘肃省确定为省级新农村建设试点村，已获得"国家级美丽乡村""2017年国家级体育精品""省级青少年户外营""3A级旅游景区""天水市重点龙头企业"。如今的孙集村村容整洁、村貌亮丽、群众和谐，先后被评为省级美丽乡村示范村、国家级美丽乡村示范村等荣誉称号。

一、以龙头企业带动产业发展

在强有力政策的引导下，孙集村依托优越的自然环境和社会环境，大力发展现代农业和新型产业，为群众增收提供产业支撑，成立了甘肃浪马滩生态农业发展有限公司、甘肃青鹃山文化旅游发展有限公司。2014年10月在孙集村建成陇东南首家标准型滑雪场一座，组织有能力、有技术的村民成立了天水青鹃山种养殖农民专业合作社、天水陇晟苗木农民专业合作社和天水百草园中药材种植农民专业合作社。甘肃青鹃山文化旅游发展有限公司成立后，贯穿生态与现代农业的理念，主要从新农村建设、农业观光项目开发、户外休闲体育运动、文化旅游项目开发四大片区着手，建成以休闲农业产业、特色旅游、体育健身、养老养生等为核心的青鹃山休闲旅游度假区。短短4年间，通过整合村内集体土地，进行精心的设计和科学的规划，陆续建成了青鹃湖、青鹃山庄、真人CS基地、生态餐厅、游泳馆、开心农

天水市秦州区平南镇孙集村

场、田园乐翻天等一大批农业休闲体验项目，为孙集美丽休闲乡村注入了强劲的发展活力，构筑了良好的发展平台，带动当地村民就业创收的同时，推动了农业产业附加值的逐步提升。

二、以全新模式激发产业活力

　　孙集村将农作物、绿色果蔬规模开发作为农业结构调整的主攻方向，多措并举，借鉴网络及旅游消费优势，从过去的自种自卖转变为建立合作社共同发展，以"网购""团购"等新型营销模式销售村内农副产品，依托合作社进行统一供给货源，形成营销一体化合作模式，为传统农业注入新的发展动力；以生态和特色农业观光休闲旅游产业为发展目标，以公司、合作社和各大旅行社为产业带动，发展特色观光农业，为农民提供创业商机发展特色观光农业。运用"政府+公司+合作社"的新型发展模式，孙集村委会联合两大公司、三家合作社，积极整合自身资源优势，引导村民深入学习了解新发展、新思路，本村农业产业经济得到了长足发展，拉动了新农村产业经济的振兴。相应开发建立了以绿色生态作物采摘园区、绿色果蔬采摘园区、绿色大棚作物养殖区为构架的全新农业休闲体验模式，以全新的农业产业发展思路带动了村民个体和集体经济的发展壮大。2018年，孙集村发展乡村旅游年接待游客16万人次，实现旅游营业收入640多万元，为孙集村及周边村庄提供300多个就业岗位，每年为就业者新增收入2万多元，有力实现了农民增收、农业增效、帮扶脱贫的社会效益和经济效益。

三、以科学管理提升产业水平

聘请专家对青鹃山及孙集村的历史文化、民俗风情等进行系统挖掘，打造独具特色的乡村文化旅游产品。孙集村按照"天水蓝、天水凉，体验天水慢生活"的主题定位，通过医疗保健、体育运动、旅游观光、休闲度假、娱乐体验、养老、文化等多方面的产品构建可供四季休闲娱乐的度假景区及完善的养生体系。目前经营的农家乐有20家，其房间床位总数量达100多张，有力地促进了当地农村一二三产业融合发展，辐射带动当地交通、旅游、运输、餐饮等行业的发展。同时，通过"走出去、请进来"等多种方式，不断提高从业技能、服务水平，对农家乐经营户的餐饮烹饪水平及接待礼仪服务进行标准化管理，为广大游客提供高水准的服务。

村容村貌的改变促进了当地精神文明的发展，农民个人素质也得到了很大的提高，公司经常组织当地人民群众开展文化娱乐活动，丰富村民的业余文化生活。原来的农闲时节或逢年过节，村民只是喝酒、赌博，现在争着抢着到滑雪场、酒店宾馆、农家乐上班，实现了在家门口就业，不仅改变了多年的陋习，也增加了他们的家庭收入。

专家评语

以龙头企业带动产业发展，运用"政府+公司+合作社"的新型发展模式，聘请专家对青鹃山及孙集村的历史文化、民俗风情等进行系统挖掘，打造独具特色的乡村文化旅游产品。通过"走出去、请进来"等多种方式，不断提高从业技能、服务水平，对农家乐经营户的餐饮烹饪水平及接待礼仪服务进行标准化管理。

走村民共建共享之路　推进乡村旅游发展

——青海省海东市麻吉村

一、基本情况

互助油嘴湾乡村旅游景区位于互助县东和乡麻吉村，该村距县城威远镇8公里，平均海拔2680米。全村有7个村民小组，农户391户1478人。麻吉村交通区位优势明显，处在西宁—土族故土园—北山旅游交通线路之上，威北公路穿肠而过，与龙王山隔河相望，区位条件优越明显。麻吉村地处浅脑山地区，气候适宜，雨水均匀、光照时间长，森林覆盖率高，背靠群山，面朝龙王山，村史悠久，有明末清初人文遗迹——古窑洞、拉则寺等。2016年，创办了葱花香乡村旅游开发有限公司及特色农业观光专业合作社，通过村民自愿入股、土地租赁等方式加入，先后投入资金1500余万元，建设了"油嘴湾花海农庄"项目。

二、发展经历

1. 创业带动扶贫。2016年，麻吉村创办互助县葱花香乡村旅游开发有限公司，与村集体签订荒山荒坡及部分未利用地流转开发协议，与村民签订耕地流转合同，想方设法动员其他村民积极入股，共同创业，并根据实际需要，创办了村上第一家特色农业观光专业合作社，近100户以土地、宅基地、资金等方式入股合作社，其中贫困户6户。除此之外，设立景区沿线经营摊点25处，鼓励贫困户及其他有意愿的农户参与经营。积极引进村集体经济破零专项资金200万元，与村集体签订股份合作协议，实行资金入股分红，从而有效带动集体经济的不断发展和壮大。

2. 培训提升能力。扶贫先扶志，扶志先启思，在以往的工作当中，村两委、公

五、田园观光休闲型

互助县麻吉村

司及合作社始终以此为先导,开办麻吉村"农民夜校",组织贫困户、贫困党员、农家乐经营户、摊点经营户、景区员工及其他村民进行统一授课,邀请省内外民营企业家、致富带头人、优秀大学生村干部、社会知名人士现场讲授国家出台的相关政策、传授创业经验,介绍乡村旅游发展的状况等,让村民开阔了视野,提升了能力。

3. **旅游带动就业**。通过吸纳贫困户就业,沿线设立贫困户经营摊点等形式为村上6户贫困户提供从业岗位。对村里有条件、有能力参与经营乡村小吃、农家乐的农户进行动员,采用免费提供经营场地,提供改造方案,争取改造资金等措施,最大限度调动了村民的积极性,使得近18户积极参与休闲农业与乡村旅游产业开发,并顺利实现当年盈利的目标。同时,坚持产业促进就业的原则,先后吸纳了村上45名闲散劳动力就业。

三、主要成效

油嘴湾花海农庄建成至今,累计接待省内外游客15万人次,实现景区门票、

互助县麻吉村

农家乐餐饮收入、乡村特色小吃经营收入、农副产品销售收入等综合收入近300余万元。直接和间接带动就业160余人，农户人均增收1万余元。其中贫困户增收8000余元。与此同时，项目的建成与运营，也对东和乡麻吉村的生态环境治理、美丽乡村建设、丰富老百姓精神文化生活、村上产业结构转型升级起到了积极推动作用。油嘴湾花海农庄也通过短短两年的发展，已经成为互助乃至海东市乡村旅游的典范。

专家评语

创办了村上第一家特色农业观光专业合作社，以土地、宅基地、资金等方式入股合作社；开办麻吉村"农民夜校"，组织贫困户、贫困党员、农家乐经营户、摊点经营户、景区员工及其他村民进行统一授课。以旅游沿线带动就业，通过吸纳贫困户就业，沿线设立贫困户经营摊点等形式为村上6户贫困户提供从业岗位。

做强花海经济　催热乡村旅游

——青海省西宁市上山庄村

一、基本情况

上山庄村地处黄土高原西缘的浅脑山地区,所在西宁市湟中县是国家扶贫开发工作重点县和六盘山集中连片特困地区。全村共有152户592人,其中贫困人口25户84人,是青海省建档立卡重点贫困村之一,主导产业为小麦种植和外出务工。2017年以来,上山庄村依托得天独厚的地理条件和资源优势,采取"公司+农户"的生产组织形式,由公司协同农户优先发展花海和中藏药种植,重点开发"千亩花海"旅游观景业态,同时带动农家乐、乡村民宿等旅游项目,大力推进乡村旅游提质升级,推出了"醉美乡村上山庄"旅游品牌和"赏醉美花海""夏享爽爽清凉"等旅游产品,形成了集生态农业、养殖、种植、餐饮和休闲娱乐于一体的旅游综合体。2018年,上山庄村接待游客近40万人次,实现旅游收入700余万元,成为西宁市周边的"网红"景区,使曾经的贫困村不仅脱贫摘帽,而且还走上了致富之路。

二、发展历程

上山庄村从花海景区项目的初期开发到规划深度有序发展,走健康、文化、生态之产业链条和具有内涵元素的"景源生态"之路,发展"花海经济",开发旅游观景,助力乡村振兴,使上山庄村民们走上了一条溢满花香的致富路,最终实现农民收入可持续增长。

1. 大力宣传,提高产业发展认识。 新形势下,旅游产业已成为拓宽消费市场的重要引擎。上山庄村进一步厘清发展思路,创新发展模式,加大宣传力度,动员村民依托现有资源优势和良好政策形势,发展乡村旅游来实现自身增收致富,在全

湟中县上山庄村

村上下形成齐心协力推进旅游产业发展的浓厚氛围。通过广泛宣传，采取对比算账等措施有效解决村民在土地流转等过程中积极性不高、连片经营推进难的问题，进一步促进了农业产业结构调整和农村剩余劳动力资源利用，让村民们充分认识到发展花海经济的必要性、良好的收益性和发展前景。同时，注重发挥村民的主人翁意识，通过定期召开村民大会，成立由村民代表、企业负责人组成的村企民主管理委员会和民主监督管理小组，完善重大事项决策，借助休闲农业和乡村旅游发展，让村民共同谋划、共同担当、共享成果。

2. **深入谋划，推动多元产业发展**。没有创新思维就会固守僵化，没有文化力的引领就会变成一盘散沙，布局谋篇错位就会丧失开疆拓土的"战场"。2016年，青海祥泉农牧开发有限公司组建，致力于生态农业、生态观光、花田产业副产品加工、养殖、种植以及有机生态旅游餐饮的打造，逐步完善游客中心、儿童游乐区、草坪广场、花田健身步道、梦幻木屋、"花田喜事"婚纱拍摄景地、风车观光景地、山顶烧烤休闲区和原生态食材烧窑区等功能设施。同时,以"公司+农户"的运作模式,组建多个合作社,将分散的"农户"集中起来,有效地整合了资金、土地、劳动者、技术等生产要素,创新乡村旅游营销模式,始终坚持"以农民为受益主体",统筹推动农村建设,提高了农民参与性和获得感,公司和农户均取得了较好的经济效益,让农民通过劳动就业脱贫致富。

3. **推进融合,打造乡村旅游品牌**。青海祥泉农牧开发有限公司看准青海省森林旅游资源的开发和利用,以敢为人先、不断进取的精神创新发展思路,着重打造青海省首条森林旅游全民健身徒步探险路径,让更多的省内外游客在西宁境内就能够感受到乡村、牧场、峡谷、山川、溪流、蒙古包宿营地及原始生态的"绿色健康游",让上山庄乡村旅游"源味乡村、生态旅游、绿色健康、醉美花海"的定位理念印刻在每一名游客的心中。与此同时,还将体育元素和文化元素进一步引入园区,利用山塬地势相对平缓的优势建设距离市区最近,市内面积最大的跑马场和植物药材深加工基地,并成立以全民健身生态旅游为主旨的登山协会和徒步协会,吸引群众积极参与体育健身活动,已成为湟中县域塔尔寺"祈福文化旅游"经济之外的另一块生态森林健康旅游"金字品牌"。

三、取得的主要成效

今天的上山庄春可踏青、夏可赏花、秋可收获、冬可观雪,丰富的绿色度假、休闲健身、美食徒步产业链正不断完善。花卉田园、花田运动、花田喜事、花汤养生、种球培育、花露精油、森林步径、探险摄影等一系列健康经济形势在悄然兴起的同时也被更多民众所接纳,加上大型游乐设施项目和体育游乐设施项目的引进,让上山庄花海景区荣获"2018中国森林旅游美景推广地最美花海"的美誉,上榜抖音十强县景点。

2018年,上山庄花海景区共接待游客达到40余万人次,实现旅游收入700余万元,其中村集体经济收入30万元,花海建设为上山庄村及周边村民提供就业岗位164个,解决上山庄村剩余劳动力就业115人(包括贫困户23户45人),人均月收入在800~4500元不等,让贫困户脱贫致富步入了"快车道"。2017年公司发放土地流转费用55万元、劳务性工资400余万元。另外,投资17万元专门给贫困户建设"贫困户创业街",免费提供经营摊位26个,发展农家乐6家,从事各类经营活动的农户有40多户，农民户均收入3万元左右。

目前，上山庄花海获批国家3A级旅游景区，被评为国家农业部"一村一品（休闲农业）示范村"、国家林业和草原局"中国最美花海"、青海省首批五星级乡村旅游接待点、自然教育"花开自然"保护地、青海省体育产业示范单位和青海省农学会精准扶贫示范基地。

专家评语

以"公司＋农户"的运作模式，组建多个合作社，将分散的"农户"集中起来，有效地整合了资金、土地、劳动者、技术等生产要素，创新乡村旅游营销模式，始终坚持"以农民为受益主体"，统筹推动农村建设，提高了农民参与性和获得感，公司和农户均取得了较好的经济效益，让农民通过劳动就业脱贫致富。

"旅游+"助推产业融合发展

——新疆生产建设兵团第一师十团

一、基本情况

新疆兵团第一师十团地处塔克拉玛干沙漠北缘、塔里木河上游北岸，建于1958年，现有规划面积78.7万亩，其中耕地面积16.7万亩，林果面积8.08万亩，总人口1.67万人。团场以棉花、红枣为主导产业。第一师十团是阿拉尔市国家级现代农业示范区、国家级农业科技示范区核心区。先后被授予兵团首批特色景观旅游名镇、国家循环经济示范县、全国休闲农业和乡村旅游示范县、国家全域旅游创建单位等殊荣。

第一师十团距离阿拉尔市5公里，是阿拉尔市北市区、后花园。近年来，在"转方式、调结构、促增长"过程中，充分利用区位优势、资源优势和三化建设成果，发展城镇旅游经济。坚持"旅游+"的发展理念，制定了"全域布局、全景覆盖、全局联动、全业融合、全民参与"的发展战略，确立了"诗意城镇、军垦文化、红色旅游"的发展定位，规划并建成了"8大景点、4大基地、2大片区"的旅游区划，形成了产业围绕旅游转、产品围绕旅游造、结构围绕旅游调、功能围绕旅游配、民生围绕旅游兴的格局，成为镶嵌在"一带一路"上，由"南疆"向"江南"转型发展的塔河明珠。

二、立足实际，打造特色，积极促进旅游产业发展

1. **"旅游+城镇"，以城带产创特色。** 坚持产城融合的发展思路，着力推进旅游产业与城镇化建设的深度融合，以城镇面貌的"大变化"，带动旅游产业大发展；以城镇功能的"大改善"，促进旅游品位的"大提升"。以"一团一品、一区一景、

一街一点"的设计理念,全力打造"徽派"主导、匠心独具、宜居宜业特色梦幻小镇。小城镇以徽派建筑群为特色,以"人"为核心要义,在城镇发展生态化和城镇文化的风格化上用力。团内所有建筑融入"诗画江南""汉唐遗风",灰瓦白墙、马头翘角、色泽典雅、墙线错落有致,小区内按江南水体景观绿化设计,配有树丛、卵石、绿坡,周边环路与景观绿化有机组合,形成风格各异的组团风景线。与此同时,先后投资10亿元,建设通团公路和水、电、气、暖等基础设施,完善职工创业园、商业步行街、文化广场、服务区等公共服务体系,实施绿化、亮化、美化工程,广场和11个小区以及蓝泊湾大道全部实现亮化照明,新增绿化面积69万平方米、建成了树、灌、篱、草、花高低搭配绿化区,形成绿地、花带、灌木、景观树、常绿树、乔木依次排列、阡陌交错的景观带,"蓝泊湾"小镇以"生态优良、环境优美、风格各异"成为享誉南疆乃至全疆的特色小镇,吸引了各族游客慕名而来,年旅游观光人数达40余万人次。

2."旅游+农业",产业融合添新意。秉持产业融合的发展理念,坚持利用现代农业发展成果增加旅游要素,通过旅游产业促进农业提质增效。依托国家级现代农业示范区、国家级农业科技示范区核心区——蓝泊湾生态观光园景区,引进南果北种、植物组培、无土栽培等科学技术,已建成以蝴蝶兰观赏为主、"产、学、研、游"为一体的国家3A级旅游景区。2018年接待游客16万余人次,实现营业额1380万元,利润430万元。利用团部城郊优势,发展设施农业,目前共有设施大棚733个,面积1052亩,主要种植反季蔬菜、瓜果和花卉,供游客观赏采摘。2018年,种植了600余亩的樱桃。以职工创业园为平台,建设3800亩创意农业观光园,将园区打造成融娱乐、购物、体验、餐饮、住宿、养生养老为一体的休闲度假农业旅游综合体。修建了8公里小火车现代农业旅游观光道路,至今接待游客3.4万人次。形成了"产区变景区、田园变公园、产品变礼品"的效应,实现了多业融合发展、共利共赢目标。

3."旅游+文化",以文铸魂提品牌。坚持以文化为旅游之魂,整合文化资源,挖掘文化内涵,提升旅游的文化品位。充分利用"三五九旅"这一响亮名字和精神标杆,运用深厚的屯垦文化积淀和现代文化发展成果,建成团史馆、文化廊、雕塑等文化标志,并将军垦元素和徽派文化有机结合,打造系列文化景观,让职工群众和游客在观景赏景中接受红色文化的熏陶。为提升"旅游+文化"的含金量,多年来连续举办的蓝泊湾采摘文化节、美食文化节、红枣文化节、绿洲文化节、农业嘉年华等旅游节庆活动,举行天南地北民歌会、诵读经典、道德讲堂、文化讲堂等文

五、田园观光休闲型

化传承活动,开展大学生中式集体婚礼、达瓦孜、斗鸡斗羊等民俗文化活动,鼓励文化文物单位与社会力量深度合作,推动文化创意产品开发,以此吸引人流、物流、资金流向团镇聚集,每个节庆活动吸引游客2万余人。

4."旅游+民生",依民惠民增效益。始终把全民参与作为做大做强旅游产业的出发点,把致富职工群众作为发展旅游产业的落脚点,靠旅游惠民生、聚民心、汇民力,形成了人人梦在其中、富在其中、乐在其中的良性循环。为此着眼推动大众创业、万众创新,出台了《关于扶持服务业发展的若干意见》和《关于扶持农家乐发展的通知》,从政策、资金、项目等加大对职工群众参与旅游产业的扶持力度,在统筹规划和具体指导下,沿"蓝泊湾大道"出口路,职工群众纷纷开发农家乐、牧家乐、渔家乐,形成了集餐饮、休闲、健身、娱乐为一体的"现代农庄经济带""农业风情园"旅游观光带,既完善了旅游要素,又拓展了职工群众创业增收的路径。比如:2015年,在团党委的支持和帮助

第一师十团

下,锦绣家园合作社挂牌成立,以能人职工徐云义、寇晓燕牵头,职工入股合作经营模式,以特色农业、观光农业为出发点,结合现代市民旅游需求新方向,按照"美丽乡村"建设要求,打造"吃住行、游购娱、商学会、体休养"相配套的现代农庄。建设了含温室大棚、樱桃冷棚、儿童娱乐场、电影院、生态餐厅,融设施种养殖、休闲采摘、餐饮娱乐为一体的休闲观光农业园,预计年接待游客5万人以上,实现收入800万元,盈利210万元以上。该园项目现已吸纳从事种养殖、加工、服务等就业人员200余人,实现增收成为产业集聚人口的典型代表,受到各级领导的充分肯定。

5."旅游+服务",优化环境促持续。第一师十团着眼实现旅游产业的可持续

399

发展，秉承"宾主共享共宜"的理念，在提升旅游品质上下功夫，不断完善旅游服务功能，打造高品质旅游目的地。重点加强了旅游道路、景区停车场、游客服务中心、旅游安全以及资源环境保护等基础设施建设和改造。开辟阿拉尔至蓝泊湾生态观光园景区、创意观光园、翠湖雅居景区的旅游专线直达公交车。新建占地停车场2000平方米，提供车位258个。实施旅游厕所改扩建工程，建设公共公厕11个，实行专人管理。在旅游景点均附设小卖部、摄影、小吃、茶点等小型服务。在旅游景区设置了管理委员会，配备专职管理人员，负责旅游质量、旅游安全、卫生、环保等方面的监测和管理。设置游客接待中心，提供游客咨询、投诉、接待、银行、邮电等服务。通过几年努力，十团旅游区域内交通基本畅通，旅游标识系统基本完善，旅游厕所基本达标，景区停车场基本满足需要。

三、存在的问题及今后工作思路

十团旅游工作虽然取得了一定成绩，但还存在着一些深层次的矛盾和问题尚待解决。一方面旅游基础设施投入不足。受资金投入影响，旅游基础设施建设进度缓慢，彰显旅游特色不足，难以形成品牌与规模。另一方面旅游知名度不高，宣传手段形式单一，旅游客源市场不广。

下一步，十团将依托小城镇建设和现代化大农业，进一步做好项目招商引资、聚集人口工作，完善旅游基础设施和配套服务设施，提升硬环境，优化软环境。做实航空小镇建设项目，策划组织城镇休闲游、农业观光游、瓜果采摘游、民俗体验游、文化研学游等文化旅游活动，开发多样性的旅游产业，打造特色更加凸显的旅游品牌，为师市以及南疆旅游产业发展贡献力量。

专家评语

制定"全域布局、全景覆盖、全局联动、全业融合、全民参与"的发展战略，通过"旅游+城镇"，以城带产创特色；"旅游+农业"，产业融合添新意；"旅游+文化"，以文铸魂提品牌；"旅游+民生"，依民惠民增效益；"旅游+服务"，优化环境促持续。

开启乡村旅游动能　助推区域经济发展
培育黑龙江垦区"旅游+"发展新模式

——黑龙江省垦区绥滨农场

近年来，黑龙江垦区绥滨农场在推动乡村旅游建设中，注重通过旅游发展动能，激活现代化大农业、地域文化的优势，打造了以"农旅结合为支点、旅游经济为牵动、绿色发展为方向"的"旅游+"新型发展模式。

绥滨农场2017年被国家农业部评为中国美丽休闲乡村，2014年被评为国家3A级现代农业观光旅游景区，建有九大景点，年接待游客突破50万人次，带动职工群众增收4500多万元。

一、探索"旅游+"新型模式，彰显农场资源优势

1.强化"旅游+体验"功能，提档升级现代农业进程。绥滨农场是"全国粮食生产先进场""全国青少年农业科普示范基地""国家级农业标准化示范场""国家级生态乡镇"。有"龙江第一渠"之美誉的绥滨黑龙江灌区、25公里长的现代农业科技观光示范带、占地3000亩的省级苗木繁育基地、占地7000平方米的"龙之府"温室植物园，2018年还建设了2400余亩的油菜花、七彩花海等花卉观赏基地，建设了宽3米，长1006米的花海木栈道。增加了农业科普、农耕体验项目，以此展示和促进现代化大农业的发展。

2.发挥"旅游+服务"优势，提档升级景区承载能力。绥滨农场全境是国家3A级旅游景区，建有"一龙、一江、一园、一岛、一渠、一带、一山、一湖、一馆"九大旅游景点、酒文化体验馆、龙泽苑休闲度假山庄、露天水上乐园、真人CS基地、七彩花海等，同时农场餐饮、住宿、物流业发展迅速，接待服务显著提升。

3. 挖掘"旅游+文化"内涵，提档升级文化氛围。绥滨农场始建于1948年，是垦区为数不多的中华人民共和国成立前的农场，军旅文化、垦荒文化、知青文化和历史悠久的辽金文化，融合发展成独具魅力的龙门福地文化。

4. 打造"旅游+品牌"格局，提档升级品牌意识。通过旅游产业的不断升级，龙门福地文化和龙门福地商业品牌的影响力不断扩大。在品牌效应的带动下，中小企业和职工群众的商标意识不断增强。目前，农场已经注册了"龙门福地"商标7类56项，成立了龙门福地酒业、龙门福地旅游服务中心、龙门福地养殖合作社、龙门福地婚庆公司、龙门粮食仓储中心等24家企业。农场12个管理区，每个管理区都有2个以上特色产品，拥有各具特色的包装，建立起完善的销售链条，2018年有120余户种植户由销售原粮转型为销售龙门福地精品大米。龙门福地酒业集团实施人才品牌战略，高薪聘请了在全国36名品酒师中排名第3位的侯晓波担任集团总经理，在日趋火爆的销售进程中，进一步扩大了品牌的影响力；农场第20作业区的职工闫桂霞自家种植山葡萄，每年酿造500余斤葡萄酒，销售困难。如今，她注册的"闫大姐"牌葡萄酒，每年生产2000多斤，仅春节期间两个月的时间便销售一空，效益3万余元；职工张化龙种植的2公顷有机大米，施农家肥、灌龙江水，大米口感香甜绵软，以每公斤20元的价格出售，产品远销到浙江、四川等地，不到两个月的时间，7吨米便销售一空，销售额近14万元。2018年农场优质稻订单种植面积突破6万亩，延长了农业产业链，增加了种植户的收入；龙门福地"邵记"烤鹅店所用原料均为两年生笨鹅，优质的原料和独特的品位深受游客青睐，销售量从原来每天销售20只左右猛增到现在的每天70只以上，每年消耗大鹅2万多只。笨鸡、蜂蜜、鹿产品等十几种商品都纷纷注册了自己的品牌，效果良好。

二、从"以旅强农，农旅融合"的产业反哺入手，进行产业布局、创新经营

1. 涌现出一批特色鲜明的庄园。通过农旅产业深度融合，依托农场的现代农业观光带、江河灌区水面流域、森林等生态资源，培育一批"庄园"，拓展生态、休闲、观光、餐饮和文化功能。如以钓鱼为特色的三鑫养殖度假山庄、兴旺水产养殖基地、渔乐钓鱼园，以野猪为特色的龙门福地野猪苑，以溜达鸡、大鹅为特色的火凤凰养殖基地，以鸭稻、蟹稻为特色的王梁农家园，以果蔬采摘为特色的闫桂霞采

垦区绥滨农场

摘园、龙门福地采摘园等，一批特色鲜明的庄园已经悄然兴起，年经济效益突破500万元。

2. **开辟工业旅游的体验领域。**打造富有创意、具有地域特色的工业旅游项目，让"旅游+工业"跨界融合，推动传统工业与现代旅游要素结合。如，农场的龙门福地酒业集团打造"中国白酒体验式第一酒庄"，投资300万元建立了总面积4000平方米的龙门福地白酒文化体验馆，创新开展"基酒封坛"和"酒庄体验"两大特色体验旅游项目，让游客在酒庄内"看着酿，放心喝"，以此促进了生产扩大经营，年产值突破2000万元。2017年，龙门福地酒业集团生产的龙香型白酒荣获布鲁塞尔国际烈性酒大赛银奖、扩大了企业和品牌影响力。

3. **催生休闲避暑的健康模式。**为满足游客需求，农场利用"龙泽苑"休闲度假山庄和龙门福地养老中心，定位发展"候鸟式"养老、旅居养老产业。龙泽苑拥有16套日租房，每到夏季供不应求，同时小区还增设了音乐室、乒乓球室、书画创意室等活动场所，全面完善了山庄服务功能，成为知青、艺术家、"候鸟式"老人旅居休闲养生养老的首选。到目前为止，农场已接待知青回访游客、休闲避暑、旅居养老游客超过3000人。

三、强化旅游文化活动引力，聚集人气，提升名气，扩大品牌影响力

1. **丰富文化活动。**积极协办、承办、举办各级体育赛事、群体文化活动和旅游文化节。目前，已成功协办国家首届两极冰雪汽车挑战赛；连续五年举办"二月二

龙抬头"开耕节、连续六年举办"龙门福地提水节暨旅游节""龙门福地消夏文化节"等特色旅游文化节庆，连续举办了两届"冰雪运动会"，举办了首届"农民丰收节""赏花月"系列活动，将环境保护、文艺演出、民俗文化、科技推广、产品销售和特色餐饮有机融合。仅2018年"开耕节"就吸引场内外游客近3万人，当日个体商户零售收入超过300万元。提水节更是上升到与宝泉岭管理局联合举办的高度，节庆内容更加丰富新颖，吸引了近3万人参加。仅龙门福地白酒文化体验馆就接待游客8000多人次，当日销售白酒25万元。

2. **带动社会参与。**在旅游文化产业发展中，农场注重激发场内外社会组织活力，结合"善治绥滨"建设，建立出租车协会、餐饮协会等30个协会组织，强化了旅游相关产业整体服务水平，吸引了周边市县户外协会、驴友协会、露营协会、轮滑协会、徒步协会等大型社会团体的积极参与，他们主动走进农场，参与到农场重大旅游节庆活动中。像2018年举办的第五届"开耕节"、第六届"提水节"都是由龙门福地企业家协会积极协办，组织文化演出队，开展精彩的民俗文化活动。

3. **注重舆论宣介。**新华社《人民日报》、央视《美丽中国》、黑龙江卫视、《黑龙江日报》等国家、省内主流媒体，都大篇幅、多角度地宣传推介了农场旅游。同时，农场还积极参加国内各类文化旅游展览会，推介农场文化旅游产品，参加北京旅游推荐会、厦门海峡两岸旅游年会、长沙旅游媒体联盟宣介会和哈尔滨中俄贸易博览会等。同时，绥滨农场还走进北京，主动与中国旅游报社开展合作，农场被确立为《中国旅游报》读者基地。

如今，绥滨农场的中国美丽乡村旅游是黑龙江垦区引领农旅融合发展的一张亮丽的旅游名片，但建设永远在路上，绥滨农场将向先进地市学习，努力开创乡村旅游产业发展的新格局。

专家评语

探索"旅游+"新型模式，强化"旅游+体验"功能，发挥"旅游+服务"优势，挖掘"旅游+文化"内涵，打造"旅游+品牌"格局；从"以旅强农，农旅融合"的产业反哺入手，进行产业布局、创新经营。强化旅游文化活动引力，聚集人气，提升名气，扩大品牌影响力。

六、旅游扶贫成长型

通过政府主导、资源租赁、企业带动等方式，完善基础设施建设，改善人居环境，将发展旅游与精准扶贫深度结合，形成以旅游带动致富的乡村旅游发展模式。该模式中，政府主导作用明显，贫困户参与度高，经营模式包括"协会＋企业＋贫困户""龙头企业＋产业＋贫困户""支部＋协会＋贫困户"等，在探索村民参与合作模式、旅游投入机制等方面具有典型的创新示范作用。

坚持党建引领　促进脱贫攻坚

——河北省石家庄市车谷砣村

一、基本情况

车谷砣村位于灵寿县西北部太行山深山区，距县城75公里，距南营乡政府19公里，村域面积17.5平方公里，辖4个自然庄69户205人，现有党员26人，村民代表6人，村"两委"干部7人。该村是石家庄市精品旅游示范村、石家庄市历史文化名村、石家庄市革命老区建设重点村、石家庄市宣传文化示范村、石家庄市农村集体产权制度改革试点村、石家庄市革命老区重点村建设示范村、河北省美丽乡村建设省级重点村、全国第一批绿色村庄、全国生态文化村。党支部书记陈春芳于2016年12月当选灵寿县第十六届人大代表，2017年6月被河北省委组织部评为河北省"千名好支书"，2017年7月被授予石家庄市革命老区重点村建设先进个人，2017年9月被河北省文明办评选为"河北好人"，2018年3月光荣当选全国第十三届人大代表，2018年10月被国务院扶贫开发领导小组授予"全国脱贫攻坚奖奋进奖"，2018年12月被石家庄市委宣传部授予"时代新人"荣誉勋章。

车谷砣村旅游资源丰富，自然环境优美，村庄海拔760米，主峰海拔1880多米，森林覆盖率95%以上，山体层峦叠嶂，四季美景如画，砣河穿村而过，泉水常流不断，空气中富含负氧离子，是优良的避暑、避霾胜地和天然氧吧。村庄历史悠久，是河北通往山西的重要关口，历代兵家必争之地，南北朝时期这里就驻有重兵，五代后周将军李晋卿在此带兵御敌，现存有五代后周时期的千年古茶树，明代古长城、古炮台、古桑树，清代古四合院等历史人文景观；抗战时期是晋察冀边区的后方基地，边区印刷厂、抗大二分校、西北战地服务团、汽笛文学社、白求恩医疗队等在此驻扎，聂荣臻元帅曾在此指挥战斗，也是新中国第一位著名工人诗人李学鳌的故乡。车谷砣村原名车轱辘坨，取名于山顶状似车轱辘的一块石头；抗日战争时期，为保护后方机关和伤员安全，聂荣臻帅将车轱辘坨改为了车谷砣，并沿用至今。

二、发展历程

1. **打破村庄困局，争回集体权益。** 2011年年底之前，车谷砣村也启动过一次旅游开发，由于当时投资商的非法操作和村民的法律意识淡薄等原因，导致启动的"芙蓉山庄"旅游开发项目被宣告破产，所谓的投资商卷资跑路，时任"两委"班子陷入瘫痪，老祖宗留下的宝贵旅游资源产权被不法人员霸占，村民失去了产权，希望破灭了，给了当时抱有脱贫致富梦想的村民们当头一棒，整个村庄笼罩在悲观、绝望的氛围当中，村民们的情绪非常激动，出现了严重的信访隐患，村情极度不稳，上访不断，成了有名的"后进村"。在此严峻形势下，部分党员和村民来到县城邀请陈春芳回村任职，带领乡亲们走出困境。陈春芳同志讲党性、重情怀，为了车谷砣村、为了乡亲们，他放弃了在县城蒸蒸日上的事业，不顾家人反对，于2011年12月25日回村高票当选为车谷砣村党支部书记。上任后，陈春芳同志团结带领新一届"两委"班子，咬定青山不放松，在灵寿县委、县政府的坚强领导下，在县法院和南营乡党委政府的大力支持下，经过长时间与不法人员的斗智斗勇，终于通过法律手段争回了老祖宗留给子孙后代的宝贵的山林权益，保护住了丰富的旅游资源，迈出了车谷砣村旅游产业脱贫致富的第一步。

2. **创新组织设置，规范组织生活。** 陈春芳担任车谷砣村党支部书记后，持续抓党建、促脱贫攻坚，在县委组织部和乡党委指导下，探索固化了"三会一课"，即：每周五召开支委会，每月5日召开党员大会，每月至少召开一次党小组会，每季度最后一个月的25日讲党课。多年来的坚持，制度成了习惯。在县委组织部和南营乡党委指导下，创新组织设置，由车谷砣村牵头，联合沟域内其他4个行政村，成立了车谷砣沟域联合党总支，陈春芳同志任总支书记，从组织层面整合沟域资源，实现资源共享、优势互补，带动整个沟域脱贫致富，携手发展旅游产业。车谷砣村抓党建促脱贫攻坚工作得到了省委常委、组织部长梁田庚同志的重要批示"可作为抓党建促脱贫的一个案例来推介"；车谷砣村让组织生活严起来、实起来的做法，被中共河北省委组织部在"河北省'两学一做'学习教育情况通报"第37期进行了报道；2019年石家庄市"破解基层党建难题助推乡村振兴"现场观摩会于3月22日在车谷砣村胜利召开。

3. 打通致富道路，破除发展瓶颈。车谷砣村山高路险，崖陡沟深，只有1条长9.75公里的山路通往外界，原来的路基狭窄，路面宽不足3米，路况差，急弯多，大型车辆难以通行。许多投资商对村里的风景及深厚的文化底蕴非常感兴趣，且有合作意向，但都被这里的交通状况吓跑了。路，成为制约车谷砣村旅游开发的"瓶颈"。"要想富，先修路。"村"两委"经过多次商量后，做出了不等不靠自己修路的决定。为打通致富路，党支部书记陈春芳带头并动员"两委"干部集资18万元启动了路基拓宽工程。由于修路工程量大，资金紧缺，党支部书记陈春芳瞒着家人将县城的房产抵押贷款30多万元，全部用于修道。修路期间"两委"干部工资也都捐了出来。在县乡党委政府大力支持下，经过2年6个月29天的不懈努力，终于将连接5个行政村长9.75公里的通山道路由原来宽不足3米全部拓宽到了8米，并全部建成了柏油马路，彻底改善了整个沟域内的交通状况，破除了制约沟域发展的"瓶颈"问题。修路期间，时任省长张庆伟同志亲自来到现场视察慰问，车谷砣村党支部书记陈春芳受到了张庆伟省长的亲切接见和鼓励。

4. 克服山路困难，建设高峡平湖。"砣河水，出砣山，一年四季流不断。"这是对车谷砣村山泉水资源的形象描述。在车谷砣大山深处、砣河上游河谷中有一个叫"手把崖"的位置，处于砣河河谷的最窄处。"手把崖"以上山高谷阔，适宜蓄水，建峡谷水库，打造水面景观。党支部书记陈春芳带领大家，克服羊肠小路的交通困难，通过手抬、肩扛、人背等方式，运送沙子、水泥、石块、三轮车和旧搅拌机等原料和机械，靠这股子在困难面前不低头的拼劲，经过1年多的努力，在深山中修建了一座长40米、宽14米、高20米的水泥石块结构大坝，打造出了12亩的水域，形成了一道"高峡平湖"的奇观，像明珠一样闪耀在大砣山深山峡谷之中；利用水面实验养殖了冷水鱼——虹鳟，并取得了成功，为下一步深山平湖旅游休闲经济的发展奠定了基础。

5. 开展招商引资，建设康养景区。党支部书记陈春芳带领村"两委"班子大力践行习近平总书记"绿水青山就是金山银山"的绿色发展理念。在车谷砣沟域联合党总支带领下，整个车谷砣沟域与正定塔元庄村强强联合，将沟域内的旅游资源优势和正定塔元庄的资金优势相结合，采取"村两委+合作社+旅游开发公司+农户"四位一体合作经营旅游开发模式，让沟域内全体村民入股，建设了"中

六、旅游扶贫成长型

灵寿县

国·车谷砣康养旅游度假区"和"中国·车谷砣生态旅游度假带"项目，走共同富裕之路，实现整个沟域全面振兴。目前，整个沟域景区建设和景点打造正在紧张施工当中。

三、取得的主要成效

经过多年的不懈努力，车谷砣村集体经济迅速发展，集体收入由2016年的21.84万元，增长到2018年的77.43万元，预计2019年集体收入将达到120万元以上；村民人均可支配收入由2011年的不足800元增长到2018年的7000余元，在深山区革命老区村中较早地实现了自主脱贫。康养旅游度假区项目中的村"两室"、砣山宾馆、古茶广场等均已投入使用；革命历史陈列馆、特色美食一条街、民俗商业街、晋察冀边区印刷厂、民俗文化展示中心、李学鳌故居和西北战地服务团旧址修复、特色民俗、木栈道等项目计划于2019年5月底前全部完工并投入使用；两栋七层带电梯的新民居正在装修，2019年"十一"前将全部搬迁入住。该村坚持党建引领，是全国抓党建促脱贫攻坚的先进典型。中央领导赵乐际同志就该村先进事迹做出重要批示，中组部专程到该村开展专题调研，省委组织部到该村开展"学习愚公志温暖老区行"主题实践活动，新华社、《人民日报》《农民日报》以及中央电视台、河北电视台等主流媒体进行了专题报道。

专家评语

坚持党建引领，是全国抓党建促脱贫攻坚的先进典型，积极打破村庄困局，争回集体权益，采取"村两委+合作社+旅游开发公司+农户"四位一体合作经营旅游开发模式，让沟域内全体村民入股，建设"中国·车谷砣康养旅游度假区"和"中国·车谷砣生态旅游度假带"项目，走共同富裕之路，实现整个车谷砣全面振兴。

提质升级　加快发展

——内蒙古自治区鄂尔多斯市

鄂尔多斯市以乡村振兴战略和脱贫攻坚战略为指导，按照《鄂尔多斯市创建国家全域旅游示范区2018年工作方案》安排，细化乡村旅游发展措施，深入推进旅游扶贫富民工程，充分发挥旅游业的综合带动作用，以发展全域旅游为主线，大力发展乡村旅游，着力打造一批乡村旅游精品，乡村旅游发展态势良好。

一、多举措、高标准

1. **抓组织领导**。按照"政府引导、市场主导、科学规划、有序开发"的原则，鄂尔多斯市将发展乡村旅游作为推动全域旅游发展的重要抓手来抓，通过发展乡村旅游带动农村牧区服务业发展，增强乡村牧区经济活力。结合旅游工作实际，制定了《2018年鄂尔多斯市乡村旅游重点工作安排》，定期调研乡村旅游工作情况。编制完成了《全市全域旅游发展总体规划》，专门对全市乡村旅游进行了谋划。规划未来三年在全市范围内打造13个特色小镇，每个旗区培育1个乡村旅游聚集区；目前，正在编制《全市乡村旅游发展暨旅游扶贫专项规划（2018～2022）》，围绕乡村旅游资源普查、谋篇布局、总体定位、特色挖掘、针对性和指导性等方面进行规划。

2. **抓分层创建**。根据实际，坚持每年规划一批乡村旅游项目、创建一批乡村旅游品牌，推动乡村旅游提档升级。一是大力发展乡村旅游精品聚集区。按照全市农（牧、渔）家乐发展的布局和特色，在全市推出百里长川、树林召东海心、美丽哈沙图、圣湖草原巴音淖尔等特色乡村旅游聚集区，推动农（牧、渔）家乐集群发展。二是着力推进乡村旅游品牌建设。2018年鄂托克旗获评"自治区休闲农牧业与乡村牧区旅游示范旗";东胜区灶火壕村和准格尔旗警华科技有限责任公司获评"自治区休闲农牧业与乡村牧区旅游示范点";同时有7家、22家和12家农(牧、渔)家乐分别获评"自治区乡村(牧区)旅游五星、四星、三星级接待户";有67户农(牧、渔)家乐获评"市级农(牧、渔)家乐旅游典型示范户";10个嘎查(村)获评"市级乡村旅游示范嘎查(村)";16家庄园获评"市级休闲观光旅游农牧业庄园"。通过树立典型,带动乡村旅游发展。三是开发建设特色民宿。引导乡村旅游点与大景区形成优势互补,逐步创建特色民居民宿、特色文化旅游体验等,评定了乌兰胡都等3户特色民宿,并给予了一定的建设奖补资金。

3. 抓规范管理。 进一步加强管理和服务,推动农(牧、渔)家乐规范化发展。一是加强标准制定。修订和印发《鄂尔多斯市乡村旅游示范嘎查(村)评定管理办法》《鄂尔多斯市"农(牧、渔)家乐"旅游典型示范户评定管理办法》《蒙餐经营项目接待服务规范总则》《牧家乐旅游经营服务规范》等标准,指导和规范乡村旅游发展,加强示范创建,促进农村牧区产业结构调整,带动农牧民增收致富。二是加强行业培训。2018年先后组织"京蒙扶贫协作人才培训暨鄂尔多斯市乡村旅游与旅游扶贫人才专题培训班"、全市农牧家乐服务提升培训班两期专题培训,参训人员累计达到464人。三是突出安全管理。始终把安全作为乡村旅游发展的"生命线",切实加强春节、"五一"、端午、中秋、"十一"、元旦等节假日及重大节庆活动期间的安全监管,确保安全经营无事故。四是加强自律管理,积极开展政策宣传、市场开拓等活动,切实加强行业自律,进一步提高了全市乡村旅游的规范化、制度化水平。

4. 抓宣传促销。 2018年鄂尔多斯市多措并举为乡村旅游发展"聚人气、造声势"。通过与旅行社沟通联系,推动开发乡村旅游线路、旅游产品和旅游服务;通过线上、线下多种宣传媒介,增强乡村旅游的"曝光率",先后组织了"亮丽黄河湾多彩达拉特2018达拉特旗冬季乡村旅游文化节""首届黄河农耕文化节暨达拉特旗白泥井镇第一届乡村旅游文化节""盛夏鱼跃,荷你相约——达拉特旗树林召镇消暑旅游文化节""珠拉格那达慕大会""伊金霍洛旗扎萨克镇第三届乡村旅游节""乌审旗首届中国农民丰收节暨第二届乡村文化旅游美食节""杭锦旗第三届乡村旅游文化节""鄂托克旗昂素镇2018年草原那达慕暨首届乡村文化旅游节""鄂尔多斯第三届美丽乡村旅游文化节暨准格尔旗2018那达慕大会"等乡村旅游活动,通过推出乡村体育运动、农牧业休闲互动、文化观赏体验、乡村牧区美食品尝、红色旅游教育等60多项乡村旅游活动,极大地集聚人气,宣传全市乡村旅游品牌。

5. 抓引导激励。 按照《鄂尔多斯市支持促进全域旅游发展若干政策措施》，对新投资开发乡村民宿，床位在 20 张以上，且年游客接待量达到 5000 人次的，按每张床位 2000 元的标准给予补贴；对新建乡村旅游服务中心、停车场等公共服务设施，给予项目建设补贴；对新评为自治区五星级、四星级乡村旅游接待户，一次性分别奖励 30 万元、20 万元；鼓励乡村旅游示范村开展手机智能终端 App、智能导游服务和智能化管理等智慧旅游服务，并给予一定补贴，最高不超过 10 万元。对 27 家新评为鄂尔多斯市"农（牧）家乐"旅游典型示范户的农（牧、渔）家乐每户给予 3 万元奖补资金，对 3 家新开发的民宿每户给予 4 万元的奖补资金，极大地激发了农牧民发展乡村旅游的积极性。

鄂尔多斯市

二、大投入、上水平

到 2021 年，再建成 2 个左右全国和自治区休闲农业与乡村旅游示范县；全市形成 20 个左右乡村旅游片区；再发展 150 家左右自治区乡村牧区旅游星级接待户和市级"农（牧、渔）家乐"旅游典型示范户。通过大力发展乡村旅游，使全市乡村旅游年接待总人次达到 850 万人次，乡村旅游综合收入突破 15 亿元，乡村旅游直接和间接带动就业 5 万人。

1. 加强规划引领。 编制好《鄂尔多斯市乡村旅游发展暨旅游扶贫专项规划》，充分发挥规划引领作用，坚持把乡村旅游培育成我市旅游产业中的优势产业。通过系统梳理旅游发展重点村旅游资源禀赋、区域交通、人口规模等情况，科学编制乡

鄂尔多斯市伊金霍洛旗布拉格嘎查

村旅游发展及旅游扶贫规划，明确乡村旅游发展的思路、途径和措施。按照"串点成线、连线成片"的发展思路，以沿河、沿线、重点城镇和重点景区周边为重点区域，大力实施乡村旅游精品工程，努力引导形成百里长川、树林召东海心、美丽哈沙图、圣湖草原巴音淖尔等20个乡村旅游片区，积极构建黄河风情、库布其沙漠、草原文化、沙漠峡谷4条乡村旅游发展带，打造一批最美休闲乡村、农事田园景观、河湖湿地景观、休闲农庄（牧场、渔场）、特色民居民宿、星级农牧家乐等乡村旅游产品和精品线路。

2. **完善基础设施。**在充分利用美丽乡村建设基础设施成果的前提下，完善乡村旅游基础设施。一是加大重点片区乡村旅游道路建设投入，加快各片区通达公路建设，对不能安全通客车的窄路基路面公路进行合理加宽改造，提高通行能力和安全水平；统筹推进重点农牧家乐到干线公路的连接线建设；二是加快乡村旅游片区生活污水治理，深入推进"厕所革命"向乡村延伸；三是加强乡村公路旅游导向牌及旅游标识标牌建设；四是完善乡村旅游片区的导游全景图、导览图等标识标牌的建设，在充分考虑旅游标志牌与周边环境的协调性、充分体现各地方特色文化的基础上，精心设计、制作好乡村旅游标识标牌。

3. **丰富乡村旅游产品。**大力发展农（牧、渔）家小院、乡村民宿、自治区乡村牧区旅游星级接待户、市级"农（牧、渔）家乐"旅游典型示范户等乡村旅游产品。充分挖掘文化内涵，开发形式多样、特色鲜明的乡村旅游产品。大力开发特色民居民宿、农业采摘、水产养殖、农家特色小吃、特色蒙餐、自助烧烤、篝火晚会、民族特色文艺演出、奶制品制作体验、牧民传统文化体验、原生态草原观光、沙漠旅游度假、传统文化研学等旅游项目，逐渐完善休闲体验产品。策划以地域文化为主题、乡土乡情为依托的观赏或体验型节庆赛事活动。

4. **多途径做好营销宣传。**一方面引导乡村旅游业主创新经营模式。优先支持有条件的乡村旅游示范村、示范户建设电商平台，通过引进"蚂蚁短租"开发民宿旅游、"美团"推荐乡村美食、百度和高德地图精准"乡村智导"，同时与旅行社合作推出"情定乡村""乡村煤海""和蒙古人过年""过一天蒙古人"等特色项目；支持类似优壹特电子商务、百戈丽电子商务等通过与乡村旅游经营业主建立战略合作，形成"互联网＋农（牧、渔）家乐＋旅游"的产业体，线上线下销售乡村旅游产品及纯手工制作的地道农村牧区特色小吃和手工艺品。创新"合作社＋农（牧、渔）家乐""旅游扶贫户＋农村电商平台""乡村旅游＋互联网"等经营模式，推动乡村旅游成为鄂尔多斯市全域旅游发展的重要支撑和载体。另一方面同文化、农牧、体育等部门联合举办特色鲜明、内容丰富的乡村主题旅游活动，鼓励旅行社、旅游集团等参与乡村旅游线上线下营销。

5. 加强乡村旅游人才培养。加强乡村旅游从业人员队伍建设，一是以直接提升从业农牧民的服务水平与技术技能为核心，开展乡村旅游经营户、能工巧匠传承人等各类旅游人才培训，提高从业人员整体素质，加强他们对家乡民族民俗文化的传承和认识，提高农牧民的自主性和创新意识；二是加强对嘎查（村）委成员、青年党员、知识青年、返乡农牧民工中的乡村旅游经营管理者进行政策法规、经营管理、配套设施、投融资等方面的培训，提高全市乡村旅游重点经营管理人员的水平。

6. 加大政策支持力度。根据《鄂尔多斯市支持促进全域旅游发展若干政策措施》，结合乡村振兴战略，完善鄂尔多斯市乡村文旅旅游支持政策，为乡村旅游及旅游扶贫开发重大项目、开展重大活动提供资金保障。联合相关部门，加大美丽乡村建设、农牧业综合开发、环境整治等项目资金整合力度，在符合专项资金使用的前提下向乡村旅游项目特别是贫困嘎查村、贫困户和乡村旅游片区开展的乡村旅游建设项目倾斜。

专家评语

按照"政府引导、市场主导、科学规划、有序开发"的原则，通过发展乡村旅游带动农村牧区服务业发展，增强乡村牧区经济活力；坚持每年规划一批乡村旅游项目、创建一批乡村旅游品牌，推动乡村旅游提档升级，一是大力发展乡村旅游精品聚集区；二是着力推进乡村旅游品牌建设；三是开发建设特色民宿。

发展民俗旅游业　打好脱贫攻坚战

——吉林省延边朝鲜族自治州金达莱村

一、基本情况

金达莱村位于吉林省延边州和龙市，延和一级公路北路，距和龙市区 21 公里，全村辖区面积 4369 公顷，在册人口 511 户 1322 人，其中朝鲜族占 96%，保持了较为完整的朝鲜族生活习俗、文化传统等，有着得天独厚的开展民俗旅游业的优势，曾先后荣获"中国最有魅力休闲乡村""全国休闲农业与乡村旅游示范点"、吉林省 5A 级乡村旅游经营单位、延边州"十佳魅力乡村"、国家 3A 级景区等称号。2017 年，金达莱村实现接待游客 31 万人次，旅游收入 198 万元。

二、主要做法及成效

1. 大胆创新。 金达莱村前身是和龙市西城镇明岩村，在 2010 年"七二八"水灾中遭受严重冲击，全村 82 户民居全部过水。面对灾情，和龙市委、市政府立足优势，创造性地将原有村庄整体迁移，依托浓郁的朝鲜族民俗风情和金达莱品牌优势，将明岩村更名为金达莱村。新建金达莱村，紧邻 202 省道，成为连接延吉至长白山旅游路线上的重要节点。金达莱村开启了以旅游发展带动农民脱贫致富的新模式，实现了灾村变新村的华丽转身，旅游业已经成为金达莱村推进乡村振兴，推进全面小康的主导产业。

2. 多元投入。 按照政府主导、项目带动、基础配套、市场主体、民众参与、社会效益优先的发展理念，和龙市政府通过国家项目资金争取一点、本级财政挤一点、招商引资投一点、银行信贷贷一点的办法，破解了乡村旅游投入资金难题。金达莱村从灾后重建至今,已累计投入各类资金 1.5 亿余元,先后修建了村口大门、停车场、演艺广场、花卉园、来白菜地窖、游客服务中心等基础设施。同时,坚持科学发展理念,投入 140 多万元,编制了《和龙市西城镇金达莱村村庄规划》《金达莱民俗村综合开发计划》两部规划,为金达莱村乡村旅游产业持续、稳定发展提供坚实保障。

3. **重点宣传**。近年来,和龙市委、市政府多次邀请中央、省、州媒体和各类旅游企业到和龙采访、踏线,加强旅游资源的宣传推介,提升和龙旅游知名度,收到良好成效。每年定期举办长白山金达莱国际文化旅游节,面向全国推广金达莱文化品牌,有效扩大金达莱村乡村旅游影响,为金达莱村聚集了人气。在党的十八大胜利召开之际,中央电视台以独特的视角对金达莱村做了全景式推介;在金达莱村拍摄的网络电视剧《金达莱思密达》在爱奇艺视频播出;山东卫视《为你而歌》明星体验秀在金达莱村录制播出等一系列新颖独特的宣传推介活动,也将金达莱村旅游知名度提升到了新的高度。2019 年,和龙市成功举办了第十一届中国·和龙长白山金达莱国际文化旅游节,4 月 27 日开幕式当天,接待游客量 15 万人次,同比增长 11.1%,实现旅游业综合收入 7000 万元,同比增长 16.7%。

4. **市场化运作**。坚持市场化运作手段,通过招商引资方式,先后引进多家旅游企业入驻金达莱村,开启了以企业为龙头、以农民为主体、以产业为纽带、以效益为中心,采用"旅游景区+企业+农户"的利益联结的市场化运营模式。企业入驻后,充分利用自身资源优势,重点开发经营民俗体验、民俗表演、民居参观、民俗餐饮等特色旅游项目。目前,金达莱村已开发各类民宿 100 间,可同时接待游客住

和龙市金达莱村

宿 600 人，带动全村就业 131 人。

5. 有效富民。 乡村美不美，农民富不富是乡村振兴发展程度的重要评判标准。近年来，金达莱村严格按照打赢脱贫攻坚战役各项要求，结合自身旅游发展优势，在不断优化村域环境的同时，培育和引进了元池地窖辣白菜、和鑫商贸综合旅游等旅游扶贫项目，在促进整村旅游发展的同时，为贫困群众提供产业分红，实现企业、贫困户同增收的"双赢"局面。2018 年，金达莱村累计为贫困群众发放各类分红 23 万余元。

下一步，和龙市将研究并出台专门针对金达莱民俗村的招商政策，多渠道宣传，加大招商力度。同时积极对接州内外各大旅行社，共同研究线路及产品包装、定价和景区今后发展事项。利用传统媒体、新媒体等多种手段，加大对金达莱民俗村的宣传力度，多角度、多渠道地扩展客源市场，提升金达莱民俗村的知名度和影响力。

专家评语

创造性地探索了村庄受灾后整体迁移发展旅游产业的成功路径，依托浓郁的朝鲜族民俗风情，围绕金达莱打造品牌优势，通过长白山金达莱国际文化旅游节等主题活动打造，利用传统媒体、新媒体等多种手段整合营销传播，坚持市场化运作手段，形成以企业为龙头、以农民为主体、以产业为纽带、以效益为中心，"旅游景区＋企业＋农户"的利益联结的市场化运营模式。

实施精准扶贫　激活乡村发展

——安徽省合肥市三瓜公社

三瓜公社位于合肥合巢经济开发区，距离合肥市中心约 50 公里，半径 150 公里内辐射人口近 2600 万，是合肥旅游发展的重要节点。项目所在区域总面积 60 余平方公里，人口 5 万余人，山峦起伏，偏僻闭塞，村民主要以传统农业为主。三瓜公社结合美丽乡村建设，通过电商、乡村旅游，大力发展乡村经济。项目成立一年来，当地村民经济收入节节攀升，村集体经济得到大力发展和稳步增长。

1. **推进"合作社+农户"，唤醒农民致富情。** 项目落户前，村里土地闲置较多无人种植，造成土地资源浪费。三瓜公社首先成立了：花生专业合作社、山里邻居食用菌专业合作社、山里人家养殖专业合作社、桃源瓜果专业合作社四大产业合作社。合作社打破传统的运作模式，将种植、养殖、生产、线上线下交易、物流等环节融为一体，使产品产量、价格得到提高，农民的积极性得到激发，参与性也更加热情高涨。合作社优先吸收贫困户，通过"合作社+农户"实施精准扶贫，目前，四大产业合作社已发展社员 1000 多户，带动了周边 11 个村落农民共同致富。

2. **推进"互联网+三农"，激活乡村发展情。** 让农村更美好。三瓜公社以"把农村建设得更像农村"为建设理念，加大对村庄道路交通整改，埋设污水管线，做好绿化整洁，建设无线网络覆盖，使村容村貌焕然一新。让农业更合理。通过网络平台及线上线下融合，大力实施订单式农业，使土地利用更科学，生产要素与市场对接更紧密，农产品附加值得到大幅度提高。让农民更富裕。三瓜公社致力于通过电子商务促进乡村经济可持续发展，通过农产品开发、产业基地建设，带动了当地村民脱贫致富，壮大了村级集体经济，给留守贫民提供了大量的就业岗位。2015 年农民专业合作经济组织成员均增收 3 万元以上，村级集体经济增长 34%。

3. 推进"乡村旅游+扶贫"，小康路上有激情。通过传统农业转型，将传统农业与休闲旅游业有机融合。打造观光、体验和旅游农业带，形成四季四景。同时让村民参与到景区建设、运营、旅游纪念品生产、加工各个环节当中。部分村民通过自己的房屋、土地等特色资源，参与到景区客栈、农家乐及主题农业带等配套产业中，通过三瓜公社的统一打造，使他们获得更多的经济收入。

通过近年来的建设积累，取得了显著成效。美丽乡村回来了。三瓜公社全力打造美丽乡村建设。通过近年来的整治，村庄道路畅通，环境整洁，青山绿水，村容村貌重新焕发出活力。农民增收欢乐多。三瓜公社有效地将农民的闲置土地得以释放，闲散时间得以利用，引导村民参与到景区建设当中，在提高农民生产积极性的同时，又增加了农民的收入。通过美丽乡村建设的影响力，吸引了大批量的农民工返乡、大学生回乡，创业氛围浓厚。

合肥市三瓜公社

专家评语

推进"合作社+农户"，唤醒农民致富情；推进"互联网+三农"，激活乡村发展情，通过网络平台及线上线下融合，大力实施订单式农业；推进"乡村旅游+扶贫"，小康路上有激情，通过传统农业转型，将传统农业与休闲旅游业有机融合。

香溪花谷助产业升级 乐动高峰促扶贫增收

——福建省三明市高峰村

一、基本情况

三明市建宁县高峰村位于濉溪镇东部金铙山下，距县城10公里，全村共有183户873人，耕地663亩，林地21550亩，其中87%的林地划入国家闽江源自然保护区，人均耕地不足1亩。高峰村是革命老区基点村，获评全国首批乡村旅游模范村、省级生态村、乡村旅游四星级经营单位、市级旅游名村，并于2016年被原国家旅游局确定为乡村旅游扶贫观测点。2016年，中央电视台《地理中国》节目以《乱石中的村落》为题对高峰村进行了报道，同年，新华社以《好生态才有好盼头》为主题报道了高峰村"中国乡村旅游致富带头人"事迹。2017年12月，高峰村成为全省第二批特色小镇（贡莲小镇）的主要建设区域之一。

二、经验做法

1. 优化旅游环境，引领脱贫致富。一是提高规划制定水平引领乡村旅游发展。坚持高起点规划、高标准建设，由福建师范大学旅游规划设计中心制定的《建宁县濉溪镇高峰村旅游扶贫规划》入选"全国旅游规划扶贫示范成果"。为提高乡村旅游发展品位，2018年，聘请台湾文创团队对农家乐、民宿和花海种植等重新规划，并邀请省农科院花卉专家指导花海种植。二是加快基础设施建设优化旅游环境。以"美丽乡村新生态示范村"建设为契机，开展环境综合整治，完成田园花海节水灌溉设施、雨污管网、绿化景观的改造提升，改善了村容村貌，成为首批市级"美丽乡村示范村"。充分利用各级补助资金推动夯实旅游硬件基础，不断完善公共厕所、

建宁县濉溪镇高峰村

停车场、旅游标识、景区步行道等旅游基础设施和公共服务设施。同时，利用小微企业创业创新补助资金推动"香溪花谷·乐动高峰"项目建设。2018年，高峰村成为全市唯一列入全省农村人居环境整治提升试点村。三是强化培训提升旅游经营服务保障能力。定期举办乡村旅游经营培训班，培训内容以乡村旅游定位、休闲农业产品与营销、客房服务技能、餐饮服务技能等课程为主，通过培训引导乡村旅游经营者进一步开阔视野，拓宽思路，增强保护和开发意识，强化管理和营销能力，提升乡村旅游项目策划创意与经营管理水平。目前，已完成培训200多人次，并圆满保障部分重大活动接待服务工作。

2.创新合作模式，增强造血功能。一是推行"股东+员工"模式。通过扶持资金量化折股，采取"保底收入，盈利分红"的原则，发展高峰村乡村旅游。一方面将有关部门扶持村财资金投入到漂流、游泳池、停车场等旅游项目和基础设施建设中，以固定分红形式获得收益，增加村财收入；另一方面鼓励贫困农户在出租农田、竹山的同时，参与本村景点旅游服务工作，以"股东+员工"双重身份获得收益分红。二是推行"房东+业主"模式。鼓励有房的贫困户加入闽峰生态旅游合作社发展民宿和农家乐，在旅游旺季大力引导游客在贫困户家中吃住消费。目前，已发展民宿13家，"农家乐"和"农家超市"共计9家。三是推行"技能+服务"模式。合作社协调技术人员对贫困户进行培训，支持贫困户用自家莲塘发展种养结合的生态农业，建立观赏荷园，吸引游客进行赏花、捕鱼等体验性活动，增加收入。同时，优先为贫困户提供护漂员、保洁员、种花员、公路养护工等岗位，优先聘请贫困户参与本村旅游设施建设等工程，大力组织贫困户到农家乐等经营场所提供旅游服务。四是推行"买卖+

六、旅游扶贫成长型

建宁县濉溪镇高峰村

互助"模式。合作社引导成员优先从贫困户家庭购买鸡鸭鱼肉、自产腊肉和蔬菜等原材料；同时，牵头成立帮扶互助会，在犁田、插秧、割稻、起垄等重要的农忙节点，对缺少劳动力的贫困户家庭进行帮扶，实现互利互助，共同发展。

近年来，高峰村大力发展乡村旅游，紧紧围绕"科学规划布局美、村容整洁环境美、创业增收生活美"的发展思想，通过造福工程搬迁改造和旅游产业发展，以香溪花谷旅游开发有限公司、金山旅游发展有限公司、闽峰生态旅游合作社和高峰众恒种植专业合作社等经营主体为重要抓手，积极组织引导群众开办农家乐、民宿、农家超市等乡村旅游服务业态，结合特色农产品出售和种养、护漂等旅游服务工作，想方设法增加农民收入，提高乡村旅游的组织化程度和规范化水平。同时，策划开展各类旅游活动，促进景区的知名度、美誉度不断提升。通过不断发展，截至目前，全村共有民宿13家（其中4家获得三明市"绿野乡居"民宿称号），"农家乐"餐饮店5家，农家超市4家，旅游产业从业人员200多人。据统计，2018年高峰村接待游客达10万人次，旅游收入突破800万元。

专家评语

通过优化旅游环境，引领脱贫致富，一是提高规划制定水平引领乡村旅游发展；二是加快基础设施建设优化旅游环境；三是强化培训提升旅游经营服务保障能力。创新合作模式，增强造血功能。推行"股东＋员工""房东＋业主""技能＋服务""买卖＋互助"模式。

创造乡村旅游篁岭模式
打造乡村振兴的示范和标杆

——江西省上饶市篁岭村

一、基本情况

篁岭村，隶属江湾镇栗木坑村委会管辖，至今已有近600年历史，是婺源具有独特风格的徽派古村落之一。受地形限制，村庄房屋建在一个陡坡上，房屋高低错落、呈半环状分布。村内可用地十分稀少，可谓"地无三尺平"，村民晒晾农作物只能使用竹簟晒在自家屋顶木架上。篁岭村的农耕生活成就了篁岭村的"晒秋"景观，但是，随着自给自足式的传统农耕生活满足不了村民对物质条件的追求时，外出务工成为村民另一条谋生出路。由于篁岭村农民的生活生产资料大部分都在山下，交通极为不便，秋冬季节村民生活严重缺水，而汛期因街巷排水不畅发生过几次局部山体滑坡人员伤亡事故等，在政府鼓励下，村民在1993年和2002年进行过两次大规模的集体搬迁。景区开发前，村内仍有70多户330余村民居住，在住村民中大部分年轻人在外务工，平时只有老人与小孩留守村庄，整个村庄呈半空心化的萧条景象。由于村庄缺乏管理，环境卫生、教育、医疗条件极差，在住村民人心思迁，有条件的都在逐步外迁。村民搬迁后的闲置房屋，因年久失修，部分已开始腐烂，有的甚至倒塌，宝贵的"晒秋"景观逐渐消失，周边梯田逐步荒芜。

面对村里大部分闲置房屋因年久失修腐烂倒塌，篁岭"晒秋"独特的景观资源逐年消失的情况，婺源县采取旅游扶贫方式对该村庄进行保护性开发。2009年，引入婺源县乡村文化发展有限公司，在山下新建安置新村，搬迁安置在住村民，使村民生产生活条件得到了彻底改善，篁岭古村的旅游资源也得到了保护与利用；同时，将120栋原址民居改造成精品度假酒店，又收购散落民间的20多栋徽派古建筑在篁岭村进行异地保护重建,打造了商业一条街——天街。天街通过休闲度假、旅游会展、民俗体验、文化演艺等综合旅游消费,取得项目收益。

二、主要做法

1. **政府引导**。一方面是给予政策扶持。用小产权房办证试点和地质灾害村整村搬迁的相关政策,创造性推动村庄整体性转让、整村式搬迁、市场化开发、股份制运营,并出台政策支持县内异地古建筑在该村集中收购保护、开发运营。同时,在交通便利的公路旁建设3层新徽派风格安置房68栋,老年、单身公寓24套,搬迁人口320人,还新建小学、供水、供电、排污、硬化等公共基础设施,彻底改变了村民的生活条件,村民幸福指数大大提升。同时,随着篁岭旅游的兴旺,群众的住房也不断增值,搬迁安置房价值从建成时的市价每栋10万元,增值为现在每栋80万元以上。另一方面是给予推动支持。通过领导挂帅,全员上阵,推动了该景区试营业第二年就成功创建国家4A级景区。2018年,成立高规格创建工作领导小组,强力推进篁岭创建国家5A级景区工作。通过专人领衔,挂点帮扶,及时协调解决景区在发展过程中遇到的整村搬迁、征地动迁和设施配套等困难和问题,为景区建设扫障排碍,助力景区发展跑出"加速度"。

上饶市篁岭村

2. **社会投入**。由当地政府在出台优惠政策的基础上,将篁岭整体性开发项目规划包装、向外推介,并于2009年择优引进了有资金实力、有从旅经验、有品牌影

425

响的婺源乡村文化发展有限公司。多年来，从景点打造、索道修建、道路修缮、古建收购修复，到地质灾害防护，以及整村搬迁投入等，该公司立足特色、坚持标准，累计投入5亿多元，将篁岭打造成为融"特色地貌、优美生态、民宿民俗、互动体验"为一体的景区，使"篁岭景区"成为婺源高端特色乡村游的窗口，"篁岭模式"也成为引领婺源乡村旅游转型升级的标杆。2018年3月13日，篁岭再次迎来了新的发展机遇，中青旅与婺源县政府签订了战略合作协议，篁岭二期将追加投资9亿元，景区的影响力及年纳税额将进一步增长，同时将开启上市的孵化，力争早日上市。

3. **市场运营**。通过数年来的实践探索，篁岭景区形成了一套以"整村开发、生态入股、就业创业、品牌创建"为特色内核的市场运营模式。数年来，该景区以"篁岭晒秋图"为核心意象打造景区独具特色的主题品牌符号，先后获国家4A级旅游景区、中国乡村旅游模范村、中国特色景观名村、江西省首批乡村文化休闲旅游示范点、中国乡村旅游创客示范基地、全国"景区带村"旅游扶贫示范项目、篁岭晒秋美宿等殊荣。2018年，篁岭景区共接待国内外游客130万人次，日游客量最高达2.6万余人，预计2~3年内游客量将突破200万人次，年纳税4000多万元，投资回报开始显现，生态文化效益日趋凸显。

4. **共建共享**。注重依托项目和景区发展，推动村民"洗脚上岸"，让地道农民变为旅游市场参与者，构建村民和景区的"利益共同体"，让广大群众共享旅游发展成果。一是让村民以土地、资源入股。依托当地祠堂、古树等公共资源和流转给景区的土地，拥有篁岭户籍的村民每年都可从公司旅游收益中获得分红。近几年来，群众人均年收益约450元，户均2100余元。二是让村民在景区中就业。篁岭按照"每户至少一人"标准返聘搬迁村民，共同参与景区建设，特别是女村民获得了"家门口"就业机会，原本无业可就、无入可收的"篁岭大妈"摇身一变成为"晒秋达人"，成为篁岭的一张名片，人均工资收入超过3.5万元。三是让村民在旅游中创业。依托景区发展，一批服从规划、懂得经营的村民，纷纷返迁回来在家门口创业，经营相关旅游业态。同时，这也带动了周边旅游业的兴盛，晓容、前段、栗木坑、篁岭新村等周边村庄有50余家从事农家乐经营，户均增收近10万元，篁岭村原住民从旅游开发前的人均年收入3500元提升到3万元，户年均收入从1.5万元提升为10.66万元，增幅巨大，家庭一年旅游相关收入最多近30万元。

三、取得成效

1. **保护了生态**。篁岭景区的"企业运营"管理模式和"生态入股"的发展理念，打破了以往景区一次性买断乡村资源经营权的传统发展模式，创新性采取"公司+农户"形式，由景区与农户成立农村经济合作社，将村庄的水口林、古树等生态资源纳入股本，并将农民的山林、果园、梯田等资源要素进行流转，与农户共同开发农业观光体验项目，从而实现了企业与农户"共同入股、共同保护、共同开发、共同受益"的可持续共建模式。以"篁岭花海"为例，景区向600余户村民租赁了近千亩梯田，统一规划种植，打造四季花海观光园，村民也由"庄稼户"变为公司的"造景工"，实现了生态入股、红利共享的共建格局。

2. **传承了文化**。该景区通过"人下山、屋上山、貌还原"的整体性打造，推动了古村特色民俗文化的保护、传承和开发。首先是"人下山"，通过"以屋换屋"的形式，将村庄原住民集体迁往新村统一安置，并对篁岭村古建进行产权收购和修旧如旧，将120栋原址民居改造成精品旅游项目。其次是"屋上山"，投入巨资对散落在婺源各地古村落中缺乏保护的20多栋徽派古建筑实施异地搬迁保护、集中开发运营，认养人拥有经营使用权，政府资产权属不变，将之打造成景区民宿古建的"压轴名片"。最后是"貌还原"，除了建新似旧、修旧如旧，保持原有村落建筑古貌，更通过内涵挖掘、文化灌注、活态演绎等方式凸显古村文化的"原真性"和民俗文化的"原味性"，实现古村落文化、民俗文化及生态文化的完美融合。

3. **带富了百姓**。旅游业的发展，撬动和促推了当地经济发展，同时也带富了一方百姓。一方面，带动地方百姓家门口就业。农户既可在景区租赁的田地里收取租金、股份分红、农作物保护价包购等方面受益，更能以田地务工、景区务工、民俗务工等形式安置就业、获取薪酬，从而实现"下山改善环境，上山从业致富"目标。目前，篁岭及周边村庄在景区就业人数占景区工作人员的70%，人均每月可获得2000元以上的工资收入，最高的可达7000~8000元。另一方面，带动地方百姓捆绑创业。得益于景区的市场开发和人气打造，越来越多的当地村民通过参与农家乐、交通业、旅游商贸服务业等业态经营捆绑融入、创业致富。目前，仅篁岭景区周边的晓容、前段、栗木坑、篁岭新村等村庄，有 50 余家从事农家乐经营的农户户均年增收 5 万元,"旅游脱贫"在这里已经成为现实。

4. 创造了"篁岭模式"。一是通过市场经济杠杆,对村落建筑物采取产权收购、对村民采取搬迁安置的方式,迁出原住民到新村安置。同时,在保持原有村落建筑和古村文化的"原真性"的基础上,对古建筑实施维修,并向高端食宿、会议会所、购物街、山乡休闲、民俗体验等方向发展;二是在经营上走门票与经营复合的路子,门票定位在中低价位,今后将根据国家的产业发展要求和自身经营发展状况,逐步降低景点门票,并通过休闲度假、旅游会展、民俗体验、文化演艺等综合旅游消费取得项目收益,推进旅游转型升级;三是围绕乡村文化元素主线,遵循地域民俗文化特色,在保护基础上充分利用遗留闲置的生产、生活资料,旧屋舍等资源,挖掘展示当地民俗文化,建设休闲旅游文化产业,最终将篁岭打造成中国最具民俗特色的休闲旅游目的地和民俗文化影视村落;四是采用"公司+农户"形式,成立农村经济合作社,有效整合旅游资源,将农民土地进行流转,与农户共同开发观光农业,形成经营产业链条,将农户真正融入产业项目中,达到零距离就业、足不出村就能挣钱的效果,实现公司与农户双赢。

专家评语

空心村发展乡村旅游实现成功转型的典范。创造性推动村庄整体性转让、整村式搬迁、市场化开发、股份制运营,并出台政策支持县内异地古建筑在该村集中收购保护、开发运营。通过内涵挖掘、文化灌注、活态演绎等方式凸显古村文化的"原真性"和民俗文化的"原味性",实现古村落文化、民俗文化及生态文化的完美融合。通过"企业运营"管理模式和"生态入股"的发展理念,实现了企业与农户"共同入股、共同保护、共同开发、共同受益"的可持续共建模式。

开创"3456"模式 打造旅游扶贫样板

——江西省赣州市丫山景区

一、基本情况

近年来,江西省大余县丫山景区牢固树立"绿水青山就是金山银山"的发展理念,抓住江西实施"旅游强省"战略、赣州市打造国家旅游扶贫试验区的良好契机,紧紧依靠县委、县政府的大力支持,充分发挥自身主体作用,按照"突出党建引领、突出市场主体、突出政策扶持、突出资源转化、突出产业融合、突出业态多样、突出用地创新、突出要素配套、突出金融改革、突出平台搭建、突出宣传营销、突出人才引进"的思路,立足乡村特点,发挥比较优势,大力发展乡村旅游,扎实推进旅游扶贫,创新旅游扶贫模式,走出了一条"乡村旅游与精准扶贫"紧密结合、"绿色生态与经济发展"相得益彰的高质量乡村振兴发展之路。"丫山旅游扶贫模式"得到国家、省、市的充分肯定,被全国多地借鉴推广。景区先后被评为江西省5A级乡村旅游点、江西省森林养生基地、国家4A级旅游景区、中国乡村旅游创客示范基地、中国美丽休闲乡村、中国乡村旅游模范村、国家运动休闲小镇、国家居家养老示范基地、全国全民健身户外活动基地、全国青少年户外体育活动营地,入围全国金融支持旅游扶贫重点项目推荐名单,被誉为中国乡村版"迪士尼"。

丫山景区地处江西省大余县黄龙镇大龙村,因最高峰双秀峰呈"丫"字形而得名。近年来,景区立足独特的生态资源禀赋,围绕原生态秀美景色和"乡、土、野"乡村风情,大力发展生态产业,形成了山下乡愁游乐区、山中生态住宿区、山顶文化休闲区的特色格局。景点项目涵盖一处自然景点(卧龙谷)、六大生态农业基地、七大餐饮基地、三大A哆生态乐园(A哆乡村、A哆森林、A哆水寨)、七大住宿体验区（九成山舍、道源书院、生态酒店、春秋舍、茶田民宿群、农商街、枫夜里），以及全地形车越野基地、食品加工厂、木塑加工厂等，涵盖第一、第二、第三产业，并实现三大产业互相联动、融合发展。

二、做法举措

乡村旅游作为"带一接二连三"的综合性富民产业，最多的参与者和最大受益者都是农户。丫山景区坚持以旅游扶贫和产业富民为目标，积极促进乡村旅游和精准扶贫有机融合，鼓励、引导、扶持农户参与景区的各项建设与运营，充分享受旅游发展带来的红利，为农户提供了全新、绿色、稳定的收入来源，实现景区与农户的互利共赢，探索出了一条"3456"乡村旅游扶贫新路径。

1. 确立三级受益模式。一是"景区（公司）+土地+房屋"。景区租用农户的房子、土地、林地，农户仍可在原地居住，产权依旧归农户所有；在合同期内，景区无偿给租赁的房子进行改造或装饰装修，房产权仍归农户所有；对于公共面积的征用，景区给予高额补偿。二是"景区（公司）+岗位+补贴"。无论景区盈亏，出租房、田、林的农户都能获得无风险固定租金，本村老人还可享受 300 元／人／月的赡养补贴；有劳动能力的本村农户则优先录用进景区工作，获得稳定工资收入。三是"景区（公司）+产业+项目"。围绕丫山旅游产业链，景区打造了旅游商品、农家乐、特产小吃等系列扶贫富农项目，帮助本村农户实现在家创业、就业的梦想。在经营前期，景区免收一切费用，全力负责项目的创意、包装、宣传以及培训经营、销售等问题，让农户无投资风险，免除后顾之忧，后期由有经济实力的农户按企业生态标准实现自主经营。

2. 搭建四个扶贫平台。一是生态农产品基地。公司提供种苗、农户负责种植，坚持餐饮等经营场所的食材自给自足。二是旅游合作社。租赁农户的房屋、土地，无偿对房屋、土地予以升级改造或装饰、装修。三是乡村旅游协会。通过租用、共建、贷款投资入股等形式整合乡村旅游资源，将周边乡村闲置的农田、荒山、农舍等资源全面盘活。四是农户自主创业平台。通过引导和扶持农户参与龙山圩、九回头、乡村酒吧等自主创业平台，并提供岗位技能与职位素养方面的培训。

3. 实施五种扶贫捆绑。一是"景区（公司）+旅游合作社（协会）+贫困户"。帮助贫困户获得自主经营、土地流转、资产入股、资金入股、特产销售等方面的收入。如贫困户黄立才靠销售蜂蜜，仅在"十一"黄金周一天收入就破万元。二是"旅游公司+贫困户"。通过扶贫补贴资金或"产业扶贫信贷通"贴息贷款，贫困户入股旅游公司获得分红，共有436户贫困户入股旅游公司，每户年均获利3100元。三是"旅游协会+贫困户"。景区景点门票收入的10%补助给土地流转户。四是"景区（公司）+基地+合作社+贫困户"。优先解决贫困劳动力就业，实现"就业一人、脱贫一家"。如三口之家的唐英文，因腿断裂多次手术，不能从事重体力劳动，通过公司就业培训，在工程部从事电脑网管工作，年收入在35000元以上。五是"基地+贫困户"。通过创意引导、包装设计、宣传扶持，引导贫困户发展不同的特色乡村旅游产品。如大龙村村民欧阳敏，发展高山蔬菜种植，种植的高山蔬菜供不应求，年蔬菜产量约70000斤，蔬菜销售均价3.5元，年均收入突破了20万元。

4. 实现六大扶贫渠道。一是土地流转收入。景区建设共流转周边土地、林地达2万多亩，每亩年收益500~1000元，户均年增收2000元左右。二是务工就业收入。景区规划建设以来，累计提供了500多个施工岗位，吸纳当地贫困户200多人参与建设，每人每天收入不低于100元；景区吸纳贫困户成为景区的服务员、保安、保洁等工作人员，月工资收入2500元左右；成立了丫山民俗演艺团，为近40名原住村民员工提供了月均300元以上演出或场务费。三是入股分红收入。通过扶贫补贴资金或"产业扶贫信贷通"贴息贷款，入股旅游公司获得分红；采用众筹的方式，引导村民入股餐饮店、小吃坊等，如"哆淇乐饮品吧"，由村民和景区员工54人采取每股不低于1000元的方式众筹而成，共筹集72万元，目前一个月的营业额达6万元，利润比为25%左右。四是产业发展收入。大力支持当地村民发展小规模产业，如生态养殖业、种植业、竹木器加工业等，丫山景区按照市场价统一收购，让当地农户免除了投资风险的后顾之忧。五是农产品销售收入。打造美食街、龙山圩、糖坊、油坊等富农平台，给农户提供销售渠道，农户可通过售卖农特产、小吃、传统手艺及旅游小商品等多种途径获得收入。六是房屋改造收入。民宿的改造是丫山旅游扶贫中的一大亮点，采用全租式、半租式、自主经营等方式引导老百姓对土坯房进行升级，改造成农家旅馆、农家乐、乡村酒吧等。其中全租模式，750元/月，每年递增，年底分红2000元/户；半租模式，150元/间/月，公司对房屋全改造，村民仍然居住在里面，承担看护、保洁等工作，得到工资900元/月；自主经营式，公司对房屋进行部分改造，指导村民自主经营。

三、主要成效

经过三年的成功实践，丫山景区"3456"旅游扶贫模式取得了显著成效，有效增加了农民收入，转变了农民观念，改变了村容户貌，培育了文明乡风，挖掘了文化资源，探索了经营模式，扩大了就业途径，改进了生活方式，提升了对外形象，浓厚了"双创"氛围，聚集了人气财气，促进了经济转型。

1. 创新了乡村资源"三变三金"新模式。农户足不出村就能实现"资源变资产、资产变资金、农民变股民；进村务工拿现金、资源入股领股金、土地房屋变租金"，促进农村现有"沉睡"资源加速激活，让原来贫瘠的农村土地上长出了"金元宝"。

2. 开创了产业富民兴村新路径。通过"丫山旅游扶贫模式"，有效扩大了就业途径，增加了农户收入，改变了村容村貌，聚集了人气财气。截至目前，丫山景区直接带动1760名贫困户，间接带动周边7个乡镇近万名贫困户增收脱贫致富，占全县总贫困人口的30%以上。旅游扶贫成为大余县最直接、最稳定、最持续、最生态的脱贫致富新路。

3. 打造了乡村旅游产业新高地。近年来，景区的知名度、美誉度与日俱增，先后承办、举办了世界自行车大赛丫山序幕赛、国际山地马拉松大赛等大型活动20余个。《新闻联播》更是用100秒时间专题解读了"丫山扶贫模式"。丫山景区成为践行"绿水青山就是金山银山"的鲜活典范。

专家评语

立足乡村特点，发挥生态资源优势，通过发展乡村旅游推进精准扶贫。搭建生态农产品基地、旅游合作社、行业协会、创业平台等扶贫平台，创新"景区带村"的三级受益模式，整合景区、合作社、协会、公司等扶贫力量，拓展收入模式、精准利益联结机制。

乡村旅游的特色金融创新实践之道

——河南省焦作中旅银行

乡村振兴，旅游发展，金融就像是血液，金融活则产业旺。以金融为纽带，积极引导社会资本参与乡村旅游发展和美丽乡村建设，将城市溢出的资金导流入周边乡村，是全域旅游最核心的要素。让城市资金有效作用于农村，关键是创新乡村旅游金融服务理念与模式，用专业的优势放大乡村产业资源价值。作为中国旅游集团旗下的银行，焦作中旅银行扎根怀川沃土、立足中原大地、放眼全域旅游，始终牢记支持实体经济、旅游产业、普惠金融等使命，勇于承担社会责任，主动服务美丽乡村、乡村振兴等国家战略，逐步探索出一条"旅游+金融+互联网"的特色化发展之路。

1. 找准定位，练好内功，专注特色化专业服务。思路决定出路，专业引领发展，应由专业的人做专业的事，专业的服务引导高效的发展。焦作中旅银行的专业金融服务源于母公司中国旅游集团，中旅集团是中央直接管理的国有重要骨干企业，旗下有景区、酒店、免税店、金控、旅游地产、邮轮等多个专业板块，是中国最大的旅游央企。承继中旅集团的旅游金融梦想，银行与集团主业深度融合，积极推动产业融合，为银行在乡村振兴、乡村旅游与旅游扶贫的专业金融支持上奠定了强大的专业基础。焦作中旅银行充分利用央企和地方政府双重背景的有利条件，力求从信贷政策、规章制度、金融产品、风险管控上实现突破，借助产业链、互联网、大数据的模式，倾力打造公司、零售、小微业务协同的旅游金融组合拳，不断提升在农业金融服务、旅游金融服务、扶贫金融服务等方面的专业专注度，致力于为乡村旅游产业生态圈和供应链提供机制灵活、多种多样的金融产品和服务方案。

2. 创新产品，培育特色，赋能乡村产业发展。焦作中旅银行针对城市周边或

焦作中旅银行

交通便利的乡村目的地，结合全域旅游战略，充分发挥金融的拉动效应，支持其基础设施建设及特色产业发展、增强其对城市溢出的资金、游客的吸引力，促进城市资金流、客流顺畅地流入到周边乡村。一是依托当地产业特点，创新"旅游金融""普惠金融"等产品组合，促进精品民宿、家庭农场、家庭牧场、休闲农庄、生态农业园区等多种新兴旅游业态的健康发展，截至目前已累计发放"农家乐"贷款195笔，金额7271万元，对当地农家乐升级提档起到了积极促进作用。如支持修武县云台山及周边96户农家乐发展，共给予6159万元的贷款，2018年农家乐经营户平均每户年收入达50万元，人均收入约8万元，带动当地农民480人就业，焦作中旅银行也被修武县委和县政府评为"修武县2018年年度旅游项目建设先进单位"。二是培育乡村特色产业，积极支持当地特色行业发展，如对河南武陟县果树苗木及绿化苗木种植、温县的四大怀药、博爱的牛肉屠宰加工、孟州的老家河南、沁阳市万亩果园农户制订批量授信方案，解决了其生产经营过程中的资金需求，帮助农户不断增收。三是放眼全国，寻找经营与管理模式突出的项目进行研究，支持其在河南复制推广。如陕西西安的袁家村，将它复制到河南黄河以北的新乡市获嘉县同盟古镇，目前一期可用商铺160间，带动农民就业2800余人。此外，焦作中旅银行围绕观光农业，乡村精品民宿如花间堂、途窝、趣住、青芒果等项目共给予4.5亿元的授信，类似的还有对河南登封少林寺周边"种养结合"生态观光等项目，通过贷款业务的支持使他们的农产品远销深圳、广州等地。未来焦作中旅银行还将更多地支持此类项目，并通过他们把优秀的管理经验、商业模式引进来，促进当地乡村脱贫致富和产业升级。

3. **让利于民，普惠于众，切实满足农户金融需求**。乡村旅游是一项系统工程，金融既要做好对产业的支持，也要做好对产业中"人"的支持，中旅银行坚持提供长期有效的全面金融服务，推动乡村旅游的可持续发展。一是提供便捷金融服务，围绕银行核心金融业务，推出了最新移动营销平台设备，更有流动服务车开到乡间地头，实现现场开卡、现场收集资料、现场审核等一条龙服务，让广大农户足不出户即可享受到便捷的普惠金融服务。二是普及银行基础服务，除了提供信贷产品支持外，还积极发挥科技金融优势，向广大农民普及银行基础服务，推出"鑫农宝"等高收益存款产品，切实满足广大农户的资金增值需求，使广大农民朋友得到实惠。三是推出让利优惠服务，在支付结算方面，大力推广POS机、微信、支付宝等主流线上、线下收单服务，并免除全部手续费用；针对农户个人的银行卡账户推行个人转账、支付等32项个人业务全免费优惠，努力构建良好的生产经营环境，真正做到让利于民、普惠于众。

4. **依托集团，产融结合，助力乡村游客引流**。焦作中旅银行依托中国旅游集团产业资源与自身金融优势，积极为乡村旅游目的地做好游客引流。一是与集团相关事业群、旅行社、OTA等平台企业合作，共同将乡村精品民宿、观光农业、文化、景观等串点成线，经过产品包装进行推广，打造乡村旅游、旅游扶贫精品线路，带旺当地旅游人气，提升当地旅游收入。银行与集团旗下中国旅行社和中国国际旅行社两大旅行社展开合作，对此类产品进行线上线下销售；同时与"驴妈妈"展开业务合作，进行线上销售，帮助实现当地客源的引流。二是将乡村旅游目的地纳入焦作中旅银行丰富的"i旅游"卡旅游权益体系，利用银行自身公信力较高、客户群体较为优质等天然优势，积极运用线上、线下渠道宣传手段，带动银行客户到乡村旅游消费，既能有效降低乡村目的地营销宣传成本，又能扩大宣传覆盖面，为乡村旅游目的地扩宽引流渠道。三是利用行业优势联动海昌集团、腾邦国际、蓝城集团、驴妈妈、巅峰智业等50多家旅游核心企业，致力于通过"智"与"资"的双重合力，让乡村青山绿水不断创造价值，让人民群众脱贫致富。

乡村旅游需要资本助力，乡村振兴离不开金融赋能。截至2019年4月末，焦作中旅银行涉农贷款金额92.56亿元，占全部贷款金额的22%，农户个人贷款3218笔，金额 8.05 亿元。下一步，焦作中旅银行将继续贯彻落实国家发展战略和旅游产业政策，充分彰显央企的责任担当，发挥自身优势，创新金融产品，探索扶贫模式，落实支持实体、普惠金融等各项政策，为乡村旅游的提质增效、乡村振兴以及精准脱贫持续贡献力量。

专家评语

焦作中旅银行致力于为乡村旅游产业生态圈和供应链提供机制灵活、多种多样的金融产品和服务方案。依托当地产业特点，创新"旅游金融""普惠金融"等产品组合，促进精品民宿、家庭农场、家庭牧场、休闲农庄、生态农业园区等多种新兴旅游业态的健康发展。依托中国旅游集团产业资源与自身金融优势，积极为乡村旅游目的地做好游客引流，全方位提升乡村旅游发展质量。

打造旅游精品　助力乡村振兴

——河南省洛阳市栾川县

栾川地处豫西伏牛山腹地，总面积 2477 平方公里，总人口 35 万，基本地貌素有"四河三山两道川，九山半水半分田"之称。因人均耕地面积少，地理位置较为偏远，经济基础较差，属于国家级贫困县。近年来，栾川县坚持"绿水青山就是金山银山"的发展理念，大力实施旅游富县战略，不断丰富和创新"栾川模式"旅游新内涵，通过推动乡村旅游转型升级，打造全域旅游格局，保持转型发展的活力和动力。目前，全县已建成 5A 级景区 2 个、4A 级景区 6 个，发展旅游专业村 40 个，打造 A 级乡村旅游景区 3 个，发展农家宾馆 1178 家，培育出慢居十三月、江南人家等 20 家精品民宿，基本实现"一乡一品、一村一品"的全域化、差异化、多姿多彩栾川乡村旅游品牌。旅游直接从业人员达到 3.2 万人，有 12566 名贫困群众通过发展旅游实现稳定脱贫。2018 年，全县预计接待游客 1487.6 万人次，实现旅游综合收入 87.4 亿元，同比分别增长 11.75% 和 15.61%。

一、以创新为引领，不断提升乡村旅游新品质

一是标准化设置。农家宾馆要满足"六必须"，即：建筑必须有宅基地使用证或土地使用证、规模必须在 15 间客房以下（不含 15 间）、营业必须符合"十个一"标准（一个证照公示牌、一个接待服务台、一套明码标价牌、一套管理办法、一套餐具卫生消毒设施、一套消防设施、一套排污系统、一个独立水冲式公共卫生间、一套客房基本设施、一套油烟排放设施）、必须逐级报备、必须经过县乡村旅游等级评定委员会评星并颁发星级牌、必须经过县发改委物价办核定价格并颁发价格公示牌。目前全县 1100 余家农家宾馆已全部完成提升改造。二是规范化管理。成立

村级农家宾馆协会等自治机构，建立长效管理机制，实现"六个管理"（自我管理、自我净化、自我提升、自我服务、自我发展、自我强大）；村内农家宾馆必须加入协会，并投保额度不低于50万元的农家宾馆责任险，制定卫生、安全、消防、服务、管理等相关制度，规范提升农家宾馆管理服务水平。三是品牌化营销。以"奇境栾川"统领栾川旅游品牌打造，加大宣传和营销投入，提升栾川旅游知名度，2018年投入资金1500万元左右，通过在央视新闻频道10秒广告片，投放栾川高速免费活动字幕；在河南交通广播投放20天，每天8次口播广告；在洛阳广播电视台投放20天游走字幕广告。还在《河南日报》《洛阳日报》《大河报》、人民网、中新网、河南旅游资讯网等主流媒体投放栾川特色景区或特色营销宣传片，以及冠名"奇境栾川"号高铁等营销模式，开拓栾川旅游市场、做大做强栾川旅游品牌。四是产业化经营。近两年来，连续举办两届"自驾游栾川·高速全免费"旅游公益扶贫活动，通过交通补贴拉动住宿、餐饮等旅游产业发展。尤其是2018年"自驾游栾川，你来我买单"活动，通过高速免费，吸引外地游客输入，整体拉动了住宿、餐饮、娱乐、购物等旅游全产业链消费，综合收入达到10.4亿元，全县1100余家农家宾馆近3.3万张床位，周一至周五期间入住率达到70%以上，周末入住率达到100%，尤其是重渡沟村、庄子村、养子沟村、大南沟村等乡村旅游重点村周末"一房难求、一床难求"，达到了一翼撬动全局的良好效果。

二、以项目为载体，不断推进全景栾川新格局

坚持因地制宜、多措并举，加大乡村旅游项目建设力度，通过连点成线，连线成面，促进全域旅游发展。一是坚持规划先行，编制《全域旅游发展规划》《"十三五"旅游发展专项规划》以及5个重点乡镇编制镇域旅游规划，8个重点景区编制区域规划，20个旅游专业村编制修建性详细规划，形成了较为完善的旅游规划体系，按照"旅游景区+风情小镇+特色农庄"模式，打造以休闲度假为主题的乡村旅游度假区。二是强化资金支持。栾川县先后融资共计7.5亿元（栾川县政府设立3000万元的旅游业发展专项引导资金，每年引导社会资金上亿元投入旅游产业发展。县财政注册成立栾川县扶贫惠民有限公司，争取国开行贷款6亿元，县域自筹1.5亿元，在全县扶持50个村，每村扶持700万～1200万元），用于休闲农业乡村旅游精准扶贫项目。该项目于2017年正式启动，实施了16个项目，总投资1.47

洛阳市栾川县

亿元，涉及19个行政村，涉及人口31027人，其中贫困村14个，贫困人口4174人。2018年又确定了19个项目，预计投入资金1.7亿元，涉及28个行政村，其中贫困村9个，有6000余人直接或间接从项目建设中受益。全力打造A级乡村旅游扶贫村。下发《栾川县A级乡村旅游景区创建三年行动方案（2018～2020）》，打造A级乡村旅游扶贫村，提升乡村旅游扶贫村接待能力，带动食、住、行等旅游产业，推动贫困户融入产业发展并长期受益，提高贫困户内生发展动力，促进贫困群众稳定脱贫、持续增收。三是深化全域旅游。实施全域旅游交通体系建设工程，先后提升改建了G311、S328、S322等道路，将县内主要景区、乡村旅游连点成线、连线成面。

三、以融合为途径，不断拓宽转型发展新路子

坚持"五全"路径、推进"六加"融合。"五全"路径即全产业强化旅游引领、全区域营造旅游环境、全领域融汇旅游要素、全社会参与旅游发展、全民共享旅游成果。"旅游+美丽乡村"：近年来，累计实施美丽乡村项目150余个，同时通过全域绿化和打造生态景观廊道，切实改善乡村人居环境，提升美丽乡村建设水平；特别是在主要道路和重点景区沿线的8个乡镇，按照突出乡土特色、保持自然风貌的原则，全面实施了民居"平改坡"改建工程，打造了一道亮丽风景线，也实现了提高游客增量、增加农民收入目的。"旅游+沟域经济"：加快推进乡村振兴战略，结合乡村不同沟域的生态特点，因地制宜，差异化发展，对陶湾镇西沟、城关镇大南沟、石庙镇七姑沟等不同沟域，按照保护自然、留住乡愁的要求，科学规划、分类推进，有效促进了栾川旅游转型发展的新突破。

四、以扶贫为中心,不断拓展产业扶贫新空间

一是做好旅游产业指导。编制贫困村旅游资源调查报告,组织开展了知名高校参与的乡村旅游产品创意策划大赛等活动,为旅游扶贫重点村编制乡村旅游发展规划。二是大力发展普惠金融。完善金融扶贫四大体系,累计为9265户贫困群众发放扶贫小额信贷资金4.6亿元,支持贫困户兴办农家宾馆,参与旅游经营。为2017年以来新发展农家宾馆的137户贫困户,每户提供5万元贴息贷款,发放价值3000元配套设施,落实到户增收资金5000元。三是开展服务技能培训。整合各类培训资源,对贫困群众进行乡村旅游及三产服务业技能培训,鼓励贫困人口从事旅游业。2017年培训贫困群众达5600人,新增旅游从业贫困人口3257人,人均年增收1.5万元。四是发展农副土特产品。创设"栾川印象"区域农产品品牌,在郑州、洛阳等地开设门店17家,开发高山杂粮、食用菌、特色林果、中药材、果酒饮料、非遗传统类6大系列81款产品,促进特色农产品转化为旅游商品。2016年以来,全县扩建农产品扶贫基地27个,新上8家农产品深加工企业,通过收购溢价、就业等方式带动1751户贫困户实现增收,受益贫困群众5250人。

专家评语

以创新为引领,不断提升乡村旅游新品质;以项目为载体,不断推进全景栾川新格局;以融合为途径,坚持全产业强化旅游引领、全区域营造旅游环境、全领域融汇旅游要素、全社会参与旅游发展、全民共享旅游成果的"五全"路径,推进"旅游+美丽乡村""旅游+沟域经济"等"六加"融合;以扶贫为中心,不断拓展产业扶贫新空间,大力发展普惠金融。

凝心聚力 善作善成
大力发展红色乡村旅游

——湖南省湘西自治州十八洞村

近年来，十八洞村坚持以习近平总书记在十八洞村首次提出的"实事求是，因地制宜，分类指导，精准扶贫"重要思想为指导，因地制宜大力实施乡村旅游脱贫工程。在各级各部门关心支持下，在社会各界的帮助下，积极发展乡村旅游，有力促进脱贫攻坚。在旅游发展中坚持以"人与自然和谐相处，建设与原生态协调统一，建筑与民族特色完美结合"为总原则，从"美"字出发，从"土"字落笔，从"新"字着眼，从"合"字发力，在完善基础设施建设，提升红色乡村旅游接待服务能力，保持武陵山区传统农耕苗族聚居村落"苗"味、"乡"味、"农"味等方面取得新进展。

一、一心一意抓旅游，乡村旅游"助发展"

一是认真对十八洞村的旅游资源进行调查摸底，并组建花垣县苗疆旅游开发公司作为县级旅游发展平台，专门实施乡村旅游脱贫工程，与首旅集团、消费宝公司合作，全力打造十八洞旅游精准扶贫升级版，开发十八洞乡村旅游。截至目前，乡村旅游开发累计投入4050万元，其中大型停车场建设已经完工，游客服务中心已完成整体框架工程；夜郎十八洞正式动工开发，溶洞规划设计包装、溶洞接待中心场地平整已经完成；地球仓科技有限公司的地球仓桩基建设基本完成，2019年年底前可完成地球仓精品酒店建设；新建6个公共厕所已投入使用；二是引导村民积极参与乡村旅游项目，已建设星级农家乐12家，同时组织开展十八洞红色旅游讲解员培训、十八洞村旅游从业人员培训班、农家乐厨艺培训班等，既开阔了十八洞村红色乡村旅游"眼界"，又提升了十八洞旅游接待服务水平。2018年，全村人均纯收

湘西自治州十八洞村

入达到 12128 元，比增 19%。贫困户 130 户 512 人实现稳定脱贫增收，十八洞红色旅游景区研学考察旅游人次达 30 万人次，比去年增长 20%。先后荣获"3A 级旅游景区""中国美丽休闲乡村""潇湘红八景"荣誉，大力发展红色乡村旅游助推十八洞村精准脱贫，乡村振兴奔小康喜见成效。

二、原乡原味抓提质，实现村容"土"，环境"美"

一是大力提质道路设施，破解产业发展"瓶颈"。排碧至十八洞村公路改善工程已完成；梨子寨、竹子寨、飞虫寨进村窄路加宽工程基本完成；当戎寨农旅融合产业路全线拉通；竹子寨生态停车场、十八洞村大门生态停车场已建成投入使用；梨子寨至夯街峡谷十八洞山泉水厂沿线防护工程已完工。村寨通组道路和入户道路的青石板已改造完成，村民生产生活条件显著改善。二是着力推进农村"五改"，改善水电房屋基础设施，优化人居公共服务体系。按照传统古村落保护要求，进一步完善民居包装与保护。全村实施人畜分离、污水处理工程，目前污水处理池已建 5 座，污水管道铺设已完成，实施竹板墙特色改造 204 户、改厕 159 户、改圈 45 户。农网改造方面，全面完成全村电网转网、农网改造任务，家家户户用上放心电、同网同价电。水利工程建设方面，完成 1 千米水渠建设，自来水入户入厨。新修人饮及消防水池 3 个，完成 3000 多米消防管道铺设及消防栓安装。三是持续推进村容村貌绿化、美化、亮化工程，积极促进农村公共服务"均等化"。对全村房前屋后、道路沿线、偏坡荒地等公共区域开展绿化美化工程。在道路两旁种上紫薇树和格桑花，在全村栽种了桂花树、柿子树等。村级便民服务中心、村级游客服务中心、村标准卫生室、村级图书阅览室、村民活动中心、村级电商服务站、村级金融服务站的建设极大地方便了村民办事，也提升了村民享受文化、教育、医疗等公共服务资源的水平。移动、联通无线网络在全村实现了全覆盖。梨子寨、飞虫寨、当戎寨和竹子寨太阳能路灯已建成投入使用；村里完成垃圾分类房2座，垃圾中转站1座，污水处理点4个，管网铺设累计完成5160米，村级环保污水处理体系已建成。

三、创新融合抓产业，实现产业思路农旅"合"，农村增收途径"新"

2018年9月4日，花垣县十八洞农旅农民专业合作社召开成立大会，选举理事会、监事会及理事长、监事长，工商注册、营业执照办理及税务备案等已办理完成。

1. **千亩精品猕猴桃"喜分红"**。2018年9月15日开园销售，采取线上线下相结合的销售模式，同时完成猕猴桃产品检验检疫，各项指标全部符合出口标准，实现港澳直通销售。2018年产量300多吨，村民收益翻番。

2. **种植订单蔬菜"稳增收"**。引进兴盛公司，发展订单蔬菜种植80余亩，每亩增收2000元以上。

3. **非遗苗绣"创新绩"**。依托十八洞村苗制农产品加工专业合作社，35名（其中十八洞村26名）妇女组成苗绣发展团队。2019年再次举办苗绣培训班，培养苗绣接班人。完成中车集团订单。实现苗绣产值17万元。

4. **劳务输出**。与深圳、广州劳动力市场对接，全村540名劳动力中有300余人在外稳定务工就业，85人在村里就业创业，实现劳动力转移就业增收600余万元。

四、突出党建引领村民自治相结合，实现村庄治理班子"强"，村民"乐"

1. **充分发挥十八洞村党支部的先锋堡垒作用**。积极健全村级党组织民主生活。在全村召开党员大会和群众大会，以会代课，集中学习贯彻党的十九大精神和习近平总书记关于治国理政的重要思想，及时传达省委关于精准扶贫有关重要会议讲话精神。在党员干部中开展"我为十八洞做了什么，我能为十八洞做什么"专题讨论，教育干部群众饮水思源，自立自强。

湘西自治州十八洞村一角

2. 大力开展"文明进家"宣传活动，让村规民约进农户，入民心。积极向广大村民宣传中国特色社会主义核心价值观，发动广大群众敢讲、能讲、善讲精准扶贫思想在十八洞村提出以来村里、组里和家里的可喜变化，积极宣传教化村民自力更生、勤劳致富、巩固脱贫、稳定增收的主人翁意识。通过宣传教育，全村 204 户村民自发以土地入股，成立十八洞农旅专业合作社，土地集约经营，村民抱团发展建设精准脱贫"升级版"，乡村振兴翻开了"新篇章"。

3. 推行"五兴互助"工作机制，创新基层治理新模式。组织修订《十八洞村民自治章程》和村规民约，每月评选 50 户村容整洁美丽家庭，启动村民"五兴"思想道德银行，促进社会和谐，文明新风进百家。举办相亲活动两次，大龄村民施六金在中秋节结婚成功脱单。

4. 继续推行"思想道德星级化管理"模式并实现道德管理新常态

发挥道德在乡村振兴战略中的重要作用，发扬"投入有限、民力无穷、自力更生、建设家园"的十八洞精神，克服群众"等、靠、要"和"小农、利我"思想，用村规民约约束规范群众建房、摆摊等行为，形成村民自力更生建设美好家园良好局面。

专家评语

原乡原味抓提质，大力提质道路设施，破解产业发展"瓶颈"，着力推进农村"五改"，优化人居公共服务体系，实现村容"土"，环境"美"；创新融合抓产业，实现产业思路农旅"合"，农村增收途径"新"；突出党建引领村民自治相结合，推行"五兴互助"工作机制，创新基层治理新模式，实现村庄治理班子"强"，村民"乐"。

传承乡村农耕文化
建设国际生态农业度假区

——广东省清远市英德九龙小镇

一、基本情况

英德九龙小镇是由英德市国业旅游开发有限公司投资3亿元以"旅游+精准扶贫"模式建设的国际生态农业度假区。位于英德市九龙镇，项目占地7000亩，着力打造中国美丽乡村、国家级农业公园。近年来，国业旅游在投资开发建设九龙小镇中秉承"尊重自然、顺应自然、保护自然"为开发理念，以"与村民共创建，与村民共致富、与村民共发展"为原则，与广东省委办公厅、九龙镇政府合作，共同推进省级新农村示范片建设及九龙镇旅游扶贫示范基地建设，项目涉及6个行政村即九龙居委会、团结村委、塘坑村委、河头村委、大陂村委、寨背村委，18个自然村即岩口、岩竹、沙坑、礼坑、新寨、岩下、上塘、岩背等。

二、发展成就

近年来，九龙小镇通过土地流转，扭转村民思想观念，使农村的资源变资产、资产变股金、农民变从业者的新三变，让村民以丢荒几十年的荒山土地作为资本，零风险的入股方式与企业合作，既促进经济发展，又确保村民收益，彻底实现精准脱贫，让村民真正拥有"获得感"。

2016年2月，九龙小镇国际生态农业度假区被广东旅游协会评选为"广东游学旅游示范基地"。2017年2月，获"清远市环境教育基地"。2017年3月，获得英德市"中小学生社会实践基地"。2017年4月，被国家农业部评选为"中国美丽乡村百佳范例"。2017年5月25日洞天仙境旅游度假区获评国家4A级旅游景区。2017年7月，获英德市政府"百企扶百贫"荣誉。2017年7月，获广州·世界青少年环保大会"环保公益企业"。2017年7月，国业旅游党支部荣获九龙镇先进基层党组织、英德市先进基层党组织，支部书记韩勇荣获广东省非公有制经济组织党员标兵称号。2017年11月，九龙小镇被评为广东3A级农业公园。

三、发展特色及亮点

国业旅游有限公司及九龙小镇在发展乡村旅游和旅游扶贫工作中，通过农民土地入股、吸纳农民就地就业、完善农村基础配套设施、农特产品销售等，形成了发展特色，打造了品牌，使公司和景区发展不断壮大，乡村旅游和旅游扶贫取得一定成效。

1. 带动了当地村民八大收益。一是荒山土地收益。荒山土地作为入股资本，每年有固定分红收益，并且每五年一次分红递增，村民将闲置的旧房、土房、猪栏、鸡舍等资源交予国业旅游统一规划改建，联合经营，变废为宝，确保村民的土地不停升值，创造收益。二是劳务用工收益。项目的建设发展，需要大量的劳动力，国业现有员工320人，90%的国业旅游员工都是当地村民，企业优先安排贫困户就业，免费提供岗位培训，提高村民就业技能，解决村民就近就业问题。目前入职的村民年收入平均达3万元/人。农民变成了旅游从业者，因农种需要每天请临工50～200人，每人每天不低于100元工资。三是配套设施收益。国业旅游出资兴建生态旅游停车场，完善各项手续，停车场所有收益全部返还各村集体，大大增加村集体收入；荒草地变成了"活资源"，村集体停车场预计收益80万元/年。四是农副产品收益。旅游项目的建成，带动乡村游，大量游客的涌入。村民多余农副产品不再浪费，向游客销售，增加了收益；农村寻常的土特产成为"香饽饽"。腐竹、果蔬、番薯干等土特产热销，有的店面有时一天营业额突破万元。五是村民自营收益。乡村旅游的推广，城市人走进农村，带动农家乐发展。六是贫困户入股收益。目前合作户有649户，其中贫困户88户，占13.5%，合作前平均年收入达4000元/人以下。现在年收入已达到7000元/人，当前有30%贫困户已实现脱贫，2018年达到人均年收入8000元/人以上，2018年全部实现脱贫。七是扶贫助学收益。由省委办公厅牵头，国业旅游与彩虹基金共同创办了"彩虹国业扶贫助学基金"，对

清远市英德市英德九龙小镇

当地贫穷学生直接进行助学,对贫穷家庭进行帮扶,对突出贡献的教师进行助学奖励。基金对所有贫困学生奖3000~5000元/年,其他学生考上大学的奖5000元/年,对突出贡献的教师奖励3000元/年。八是助力美丽乡村(新农村示范片)。九龙小镇项目是省级新农村连片示范项目核心区,通过统一规划建设和产业的调整,打造成一村一特色,一村一景点,真正做到了"看得见山,望得见水,留得住乡愁"。山野小村蜕变为美丽乡村,绿水青山成为金山银山。

2. 党建工作表现突出。 国业在镇政府的领导下,于2016年7月成立了国业党支部。国业党支部不忘初心,坚定理想信念,加强党的领导,发挥党组织在民营企业中的先锋模范带头作用。

3. 社会效益成效显著。 2014年以来,国业旅游接待量由2014年的15万人次上升到2015年的40万人次再上升到2016年的80万人次,通过旅游扶贫的"一带一路"激活并带动了整个九龙镇的大发展,从计划投资3亿元直接带动8亿元投资,撬动社会资金15亿元,2018年九龙镇接待量达250万人次,消费利益可达10亿元,产生直接就业岗位上千人,间接带动就业岗位近万人以上,带动无数行业同步呈高速发展,2017年后,因九龙小镇的高速发展,旅游人次的暴增,餐饮民宿已发展到上百家,酒店数十家,其他行业如雨露春笋,层出不穷,如:建筑建材、新闻通信、广告宣传、文化教育、娱乐餐饮、种植养殖、快递物流、能源交通、住宿购物等,众多行业的兴起已让九龙6万多人享受到了大发展带来的好处。同时也因此受到中央电视台、省市地方电视台及国内外媒体的关注报道,知名度、影响力巨大。

四、经验启示

近年来英德市国业旅游开发有限公司及九龙小镇发展模式和成效,为全国开展乡村旅游和旅游扶贫工作进行了有益探索,提供了具有借鉴意义的成功经验。一是要创新发展模式。九龙小镇按照"公司+农户""公司+合作社"等合作模式,通过土地流转、土地入股、农民就业等,使农村的资源变资产、资产变股金、农民变从业者的新三变,乡村旅游和旅游扶贫工作得到快速发展。因此,在乡村旅游和旅游扶贫中,必须探索和创新多种合作模式,大力引进具有一定实力和经验的企业进行乡村旅游和旅游扶贫开发,才能增强农村承担发展风险的能力,才能为乡村旅游和旅游扶贫注入新的活力。二是要大力保护农户利益。九龙小镇在与村合作发展中,共同协商合理确定分红比例,同时,投入大量资金完善农村基础设施,支持农民进行土特产生产和销售,极大地保护了农村的利益,提高了农民收入,实现了双赢。因此,在乡村旅游和旅游扶贫中,必须充分保护农民的利益,才能实现良性互动、协调发展。三是要大力改善乡村环境。英德国业旅游开发公司在投资开发洞天仙境景区和九龙小镇中,通过积极与政府合作,采取企业投入、政府补贴、村民自筹等形式,大力完善乡村基础设施,优化了农村环境,为乡村旅游发展提供了坚实基础。因此,发展乡村旅游,开展旅游扶贫,必须多方筹措资金,改善农村基础设施环境。四是要大力保护乡村生态。国业旅游开发公司在开发九龙小镇中,始终把保护生态作为首位,坚持绿色发展,真正做到了"看得见山,望得见水,留得住乡愁"。因此,在乡村旅游和旅游扶贫中,要牢固树立和贯彻落实绿水青山就是金山银山的理念,加强对乡村环境和乡村风貌的保护。

五、下一步发展计划

该项目规划建设有农业产业区、生活居住区、文化景观区、休闲聚集区、综合服务区五大功能区,含国家农业公园、乡村旅游文化、养生养老健康、休闲度假旅游、生态旅游观光、婚纱摄影婚庆、户外运动拓展培训、九龙驿站旅游服务八大产业及农业科普教育、学生社会实训、爱国主义教育、影视拍摄体验四大基地,重点

六、旅游扶贫成长型

构建生产体系、产业体系、经营体系、生态体系、服务体系、运行体系六大支撑体系，推进农业产业与旅游、教育、文化、康养、精准扶贫等产业深度融合，实现田园生产、田园生活、田园生态有机统一和一二三产业的深度融合。

专家评语

按照"公司＋农户""公司＋合作社"等合作模式，通过土地流转、土地入股、农民就业等，使农村的资源变资产、资产变股金、农民变从业者的新三变，乡村旅游和旅游扶贫工作得到快速发展。保护农户利益，协商合理确定分红比例。大力改善乡村环境，采取企业投入、政府补贴、村民自筹等形式，完善乡村基础设施，优化了农村环境。扶贫效果显著，带动了当地村民获得八大收益，助力美丽乡村建设。

古道繁华　富川岔山旅游扶贫走出一片艳阳天

——广西壮族自治区贺州市岔山村

一、基本概况

广西贺州市富川瑶族自治县朝东镇岔山村始建于明代初期，兴于明中期，距今已有 600 多年，是一个历史悠久的瑶族古村落。天降异石，山开两岔，岔山村因此得名。该村东面与东水交界，南邻秀水，西北两面与湖南接壤，秦汉时期从中原通过潇贺古道进入岭南的第一个入口，是镶嵌在潇贺古道上的一颗璀璨明珠。

岔山村是一个贫困山村，贫困发生率曾将近 40%。农户靠天吃饭，收入来源单一，当时 225 户农户中有 100 户是贫困户。近年来，当地政府和旅游部门在该村大力实施旅游扶贫，促进了该村的生态旅游和产业发展。尤其是从 2016 年开始，用一年多的时间，通过"古道+美食+互联网"旅游开发模式，为这个藏在深山的古村打造出了一条有扶贫超市、古道油茶店、农家乐、烧酒铺等各类特色商铺的古道旅游商业街，古道重现繁荣，富川岔山旅游扶贫走出一片艳阳天。

二、主要做法

1. 为岔山旅游发展进行精准定位，"潇贺古道入桂第一村"金字招牌成为旅游者的向往。近年来，富川瑶族自治县以创建特色旅游名县为契机，全力挖掘"古文化"旅游产业，推动富川旅游扶贫更上新台阶，加快了"中国瑶族文化旅游目的地""中国瑶乡生态养生休闲度假优选地"的建设步伐，取得了一定成效。该村是秦汉时期从中原通过潇贺古道进入岭南的第一个入口，是镶嵌在潇贺古道上的一颗璀璨明珠。村内随处可见古民居、石板路、石板桥、石碑刻、古风雨桥、古戏台、

贺州市富川县岔山村

古隘口、古庙、古祠堂、古树、古井,是潇贺古道文化的活字典。据考证,岔山"古道"最初建成于秦始皇二十八年(公元前219年)冬,多为就地取材的拳头大碎三角石或青石板拼建而成。它是便于嬴政对岭南三郡的辖制和管理,在岭南古道的基础上,扩修的一条自秦国都咸阳到广州的水陆相连的秦代"新道"——潇贺古道,被誉为英雄古道,是古代疲惫英雄最好的歇脚处。而位于湘桂隔界的岔山村刚好位于潇贺古道上,于是"潇贺古道入桂第一村"这块响亮的金字招牌让岔山村声名鹊起。凭借深厚的历史文化背景,岔山村积极发展特色旅游产业,组织村民进行岔山古戏台重建、百年古井挖掘、潇贺古道恢复、兴隆风雨桥修缮等。目前已建成一家村部博物馆——岔山博物馆、民俗体验馆、瑶族油茶展示馆、知青馆、农家乐、扶贫商店等。每天都会有人慕名而来参观和体验岔山古道文化。

2.推出金牌特色小吃"梭子粑粑+油茶"旅游美食组合,梭子粑粑成为网红,"古道+美食+互联网"旅游开发模式引爆岔山游。如今,越来越多乡村做起了旅游文章,很多乡村旅游发展模式几乎一致,如果没有过硬的吸引点,游客很快失去新鲜感,乡村旅游发展也必然面临瓶颈。前来考察调研的原国家旅游局规划财务司资源利用处处长张夕宽认为,乡村旅游要想长期吸引游客的眼球,需要摆脱同质化的模式,不断丰富其内容与内涵。"推进乡村旅游业态多样化,势在必行。"为此,岔山村创新"古村+美食+互联网"乡村旅游开发运作新模式,紧扣千年潇贺古道和古村资源优势,将岔山村定位为"潇贺古道入桂第一村",实现岔山村商业级无线Wi-Fi免费覆盖,开发古道油茶、古道梭子粑粑特色农家美食,依靠保护完整的古村落,主动将岔山纳入区域联动旅游新线路,丰富乡村旅游的内涵。特别是2016年,该县旅游部门将梭子粑粑包装并成功在贺州旅游市场推出,梭子粑粑被评为

"贺州市十大金牌小吃"之一。同时通过网络、电视等多种媒体推介，梭子粑粑成为贺州旅游网红，岔山梭子粑粑名声在外，"古道＋美食＋互联网"旅游开发模式引爆岔山游，到岔山村旅游的游客2017年突破10万人大关。

3. 培育了旅游股份新农民，通过抓群众主体，旅游扶贫不断延伸拓展。以旅游带动为契机，引导村民打造微田园、微果园、菜中村、花中村，发展生态观光农业经济和农家乐经济，形成"探古、赏荷、登山、采果、摘菜"的乡村休闲养生度假旅游新格局。从村党支部书记杨志魁的爱人和村里6家贫困户一起创立第一个油茶合作社开始，该村通过组织群众加入合作社等各类经济体形式，鼓励群众参与旅游项目配套设施的投资建设，依照协议获得分红。依托鑫连种植合作社和荣茂果蔬种植合作社，以"观赏花卉＋采摘莲子＋捕捞河鲜"模式，利用进村道路旁连片20亩水田种植荷花，混养禾花鱼、田螺和泥鳅等河鲜，吸引了游客来岔山村拍照、赏花和品尝美食，预计可实现合作社工资性收入4万元，集体经济收入2万元左右；依托荣茂果蔬种植合作社，充分发挥党支部带头作用，以股份合作制模式，按每户出资1000元入股，带动20多户农户一起发展黄金瓜、草莓、青瓜、香芋、南瓜等绿色果蔬种植，供游客采摘，带动了10多户贫困户增收。没有参与合作的农户也纷纷自主开设农家乐、便利店，销售土鸡蛋、烤红薯等土特产，为游客提供饮食、零售等服务。

三、发展体会

1. 坚持规划先行，科学谋划发展。该村根据县里出台的《关于加快旅游业发展的实施意见》《关于创建广西特色旅游名县的实施意见》《关于鼓励发展农家乐的实施意见》《富川瑶族自治县"十三五"脱贫攻坚旅游业发展规划》等相关配套政策，按照村里实际启动编制《广西富川岔山村总体发展规划》，制订乡村休闲旅游扶贫三年行动计划，以旅游扶贫发展规划来统揽其他规划，为该村发展

贺州市富川县岔山村

旅游业打好基础。

2. **创新发展机制，打造旅游产业新格局，增加旅游收益。**县里以《关于加快富川旅游产业发展的实施意见》为基础，补充完善扶持乡村旅游发展的奖励政策。参照自治区标准，对新创建、带动贫困人口脱贫成效显著的农家乐给予奖励，对录用贫困户劳动力的旅游企业按照相关政策给予扶持。根据资源和发展条件，分后山休闲景区和古道商铺景区等不同类型，对应指导该村发展旅游业。鼓励推动发展"一村一品""一家一艺"；鼓励贫困户开发经营手工艺品、纪念品、民族服饰、土特产、传统特色小吃；鼓励民间演艺团体组建开展民族民俗表演，促进文旅、农旅融合发展。培训乡村旅游经营户、乡村导游、旅游致富带头人、瑶族手工艺传承人，着力培养一支较高素质的乡村旅游实用人才队伍，提升贫困群众自我发展能力。

3. **整合各类资源，实现旅游众筹全覆盖。**一是整合媒体资源，加大该村特色旅游宣传力度。以创建广西特色旅游名县为契机，通过"寿乡旅游"和"慢游富川"两个微信公众号，积极推送岔山村旅游信息。特别推送了《岔山，疲惫生活里的英雄梦想》《早知瑶乡，何必丽江》等文章，对岔山村旅游进行了专题营销，吸引更多游客到该村旅游观光。二是整合项目资金，对扶贫、旅游、交通、住建等项目资金进行整合，用于该村基础设施建设。加快推进该村对外连接道路和村道建设，加强景区与其他旅游点之间交通路网建设，实现通旅游大巴，重点建设公共停车场、旅游厕所、游客服务中心、交通标识牌、休憩设施等旅游公共服务设施。建立完善旅游信息咨询、旅游安全保障，优化乡村旅游发展环境，为该村脱贫摘帽创造条件。

专家评语

开发"古道＋美食＋互联网"旅游开发模式；培育旅游股份新农民，以旅游带动为契机，通过抓群众主体，旅游扶贫不断延伸拓展，引导村民打造微田园、微果园、菜中村、花中村，发展生态观光农业经济和农家乐经济；整合各类资源，实现旅游众筹全覆盖。

精心打造　倾心建设
打造带贫减贫新示范

——重庆市黔江区濯水景区

近年来，黔江区通过濯水景区5A级创建，全面开启旅游大区建设大棋局，强力"引爆"旅游产业转型跨越发展，成为重庆建设速度最快、发展成效最好、减贫示范最优的旅游景区。

1."濯水景区"镶阿蓬、连两岸、通三地、汇四方，气质风华悠远、颜值婀娜多姿、自然鬼斧神工、人文厚重浓郁，是重庆"行千里·致广大"的独特资源和亮丽名片。该景区位于神秘北纬30°的武陵山区，是镶嵌在全国少有的倒流河阿蓬江上的一颗璀璨明珠，面积4.8平方公里，距重庆黔江武陵山机场18公里，渝湘高速、国道319线贯通全域。景区由濯水古镇、蒲花暗河、蒲花休闲农业体验园三部分组成，涵盖8个主类，28个亚类，86个基本类型，189个资源单体，已经成为颇负盛名的综合型旅游景区。古镇源于唐末，繁于明清，民俗风情浓郁，商贾自古繁盛，蕴含着历史的灿烂文化，作为重庆旧城老街的典型，濯水古镇街巷格局保留较为完整，是渝东南地区最负盛名的古镇之一，在2000多年的漫漫长河中积淀了丰富文化内涵的古镇正焕发时代风采。蒲花暗河"水上天生三桥""一眼观三硚"自然奇观鬼斧神工，大漏斗组成"苍天有眼"自然景观见证大诚止于信的"天理良心"。蒲花生态农业园碧落其间，是连接千年濯水古镇与亿年蒲花暗河的绿色缎带，四季"有花、有果、有景"，尽展美丽乡村如诗画卷。全长658米的"世界第一风雨廊桥"横跨百里倒流阿蓬江，荣获中国照明工程设计奖、重庆市"十大地标名片"殊荣。"天理良心"存古道、"苍天有眼"生暗河、"威德大刀"扬正气相得益彰，生动演绎"文化之繁盛、心灵之润泽"的人文图景，荣获"国家级历史文化名镇""中国韵文化景区""中国楹联文化古镇"等称号，"中国土家族文学奖"永久颁奖基地落户濯水，大型民族歌舞诗剧《濯水谣》进京出国会演，濯水古镇成为2018年重庆春晚唯一分会场。2017年，濯水景区接待游客144万人次，实现旅游收入6.4亿元；2018年1～10月接待游客260万人次，实现旅游综合收入9.7亿元。

2."濯水景区"从历史中走来，历经多年挖掘，不断丰富完善，以厚积薄发之势展露动人心弦的亲和力、呈现带贫减贫的驱动力，实为渝东南地区"旅游+扶贫"的典型示范。"游古镇老街，品土家美食，看后河古戏，听蓬江水音"是濯水灿烂历史文化的缩影，经过10余年的挖掘沉淀和丰富完善，濯水景区已涵盖濯水古镇、蒲花暗河两个4A级景区。为进一步升级景区档次，放大经济社会效益，特别是"旅游+扶贫"的带动效果，黔江举全区之力精心打造、倾心建设、用心经营，奋力把濯水景区打造成国家5A级景区，苦战1年零3个月濯水景区成功通过国家5A级景区景观质量评审，各项指标均已达到国家5A级旅游景区标准，"环境优美、功能完善、设施齐全、管理规范、服务一流"的濯水景区深受世界各地游客青睐。在创建5A级景区过程中，黔江区通过景区建设、旅游就业、自主创业、业态培育、环境营造、政策扶持等多种方式，有效驱动贫困户参与，多渠道促进贫困户增收，取得了良好的减贫效果。一是项目建设驱动增收。景区启动国家5A级旅游景区申创工作，开工建设蒲花暗河环线公路、景区主游客接待中心、濯水风雨廊桥延伸工程、古镇文化提升工程、景观大道等30余个创建重点项目，创造就业岗位3000余个，解决当地群众就近务工1130人，其中优先保障贫困户就近务工350余人，年人均务工收入达到1.5万元。二是景区业态驱动就业。濯水景区及周边共培育发展民宿客栈93户、农家乐43家。培育黔江鸡杂、濯水绿豆粉、马打滚、民族服饰、土陶、木雕、石雕、蜡染、银饰等土特产品、手工艺品生产、销售的企业和商铺285家，当地

黔江区濯水古镇

2500多名群众实现就业创业。优先吸纳贫困户160余人进入景区当保安、做保洁、搞餐饮、搞住宿等，每年人均务工收入1.2万元以上。三是政策助推驱动"造血"。濯水景区以千年古镇为阵地，大力培育旅游经营主体，不断优化营商环境，制定出台配套政策，成功打造市级微型企业孵化基地。先后吸引和培育餐饮、住宿、旅游商品、文化娱乐等69家旅游微型企业，1200余名当地群众实现就业和创业，其中优先扶持32户贫困户自主创业，每户年均增收1万元以上。四是示范引领驱动"扩面"。按照"一肩挑两头带全域"的旅游发展思路，濯水景区紧密衔接阿蓬江"一江两岸"乡村振兴综合试验示范区、城市"芭拉胡"两个4A级景区，在长达近30公里的美丽阿蓬江两岸全域打造乡村旅游示范带，全方位形成"开放旅游+精准扶贫"的旅游益贫模式，惠及冯家、濯水等6个乡镇（街道）、21个行政村（社区）、6万余农业人口，近3万贫困人口直接受益，带动全区10万余名老百姓吃上了"旅游饭"，2017年黔江历史性摘掉国家贫困区县帽子。

3."濯水景区"是黔江全域旅游发展的引爆点，带动了"旅游大区"建设呈"井喷"发展态势，为集中连片贫困地区的更多老百姓吃上"旅游饭"、推动高质量脱贫打下了坚实基础。黔江立足旅游资源富集、全域单体资源达到300个以上的核心优势，牢固树立"绿水青山就是金山银山"理念，大力发展生态旅游，坚持"点、线、面"结合，把"濯水景区"创5A作为黔江全域旅游发展的"引爆点"，近3年来4A级景区净增4个，累计达7个，列全市第二、渝东南第一，成为国家旅游服务标准化试点区县。旅游人次、旅游综合收入实现"井喷"增长，2019年1～10月，接待游客1854.5万人次，同比增长44.76%，实现旅游综合收入83.65亿元，同比增长47.92%，预计2019年接待游客人数突破2000万人次，旅游收入约为2014年的4倍。注重以线连点、以点带面，"武陵田园·黔江人家""云上水市""武陵天塘"等乡村旅游品牌持续打响，17个高品质乡村旅游点、32条乡村精品旅游线路与核心景区串珠成链，2018年以来接待游客920万人次、创收6.39亿元，绿水青山正源源不断地变成金山银山。目前，正按照"一城主导、一江拉动、一点引爆、全域发展"工作思路，全力构建"2个5A+10个4A"全域旅游景区方阵，成功引入乌镇旅游公司、重庆旅游资源交易中心破解发展瓶颈，推动旅游业"一业兴百业"，开创"全域旅游+全景黔江"新时代，力争到2020年成功创建市级全域旅游示范区，实现旅游总收入180亿元，旅游增加值占GDP比重达到12%以上，带动20万人吃上"旅游饭"。

六、旅游扶贫成长型

4. "濯水景区"是黔江推进产业兴、生态美、百姓富的"引擎"，其释放的经济效益、生态效益、社会效益"三效发力"，必将加快黔江建成渝东南中心城市、武陵山区重要经济中心的步伐，帮助黔江更好实现国市层面对黔江赋予的责任使命。黔江作为国市定位的成渝城市群、武陵山片区和渝东南中心城市，不只是渝东南的黔江，更是大重庆的黔江。从发展实际情况来看，渝东南地区由于先天不足，后天又缺乏类似渝东北库区政策的强力支撑，发展速度没有跟上全市步伐，一直是全市统筹城乡和区域发展的最大"短板"，亟须找到统筹"产业兴、生态美、百姓富"的最佳结合点和突破口。"濯水景区"创5A对开创全民兴旅、旅游富民幸福时代具有先导意义，有利于在渝东南探索出一条"旅游+扶贫"的好路子，为全市提供了可复制、可推广的好经验，成为新时代提速打造旅游"升级版"的好典型。黔江区在打造濯水景区的同时，积极放大旅游经济在渝东南、武陵山等集中连片贫困地区的综合效益，发起筹建武陵山旅游发展联盟，把渝、鄂、湘、黔4省市15个市州区县凝聚在一起，搭建了区域大联动、大协作、大发展平台和抱团发展新机制，培育黔江在大武陵山区的旅游集散功能。加快推进渝湘高铁重庆主城至黔江段、黔石高速公路、黔江机场改扩建等重大项目建设，加快开通国际旅游包机，逐步做大国际旅游市场，补足"大都市、大三峡、大武陵"国际旅游目的地走向国际化的短板，促进黔江与主城、渝东北、武陵山片区等地的联动发展态势，筑牢大武陵国际知名旅游目的地"桥头堡"，擦亮"山水之城·美丽之地"的黔江名片，有效增强旅游业富民支柱、经济支柱功能，加快把黔江建成渝东南中心城市、武陵山区重要经济中心，推动高质量发展、创造高品质生活，不断实现人民群众对美好生活的向往。

专家评语

依托"濯水景区"，融合历史古镇、生态风光、休闲农业等资源，按照"一肩挑两头带全域"的旅游发展思路，紧密衔接阿蓬江"一江两岸"乡村振兴综合试验示范区、城市"芭拉胡"两个4A级景区，在长达近30公里的美丽阿蓬江两岸全域打造乡村旅游示范带，全方位形成"开放旅游+精准扶贫"的旅游扶贫模式。

实施品牌战略　打造全域旅游

——重庆市武隆区

近年来，全区把乡村旅游作为打赢扶贫攻坚战的重要抓手，作为推动大众创业、万众创新的重要平台，作为抓好"三农"工作的重要载体，作为创建全域旅游的有效补给，真抓实干、加快推进，乡村旅游取得较快发展。武隆区被国家农业部、原国家旅游局命名为"全国休闲农业与乡村旅游示范县"；全区已建成 10 个乡村旅游示范村（点），9 个美丽乡村示范村，其中市级示范村 8 个，国家级示范村 1 个；4 个中国传统古村落。2017 年，全区乡村旅游接待游客 770 万人次，综合收入 14.23 亿元，同比分别增长 24.19% 和 34.75%；全区乡村旅游直接和间接从业人员达到 2 万余人，乡村旅游接待户达到 4583 户，接待床位达到 4.6 万张。其主要做法及成效如下：

一、高度重视，健全机构

区委、区政府高度重视乡村旅游工作，出台了《加快乡村旅游发展的意见》，提出了以点带面发展乡村旅游，打造全国最美乡村旅游目的地的宏伟目标，成立了高规格的乡村旅游发展工作领导小组，区委书记亲自任组长、亲自统筹，并在区旅发委内设乡村旅游管理科，负责全区乡村旅游日常工作的管理、考核以及各项评定。区级各相关部门及各乡镇也相应地成立了领导机构，落实分管领导和工作人员，抓好工作落实。

二、强化规划，引领发展

完成了《武隆区乡村旅游发展规划》编制。规划了"一心八片百点"的乡村旅游格局。全区规划布局了 100 个乡村旅游示范（村）点，涵盖了 26 个乡镇 74 个行政村，实现全区乡村旅游规划全覆盖、旅游全域化。目前，全区有 18 个乡镇已完成乡村旅游以及乡村旅游示范（村）点规划编制。

三、突出重点，打造示范

结合全区农业与扶贫示范基地 6 条产业示范带，全区打造了乡村避暑游、慢享时光游、采摘农趣游、小镇探秘游、梦里水乡游、古寨风情游、户外运动游 7 条乡村旅游精品线路。按避暑纳凉、休闲观光、农事体验、瓜果采摘等类型，差异化启动了 50 余个乡村旅游示范点建设，仙女镇归原项目、白马天尺坪、双河木根铺、火炉凉水井、赵家白院子、土地犀牛寨、大洞河穆杨沟、庙垭蒲坪、和顺打蕨等一批乡村旅游示范村点逐渐成形，日趋成熟；后坪天池坝、白马老凉水寨、仙女山镇寻梦园、土坎清水龙湾、鸭江青龙嘴、石桥蔡兴坝、凤来三圣堂等乡村旅游示范点也初具雏形。

四、宣传推广，树立品牌

紧紧围绕"梦想家园·心栖武隆"乡村旅游品牌，整合乡镇及相关企业力量，强化"节会宣传"，开展了丰富多彩的乡村旅游节庆赛事活动，如"2016 年相约武隆乡村旅游推广活动暨乡村旅游爱心大使公益活动"、庙垭油菜花乡村旅游季、火炉森林文化节和刨猪乐民俗文化节、鸭江鸭梨文化节、桐梓金银花节、文复"苗乡文复·荷美家园"乡村旅游季、赵家山虎关垂钓避暑季、大洞河"印象武隆·幸福铁矿"乡村旅游季等活动，吸引了市内外大量游客前往参与、体验，起到了较好的推广作用，武隆乡村旅游知名度和影响力不断提升。

五、深化制度，多元投入

深化"扶贫帮扶"制度，实施乡村旅游脱贫攻坚行动。每个重点乡镇有 1 名区领导、1 个牵头单位、N 个共建单位进行结对，实行区领导直接领导、牵头单位统筹协调、共建单位共同支持的工作机制。在政策、项目、资金、技术等方面，对重点村予以重点支持。2017 年整合部门资金 4.1 亿元，主要用于乡村旅游交通、通

武隆区土地乡犀牛寨

信、水电、公共停车场、购物娱乐、交通标识标牌和综合服务中心等基础设施及配套体系建设。同时，从 2015 年开始，区财政设立了 2000 万元的乡村旅游发展专项资金，用于规划编制、示范建设、宣传营销、学习培训等工作。建立"五个一点"投入机制，大力开展社会招商。即"项目整合一点""区级补助一点""乡镇投入一点""群众自筹一点""社会投资一点"。在社会投资方面，大力开展乡村旅游招商引资。通过招商引资引进的"归原"艺术农业精品旅游项目一期工程已经完工，并正式对外营业，"云暖香浓""蝉音栖谷"等一批乡村旅游项目落地武隆。

六、探索模式，促进增收

强化乡村旅游与扶贫攻坚的深度融合，积极探索乡村旅游扶贫增收模式，引导贫困户参与乡村旅游，共享旅游成果，2017 年，通过发展乡村旅游实现 3000 余人脱贫致富。探索廊道带动型增收模式。确立了仙女山、白马山、石桥湖、桐梓山四个旅游扶贫带，建成融交通组织、空间整合、产业集聚、形象展示为一体的扶贫开发示范区。仙女山、白马山片区成为全市旅游扶贫的典型，仙女山片区 7 个乡镇、50 个行政村、近 5 万名农民人均纯收入 12000 元以上。如白马镇豹岩村通过整合高山生态扶贫搬迁、有机茶叶种植加工、特色效益农业、乡村旅游等各类扶贫项目资金近亿元，融合打造了全市知名红茶品牌"仙女红"，全村 85% 的农户实现了产业带动稳定脱贫，其中张国生、程阳联等建卡贫困户年均收入均达到 7 万元以上而一举实现脱贫致富。探索集镇带动型增收模式。整合资金 5.9 亿元，大力推进高山生态扶贫搬迁，依托旅游集镇建成移民新村 169 个，搬迁安置 10951 户、38331 人。引导高山移民和集镇居

六、旅游扶贫成长型

民大力发展家庭公寓、快捷酒店、商品销售、特色美食等旅游商贸服务。如双河镇木根村地处仙女山贫困片区，平均海拔1350米，是全市首批乡村旅游扶贫示范村。近年来，该村依托良好的生态资源和全市高山蔬菜示范基地的带动，大力发展休闲农业和乡村旅游扶贫，成为全区首批脱贫和首个基本小康的行政村。截至目前，该村95%以上的农户均直接或间接参与乡村旅游发展，其中365户农户开办了农家乐或乡村旅馆，床位数达到8500余张，年游客接待近21.6万人次，旅游收入达到1.2亿元。该村王小明、贾万春等3户建卡贫困户通过每户2万元乡村旅游扶贫到户资金的带动开办了农家乐，每年仅夏季3个月时间就增收达到10万元以上而实现脱贫致富。探索景区带动型增收模式。高度重视景区原住民的生产生活，在景区进出通道等区域建设专门的创业区和农特产品销售一条街，引导景区周边农民发展特色小吃、特色农家、农产品销售、旅游商品销售等商业，景区及周边2万农民通过旅游实现了直接或间接就业。如：仙女山镇石梁子社区401户中有391户从事旅游相关产业，资产500万元以上的17户、100万~500万元的285户；土坎镇关滩村在仙女山环线建成后，全村发展农家乐21户，以家庭作坊生产"土坎苕粉"48户，全村年收入达4000万元以上，90%的农户年均收入5万元以上；据统计，仅芙蓉洞、仙女山景区从事涉旅"第二职业"的农民达1500余人，年收入都在5万元以上。探索专业合作社带动型增收模式。加大乡村旅游专业合作建设，成功创建了赵家、双河、白马、仙女山、火炉等乡村旅游合作社，其中赵家乡乡村旅游专业合作社被评为全国"合作社+农户"旅游扶贫示范项目，在全国旅游扶贫工作大会上，作为"合作社+农户"模式唯一的代表交流发言，介绍其成功经验。目前，赵家乡乡村旅游专业合作社共计有农户会员119家，2016年，专业合作社接待游客68万人次，旅游收入7600余万元，解决本乡富余劳动力500余人就业，全乡共有30户148人通过办农家乐脱贫，在乡特色农业旅游企业中务工脱贫的有62户253人，为游客提供产品脱贫的有125户438人。

专家评语

建立"项目整合一点""区级补助一点""乡镇投入一点""群众自筹一点""社会投资一点""五个一点"投入机制。强化乡村旅游与扶贫攻坚的深度融合，积极探索廊道带动型增收模式、集镇带动型增收模式、景区带动型增收模式和专业合作社带动型增收模式。

旧牛棚变客栈　贫困户变老板

——云南省德宏州下勐撒村

一、基本情况

德宏州盈江县苏典乡苏典村下勐撒村民小组，隶属于苏典乡苏典村勐劈自然村，距乡政府9公里，面积1.76平方公里，共有水田302亩，人均1.3亩，林地12560亩，人均53亩，平均海拔1660米，年平均气温13℃，年降水量3553毫米。现有人口57户246人，其中建档立卡户有33户143人，该组设党支小组1个，有党员5名，建有党员文化活动室1间。群众收入主要以草果种植和黄牛养殖为主，2014年农民人均纯收入为1500元，曾是全乡最贫困的村民小组。为加快推进下勐劈脱贫攻坚步伐，盈江县委、县政府紧紧抓住"5·24""5·30"地震灾后恢复重建机遇，依托下勐劈的自然资源和民族文化优势，把恢复重建与旅游产业发展、美丽宜居乡村建设、民族团结、基层党建等有机结合，通过实施"政府+村组+合作社+农户"的扶贫开发模式，带动了村组经济的发展，增加了村组群众的收入，走出了一条发展乡村旅游带动村民脱贫致富的路子。

二、主要做法和扶贫模式

1.整合资金，打造特色村寨。过去，下勐劈交通不便，是晴通雨阻的土路，村民生产出来的农产品均靠人背马驮到苏典集市上卖，严重制约了群众生产生活发展。特别是"5·24""5·30"地震，对下勐劈小组民房造成严重损毁，为尽快恢复群众的生产生活，加快恢复重建进度，解决群众后顾之忧，盈江县委、县政府紧紧抓住恢复重建机遇，在充分调查了解的基础上，充分尊重群众意愿，结

德宏州盈江县下勐撒村

合下勐劈丰富的自然资源、良好的生态环境、秀美的自然风光、独特的民族文化，深入挖掘傈僳族建筑风格和民风习俗，在村庄建设上不搞钢筋混凝土的建筑，而是按照傈僳传统民居并结合现代先进技术把简陋的茅草房打造成精品木楞房，既保留了傈僳族民房的特点，同时也顺应了旅游发展的需要。积极整合发改、财政、文体、广电、旅游、住建等多个部门涉农资金3000多万元，着力打造寨门文化、篱笆文化、石头文化、农耕文化、歌舞文化、水文化，规划建设了特色民居、村庄道路、阔时文化广场、农耕文化园、傈僳服饰展示馆、拦水坝、景观湖等旅游基础设施，将寨门文化、石头文化、农耕文化、民俗文化做到有机融合，整体推进。现在的下勐劈，可以说是旧貌换新颜，宽阔整洁的水泥石板路面，一幢幢错落有致具有浓厚傈僳民族文化的传统傈僳民居，干净整洁的庭院，山清水秀、小桥流水，环境优美，民风淳朴，吸引着四面八方的游客亲身体验傈僳族的民风民俗。

2. **示范引领，建设民宿客栈**。在起初动员建设民宿客栈时，部分村民瞻前顾后、思想抵触，没人愿意将自家改建成农家客栈。在村小组长带头示范下，村民看到了开办农家客栈比传统种植带来的可观经济效益，为不断满足外来游客的住宿需求，在改扩建农家客栈规模时，村民纷纷主动要求加入，变被动为主动，积极配合政府、村干将原来的牛棚、房屋改建成民宿客栈，再加以傈僳族独有的特色装饰，形成了独特的民宿客栈，吸引各地游客前来体验游玩。现在，随着游客的增多，每年村民的收入不断增加，观念得到大幅转变，积极性高涨，每个人脸上都洋溢着幸福的笑容。

3. **产品丰富，产业不断延伸**。过去，由于下勐劈地处偏远，信息闭塞，群众

德宏州盈江县下勐撒村

思想落后，在生产生活方式上，依然沿用"靠山吃山"、传统种植的模式，没有其他经济来源。按照党委政府的统一部署，根据现有的条件，结合下勐劈具有特色生态、民俗等特点，通过征求村民意见，规划建设民宿客栈，在农家客栈形成一定规模后，为规范乡村旅游发展，下勐撒村民小组以客栈经营为基础，成立了旅游合作社，合作社由19户客栈户主组成，制定完善管理制度，明确"5+3+2"的资金分配模式，即客栈收入按照户主50%、合作社20%，同时兼顾其他村民部分为30%，平衡兼顾集体和个人的利益。为支持鼓励和调动村民积极性，形成以点带面的效应，对首先开办农家乐的村民补助3万元。现在，随着游客不断的增多，在以民宿客栈为基础的前提下，逐步增加了傈僳族节日阔时节，农家乐，发展庭院经济和菜园子经济，打造水上乐园，实施湖区冷水鱼养殖，增设小船环湖游、垂钓、露营地等项目，着力将下勐劈打造成依山傍水、错落有致、竹树环绕、体验游玩的民族特色宜居乡村，建成了融诗蜜娃底（黄草坝）高山草甸风光、傈僳族传统文化风情、民族美食、民族文化展演、自驾旅游等为一体的傈僳族文化部落，使服务产品更加多元化，德宏州盈江县下勐撒村民小组正逐步成为各地游客体验乡村民族文化的新的旅游目的地。

4. **形式多样，助推脱贫致富**。从当初的单一依靠提供住宿，发展到现在的食、住、行、游、购、娱，增收致富的方式逐渐增多，特别是以春节、国庆黄金周为契机，积极举办盈江阔时节暨诗蜜娃底乡村旅游音乐会等系列乡村旅游活动，村内群众向游客出售自产自销的刺竹笋、草果、杨梅酱、蜂蜜、野菜和生态茶等土特产品，实现户均收入6000多元，年人均收入从2014年的980元提升到2016年的

3900元。据不完全统计,自2015年7月以来,下勐劈共接待游客2万余人次,农家客栈及餐饮收入70余万元,成为当地群众脱贫致富的主要途径,真正实现了牛棚变客栈、农民变老板、贫困山村变旅游天堂的转变。

三、取得成效和经验启示

1. **有利于加强城乡文化交流,缩小城乡差距。**乡村旅游把一部分城市消费资金转移到农村,增加了农村的经济实力和农民的收入;合作社通过土特产品销售给游客后获得收入,商品意识得到明显加强。

2. **有利于促进社会主义新农村建设。**在发展乡村旅游的过程中,合作社通过农民素质提升培训、旅游服务培训、感恩教育,使得该村在文化、经济、社会、生态各方面都得到较大的发展,村寨更文明、更进步、更先进,生态环境得到改善和保护,群众精神面貌得以改变。

3. **提高了旅游业收入,宣传了盈江。**2018年,春节和黄金周共接待境内外旅游者1.1万人次,住宿收入3万元,餐饮收入38万元。下勐劈乡村旅游的打造和系列乡村旅游活动的成功举办,充分展示了盈江秀美的自然风光、丰富多彩的民族文化、良好的自然生态,提升了盈江的知名度、美誉度。

德宏州盈江县下勐撒村

德宏州盈江县下勐撒村

4. **助推了乡村旅游发展。**在苏典下勐劈乡村旅游音乐会期间，立足下勐劈独特的自然环境特征、淳朴浓郁的民族风情，多姿多彩的民族文化组织开展了一系列活动，实现旅游文化产业与民族节庆、美丽宜居乡村、新农村建设、恢复重建、民族宗教、基层党建、精准脱贫等共融发展，县、乡、村三级的联动。

5. **提升了形象，凝聚了人心。**下勐劈乡村旅游的发展为拓宽旅游业发展思路注入了新鲜血液，同时也为丰富农村基层文化生活，夯实农村基层党建打下了坚实基础，自发展乡村旅游后，采取合作股份制的经营模式，发展农家客栈和农家乐，集体的凝聚力得到大幅加强，村民的服务意识、商业意识进一步提升。群众精神文化生活得到进一步丰富，听党话、跟党走、感恩党、唱党歌成为潮流。如今的下勐劈随处可见富含傈僳特色的民族文化符号，安居乐业笑逐颜开的村民，熙熙攘攘的游客，家家户户高悬的灯笼。

专家评语

抓住恢复重建机遇，结合丰富的自然资源、良好的生态环境、秀美的自然风光、独特的民族文化，深入挖掘傈僳族建筑风格和民风习俗，将简陋的茅草房重建成精品木楞房发展乡村旅游。不断丰富旅游产品，建成了融诗蜜娃底（黄草坝）高山草甸风光、傈僳族传统文化风情、民族美食、民族文化展演、自驾旅游等为一体的傈僳族文化部落。以客栈经营为基础，成立旅游合作社，形成旅游收益为经营户、合作社、村集体共享的利益分配模式。

发挥优势创特色　亮丽彝乡展新颜

——云南省红河哈尼族彝族自治州可邑村

可邑村位于红河州弥勒市西三镇中部，隶属蚂蚁村委会，全村现有村民199户737人，以彝族支系——阿细为主的少数民族人口占99.6%。是弥勒市西部民族文化走廊的起点，是闻名遐迩的彝族歌舞"阿细跳月"的发源地，是阿细创业史诗《阿细先基》的兴盛之地，文化底蕴十分厚重。先后被列为云南民族文化旅游资源开发研究项目基地，州、市级重点建设的彝族文化生态旅游村。2009年10月，可邑被授予首批"全国生态文化村"和"全国森林旅游示范村"称号。可邑村把景区开发与扶贫开发有机结合，多措并举带动贫困户参与旅游产业，走上脱贫致富道路，使旅游发展与精准扶贫互促共进。2017年动态管理后，可邑村贫困人口20户63人2017年脱贫8户28人，2018年脱贫5户14人。

一、主要做法

1. **全面科学规划，定位精准品牌。** 可邑村是彝族支系阿细人聚居地，优越的生态环境及特有的民族风情、民族文化成为休闲度假、体验乡村人情的乐土。可邑村立足村情和长远发展，对村庄建设以及景观开发等进行了详细规划设计。规划由古村风貌区、核心景观区、接待服务区、古村新韵区、山林休闲区5区组成，定位为民族文化生态旅游村；重在打造以民族文化生态旅游为主的乡村旅游品牌。可邑小镇国家4A级旅游景区成功申报，给可邑村旅游产业发展带来了新的契机。

2. **补齐设施短板，加快旅游开发。** 可邑村立足脱贫攻坚实际，不断加大基础设施建设。2013年以来，按照"民居统一规划建设、老村全面改造提升"的思路，投资3200余万元相继完成景区内139幢民居新建和363幢旧房改造工作；全面改善村容村貌及群众生产生活条件。投资2600余万元在可邑村推进建设水景观、陈列室、文化广场、密枝林栈道、彝族虎图腾、景观绿化以及生态停车场、游步道、旅游厕所等旅游设施；投资800万元建成长6公里的可邑旅游专线；投资1884万元的清水龙潭提水工程实现可邑、蚂蚁、法雨3个村的自来水供给。

3. **突出文化特色，丰富旅游内涵。**文化是旅游的灵魂。可邑村是彝族支系阿细聚居地区，粗犷奔放的"阿细跳月"、原始神秘的"阿细祭火"、创世史诗"阿细先基"堪称文化瑰宝。以墙体和陈列室3D多媒体为载体多方位展示阿细文化，以旋律欢快的阿细歌舞、绚丽璀璨的民族服饰、古朴独特的民风民俗，深入挖掘其独特的民族文化、历史文化价值，运用演艺、娱乐、节庆、会展以及文化餐饮、旅游商品、特种体验等多种形式，把阿细文化贯穿于食、住、行、游、购、娱等环节，将得天独厚的民族文化资源优势通过品牌形象塑造迅速转换为经济价值。

4. **开发旅游商品，提高旅游附加值。**通过对阿细文化、人文历史的深入研究，开发出一批有地方特色、价廉物美、携带方便的旅游系列商品，如依托"阿细跳月"的影响力，大力开发彝族小三弦、刺绣、挂包、银器饰品等彝族风情纪念品；依托绿色生态品牌，开发阿细骨头参、核桃等特色旅游商品；发挥独特的餐饮优势和民族特色，在阿细羊汤锅、"八大碗"、野生菌、土鸡蛋等特色餐饮上做足文章。借助全国大力发展农村电子商务的东风，率先在全市创建淘宝村，实现了老百姓在家门口把自己的特产卖出去、把生产生活所需买进来。

红河州弥勒市可邑村

成功吸纳了"阿细蜜源""菊婶骨参""老弥勒传统小吃"等商家入驻小镇，淘出了可邑村的致富路。

5. **参与旅游服务，助力精准脱贫。**把民族文化生态旅游作为主导产业，采取"公司＋小组＋农户"的模式，实现了"三促进一吸纳"，即促进集体经济长足发展，村小组每年参与旅游收入分成达65万余元，解决了全村城乡居民基本医疗保险缴纳、卫生整治、产业规划等部分费用；促进老百姓的就业及增收致富，解决本村导游、演员、保安、环卫等各类服务岗位就业300余人，年劳务收入达500余万元。"美丽家园"新区有9幢新建民房经营乡村客栈，每幢客栈可实现年纯收入3万～5万余元。目前仅可邑已有61户农民发展餐饮、民宿、民族手工艺制作等旅游延伸产业，每年能增加5万～10万元收入。

二、取得成效

1. **群众增收步伐加快。**通过"美丽家园"与景区建设相融合，发动群众大力发展农家乐、民宿、民族民俗旅游等，农户新建房以出租或自营的形式经营乡村别墅酒店，旅游发展为村民带来导游、文艺表演、保安、环卫等各类服务岗位，极大促农增收。

2. **农村产业实现转型升级。**通过建设，村庄更加布局合理、村容村貌进一步美化，旅游基础设施和公共服务功能明显提升，为民族文化旅游业的"二次腾飞"搭建了平台，为实现招商引资，企业化经营和发展旅游业提供了有力推手，为可邑村产业结构优化带来了巨大机遇和动力，特别是可邑村4A级景区的创建，进一步加快"以房带产"的步伐。

3. **促进民族团结与融合。**可邑村依托其独特的自然、人文风景和民族文化，让游客深深地感受到了纯朴而热情的少数民族风情，有利于增强少数民族兄弟的自豪感、优越感、民族自尊心和主人翁精神，更加自强团结，共同增收致富，有效促进民族团结与融合，为民族文化旅游开发提供了参考。

三、下一步工作计划

可邑村将以特色小镇建设为依托，以打造民族特色全域旅游为支撑，不断加快创建以阿细民族文化为核心、融阿细文化创意产业、阿细民族文化体验、阿细民俗展演、生态宜居度假等功能为一体的全省一流民族风情特色小镇，不断增进群众的获得感和幸福感，助推脱贫攻坚，助力乡村振兴。

专家评语

全面科学规划，定位精准品牌；补齐设施短板，立足脱贫攻坚实际，不断加大基础设施建设；突出文化特色，将得天独厚的民族文化资源优势通过品牌形象塑造迅速转换为经济价值；开发旅游商品，提高旅游附加值，走出"电商＋淘宝＋民族特色旅游产品"的致富路；贫困户参与旅游服务，把民族文化生态旅游作为主导产业，采取"公司＋小组＋农户"的模式，助力精准脱贫。

打造乡村旅游扶贫标杆

——西藏自治区拉萨市达东村

一、基本情况

达东村位于西藏自治区中南部，拉萨市西南部，地属拉萨柳梧乡，现托管于柳梧新区，总面积5.1平方公里，平均海拔3640米。达东村距离机场高速达东站出口约3.2公里，距离柳梧新区13公里，距离拉萨市区约30分钟车程。全村共有218户农牧民，其中51家是贫困户。

二、发展历程

作为拉萨市柳梧新区重点特色乡镇开发项目之一，达东村于2016年正式被纳入柳梧新区重点扶贫开发项目。为响应中共中央及西藏自治区党委、政府的精准扶贫号召，于2016年4月正式启动"达东村村容村貌整治暨扶贫综合（旅游）开发"项目。该项目参照乡村旅游建设标准，对达东村电力、排水、道路、通信、村落建筑空间布局、乡村厕所、垃圾分类等基础设施进行完善，并实施危旧房的改造、整治工作。项目分为两期建设，一期主要是通过对达东村村容村貌的整治，以改变村民的生产生活方式，致力于调整达东村产业结构，带动村民踏上脱贫道路。二期项目主要是以乡村旅游产业实现扶贫，在达东村自然风貌的基础上，丰富达东村乡村旅游产品，优化产业结构，带动经济结构的转型升级，打造拉萨市第一个"复合型旅游乡村"，为达东村实施乡村旅游，带动精准扶贫创造可持续发展条件。该村通过"政企合作"模式建设和运营，保障达东村景区迅速、有效、健康地发展；通过实施"企业专业化经营管理，村集体对项目用地持有所有权，村民持有对土地承包权"的三权分置办法，有效提高村民参与积极性。

项目运营两年来，已解决当地村民就业 80 余人，其中建档立卡贫困户 20 人。2016 年起，提供务工岗位解决劳动力 6500 余人次，实现务工收入 170 余万元，人均增收 6400 元。解决了贫困户劳动力 980 余人次，人均增收 6000 元。2017 年，达东村贫困人口年人均收入已达到了 8048 元，已实现了市定贫困人口人均纯收入 "2016 年 3645 元、2017 年 4265 元"的脱贫目标。达东村也已于 2018 年完成脱贫摘帽验收考核，正式退出贫困村。该项目运营当年共计接待游客 8 万余人次，2017 年游客接待量达 15 万人次，旅游收入 471 万元。2018 年随着达东村文旅特色产业的丰富和项目知名度、美誉度不断提高，接待游客量达 40 万人次，旅游收入 607 万元。

截至目前，达东村通过发展乡村旅游先后荣获了"中国美丽休闲乡村·历史古村""中国乡村旅游创客示范基地""第七批中国历史文化名镇名村""2016 美丽宜居村庄示范""2016 中国最美村镇生态奖""2017 年改善农村人居环境美丽乡村示范村""2017 中国最美村镇 50 强""2017 年度全国生态文化村""第五批中国传统村落"等国家级荣誉称号，还获得"西藏历史文化名村"等认定。

达东村

三、主要做法及成效

1. 丰富乡村旅游产品体系。2017 年年初，达东村全面启动乡村旅游提升工程建设，完善房车湖边茗馆休闲区、达东林卡休闲区、自驾车营地、达东圣地雪桃林、温泉体验中心、真人CS户外拓展基地、仓央嘉措行宫遗址等景区项目，丰富达东村乡村旅游产品，优化产业结构，带动经济结构的转型升级，为达东村实施乡村旅游，带动精准扶贫创造可持续发展条件。二期项目还将以雪山溪流景观轴为核心，五组团系统为架构，国际顶尖乡村旅游项目为元素，不断加大投资力度，通过对达东集市及水系景观建设、湖泊区及林卡建设、乡村酒店修建及装修、庄园遗址修复及改造等多方面的整体建设，同时结合正在打造的高山滑雪场、房车营地、藏式民俗婚纱摄影基地等特色项目在内的文化旅游服务功能，最终实现把达东村建设成为最美休闲度假旅游村落的目的。

2. **拓展周边村民收入来源。**通过景区统一运营，在土地流转、建设机械租赁、交通运输、经济作物种植、合资公司股份分红等方面提供了多元化的收入来源。2016年以来，已累计支付当地村民工资560万元，还通过支付土地流转金和分红为村民创收158万元。

3. **提供当地村民就业岗位。**在发展乡村旅游业之前，达东村村民主要以发展

达东村

农牧业为主,生产生活结构较为单一。但自达东村2016年7月正式启动乡村旅游运营工作以来,通过为村民提供保安、保洁、服务员、行政后勤人员等岗位,直接解决本地村民劳动力就业70余人(其中贫困群众16人),人均月工资收入3000元左右。同时,依托旅游资源,在村委会的引导下,组织村民出租帐篷,提供餐饮、休憩等服务,结合农家乐经营模式,对村域内农副产品进行统一收购,集中销售。

4. **充分发挥政府优势,积极利用企业优势。**一方面,在示范建设中,由政府严格把控达东村建设的建设方向,坚持"精准扶贫,共奔小康"的扶贫方针,确保达东村旅游精准扶贫工作一直沿着正确方向发展。同时,政府参与,也为达东村精准扶贫工作提供了大量的优惠政策支持,推动了精准扶贫工作发展的进程。另一方面,企业参与建设,缓解了政府在达东村旅游精准扶贫工作上的财政压力,保障了示范工作资金链问题,确保精准扶贫工作的顺利开展;企业加入运营,为景区带来了专业化的运营管理,在保护、传承、发扬当地民俗文化的基础上,融入乡村旅游的文化理念,并加大对乡村旅游发展的力度,促进达东村精准扶贫工作的开展。

四、经验启示

1. **政企合作,资源互补促发展。**通过政府在方针政策上的正确把控和指引,企业对景区建设运营上进行专业化管理和操作,保障达东村景区迅速、有效、健康地发展。政企合作形成了资源的互补,促使项目保持先进性和活力性。

2. **创新思路,探索模式促融合。**紧扣"旅游+农业""旅游+生态"的现代化旅游发展思路,主动与其他产业融合,推动达东村乡村旅游产业结构的调整、转型升级,深度探索旅游扶贫、旅游富民的乡村旅游发展模式。

3. **科学管理,三权分置促建设。**达东村在旅游精准扶贫示范工作的建设过程中,根据中共中央办公厅、国务院办公厅印发的《关于完善农村土地所有权承包权经营权分置办法的意见》实施"企业专业化经营管理,村集体对项目用地持有所有权,村民持有对土地承包权"的三权分置办法。通过三权分置并行,保障景区对土地的科学合理运用,有效提高村民参与积极性,有效实现中央新农村建设。同时,通过自然资源入股分红,极大地改善了全村特别是贫困人口的收入状况。

4. 广泛推广，扶贫经验促应用。达东村乡村旅游扶贫工作模式，是西藏较为早期的旅游扶贫案例，其开发与运营的成功，更是为西藏各个贫困地区提供了经验参考。西藏具备得天独厚的自然人文资源优势，每个乡村因为经济发展限制，其藏地古老的文化底蕴和自然景观等都保存较为完整，既有文化内核，又有观赏性，具备旅游开发的基础。达东村乡村旅游扶贫开发的经验，为西藏自治区各市、区、县政府扶贫工作打开了一个新的思路。乡村旅游开发，不仅仅只是产业扶贫带动，最为重要的是在乡村景区的打造过程中，通过标准化景区建设，同步改善了西藏贫困村交通、水电气、通信网络、住房条件等生活基础设施，是以改善农村人居环境为前提的旅游开发，是推动一二三产业融合发展的一种有效模式，是让西藏各个贫困县、村真正实现宜居、宜业、宜游，精准扶贫可持续发展的有效途径。拉萨市达孜区、堆龙德庆区尼木县、林周县、墨竹工卡县等均以达东村乡村旅游扶贫工作为借鉴，开展扶贫工作。

专家评语

采用"政企合作"的模式，政府引导发展方向、企业专业化运营管理，通过整治村容村貌、完善基础设施、优化产业结构，从创造可持续发展条件，到启动乡村旅游提升工程，达东村走上发展乡村旅游脱贫致富的道路。开发了旅游观光、户外运动、休闲康养、历史文化等不同类型的旅游产品类型，丰富乡村旅游产品体系，带动当地村民就业增收。

"扶贫车间"成为百姓致富"梦工厂"

——宁夏回族自治区固原市羊槽村

一、基本情况

近年来,宁夏泾源县把发展旅游产业作为全县脱贫攻坚的主导产业之一,通过政策驱动、项目带动、全域联动,全力以赴推动旅游产业发展。结合扶贫车间投资小,厂房设备、技术含量、年龄要求不高,工作时间宽松、适应面广等特点,率先在发展优势明显的羊槽村建起旅游扶贫车间。羊槽村位于泾源县东部,距县城8公里,辖区生态资源丰富。北距甘肃崆峒山景区15公里,胭脂峡景区位于其中,发展旅游产业条件优越。全村共有6个村民小组,518户2192人,2014年以来共识别贫困户157户701人,截至目前累计脱贫154户687人,贫困发生率从2014年的26.5%下降至0.63%。村党组织现有党员54名,"两个带头人"18名。2017年,通过实施旅游扶贫到户项目,共兑付旅游扶贫专项资金16.5万元。其中以刺绣、沙画为主的旅游商品加工21户,补助资金10.5万元;农家乐6户,补助资金6万元。截至2018年年底,旅游扶贫车间累计吸纳67户村民参与旅游商品生产,加工旅游产品近5000件,回购近5000件(全部回收),支付加工费近3万元,人均每月增收1200元左右,有效地促进了贫困群众增收。

二、主要做法

1.建设手工作坊,帮扶一个家庭。2017年,村委会经过摸底调查,确定了21户会刺绣、懂沙画的建档立卡贫困户为扶持对象,参与旅游商品加工与销售。经过县、乡、村三级申报,争取旅游扶贫专项资金16.5万元,建设旅游扶贫手工作坊21

个。村两委和村妇联广泛动员全村留守妇女积极参与，采取"订单式"加工销售模式，生产加工刺绣等特色民俗商品，每户平均增收1500元左右。

2. **夜校培训指导，送来一技之长**。充分利用村党支部和村文化活动室建设农民夜校，以沙画、刺绣等旅游商品制作技能培训为重点，先后聘请了自治区非物质文化遗产协会会长马福荣、旅游服务资深讲师马晓娟及区内外刺绣方面的有关专家。通过理论讲解、互动交流，组织农户实地观看、实际操作等方式，利用晚上七点至九点半闲暇时间，在羊槽村村部举办"农民夜校"培训班。实现了由传统的输血式救济扶贫向造血式产业扶贫的转变。不仅满足了广大农民的求知需求，提高了农民素质，还让更多群众足不出户就能学到技能知识，提升贫困户脱贫致富的能力，增强脱贫信心。

3. **建设扶贫车间，打造一个基地**。在旅游产业发展过程中，村委会认识到抱团发展的重要性，通过采用"村党支部＋合作社＋龙头企业"的发展模式，成立了胭脂峡旅游商品专业合作社。引进了宁夏蓝孔雀旅游商品研发中心，通过整合村活动室和畜牧改良点建设旅游扶贫车间，打造以布艺加工为主的沙画、剁绣、串珠、绳编等旅游商品制作基地。目前，通过精准培训、订单加工、定向回购等方式，为60名学员开展了沙画、布艺加工、葫芦烫画、汽车坐垫编织4大类、60个品种的旅游商品制作培训。由企业提供原材料并签订加工回购协议，加工产品经验收合格后，由企业直接回收并支付加工费，真正让旅游扶贫车间成为群众增收致富的"梦工厂"。

4. **主动宣传营销，带动全村发展**。通过驻村第一书记的积极争取，在自治区文化和旅游厅的大力支持下，羊槽村主动实施"走出去"战略。以村为单位参加了"2017年海峡两岸旅游商品展暨'食尚宁夏'美食狂欢季"和昆明"2017年中国国际旅游节"，节会上羊槽村的旅游资源与特色产品加工受到了相关企业的关注。羊槽村与6家企业签订了旅游商品代销协议，与云南省九乡民族刺绣公司达成民族刺绣技术互相交流学习的共识，与宁夏蓝孔雀山庄旅游发展有限公司达成了旅游商品研发、订单制作与销售合作协议。贫困户通过在旅游扶贫车间工作，实现了就地、就近转移就业，从而获得持续性收入，实现了脱贫致富。

三、取得成效和经验启示

1. **小车间带来好效益**。通过建设旅游扶贫车间，实现了"四赢"目标。即一是解决了贫困人口就业问题，建档立卡贫困户通过进入旅游扶贫车间务工，增加了工

泾源县羊槽村

资性收入。二是结合农村产权制度改革，通过清产合资、股权量化，全村农户变成了股东，获取了财产性收入。三是村集体通过参与经营及出租扶贫车间，获得了租金及经营性收入。四是有效降低了企业用工成本，扩大了企业生产经营规模，实现了产值增加、效益提升。

2. 小车间带来好民风。白天旅游扶贫车间是农民幸福的"加工厂"，晚上是农民掌握知识的"充电站"。在这里，建档立卡贫困户通过"一对一"的培训，掌握了沙画、刺绣等一技之长；通过大宣讲与谈心交流，掌握了党和国家及区、市、县的各项扶贫政策。坚定了用自己勤劳的双手创造美好生活的信心和决心。一个小小的扶贫车间，促使建档立卡贫困户和广大群众主动谋发展，架起了企业、村两委和贫困户的连接桥梁，促进了干部作风转变，形成了干部群众齐心协力脱贫攻坚、"撸起袖子加油干"的良好氛围。

3. 小车间带动大产业。通过驻村帮扶、村企互动，以旅游扶贫车间引领创业，既解决了农村留守妇女的就业增收问题，还有效破解了泾源县旅游商品"少亮点、缺卖点"的难题。通过车间加工、企业回购，批量加工生产特色旅游商品，推动旅游产业全链条发展。

专家评语

建设手工作坊，夜校培训指导，建设扶贫车间，采用"村党支部＋合作社＋龙头企业"的发展模式，成立胭脂峡旅游商品专业合作社，主动宣传营销，带动全村发展，引进了宁夏蓝孔雀旅游商品研发中心，通过整合村活动室和畜牧改良点建设旅游扶贫车间。

责任编辑：谯　洁
责任印制：冯冬青
封面设计：中文天地

图书在版编目（CIP）数据

全国乡村旅游发展典型案例汇编 / 国家发展和改革委员会社会发展司，文化和旅游部资源开发司编 . —北京：中国旅游出版社，2019.12

ISBN 978-7-5032-6390-3

Ⅰ.①全… Ⅱ.①国… ②文… Ⅲ.①乡村旅游 – 旅游业发展 – 案例 – 中国　Ⅳ.① F592.3

中国版本图书馆 CIP 数据核字（2019）第 255834 号

书　　名	全国乡村旅游发展典型案例汇编
作　　者	国家发展和改革委员会社会发展司　文化和旅游部资源开发司　编
出版发行	中国旅游出版社
	（北京建国门内大街甲 9 号　邮编：100005）
	http://www.cttp.net.cn　E-mail:cttp@mct.gov.cn
	营销中心电话：010-85166536
排　　版	北京中文天地文化艺术有限公司
印　　刷	北京工商事务印刷有限公司
版　　次	2019 年 12 月第 1 版　2019 年 12 月第 1 次印刷
开　　本	787 毫米 ×1092 毫米　1/16
印　　张	31
字　　数	530 千
定　　价	88.00 元
ISBN	978-7-5032-6390-3

版权所有　翻印必究
如发现质量问题，请直接与营销中心联系调换